떠먹여주는

# 시사 아랍어

[필수 문법 요약 **+** 시사 아랍어 입문 가이드]

안종빈

## ▶ 머리말

**'아...아랍어 접어야되나?'** 제가 학부생일 때 미디어 레벨로 넘어가면서 가장 많이 했던 생각입니다. 당시 시사 아랍어 레벨로 넘어가기 위한 가이드북이 부족해서 공부하기 힘들었던 기억이 있는데, 요즘 학생들도 예전과 크게 달라지지 않은 것 같습니다.

예전과 비교해서 다양한 교재들이 새롭게 나오긴 했지만, 대부분의 교재는 초급자용 아니면 이미 중급 단계를 넘어선 상급자들을 위한 교재로 편중되어 있어서 이제 막 미디어 수준으로 올라가려는 중급자 학생들의 눈높이에 맞춘 교재는 아직 충분치 않은 듯 합니다.

초급에서 중급으로 넘어가면서 아래와 같은 여러 이유로 중도 포기자가 많이 발생하는 편입니다.

● 정리되지 않는 방대한 양의 문법
● 모음부호가 없는 문장을 마주하고 느낀 막막함
● 분명 1년 넘게 공부했는데 해석은 커녕 발음도 제대로 못하는 자신을 보면서 느끼는 허탈감

이런 난관들 속에서 묵묵히 고민해가며 공부한 소수만 이를 극복하여 초급자를 넘어 중급자로 올라가고, 그렇지 못한 대다수는 갈피를 못 잡다가 결국 의욕을 상실하게 됩니다.

그래서 이 방황하는 학습자들에게 도움을 주기 위해 가이드를 잡아줄 수 있는 교재를 쓰고자 합니다.


## ▶ 교재의 구성

초급에서 중급으로 넘어갈 때 가장 힘든 부분은 크게 두 가지로 생각됩니다.

첫 째, 방대한 양의 문법을 핵심만 정리하여 요약하는 것
둘 째, 모음부호가 없는 문장을 보고 모음을 판단하는 것

그래서 이를 도와주기 위해 교재를 크게 ①**문법 요약 파트**와 ②**미디어 문장 연습 파트**로 구분하였습니다. 이를 세부적으로 보면 아래와 같습니다.

● **문법 요약 파트**

| | |
|---|---|
| 1. 기본 어형 | 동사 및 명사의 여러 형태를 정리하는 워밍업 단계 |
| 2. 기초 문장 | 단순한 구조의 명사문과 동사문의 틀을 정리하는 단계 |
| 3. 구 | 연결형과 형용사 수식을 포함한 다양한 '구'를 정리하는 단계 |
| 4. 심화 문장 | 복잡한 문장 구조를 정리하는 단계 |
| 5. 특수 구문 | 둘 이상의 문장이 서로 종속관계를 갖는 특수한 구조를 정리하는 단계 |

● 미디어 문장 연습 파트

1. 단문 독해    빈출 어휘가 사용된 문장을 독해하는 단계

2. 주제별 어휘    특정 주제에 자주 사용되는 어휘를 암기하는 단계

3. 전문 독해    각 주제별 기사 전체 원문을 독해하는 단계

## ▶교재의 특징

### ● 한 페이지당 하나의 내용

한 페이지에 하나의 문법 주제와 예문을 담아 가독성을 극대화 했습니다.

*[EX. 문법 정리 페이지 중 발췌]*

### ● 단계별로 올라가는 예문 난이도

이 교재는 step 0 부터 step 5 까지 총 6단계에 걸쳐 난이도가 상승하는 구조를 가지고 있습니다. 앞부분에는 일상 생활 어휘와 표현이 주로 쓰이며 단계가 올라갈수록 시사 어휘와 예문의 비중이 높아지도록 구성했습니다. 이를 통해 step 5에서 실제 기사 원문을 보기 전에 자연스럽게 미디어 표현에 적응을 할 수 있도록 했습니다.

*[EX. Step 0 예문 중 발췌]*

غُرْفَتُهُ نَظِيفَةٌ وَوَاسِعَةٌ جِدًّا.    그의 방은 아주 깨끗하고 넓다.

هَلْ أَخَذَنِي إِلَى بِيتِهَا أَمْسِ؟    딩신이 어제 나를 그녀의 집으로 메러다 쿠있나요!

مَتَى بَاعَ سَيَّارَتَهُ وَمَنْ أَخَذَهَا؟    그는 그의 차를 언제 팔았고, 누가 그것을 사갔나요?

[EX. Step 2 예문 중 발췌]

تَمَّتْ تَرْقِيَةُ الْمُوَظَّفَتَيْنِ الْحَسَنَتَيِّ السُّمْعَةِ بَعْدَ تَقْيِيمِ الْأَدَاءِ الْوَظِيفِيِّ.

평판이 좋은 그 두 여 직원이 업무 실적 평가 후 승진했다.

سَوْفَ يَتِمُّ التَّعَامُلُ مَعَ هَذَا الْإِرْهَابِ فِي اجْتِمَاعٍ رَفِيعِ الْمُسْتَوَى.

이 테러는 수준이 높은(=고위급) 회담에서 다뤄질 것이다.

[EX. Step 4 예문 중 발췌]

أَكَّدَ الرَّئِيسُ وَرَئِيسُ الْوُزَرَاءِ أَنَّ بِلَادَنَا تَتَمَكَّنُ مِنَ التَّغَلُّبِ عَلَى هَذِهِ الْأَزْمَةِ الَّتِي نُوَاجِهُهَا حَالِيًا مَا دُمْنَا نَجْمَعُ الْقُوَى مُشِيرَيْنِ إِلَى أَنَّ مُعْظَمَ الْمُؤَشِّرَاتِ الِاقْتِصَادِيَّةِ بَدَأَتْ تَتَعَافَى.

대통령과 총리는 대부분의 경제 지표들이 회복되기 시작했다고 지적하면서 우리가 힘을 모으면 우리는 현재 우리가 직면하고 있는 이 위기를 극복할 수 있다고 강조했다.

## ● 모음 판단 연습

step 0 ~ step 4 를 통해 문법 정리를 마친 뒤, step 5 에서 본적격으로 기사 원문을 학습합니다. 이 때 아래의 순서로 학습하길 권장합니다.

① 모음 없는 문장을 보면서 스스로 모음부호를 판단해보고 해석도 해봅니다.

② 모음이 찍혀있는 문장과 해석을 보면서 본인의 판단과 비교해봅니다.

③ 문장에 적용된 주요 문법을 확인해봅니다.

④ 주요 문법에 대한 자세한 설명이 필요할 경우, 적시된 unit 으로 이동해서 해당 문법 내용을 복습합니다.

[EX. Step 5 예문 중 발췌]

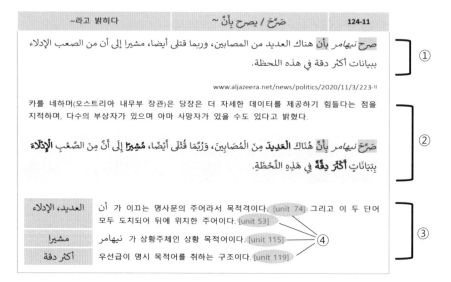

## ▶타 교재와의 연계

본 교재를 모두 마치고 나서, '아랍어 단권화_안종빈 저 [하움] (이하 단권화)'를 학습하길 권장드립니다. 본 교재의 경우 시사 입문자를 위한 교재이다보니 선별된 원문들이 비교적 단순한 구조와 제한된 주제를 다루고 있습니다.

반면에 단권화의 경우, 서술되는 거의 모든 문법에 대한 원문을 각각 볼 수 있습니다. 또한 본 교재에서는 설명이 생략된 상급 문법과 구문들이 단권화에는 포함되어 있어 독해력을 정밀하게 다듬을 수 있습니다.

## ▶맺으며

모음 부호가 없는 문장을 보고 적절한 문법을 적용하여 발음하는 과정이 결코 금방 이뤄지지 않을 것입니다. 분명 많은 노력과 시간이 투자되어야 하는 영역입니다. 본 교재가 가이드로서의 역할은 할 수 있지만 결국 학습자 스스로의 고민과 연습이 더해져야 완성될 수 있습니다. 학습자 분들의 실력을 향상시키는데 본 교재가 도움이 되길 바라며, 충분한 시간을 가지고 꾸준히 학습하시길 바랍니다.

끝으로, 약 2년 전 '아랍어 단권화'를 출판하고나서 학습자분들 중에 모음 부호가 없는 원문을 처음 접하는 사람을 위한 교재도 있으면 좋겠다는 피드백을 여러 차례 받았습니다. 이분들의 피드백을 받으면서 '아 나도 그때 진짜 힘들었는데...'라는 생각을 했고, 그 생각을 시작으로 이 책을 쓰기 시작했습니다. 적극적으로 의견을 주셨던 모든 분들께 감사인사드립니다. 그리고 바쁘신 와중에도 문법 자문과 예문을 꼼꼼하게 검수해주신 جلال 선생님께 진심으로 감사드리며, 항상 옆에서 지지와 응원을 보내주는 아내에게 고마운 마음을 전합니다.

## ▶참고서적

종하아랍어 문법1_어형과 품사편_이병학 저 [문예림]
종합아랍어 문법2_구문편_이병학 저 [문예림]
The connectors in modern standard Arabic_Nariman Naili Al-Warraki, Ahmed Taher Hassanein [The American University in Cairo Press]

# CONTENTS

## Step 0_기본 어형

**CHAPTER 1. 명사/형용사**

**CHAPTER 2. 숫자**

## CHAPTER 3. 동사의 형태와 파생 명사

## CHAPTER 4. 약동사

## CHAPTER 5. 기타 동사

## CHAPTER 6. 파생 동사

# Step 1_기초 문장

## CHAPTER 7. 명사문 기초

## CHAPTER 8. 동사문 기초

## CHAPTER 9. 미완료 동사의 서법별 활용

## CHAPTER 10. 의문문

## CHAPTER 11. كَانَ 와 그 자매어

## CHAPTER 12. إِنَّ 와 그 자매어

# Step 2_구

# Step 3_심화 문장

## CHAPTER 17. 복문

## CHAPTER 18. 복수 목적어 타동사

## CHAPTER 19. 특수 동사

## CHAPTER 20. 시제

# Step 4_특수 구문

## CHAPTER 21. 다양한 문장 구조

## CHAPTER 22. 특수 목적어

## CHAPTER 23. 기타 구문

# Step 5_ media 기초어휘와 원문독해

## CHAPTER 24. 주제 불문 빈출 기본어휘와 단문독해

## CHAPTER 25. 주제별 기본어휘와 전문독해

# Step 0

## 기본 어형

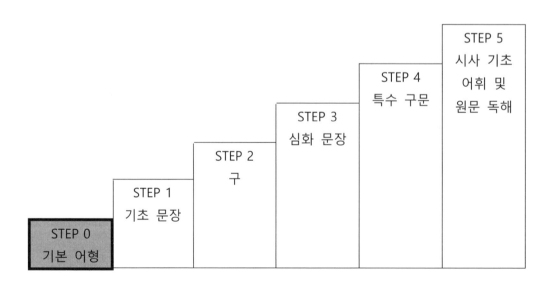

# Unit 1. 명사의 성

## ▶사람 명사의 성 구분

일반적으로 사람을 의미하는 명사는 ة 가 없는 기본형을 남성으로 보며, 이 단어에 ة 를 접미시켜 여성형을 표현한다.

| أُسْتَاذٌ / أُسْتَاذَةٌ | مُدِيرٌ / مُدِيرَةٌ | طَالِبٌ / طَالِبَةٌ |
|---|---|---|
| 교수 | 매니저 | 학생 |

단, 예외적으로 ة 가 없음에도 단어의 의미 자체만으로 여성으로 구분되는 명사도 있으며, 반대로 ة 가 있음에도 남성형인 경우도 있다.

| أُمٌّ | أُخْتٌ | عَرُوسٌ | حَامِلٌ | | خَلِيفَةٌ | أَسَاتِذَةٌ |
|---|---|---|---|---|---|---|
| 엄마 | 여자 형제 | (결혼)신부 | 임산부 | | 칼리파(남) | 교수님들(남) |

## ▶사물 명사의 성 구분

사물을 의미하는 단어는 ة 여부로 의미 자체가 변하기 때문에 임의로 변경할 수 없다.

| مَكْتَبٌ | مَكْتَبَةٌ | | كِتَابٌ | كِتَابَةٌ |
|---|---|---|---|---|
| 사무실, 책상 | 도서관 | | 책 | 쓰기 |

ة 여부와 무관하게 ①**국가[1]나 도시는 여성**으로 인식되며, ②**쌍을 이루는 신체부위[2]도 여성**으로 인식된다. 또한, ③**사물의 복수는 여성 단수**로 취급되며, 특정 이유 없이 ④**관습적으로 여성**으로만 취급되거나 남성/여성이 모두 가능한 명사들도 있다.

①②③ 의 경우는 카테고리로 쉽게 암기가 가능하지만, ④ 는 그 기준이 없으므로 **관습상 여성으로 취급하는 명사들**과 **남성과 여성 모두 가능한 명사들** 중 자주 사용되는 어휘를 함께 보자.

| شَمْسٌ | حَرْبٌ | أَرْضٌ | نَارٌ | دَارٌ | رِيحٌ | كَأْسٌ |
|---|---|---|---|---|---|---|
| 태양 (f.) | 전쟁 (f.) | 땅 (f.) | 불 (f.) | 집 (f.) | 바람 (f.) | 유리잔 (f.) |

| سَمَاءٌ | سُوقٌ | طَرِيقٌ | لِسَانٌ | حَالٌ | سِكِّينٌ | كَبِدٌ |
|---|---|---|---|---|---|---|
| 하늘(m./f.) | 시장(m./f.) | 길 (m./f.) | 혀 (m./f.) | 상태 (m./f.) | 칼 (m./f.) | 간 (m./f.) |

---

[1] 단, 예외적으로 레바논, 요르단, 모로코, 이라크, 수단, 소말리아, 예멘 이 7개 국가는 남성으로 인식된다.

[2] 쌍을 이루는 신체부위는 거의 여성이지만 예외적으로 남성인 경우도 존재한다. (예. سَاعِدٌ 팔꿈치 아래팔)

# Unit 2. 수와 격

## ▶격의 개념

아랍어는 어떤 단어가 그 문장 안에서의 역할에 따라 '격'을 갖게 되며, 이는 한국어의 '조사'의 역할과 비슷하다고 생각하면 된다. 즉, 주어에 해당하는 명사에 주격을, 목적어에 해당하는 명사에 목적격을 표기하는 식이다.

## ▶격의 종류

아랍어의 격은 "주격, 목적격, 소유격" 이렇게 총 3개가 있으며, **격 표기는 해당 단어 맨 마지막 자음에 '격 모음'을 붙이는 방식**으로 표현하게 된다. 주격은 u, 목적격은 a, 소유격은 i 발음으로 표기한다. 단, ة 가 붙은 명사의 경우 ة 에 격모음을 표기한다.

해당 모음기호를 두 번씩 써주면 원래 발음에 n 발음을 추가하게 된다. 이런 격모음을 **탄윈이라고 한다.** 이 때 탄윈 상태의 목적격에는 추가로 alif 가 접미되지만 ة 와 ـاء 어미로 끝나는 어휘에는 이 alif가 추가되지 않는다.

탄윈상태는 보통 일반명사의 '비한정'상태를 표현할 때 사용되며, 사람 이름과 같은 고유명사는 탄윈으로 표현되도 한정으로 취급된다. 그리고 탄윈은 관사가 접두되거나 후연결어를 갖게 되는 등 여러 문법사항에 의해 사용이 제한될 수 있다.

| | 주격(~는) | 목적격(~을) | 소유격(~의) |
|---|---|---|---|
| 탄윈x | مَاءُ / طَالِبَةُ / طَالِبُ | مَاءَ / طَالِبَةَ / طَالِبَ | مَاءِ / طَالِبَةِ / طَالِبِ |
| 탄윈o | مَاءٌ / طَالِبَةٌ / طَالِبٌ | **مَاءً / طَالِبَةً / طَالِبًا** | مَاءٍ / طَالِبَةٍ / طَالِبٍ |

## ▶수의 종류

아랍어는 쌍수라는 개념이 있어서, 어떤 명사의 개수를 셀 때 2개까지는 명사의 형태만으로 파악할 수 있고, 3개부터 숫자를 사용한다.

그리고 복수는 명사에 따라 정해진 형태로 변하는 명사도 있고, 불규칙적으로 변하는 명사도 있다. 불규칙 명사는 나올 때 마다 암기해야 하며, 본 unit 에서는 규칙 형태를 보자.

| 쌍수 | 주격 | 소유/목적격 | 복수 | 주격 | 소유/목적격 |
|---|---|---|---|---|---|
| 남성 | مُدَرِّسَانِ | مُدَرِّسَيْنِ | 남성 | مُدَرِّسُونَ | مُدَرِّسِينَ |
| 여성 | مُدَرِّسَتَانِ | مُدَرِّسَتَيْنِ | 여성 | مُدَرِّسَاتٌ | مُدَرِّسَاتٍ |

# Unit 3. 독립형 인칭 대명사

## ▶인칭 대명사의 개념

인칭 대명사란 인칭에 따라 사람 혹은 사물을 3인칭(그) 2인칭(당신) 1인칭(나)으로 표현하는 대명사를 의미한다.

이 인칭 대명사는 독립형으로도 사용되며, 단어 뒤에 접미된 형태로도 사용된다.

## ▶독립형 인칭 대명사

독립형으로 사용될 경우, **주로 명사문의 주어로서 활용**이 된다.

| 단수 | 독립형 | | 쌍수 | 독립형 | | 복수 | 독립형 |
|---|---|---|---|---|---|---|---|
| 그는 | هُوَ | | 그 둘은 | هُمَا | | 그들은 | هُمْ |
| 그녀는 | هِيَ | | | | | 그녀들은 | هُنَّ |
| 당신은 | أَنْتَ | | 당신 둘은 | أَنْتُمَا | | 당신들은 | أَنْتُمْ |
| 당신(f.)은 | أَنْتِ | | | | | 당신들(f.)은 | أَنْتُنَّ |
| 나는 | أَنَا | | 우리 둘은 | نَحْنُ | | 우리는 | نَحْنُ |

هُوَ مَشْغُولٌ الْآنَ بِدِرَاسَةِ اللُّغَةِ الْعَرَبِيَّةِ. — 그는 지금 아랍어 공부하느라 바쁘다.

هَلْ أَنْتُمَا طَالِبَانِ فِي هَذِهِ الْمَدْرَسَةِ؟ — 당신 둘은 이 학교 학생인가요?

نَحْنُ فِي الطَّرِيقِ إِلَى الْمَطَارِ الْآنَ. — 우리는 지금 공항으로 가는 길이다.

لَحْظَةً، حَقًّا هَلْ (أَنْتَ) أَكَلْتَ هَذَا؟ — 잠시만요, 정말로 당신이 이걸 먹었나요?

## ▶분리의 대명사

명사문에서 주어와 술어의 경계를 구분할 때, **주어와 술어 사이에** 주어와 성/수가 일치하는 독립형 대명사를 추가할 수 있다. 특히 주어와 술어가 모두 한정일 경우 혹은 주어와 술어가 길 경우 주로 사용된다.

مُحَمَّدٌ هُوَ الْمُدَرِّسُ الْعَامِلُ فِي هَذِهِ الْمَدْرَسَةِ الْإِعْدَادِيَّةِ. — 무함마드가 이 중학교에서 근무하는 그 선생님이다.

اَلسُّوقُ التَّقْلِيدِيَّةُ الْوَاقِعَةُ عَلَى بُعْدِ حَوَالَيْ ثَلَاثِمِئَةِ مِتْرٍ عَنْ هَذِهِ الْمَحَطَّةِ هِيَ وَاحِدَةٌ مِنَ الْمَعَالِمِ السِّيَاحِيَّةِ الْمَشْهُورَةِ فِي سِيُول. — 이 역에서 약 300미터 떨어진 곳에 위치한 그 전통 시장은 서울에서 유명한 관광지 중 하나이다.

# Unit 4. 접미형 인칭 대명사

## ▶접미형 인칭 대명사

대명사가 **명사 뒤에 접미되면 소유자**를 뜻하며, **동사 뒤에 접미되면 목적어**로서 사용된다. 또한 전치사뒤에 접미되어 전치사의 목적어로도 쓰일 수 있다. 특히 ة 뒤에 접미될 때에는 이 ة 는 ت 로 변환된 뒤 대명사가 접미된다.

| 단수 | 접미형 | 쌍수 | 접미형 | 복수 | 접미형 |
|---|---|---|---|---|---|
| 그의/를 | ـهُ | 그 둘의/를 | ـهُمَا | 그들의/를 | ـهُمْ |
| 그녀의/를 | ـهَا | | | 그녀들의/를 | ـهُنَّ |
| 당신의/를 | ـكَ | 당신 둘의/를 | ـكُمَا | 당신들의/를 | ـكُمْ |
| 당신(f.)의/를 | ـكِ | | | 당신들(f.)의/를 | ـكُنَّ |
| **(명사 뒤) 나의\*\*** | ـِي | 우리 둘의/를 | ـنَا | 우리의/를 | ـنَا |
| (동사 뒤) 나를 | ـنِي | | | | |

غُرْفَتُهُ نَظِيفَةٌ وَوَاسِعَةٌ جِدًّا. 　그의 방은 아주 깨끗하고 넓다.

هَلْ أَخَذْتَنِي إِلَى بَيْتِهَا أَمْسِ؟ 　당신이 어제 나를 그녀의 집으로 데려다 주었나요?

مَتَى بَاعَ سَيَّارَتَهُ وَمَنِ اشْتَرَاهَا؟ 　그는 그의 차를 언제 팔았고, 누가 그것을 사갔나요?

## ▶ 1인칭 명사 접미형 대명사(\*\*)의 특징

이 형태는 다른 형태와 달리 해당 명사의 **격 모음을 모두 카스라로 고정**하여 표기하게 된다.

سَوْفَ يَنْزِلُ صَدِيقِي هُنَا لَيْلَةً فَقَطْ. 　내 친구는 이곳에서 딱 하루만 머물 것이다. (주격)

بَاعَتْ أُخْتِي سَيَّارَتِي هُنَا. 　내 누나는 내 자동차를 여기에서 팔았다. (주격, 목적격)

أَكْتُبُ رِسَالَةً بِقَلَمِي. 　나는 내 펜으로 편지를 쓰고 있다. (소유격)

ى 로 끝나는 전치사(عَلَى، إِلَى، لَدَى)는 ى 가 ي 로 변한 뒤 대명사가 접미되며, 특히 1인칭 대명사는 يَّ로 발음된다(عَلَيَّ، إِلَيَّ، لَدَيَّ). 그리고 쓰쿤으로 발음이 끝나는 전치사(مِنْ، عَنْ)에 1인칭 대명사가 접미될 경우 مِنِّي، عَنِّي 형태로 접미된다.

## ▶발음 상의 유의점

접미형태 중 ـهُ ـهَا ـهُنَّ ـهُمَا ـهُمْ 이 4가지 형태는 그 앞의 발음이 i 혹은 ai 로 끝날 경우 hu 발음은 hi 로 변하게 된다.

يَتَحَدَّثُ الْمَسْؤُولُونَ عَنِ اقْتِرَاحِهِمْ. 　책임자들은 그들의 제안에 대해 논의하고 있다.

أَخَذْتُ وَالِدَيْهِ إِلَى بَيْتِهِمَا بَعْدَ الْمُقَابَلَةِ. 　나는 면담 후 그의 부모님을 집으로 모셔다 드렸다.

# Unit 5. 지시 대명사

## ▶지시대명사의 개념

지시 대명사란, 사람이나 사물을 가리킬 때 지목이 되는 대상을 의미하는 대명사이다. 이 지시 대명사는 크게 "근 지시 대명사"와 "원 지시 대명사"로 구분된다.

또한, 지시 대명사는 **격에 따른 변화형태가 따로 존재하지 않는다.** 단, 예외적으로 쌍수는 일반명사의 쌍수변화와 동일하게 주격의 형태와 목적격/소유격 형태가 구분된다.

## ▶지시 대명사의 형태[1] ⌐ 각주 여기

근 지시 대명사와 원 지시 대명사의 성/수에 따른 변화는 아래와 같다.

| | | 단수 | 쌍수 | 복수 |
|---|---|---|---|---|
| 근 지시 | 남성 | هَذَا | هَذَانِ / هَذَيْنِ | هَؤُلَاءِ |
| | 여성 | هَذِهِ | هَاتَانِ / هَاتَيْنِ | |
| 원 지시 | 남성 | ذَانِكَ / ذَيْنِكَ[2] ⌐각주 여기  ذَلِكَ | أُولَئِكَ |
| | 여성 | تِلْكَ | تَانِّكَ / تَيْنِكَ | |

## ▶한정명사의 대용어로 활용되는 지시 대명사

지시대명사 뒤에 관사가 접두된 한정명사가 나올 시, **서로가 서로를 대체할 수 있는 동등한 지위**를 가지게 되어 하나의 구로 묶이는 구조가 된다.

이 둘은 서로 정확히 일치해야 하므로 **성/수/격이 모두 일치**해야 한다.

| | |
|---|---|
| تَحَدَّثْتُ مَعَ هَذَا الطَّالِبِ عَنِ الْوَاجِبِ الْمَنْزِلِيِّ. | 나는 이 학생과 과제에 대해 얘기했다. |
| سَأَقُومُ بِالْعَمَلِيَّةِ الْجِرَاحِيَّةِ مَعَ هَذَيْنِ الطَّبِيبَيْنِ. | 저는 이 두 의사와 수술을 진행할 것입니다. |
| سَوْفَ تُسَاعِدُكُم أُولَئِكَ الْمُرْشِدَاتُ عَلَى جَوْلَتِكُمُ السِّيَاحِيَّةِ فِي هَذِهِ الْمَدِينَةِ. | 저 여성 가이드들이 이 도시에서 여러분들의 관광을 도와줄 것입니다. |

---

[1] 장음 표기가 없지만 장음으로 발음해야 하는 부분은 음영으로 표기하였다. 이 모음에는 원래 a 장음 표기 중 하나인 '대거 알리프'가 있던 자리이지만, 현대에는 발음만 남아있고 표기는 파트하로 대체하여 사용된다.

[2] 원지시 쌍수 형태는 쓰이는 경우가 극히 드물기 때문에 굳이 암기하지 않아도 무방하다.

# Unit 6. 2격 명사

## ▶2격 명사의 개념

2격 명사란 격표기를 담마(ُ)와 파트하(َ)로만 하는 명사를 의미한다. 즉 소유격이여도 카스라(ِ)
가 아닌 파트하(َ)를 쓰게 된다. 이 때 이런 2격 명사는 **탄원을 갖지 않는 특징이 있다.**

| 주격 | 목적격 | *소유격* |
|---|---|---|
| ـُ | ـَ | ـَ |

## ▶2격 명사의 종류

**①여성의 이름**, **②지역 및 국가이름**, **③일부 불규칙 복수 형태**가 2격 명사에 해당한다. 특히 ③의
경우는 의미로 암기할 수 없고 아래와 같이 정해진 어형이 있다.

| | | | |
|---|---|---|---|
| ـَـَاـِـُ | مَدْرَسَةٌ ج مَدَارِسُ<br>학교 | شَارِعٌ ج شَوَارِعُ<br>길, 거리 | مَكْتَبَةٌ ج مَكَاتِبُ<br>도서관 |
| ـَـَاـِيـُ | شُبَّاكٌ ج شَبَابِيكُ<br>창문 | تَارِيخٌ ج تَوَارِيخُ<br>역사 | صَارُوخٌ ج صَوَارِيخُ<br>미사일 |
| ـَـَاءُ | صَدِيقٌ ج أَصْدِقَاءُ<br>친구 | وَزِيرٌ ج وُزَرَاءُ<br>장관 | خَبِيرٌ ج خُبَرَاءُ<br>전문가 |

| | |
|---|---|
| هُنَاكَ صَوَارِيخُ كَثِيرَةٌ فِي عُمْقِ الْبَحْرِ. | 바다 깊은 곳에 많은 미사일들이 있다. |
| رَأَيْتُ وُزَرَاءَ عِنْدَ زِيَارَةِ الْبَرْلَمَانِ فِي بَرْنَامَجٍ تَعْلِيمِيٍّ. | 나는 한 교육 프로그램을 통해 국회를 견학할 때 여러 장관들을 보았다. |
| سَوْفَ نَعْمَلُ مَعَ خُبَرَاءَ مُخْتَصِّينَ بِالتَّسْوِيقِ. | 우리는 마케팅 전문가들과 함께 일 할 것이다. |

## ▶2격의 3격화

2격 명사가 **한정**이 되거나 **후 연결어를 취해** 연결형을 구성할 경우 다시 카스라를 포함한 3개의
격을 모두 취하게 된다.

| | |
|---|---|
| أَيْنَ وَضَعْتَ الشَّبَابِيكَ الْمَكْسُورَةَ؟ | 당신은 그 깨진 창문들을 어디에 두었나요? |
| مَدَارِسُ الْمَدِينَةِ مَشْهُورَةٌ بِعَدَدِ النَّاجِحِينَ فِي دُخُولِ الْجَامِعَةِ. | 그 도시의 학교들은 대입합격자 수로 유명하다. |
| تَحَدَّثَ الرَّئِيسُ مَعَ وُزَرَاءِ أَمْرِيكَا. | 대통령은 미국의 장관들과 이야기를 나눴다. |

# Unit 7. 2격 형용사 (أَفْعَلُ 형태)

## ▶2격 형용사의 개념

2격 명사와 마찬가지로 아랍어 형용사 중에서 **탄윈을 갖지 않으면서** 격 표기를 담마와 파트하로 만 하는 형용사를 의미한다. 격 표기방식은 명사와 동일하여 생략한다.

그 중 أَفْعَلُ 형태는 색깔이나 장애를 뜻하며, **우선급**[1]도 이와 동일한 형태를 사용한다.

┌각주 여기┐

## ▶أَفْعَلُ 형태의 종류

이 형태의 성/수에 따른 변화는 아래와 같다. 단, 복수형은 탄윈을 가지며 3격도 취한다.

| 남성 단수 | 여성 단수 | 남성 복수 | 여성 복수 |
|---|---|---|---|
| أَفْعَلُ | فَعْلَاءُ | فُعْلُ | فَعْلَاوَاتٌ |
| أَخْضَرُ 녹색의 | أَحْمَرُ 붉은 | أَبْيَضُ 흰 | |
| أَزْرَقُ 파란 | أَصْفَرُ 노란 | أَسْوَدُ 검은 | |
| أَخْرَسُ 벙어리인 | أَحْوَلُ 사시인 | أَطْرَشُ 귀머거리인 | |
| أَعْرَجُ 다리를 저는 | أَعْمَى 장님인 | أَحْدَبُ 척추불구인 | |

لَوْنُ سَيَّارَةِ الْأُسْتَاذِ أَحْمَرُ. 교수님 자동차의 색깔이 빨간색이다.

كَتَبْتُ رِسَالَةً بِحِبْرٍ أَزْرَقَ إِلَى مُدَرِّسِي. 나는 내 선생님에게 파란색 잉크로 편지를 썼다.

سَاعَدْتُ صَدِيقًا أَحْوَلَ عَلَى قِرَاءَةِ الْكِتَابِ. 나는 사시인 친구가 독서하는 것을 도와줬다.

## ▶2격의 3격화

┌각주 여기┐

2격 형용사가 2격 명사처럼 한정이 되거나 **후 연결어 명사를 취할 경우**[2] 카스라를 포함한 3개의 격을 모두 취하게 된다.

تُشَاهِدُ الطَّالِبَةُ الطَّرْشَاءُ الْأَخْبَارَ عَبْرَ لُغَةِ الْإِشَارَةِ. 청각장애 여학생은 수화를 통해 뉴스를 시청한다.

يَتَجَوَّلُ مُحَمَّدٌ فِي الْمَعَالِمِ بِالسَّيَّارَةِ الصَّفْرَاءِ. 무함마드는 관광지에서 노란 차를 타고 돌아다니고 있다.

---

[1] 우선급은 unit 89-unit 92에서 자세하게 학습할 예정이므로 본 unit 에서는 설명을 생략한다.
[2] 이런 형태를 형용사 연결형(unit 83)이라고 한다. 본 unit 에서는 관사가 붙은 형태만 확인하고, 형용사 연결형을 통한 3격화 예문은 형용사 연결형을 학습하면서 보도록 하자.

# Unit 8. 2격 형용사 (فَعْلَانُ 형태)

## ▶فَعْلَانُ 형태의 2격 형용사

이 형태는 사람의 상태를 표현하는 의미를 가진다.

## ▶فَعْلَانُ 형태의 종류

이 형태의 성/수에 따른 변화는 아래와 같다.[1] 각주 여기

| 남성 단수 | 여성 단수 | 남성 복수 | 여성 복수 |
|---|---|---|---|
| فَعْلَانُ | فَعْلَانَةٌ / فَعْلَى | فَعَالَى | فَعْلَانَاتٌ / فَعْلَوَاتٌ |

| | | | | | |
|---|---|---|---|---|---|
| عَطْشَانُ | 목마른 | تَعْبَانُ | 피곤한 | جَوْعَانُ | 배고픈 |
| غَضْبَانُ | 화난 | سَكْرَانُ | 술취한 | شَبْعَانُ | 배부른 |
| خَجْلَانُ | 민망한 | حَرَّانُ | 더워하는 | بَرْدَانُ | 추워하는 |
| نَعْسَانُ | 졸린 | زَعْلَانُ | 짜증내는 | كَسْلَانُ | 게으른 |

| | |
|---|---|
| أَنَا جَوْعَانُ جِدًّا، مَتَى نَتَنَاوَلُ الْعَشَاءَ؟ | 나 엄청 배고픈데 우리 언제 저녁 먹나요? |
| وَضَعْتُ الْمَوْقِدَ هُنَا لِشَخْصٍ بَرْدَانَ. | 나는 추워하는 사람을 위해 난로를 여기에 놓았다. |
| لَا أُرِيدُ مُوَظَّفًا كَسْلَانَ فِي قِسْمِنَا. | 나는 우리 부서에 게으른 직원을 원치 않는다. |

## ▶2격의 3격화

أَفْعَلُ 형용사와 동일한 내용이다. 하지만 실질적으로 형용사 연결형으로 쓰이지 않는 단어이므로 한정이 되어 3격이 된 경우만 보도록 하자.

| | |
|---|---|
| هَلْ تَتَذَكَّرُ هَذَا الرَّجُلَ السَّكْرَانَ عَلَى الصُّورَةِ؟ | 당신은 사진상에 있는 이 술 취한 남자를 기억하나요? |
| شَغَّلَ الْأُسْتَاذُ مُكَيِّفَ الْهَوَاءِ لِلطَّالِبِ الْحَرَّانِ. | 교수님은 더워하는 그 학생을 위해 에어컨을 틀었다. |

---

[1] 여성 단수형의 두 형태 중에서 فَعْلَى 보다는 فَعْلَانَةٌ 의 사용빈도가 높은 편이며, 여성 복수형에서도 فَعْلَوَاتٌ 보다 فَعْلَانَاتٌ 의 사용빈도가 더 높은 편이다. 특히 복수형의 فَعْلَوَاتٌ 는 거의 쓰이지 않는다고 봐도 무방하다.

# Unit 9. 5가지 명사

## ▶5가지 명사의 개념과 종류

**후 연결어를 취할 경우** 격에 따라 장음이 접미 되는 명사를 의미하며, 그 종류는 아래와 같다.

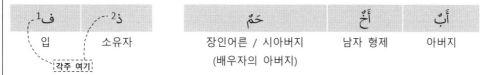

| ف‍ٌ‍<sup>1</sup> | ذ‍ٌ‍<sup>2</sup> | | حَمٌ | أَخٌ | أَبٌ |
|---|---|---|---|---|---|
| 입 | 소유자 | | 장인어른 / 시아버지 (배우자의 아버지) | 남자 형제 | 아버지 |

각주 여기

격에 따른 장음은 주격일 경우 و /목적격일 경우 ا /소유격일 경우 ي 가 접미된다.

| 주격 | 목적격 | 소유격 |
|---|---|---|
| أَبُو + اسم | أَبَا + اسم | أَبِي + اسم |

| | |
|---|---|
| مَاذَا قَالَ أَبُو الطَّالِبِ مِنْ قَبْلِ؟ | 좀 전에 그 학생의 아버지가 뭐라고 말했나요? |
| رَأَيْتُ أَخَاكَ فِي الْمَتْحَفِ. | 난 박물관에서 네 형을 봤어. |
| سَيَقُولُ الطَّبِيبُ عَنْ نَتِيجَةِ الْفَحْصِ لِفِيكَ عِنْدَ الْاِسْتِشَارَةِ. | 의사가 진료 때 당신 입의 검사 결과에 대해 말 해줄 것이다. |
| عَمِلْتُ مَعَ ذِي فِكْرَةٍ مُمْتَازَةٍ. | 나는 좋은 아이디어를 가진 사람과 일했다. |

단, **1인칭 단수 접미형 인칭 대명사가 접미될 경우엔 추가 장음 없이** 해당 명사 바로 뒤에 ـِي 가 접미된다.

| | |
|---|---|
| سَوْفَ أَزُورُ بَيْتَ حَمِي بَعْدَ سَاعَةٍ. | 나는 1시간 뒤에 내 장인어른의 집을 찾아 뵐 것이다. |
| أَشْعَلَ أَبِي الشَّمْعَةَ بَعْدِ انْقِطَاعِ الْكَهْرُبَاءِ. | 내 아버지는 정전이된 후 양초에 불을 붙였다. |

이 중에서 **ف 와 ذ 는 반드시 후 연결어가 필요한 명사**이므로 단독으로 쓰일 수 없으나, 그 외 3개의 명사는 후 연결어 없이도 쓸 수 있으며, 이 경우는 후 연결어가 없으니 추가 장음도 필요 없다.

| | |
|---|---|
| ٱلْأَبُ ٱلْآنَ فِي غُرْفَةِ الْفَحْصِ. | 아버지는 지금 검사실에 계신다. |
| يَتَنَاوَلُ ٱلْأَخُ الْعَشَاءَ لِوَحْدِهِ فِي غُرْفَتِهِ. | 형은 방에서 혼자 저녁을 먹는다. |

---

<sup>1</sup> 입을 의미하는 단어는 فَمٌ 이 주로 사용되며, 5가지 명사에 해당하는 ف 는 잘 사용되지 않는다.

<sup>2</sup> ذ 는 형태 및 그 활용이 다양하여 별도의 unit으로 정리되어 있으니, 자세한 설명과 그 예문은 Unit 80에서 학습하도록 하자.

# Unit 10. 약자근 명사 (막수르)

## ▶막수르 명사의 개념

아랍어 단어 중 ـى 혹은 ـا 로 끝나는 명사를 막수르 명사라고 한다. 또한, 이 명사는 **격에 따라 형태나 격모음이 변하지 않는다.**

## ▶막수르 명사의 성 결정

ـى 혹은 ـا 가 **어근에 기인할 경우 남성** 명사이지만 **어근이 아닐 경우 여성**으로 구분되며, 이렇게 **어근이 아닐 경우 이는 2격 명사**로 분류되어 탄원을 갖지 못 한다.

| 남성 | | | 여성_2격 명사 | | |
|---|---|---|---|---|---|
| (ش ف ي) | مُسْتَشْفًى | 병원 | (ذ ك ر) | ذِكْرَى | 기억 |
| (ب ن ي) | مَبْنًى | 건물 | (د ع و) | دَعْوَى | 소송 |
| (ع ص و) | عَصًا | 지팡이 | (ف و ض) | فَوْضَى | 혼돈 |

هَلْ تَعْرِفُ مُسْتَشْفًى قَرِيبًا مِنْ هُنَا؟    당신은 여기에서 가까운 병원을 아시나요?

مَعِي ذِكْرَى جَمِيلَةٌ فِي ذَلِكَ الْمَكَانِ.    나는 저 장소에서의 아름다운 기억을 갖고 있다.

## ▶막수르 명사의 형태 변형

막수르 명사 형태 중 ـى 로 끝나는 단어는 그 뒤에 대명사가 접미될 경우 **ـى 가 ـا 로 형태가 변한 뒤 대명사가 접미**된다. 그리고 1인칭 접미형 인칭 대명사의 경우 ـا 뒤에 접미되면 **ـيَ** 로 발음된다.

مُسْتَشْفًى + كَ -> مُسْتَشْفَاكَ     مُسْتَشْفًى + ـِي -> مُسْتَشْفَايَ

당신의 병원                        나의 병원

أَيْنَ يَقَعُ مَبْنَاكَ فِي هَذِهِ الْمَدِينَةِ؟    당신의 건물은 이 도시 어디에 위치해 있나요?

مَتَى تَبْدَأُ دَعْوَاكُمُ الْمَدَنِيَّةُ؟    당신들의 민사 소송은 언제 시작하나요?

# Unit 11. 약자근 명사 (만꾸스)

## ▶ 만꾸스 명사의 개념

기본형(비한정 주격)을 ﹷ 의 형태로 사용하는 명사를 말한다. 보통 **마지막 어근이 ي 인 동사의 분사나 동명사**인 경우가 거의 대부분이며 간혹 불규칙 복수명사 중에 만꾸스 명사인 경우도 있다.

مَاضٍ (م ض ي)     مُحَامٍ (ح م ي)     تَنَحٍّ (ن ح ي)     كَرَاسٍ (ك ر س)     أَرَاضٍ (ا ر ض)

지난          변호사          퇴임          의자들 (pl.)          땅들 (pl.)

## ▶ 생략된 ي 의 등장

아래의 경우 중 하나라도 해당일 될 경우 이 숨어있던 ي 가 표기되며, 각각의 경우에 따른 격 표기 방식은 아래와 같다.

1. 관사가 붙을 때

| 주격 | 목적격 | 소유격 |
|---|---|---|
| أَلْمُحَامِي | أَلْمُحَامِي | أَلْمُحَامِي |

2. 후 연결어를 취할 때

| 주격 | 목적격 | 소유격 |
|---|---|---|
| مُحَامِي الرَّئِيسِ | مُحَامِيَ الرَّئِيسِ | مُحَامِي الرَّئِيسِ |
| مُحَامِي رَئِيسٍ | مُحَامِيَ رَئِيسٍ | مُحَامِي رَئِيسٍ |

3. ة 를 취할 때

| 주격 | 목적격 | 소유격 |
|---|---|---|
| مُحَامِيَةٌ | أَلْمُحَامِيَةَ | أَلْمُحَامِيَةِ |

4. 비한정 목적격이 될 때

| 주격 | 목적격 | 소유격 |
|---|---|---|
| مُحَامٍ | مُحَامِيًا | مُحَامٍ |

يَتَحَدَّثُ الْمُدَّعِي الْعَامُ مَعَ مُحَامِينَا عَنِ الْأَدِلَّةِ الْمَادِّيَّةِ.     검사는 우리 측 변호사와 물증에 대해 이야기 하고 있다.

هَلْ تُرِيدُ غُرْفَةً غَالِيَةً؟     당신은 비싼 방을 원하나요?

سَكَنْتُ هُنَا وَقْتًا مَاضِيًا.     나는 예전에 이곳에 머물렀다.

# Unit 12 약자근 명사 (맘두드)

## ▶맘두드 명사의 개념

단어의 마지막이 ءا 로 끝나는 명사를 맘두드 명사라 한다.

## ▶맘두드 명사의 분류

이 경우 ء 자체가 어근인 경우와 ء 가 **별도의 어근에서 변경된 경우**와 **애초에 어근이 아닌 경우**로 구분된다. 특히 어근이 아닐 경우는 2격 명사로 분류되어 탄원을 취하지 못 한다.

어근이 아닌 경우는, ①**단어 자체가 맘두드** 이거나 ②**특정 명사의 여성형**일 경우 혹은 ③**불규칙 복수 형태 중 맘두드 형태**인 경우이다.

그리고 2격이 아닌 명사는 탄원을 취할 수 있으나, **탄원 목적격일 경우에 추가로 alif 가 접미되지 않는다.**

| 어근인 ء | | 별도의 어근이 ء 로 변경 | | 어근이 아닌 ء _ 2격 | |
|---|---|---|---|---|---|
| بَدْءٌ (ب د ء) | 시작 | سَمَاءٌ (س م و) | 하늘 | صَحْرَاءُ (ص ح ر) | 사막 (f.) |
| هَنَاءٌ (ه ن ء) | 행복 | بِنَاءٌ (ب ن ي) | 기초함, 건물 | حَمْرَاءُ (ح م ر) | 붉은 (f.) |
| إِنْشَاءٌ (ن ش ء) | 설치 | عَشَاءٌ (ع ش و) | 저녁식사 | صَفْرَاءُ (ص ف ر) | 노란 (f.) |
| | | مِينَاءٌ (و ن ي) | 항구 | أَصْدِقَاءُ (ص د ق) | 친구들 (pl.) |
| | | مَاءٌ (م و ه) | 물 | خُبَرَاءُ (خ ب ر) | 전문가들 (pl.) |

يَرَى مُحَمَّدٌ بِنَاءً بُرْتُقَالِيًّا فِي الْمَقْهَى. 　무함마드는 카페에서 주황색 건물을 보고 있다.

أَشْرَبُ مَاءً دَافِئًا عَادَةً عِنْدَمَا يَكُونُ عِنْدِي زُكَامٌ. 　나는 감기에 걸릴 때 보통 따뜻한 물을 마신다.

يَنْتَظِرُنِي الْأَصْدِقَاءُ فِي الْمَطَارِ. 　친구들이 공항에서 날 기다리고 있다.

نَزَلْتُ فِي فُنْدُقٍ بِالصَّحْرَاءِ عِنْدَمَا زُرْتُ مِصْرَ. 　내가 이집트를 방문했을 때 나는 사막에 있는 한 호텔에 머물렀다.

# Unit 13 종류명사

## ▶종류명사의 개념

종류명사란 말 그대로 사과나 닭 혹은 소금처럼 **특정 종류를 통칭하는 명사**를 의미한다. 이 때 이 종류명사들은 그 속성에 따라 **개수를 셀 수 있는 명사**와 **셀 수 없는 명사**로 구분된다.

## ▶셀 수 있는 종류 명사

종류명사로 분류되는 명사는 비록 수를 셀 수 있는 종류라 하더라도 종류명사 그 자체로는 수를 표현할 수 없으며, **δ 를 접미시켜야 수를 표현할 수 있게 된다.**

|  | 종류명사 | 단수 | 쌍수 | 복수 |
|---|---|---|---|---|
| 사과 | تُفَّاحٌ | تُفَّاحَةٌ | تُفَّاحَتَانِ | تُفَّاحَاتٌ |

| 복숭아 | خَوْخٌ | 달걀 | بَيْضٌ | 소 | بَقَرٌ | 종이 | وَرَقٌ |
|---|---|---|---|---|---|---|---|
| 바나나 | مَوْزٌ | 나무 | شَجَرٌ | 닭 | دَجَاجٌ | 유리병 | زُجَاجٌ |

هَذَا الْحَيُّ مَشْهُورٌ فِي الدَّوْلَةِ بِهَذَا الْخَوْخِ.  이 지역은 이 복숭아로 국내에서 유명하다.

أَتَنَاوَلُ مَوْزَتَيْنِ صَبَاحًا عَادَةً.  나는 아침에 보통 바나나 두 개를 먹는다.

## ▶셀 수 없는 종류 명사

특정 명사의 종류를 의미하긴 하지만, 그 개수를 정확히 표현하는 것이 애매할 경우는 셀 수 없는 종류명사로 분류되고, **이 명사들은 수 변화를 하지 않는다.** 단, 예외적으로 수를 표현하는 것이 아닌 많은 양을 강조하기 위한 복수형이 존재하는 명사도 있다.

| 설탕 | سُكَّرٌ | 밀가루 | دَقِيقٌ | 커피 | قَهْوَةٌ | 물 | مَاءٌ ج مِيَاهٌ |
|---|---|---|---|---|---|---|---|
| 소금 | مِلْحٌ | 술 | خَمْرٌ ح خُمُورٌ | 우유 | حَلِيبٌ | 기름 | زَيْتٌ ح زُيُوتٌ |

هَذِهِ الْحَاوِيَاتُ مَلِيئَةٌ بِالسُّكَّرِ.  이 컨테이너들은 설탕으로 가득 차 있다.

تَحْتَ أَرْضِ هَذِهِ الْمِنْطَقَةِ زُيُوتٌ كَثِيرَةٌ.  이 지역의 땅 아래에 많은 기름이 있다.

# Unit 14 군집명사

## ▶군집 명사의 개념

군집명사란 민족과 같은 **특정 사람들의 묶음을 통칭하는 명사**를 의미하며, **단어 자체가 복수의 사람들을 의미**한다.

## ▶민족을 나타내는 군집 명사

민족을 나타내는 명사는 그 자체로 그 민족 사람들을 의미하여 **복수로 인식이 된다.** 그리고 이 명사들을 **관계형용사 형태(ﹻﹲ)로 만들어서 개개인 한 명으로 표현**하게 된다.

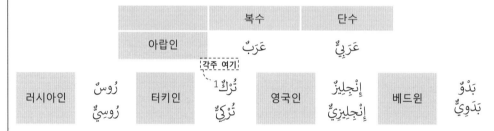

| | | 복수 | 단수 |
|---|---|---|---|
| | 아랍인 | عَرَبٌ | عَرَبِيٌّ |

| 러시아인 | رُوسٌ / رُوسِيٌّ | 터키인 | تُرْكٌ / تُرْكِيٌّ | 영국인 | إِنْجِلِيزٌ / إِنْجِلِيزِيٌّ | 베드윈 | بَدْوٌ / بَدَوِيٌّ |

각주 여기 1

اَلْإِنْجِلِيزُ يَأْكُلُونَ عَادَةً السَّمَكَ وَرَقَائِقَ الْبَطَاطَا.

영국인들은 보통 피쉬앤칩스를 먹는다.

فِي الْفَصْلِ عَرَبِيٌّ وَتُرْكِيَّانِ الْآنَ.

지금 교실에 아랍인 한 명과 터키인 두 명이 있다.

## ▶복수의 사람들을 지칭하는 군집 명사

이 경우는 **단어 자체가 복수**로 인식되며, 이 경우는 단수를 표현할 수 없다. 단, 예외적으로 민족을 나타내는 군집명사처럼 관계형용사 형태로 단수를 표현할 수 있는 명사도 있다.

| 인류 | بَشَرٌ | 여자들 | نِسَاءٌ | 군인들 | جُنْدٌ / جُنْدِيٌّ |
|---|---|---|---|---|---|
| 사람들 | نَاسٌ | 일족, 친족 | أَهْلٌ | 군인들 | عَسْكَرٌ / عَسْكَرِيٌّ |

اَلنَّاسُ يَنْزِلُونَ فِي ذَلِكَ الْفُنْدُقِ الْفَاخِرِ.

그 사람들은 저 고급 호텔에 투숙중이다.

حَصَلَتِ النِّسَاءُ الذَّكِيَّاتُ عَلَى الْجَائِزَةِ الذَّهَبِيَّةِ فِي مُسَابَقَةِ الرِّيَاضِيَّاتِ الْعَالَمِيَّةِ.

그 똑똑한 여자들은 국제수학경시대회에서 금상을 탔다.

---

[1] 터키인의 경우 복수형태로 أَتْرَاكٌ 를 쓰기도 한다.

# Unit 15. 기수

## ▶숫자 1~10

각주 여기[1]

아랍어 기수의 범위가 3~10 인 경우 이 숫자의 성은 **세어지는 명사의 성과 반대로** 쓰게 된다. 아래 표의 남성/여성은 세어지는 명사의 성을 의미한다. 즉, 숫자 3의 경우 세어지는 명사가 남성일 경우 숫자는 ة 가 접미된 형태를 쓰게 된다. 이는 바로 아래 13~19도 마찬가지이다.

|   | 남성 | 여성 |   | 남성 | 여성 |
|---|---|---|---|---|---|
| 1 | وَاحِدٌ | وَاحِدَةٌ | 6 | سِتَّةٌ | سِتٌّ |
| 2 | اِثْنَانِ / اِثْنَيْنِ | اِثْنَتَانِ / اِثْنَتَيْنِ | 7 | سَبْعَةٌ | سَبْعٌ |
| 3 | ثَلَاثَةٌ | ثَلَاثٌ | 8 | ثَمَانِيَةٌ | ثَمَانٍ |
| 4 | أَرْبَعَةٌ | أَرْبَعٌ | 9 | تِسْعَةٌ | تِسْعٌ |
| 5 | خَمْسَةٌ | خَمْسٌ | 10 | عَشَرَةٌ | عَشْرٌ |

## ▶숫자 11~19

이 범위의 숫자는 12를 제외하고는 모두 파트하로 고정되며, 1단위와 10단위 사이에 و 를 쓰지 않는다. 그리고 이 범위 기수 중 **13~19 숫자의 성도 세어지는 명사의 성과 반대로** 쓰며, 아래 표의 남성/여성은 세어지는 명사의 성을 의미한다.

|   | 남성 | 여성 |   | 남성 | 여성 |
|---|---|---|---|---|---|
| 11 | أَحَدَ عَشَرَ | إِحْدَى عَشْرَةَ | 16 | سِتَّةَ عَشَرَ | سِتَّ عَشْرَةَ |
| 12 | اِثْنَا عَشَرَ / اِثْنَيْ عَشَرَ | اِثْنَتَا عَشْرَةَ / اِثْنَتَيْ عَشْرَةَ | 17 | سَبْعَةَ عَشَرَ | سَبْعَ عَشْرَةَ |
| 13 | ثَلَاثَةَ عَشَرَ | ثَلَاثَ عَشْرَةَ | 18 | ثَمَانِيَةَ عَشَرَ | ثَمَانِيَ عَشْرَةَ |
| 14 | أَرْبَعَةَ عَشَرَ | أَرْبَعَ عَشْرَةَ | 19 | تِسْعَةَ عَشَرَ | تِسْعَ عَشْرَةَ |
| 15 | خَمْسَةَ عَشَرَ | خَمْسَ عَشْرَةَ |   |   |   |

## ▶20 이상의 10단위 배수와 1단위의 결합

10의 배수는 남성규칙복수 형태를 가지며, 1단위가 같이 쓰이면 각 단위 모두 و 로 구분한다.

| 20 | عِشْرُونَ / ـرِينَ | 40 | أَرْبَعُونَ / ـعِينَ | 60 | سِتُّونَ / سِتِّينَ | 80 | ثَمَانُونَ / ـنِينَ |
|---|---|---|---|---|---|---|---|
| 30 | ثَلَاثُونَ / ـثِينَ | 50 | خَمْسُونَ / ـسِينَ | 70 | سَبْعُونَ / ـعِينَ | 90 | تِسْعُونَ / ـعِينَ |

| 25 | خَمْسَةٌ وَعِشْرُونَ / خَمْسَةً وَعِشْرِينَ | 86 | سِتَّةٌ وَثَمَانُونَ / سِتَّةً وَثَمَانِينَ |
|---|---|---|---|

---

[1] 세어지는 명사는 기수 뒤에 나오며, 이 때 숫자 범위에 따라 세어지는 명사는 숫자의 후 연결어(unit 81)일 수도 있고 명시 목적어(unit 118)일 수도있다. 이는 각 해당 unit에서 자세하게 학습할 수 있다.

# Unit 16. 서수

## ▶숫자 1~10

서수의 경우 첫 번째는 기수의 어근과는 다른 별도의 어근이 사용된 어휘를 사용하고, 2~10 사이의 서수는 기수와 동일한 어근으로 능동분사 형태(فَاعِل)를 만들어 표현한다.

기수에서는 3~10 범위 숫자의 성이 세어지는 명사와 반대로 적용이 되었지만, 서수는 이에 해당하지 않는다.

| | 남성 | 여성 | | 남성 | 여성 |
|---|---|---|---|---|---|
| 1 | أَوَّلُ | أُولَى | 6 | سَادِسٌ | سَادِسَةٌ |
| 2 | ثَانٍ | ثَانِيَةٌ | 7 | سَابِعٌ | سَابِعَةٌ |
| 3 | ثَالِثٌ | ثَالِثَةٌ | 8 | ثَامِنٌ | ثَامِنَةٌ |
| 4 | رَابِعٌ | رَابِعَةٌ | 9 | تَاسِعٌ | تَاسِعَةٌ |
| 5 | خَامِسٌ | خَامِسَةٌ | 10 | عَاشِرٌ | عَاشِرَةٌ |

## ▶숫자 11~19

이 범위의 숫자는 모두 파트하로 고정된다.

| | 남성 | 여성 | | 남성 | 여성 |
|---|---|---|---|---|---|
| 11 | حَادِيَ عَشَرَ | حَادِيَةَ عَشْرَةَ | 16 | سَادِسَ عَشَرَ | سَادِسَةَ عَشْرَةَ |
| 12 | ثَانِيَ عَشَرَ | ثَانِيَةَ عَشْرَةَ | 17 | سَابِعَ عَشَرَ | سَابِعَةَ عَشْرَةَ |
| 13 | ثَالِثَ عَشَرَ | ثَالِثَةَ عَشْرَةَ | 18 | ثَامِنَ عَشَرَ | ثَامِنَةَ عَشْرَةَ |
| 14 | رَابِعَ عَشَرَ | رَابِعَةَ عَشْرَةَ | 19 | تَاسِعَ عَشَرَ | تَاسِعَةَ عَشْرَةَ |
| 15 | خَامِسَ عَشَرَ | خَامِسَةَ عَشْرَةَ | | | |

## ▶20 이상의 10단위 배수 및 그 이상의 수

이 범위는 기수와 서수가 동일한 형태로 사용되며, 이는 다음 unit에 나오는 100단위 이상의 큰 수에도 동일하게 적용된다.

# Unit 17. 100 이상 큰 수

## ▶ 100단위

100 이상의 배수의 경우 200은 100을 쌍수로 변형시키고 300부터는 3~9 범위의 숫자와 100이 서로 결합된 형태를 가진다.

또한 각 단위가 서로 결합하게 되면 وَ 로 구분하게 된다. 이 때 11-19 범위는 وَ 가 없는 점을 유의해야 한다.

| | | | | | |
|---|---|---|---|---|---|
| 100 | مِئَةٌ أو مِائَةٌ | 400 | أَرْبَعُمِئَةٍ | 700 | سَبْعُمِئَةٍ |
| 200 | مِئَتَانِ / مِئَتَيْنِ | 500 | خَمْسُمِئَةٍ | 800 | ثَمَانِمِئَةٍ |
| 300 | ثَلَاثُمِئَةٍ | 600 | سِتُّمِئَةٍ | 900 | تِسْعُمِئَةٍ |
| 460 | أَرْبَعُمِئَةٍ وَسِتُّونَ | 816 | ثَمَانِمِئَةٍ وَسِتَّةَ عَشَرَ | 543 | خَمْسُمِئَةٍ وَثَلَاثَةٌ وَأَرْبَعُونَ |

## ▶ 1000단위 및 그 이상 큰 수

1000 이상의 배수의 경우 2000은 1000(ألْفٌ ج آلَافٌ)을 쌍수로 변형시키고 3000부터는 3~9 범위의 숫자와 1000의 복수가 서로 연결형 구조를 가진다.

또한 각 단위가 서로 결합하게 되면 وَ 로 구분하게 된다. 우선 단위를 나타내는 명사를 본 뒤 숫자 조합을 보자.

| 천 (thousand) | أَلْفٌ ج آلَافٌ | 백만 (million) | مِلْيُونٌ ج مَلَايِينُ | 십억 (billion) | مِلْيَارٌ ج مِلْيَارَاتٌ |
|---|---|---|---|---|---|
| 1000 | أَلْفٌ | 4000 | أَرْبَعَةُ آلَافٍ | 7000 | سَبْعَةُ آلَافٍ |
| 2000 | أَلْفَانِ / أَلْفَيْنِ | 5000 | خَمْسَةُ آلَافٍ | 8000 | ثَمَانِيَةُ آلَافٍ |
| 3000 | ثَلَاثَةُ آلَافٍ | 6000 | سِتَّةُ آلَافٍ | 9000 | تِسْعَةُ آلَافٍ |
| 5649 | خَمْسَةُ آلَافٍ وَسِتُّمِئَةٍ وَتِسْعَةٌ وَأَرْبَعُونَ | | | | |
| 1만 | عَشَرَةُ آلَافٍ | 100만 | مِلْيُونٌ | 200만 | مِلْيُونَانِ / مِلْيُونَيْنِ |
| 300만 | ثَلَاثَةُ مَلَايِينَ | 10억 | مِلْيَارٌ | 20억 | مِلْيَارَانِ / مِلْيَارَيْنِ |
| 60억 | سِتَّةُ مِلْيَارَاتٍ | 80억 | ثَمَانِيَةُ مِلْيَارَاتٍ | 100억 | عَشَرَةُ مِلْيَارَاتٍ |

# Unit 18. 분수와 소수

## ▶ 분수

숫자어근을 فُعْلٌ 어형으로 사용하면 분수를 의미한다. 단, 1/2 은 نِصْفٌ 어휘를 따로 사용한다.

| 1/2 | نِصْفٌ | 1/5 | خُمْسٌ | 1/8 | ثُمْنٌ |
|---|---|---|---|---|---|
| 1/3 | ثُلْثٌ | 1/6 | سُدْسٌ | 1/9 | تُسْعٌ |
| 1/4 | رُبْعٌ | 1/7 | سُبْعٌ | 1/10 | عُشْرٌ |

위의 분수에서 분자가 2 일 경우에는, 위 형태를 쌍수로 만들면 된다. 분자가 3 이상일 경우 분자를 먼저 쓴 뒤 분모를 복수형태(أَفْعَالٌ)로 만들어서 후 연결어로 연결형으로 만든다.

혹은 분자와 분모를 모두 기수로 쓰고 분모 앞에 عَلَى 를 써서 표현할 수도 있다.

| 2/3 | ثُلْثَانِ | 5/6 | خَمْسَةُ أَسْدَاسٍ | 4/7 | أَرْبَعَةُ أَسْبَاعٍ |
|---|---|---|---|---|---|
| | اِثْنَانِ عَلَى ثَلَاثَةٍ | | خَمْسَةٌ عَلَى سِتَّةٍ | | أَرْبَعَةٌ عَلَى سَبْعَةٍ |

분모가 11 이상일 경우 분자를 먼저 쓴 뒤 전치사 عَلَى 를 쓰고 분모를 쓴다.

| 2/11 | اِثْنَانِ عَلَى أَحَدَ عَشَرَ | 8/21 | ثَمَانِيَةٌ عَلَى وَاحِدٍ وَعِشْرِينَ |
|---|---|---|---|

## ▶ 소수

소수점이 없는 것처럼 발음한 뒤 소수점 뒤 자리의 수를 보고 1자리수 일 경우 عَشَرَةٍ مِنْ 2자리 일 경우 مِنْ مِئَةٍ 라고 표현한다.

| 0.3 | ثَلَاثَةٌ مِنْ عَشَرَةٍ | 0.38 | ثَمَانِيَةٌ وَثَلَاثُونَ مِنْ مِئَةٍ |
|---|---|---|---|

소수점 앞에 양의 정수가 있을 경우 그 숫자를 먼저 써주고 وَ를 써주면 된다.

| 1.3 | وَاحِدٌ وَثَلَاثَةٌ مِنْ عَشَرَةٍ | 2.38 | اِثْنَانِ وَثَمَانِيَةٌ وَثَلَاثُونَ مِنْ مِئَةٍ |
|---|---|---|---|

하지만, 좀 더 간편한 방식으로는 한국말과 마찬가지로 양의 정수를 기수로 발음하고 점을 فَاصِل 로 발음한 뒤 소수점 뒤 자리수를 한 단위씩 끊어서 발음하는 것도 가능하다. [1] 각주 여기

| 1.3 | وَاحِدٌ فَاصِل ثَلَاثَة | 2.38 | اِثْنَان فَاصِل ثَلَاثَة ثَمَانِية |
|---|---|---|---|

---

[1] 단, 이런 방식은 구술 상 편리성을 위해 사용되며, 정통 문법상 표현은 아니다. 따라서 격모음을 신경쓰지 않고 쓰쿤으로 발음해도 무방하다.

# Unit 19. 날짜와 연도

## ▶날짜 표현

'일'을 표현할 때는 서수를 한정으로 쓴 뒤 전치사 مِنْ 뒤에 월 이름을 쓴다.

| 1 일 | 8 일 | 15 일 | 20 일 | 30 일 |
|---|---|---|---|---|
| اَلْأَوَّل | اَلثَّامِن | اَلْخَامِسَ عَشَرَ | اَلْعِشْرُونَ | اَلثَّلَاثُونَ |

| | 양력 | | 이슬람력 | | 양력 | | 이슬람력 |
|---|---|---|---|---|---|---|---|
| 1 월 | كَانُونُ الثَّانِي | يَنَايِرُ | مُحَرَّمٌ | 7 월 | تَمُّوزُ | يُولْيُو | رَجَبٌ |
| 2 월 | شُبَاطُ | فِبْرَايِرُ | صَفَرٌ | 8 월 | آبُ | أُغُسْطُسُ | شَعْبَانُ |
| 3 월 | آذَارُ | مَارِسُ | رَبِيعُ الْأَوَّلِ | 9 월 | أَيْلُولُ | سِبْتَمْبِرُ | رَمَضَانُ |
| 4 월 | نَيْسَانُ | أَبْرِيلُ | رَبِيعُ الثَّانِي | 10 월 | تِشْرِينُ الْأَوَّلُ | أُكْتُوبَرُ | شَوَّالٌ |
| 5 월 | أَيَّارُ | مَايُو | جُمَادَى الْأُولَى | 11 월 | تِشْرِينُ الثَّانِي | نُوفَمْبِرُ | ذُو الْقِعْدَةِ |
| 6 월 | حَزِيرَانُ | يُونْيُو | جُمَادَى الثَّانِيَةُ | 12 월 | كَانُونُ الْأَوَّلُ | دِيسَمْبِرُ | ذُو الْحِجَّةِ |

1월 23일에    فِي الثَّالِثِ وَالْعِشْرِينَ مِنْ يَنَايِرَ/كَانُونِ الثَّانِي

## ▶연도와 연대 표현

연도는 سَنَةٌ 혹은 عَامٌ 뒤에 숫자가 후 연결어로 나오는 방식이다. 이 때 숫자의 성은 سَنَةٌ 혹은 عَامٌ 에 일치된다.

| 1943 년 | عَامُ أَلْفٍ وَتِسْعِمِئَةٍ وَثَلَاثَةٍ وَأَرْبَعِينَ | 2018 년 | عَامُ أَلْفَيْنِ وَثَمَانِيَةَ عَشَرَ |
|---|---|---|---|
| | سَنَةُ أَلْفٍ وَتِسْعِمِئَةٍ وَثَلَاثٍ وَأَرْبَعِينَ | | سَنَةُ أَلْفَيْنِ وَثَمَانِي عَشْرَةَ |

연대를 표현할 때는 10위 숫자를 여성복수형태로 만들면 되고, مِنَ الْقَرْنِ 를 쓴 뒤 몇 세기인지 써줄 수 있다. 혹은 숫자와 الْقَرْن 을 연결형으로 만들어도 무방하다.

| 1920 년대에 (20 세기) | 1750 년대에 (18 세기) |
|---|---|
| فِي الْعِشْرِينَاتِ مِنَ الْقَرْنِ الْعِشْرِينَ | فِي الْخَمْسِينَاتِ مِنَ الْقَرْنِ الثَّامِنَ عَشَرَ |
| فِي عِشْرِينَاتِ الْقَرْنِ الْعِشْرِينَ | فِي خَمْسِينَاتِ الْقَرْنِ الثَّامِنَ عَشَرَ |

19

# Unit 20. 시간 및 기타 숫자 표현

## ▶시간

시간을 표현할 때는 서수를 쓴다. 단, 1시는 예외적으로 기수를 쓴다.

| | | | | | |
|---|---|---|---|---|---|
| 1시 | اَلسَّاعَةُ الْوَاحِدَةُ | 5시 | اَلسَّاعَةُ الْخَامِسَةُ | 9시 | اَلسَّاعَةُ التَّاسِعَةُ |
| 2시 | اَلسَّاعَةُ الثَّانِيَةُ | 6시 | اَلسَّاعَةُ السَّادِسَةُ | 10시 | اَلسَّاعَةُ الْعَاشِرَةُ |
| 3시 | اَلسَّاعَةُ الثَّالِثَةُ | 7시 | اَلسَّاعَةُ السَّابِعَةُ | 11시 | اَلسَّاعَةُ الْحَادِيَةَ عَشْرَةَ |
| 4시 | اَلسَّاعَةُ الرَّابِعَةُ | 8시 | اَلسَّاعَةُ الثَّامِنَةُ | 12시 | اَلسَّاعَةُ الثَّانِيَةَ عَشْرَةَ |

각주 여기!

분을 표현할 때는 시간 뒤에 وَ 를 쓴 뒤 기수와 분(دَقِيقَةٌ ج دَقَائِقُ)이 **연결형 혹은 명시 목적어**[1]을 이루거나, 분수를 쓸 수 있다. 그리고 제외사 إِلَّا 를 활용하여 '~분 전'으로 표현할 수도 있다.

| | | | | | |
|---|---|---|---|---|---|
| 2분 | وَدَقِيقَتَانِ | 10분 | وَعَشْرُ دَقَائِقَ | 40분 | وَأَرْبَعِينَ دَقِيقَةً |
| 15분 | وَالرُّبُعُ | 20분 | وَالثُّلُثُ | 30분 | وَالنِّصْفُ |
| 2시 30분에 | فِي السَّاعَةِ الثَّانِيَةِ وَالنِّصْفِ | | | 3시 40분에 | فِي السَّاعَةِ الرَّابِعَةِ إِلَّا ثُلْثًا |

## ▶구성 개수

숫자 어근을 فُعَالِيٌّ 어형으로 사용하면 "~개수로 구성이 된" 이라는 의미를 지닌 단어가 된다.

| | | | | | |
|---|---|---|---|---|---|
| 1 | أُحَادِيٌّ | 3 | ثُلَاثِيٌّ | 8 | ثُمَانِيٌّ |
| 2 | ثُنَائِيٌّ | 6 | سُدَاسِيٌّ | 10 | عُشَارِيٌّ |

لَا أُوَافِقُ عَلَى قَرَارِهِ الْأُحَادِيِّ.    나는 그의 독단적인 결정에 동의하지 않는다.

سَوْفَ يَشْتَرِكُ الْفَرِيقُ فِي الْاِجْتِمَاعِ الثُّلَاثِيِّ.    그 팀은 3자 회의에 참석할 것이다.

---

[1] '3분~10분'은 분의 복수형태(دقائق)가 후 연결어로 나오고, '11분~59분'은 분의 단수형태(دقيقة)가 명시 목적어로 나온다. 이는 각각 연결형 파트(unit81)와 명시 목적어 파트(unit118)에서 상세히 다룰 것이다.

# Unit 21. 완료형

## ▶완료형의 개념과 구분

아랍어 동사의 완료형은 **동사의 행위가 완료되었음**을 의미하며, 시제상 과거시제를 의미한다.

3인칭 단수(هو) 형태가 가장 기본이 되는 형태이며 주어의 인칭/성/수에 따라 기본형태를 변형시켜서 동사를 활용한다. 이 때 이 동사의 형태는 **마지막 어근의 발음(파트하/담마/쓰쿤)을 기준으로 크게 3가지 형태로 구분할 수 있다.**[1] ----·각주 여기!

이렇게 어미가 변하는 형태는 동사의 종류를 불문한다. 즉, 약동사나 4자근 동사 그리고 파생동사에서도 동일하게 적용되며, 각 동사의 수동태에서도 어미가 변하는 형태는 동일하다.

그리고 완료형은 의미에 따라 형태가 정해지면 **접속사 등의 여부로 인해 형태가 변화하지 않는다.**

## ▶파트하 완료형 (اَلْفِعْلُ الْمَاضِي الْمَبْنِيُّ عَلَى الْفَتْحِ)

| | |
|---|---|
| هُوَ | دَرَسَ |
| هِيَ | دَرَسَتْ |
| هُمَا | دَرَسَا |
| (f.) هُمَا | دَرَسَتَا |

## ▶담마 완료형 (اَلْفِعْلُ الْمَاضِي الْمَبْنِيُّ عَلَى الضَّمِّ)

| | |
|---|---|
| هُمْ | دَرَسُوا |

## ▶쓰쿤 완료형
(اَلْفِعْلُ الْمَاضِي الْمَبْنِيُّ عَلَى السُّكُونِ)

| | |
|---|---|
| هُنَّ | دَرَسْنَ |
| أَنْتَ | دَرَسْتَ |
| أَنْتِ | دَرَسْتِ |
| أَنْتُمَا | دَرَسْتُمَا |
| (f.) أَنْتُمَا | دَرَسْتُمَا |
| أَنْتُمْ | دَرَسْتُمْ |
| أَنْتُنَّ | دَرَسْتُنَّ |
| أَنَا | دَرَسْتُ |
| نَحْنُ | دَرَسْنَا |

---

[1] 기존 동사구분에 익숙한 학습자들에게는 성/수/인칭에 따른 도표가 좀 더 익숙할 것으로 생각이 된다. 하지만 다양한 형태의 동사들의 변화형태를 익히기 위해서는 **공통된 발음 구조를 가진 형태끼리 묶어서 학습해야 변화 형태가 더 직관적으로 보이고 발음 연습을 하기도 더 편할 것이다.** 생소할 수 있다는 점 충분히 이해하지만, 다소 시간이 걸리더라도 발음하면서 연습하다보면 훨씬 더 효율적인 방식이라는 점을 받아들일 수 있을 것이라고 생각된다. 이에 대한 한국식 표현이 정립되어 있지 않아 각 형태별로 "모음명 완료형"으로 임의로 표현하였고, 오해의 소지를 피하고자 아랍식 문법 표현도 병기하였다.

# Unit 22. 미완료형

## ▶ 미완료형의 개념과 구분

아랍어 동사의 미완료형은 **동사의 행위가 완료되지 않았음**을 의미하며, 시제상 현재 혹은 미래시제를 의미한다.

3인칭 단수 완료 형태에 의미(인칭/성/수)에 따라 주어표지어가 접미 혹은 접두되어 미완료 동사를 표현한다. 이 때 변형 형태는 크게 미완료 주어표지어가 어근에 **접두되는 경우**와 **접두와 접미가 모두 되는 경우**로 구분된다.

미완료 동사는 완료형과 달리 **동사 앞에 접속사나 부정사 등의 불변사가 오게되면, 그 불변사의 종류에 따라 직설법 / 접속법 / 단축법으로 세분화되어 발음된다.**[1] 각주 여기

## ▶ 미완료 기본형

**(미완료 접두사만 있는 형태)**

직설법에서는 끝모음을 담마로하며, 접속법은 파트하, 단축법은 쓰쿤으로 하게 된다.

|  | 직설법 | 접속법 | 단축법 |
|---|---|---|---|
| هُوَ | يَدْرُسُ | يَدْرُسَ | يَدْرُسْ |
| هِيَ<br>أَنْتَ | تَدْرُسُ | تَدْرُسَ | تَدْرُسْ |
| أَنَا | أَدْرُسُ | أَدْرُسَ | أَدْرُسْ |
| نَحْنُ | نَدْرُسُ | نَدْرُسَ | نَدْرُسْ |

## ▶ 5가지 동사 (اَلْأَفْعَالُ الْخَمْسَةُ)

**(미완료 접두사와 함께 접미사로 장음이 나오는 형태)**

직설법에서는 장음+ن 이 추가되지만, 접속법과 단축법에서는 ن 이 추가되지 않고 복수형의 경우에만 و 뒤에 ا 가 첨가된다.

|  | 직설법 | 접속법 | 단축법 |
|---|---|---|---|
| هُمَا | يَدْرُسَانِ | يَدْرُسَا | يَدْرُسَا |
| هُمَا (f.) | تَدْرُسَانِ | تَدْرُسَا | تَدْرُسَا |
| هُمْ | يَدْرُسُونَ | يَدْرُسُوا | يَدْرُسُوا |
| أَنْتُمْ | تَدْرُسُونَ | تَدْرُسُوا | تَدْرُسُوا |
| أَنْتِ | تَدْرُسِينَ | تَدْرُسِي | تَدْرُسِي |

## ▶ 쓰쿤 미완료형 (اَلْفِعْلُ الْمُضَارِعُ الْمَبْنِيُّ عَلَى السُّكُونِ)

**(미완료 접두사와 함께 마지막 어근에 스쿤이 고정된 형태)**

예외적으로 미완료 형태 중 아래 두 가지 형태는 완료형 동사처럼 그 앞에 어떤 접속사 등이 오더라도 그 형태가 변하지 않는다.

| هُنَّ | يَدْرُسْنَ |
|---|---|
| أَنْتُنَّ | تَدْرُسْنَ |

---

[1] 그 불변사의 종류는 chapter 9(unit60-unit62)에서 서법별로 확인할 수 있다.

# Unit 23. 동명사와 비인칭 동사

## ▶동명사

동명사란 '~하는 것'을 뜻하는 단어이며, 동사에서 파생된다. 기본형 동사의 동명사는 그 형태가 고정되어있지 않고 어근마다 다 다르므로 매번 암기해야 한다.

| | |
|---|---|
| أُرِيدُ لَعِبَ كُرَةِ الْقَدَمِ مَعَ الْأَصْدِقَاءِ فِي الْمَلْعَبِ الْآنَ. | 나는 지금 운동장에서 친구들이랑 축구를 하고싶다. |
| هَلْ تُحِبِّينَ دِرَاسَةَ التَّارِيخِ الْعَالَمِيِّ؟ | 당신(f.)은 세계사 공부하는 것을 좋아하나요? |

## ▶풀어 쓴 동명사

동명사는 접속사 أَنْ 을 활용해서 동사로 풀어서 쓸 수 있다. 이 때 **أَنْ** **뒤에 미완료 동사를 쓸 경우 접속법**이 나와야 한다.

| | |
|---|---|
| أُرِيدُ أَنْ أَلْعَبَ كُرَةَ الْقَدَمِ مَعَ الْأَصْدِقَاءِ فِي الْمَلْعَبِ الْآنَ. | 나는 지금 운동장에서 친구들이랑 축구를 하고싶다. |
| هَلْ تُحِبِّينَ أَنْ تَدْرُسِي التَّارِيخَ الْعَالَمِيِّ؟ | 당신(f.)은 세계사 공부하는 것을 좋아하나요? |

## ▶접속사 أَنْ 과 사용되는 비인칭 동사

비인칭 동사는 남성 단수 형태로 고정해서 사용하는 동사를 뜻한다. 이 때 أَنْ يَفْعَلَ 는 동명사로 표현할 수도 있으며, 이 때 동명사는 비인칭 동사의 주어로서 주격을 취한다.

각주 여기

| يَجِبُ (عَلَى) أَنْ يَفْعَلَ | يَنْبَغِي (لِ) أَنْ يَفْعَلَ | يُمْكِنُ (لِ) أَنْ يَفْعَلَ | سَبَقَ (لِ) أَنْ فَعَلَ[1] |
|---|---|---|---|
| ~해야 한다. | ~해야 한다. | ~할 수 있다. | ~한 적 있다. |

| | |
|---|---|
| يَجِبُ عَلَى أَخِيكَ أَنْ يَحْجِزَ تَذَاكِرَ الطَّيَرَانِ. | 네 형이 비행 티켓들을 예약해야 한다. |
| هَلْ يَنْبَغِي لِابْنَتِي تَنَاوُلُ هَذَا الدَّوَاءِ يَوْمِيًّا؟ | 내 딸이 이 약을 매일 먹어야 하나요? |
| يُمْكِنُ لِي أَنْ أَكْتُبَ رِسَالَةً بِاللُّغَةِ الْعَرَبِيَّةِ. | 나는 아랍어로 편지를 쓸 수 있다. |
| هَلْ سَبَقَ لَكَ أَنْ سَافَرْتَ إِلَى كُورِيَا؟ | 당신은 한국에 여행가본 적 있나요? |

---

[1] 접속사 أَنْ 뒤에 나오는 문장이 명백히 과거를 의미할 때는 예외적으로 완료형을 쓸 수 있다. 이와 관련된 내용은 unit 121 أَنْ 의 용법을 통해서 확인할 수 있다.

STEP 0. 기본 어형__ **Chapter 3. 동사의 형태와 파생 명사**

| 1 | 2 | **3** | 4 | 5 | 6 | 7 | 8 | 9 | 10 | 11 | 12 | 13 | 14 | 15 | 16 | 17 | 18 | 19 | 20 | 21 | 22 | 23 | 24 | 25 |

# Unit 24. 분사

## ▶능동 분사

능동 분사는 '~하는' 혹은 '~하는 사람/것'을 뜻하는 단어이며, 동사에서 파생된 형태이다. 기본형 동사의 능동 분사는 "فَاعِلٌ"의 고정된 형태를 가진다.

| كَتَبَ | كَاتِبٌ | رَكِبَ | رَاكِبٌ |
|---|---|---|---|
| 쓰다 | 쓰는 / 작가 / 서기 | 탑승하다 | 탑승하는 / 승객 |

| عَمِلَ | عَامِلٌ | سَكَنَ | سَاكِنٌ |
|---|---|---|---|
| 일하다 | 일하는 / 근로자 | 거주하다 | 거주하는 / 거주자 |

اَلرَّجُلُ السَّاكِنُ فِي هَذَا الْبَيْتِ شُرْطِيٌّ.    이 집에 거주하는 남자는 경찰이다.

هُوَ عَامِلٌ فِي مَصْنَعِ هيونداي موتورز.    그는 현대자동차 공장에서 근무한다.

그리고 분사는 동사에서 파생되기 때문에 만약 그 동사가 목적어를 취하는 타동사일 경우 분사도 목적어를 취할 수 있다. 이 때 목적어는 ①분사의 후 연결어로 나오거나 ②전치사 لِ 의 도움을 받을 수 도 있으며, ③그대로 목적격으로 표기할 수도 있다.

① طَلَبَ رَاكِبُ هَذِهِ الطَّائِرَةِ مِنْهَا عَصِيرًا بَارِدًا.

② طَلَبَ الرَّاكِبُ لِهَذِهِ الطَّائِرَةِ مِنْهَا عَصِيرًا بَارِدًا.

③ طَلَبَ الرَّاكِبُ هَذِهِ الطَّائِرَةَ مِنْهَا عَصِيرًا بَارِدًا.

이 항공기를 탑승한 그 승객은 그녀에게 시원한 주스를 요청했다.

## ▶수동 분사

수동 분사는 '~되는' 혹은 '~되는 사람/것'을 뜻하는 단어이며, 동사에서 파생된 형태이다. 기본형 동사의 수동 분사는 "مَفْعُولٌ"의 고정된 형태를 가진다.

| سَأَلَ ~ | مَسْؤُولٌ | فَقَدَ ~ | مَفْقُودٌ |
|---|---|---|---|
| ~에게 질문하다 | 질문받는 / 책임자 | ~을 잃어버리다 | 분실된 / 분실물 |

| حَجَزَ ~ | مَحْجُوزٌ | طَلَبَ ~ | مَطْلُوبٌ |
|---|---|---|---|
| ~을 예약하다 | 예약된 / 예약된 것 | ~를 요청하다 | 요청된 / 요청된 것 |

يَلْعَبُ الْمَسْؤُولُ دَوْرًا فِي التَّعَامُلِ مَعَ الشَّكَاوَى.    책임자는 컴플레인들을 다루는 역할을 한다.

لَا تُعْجِبُنِي هَذِهِ الْغُرْفَةُ الْمَحْجُوزَةُ.    예약된 이 방은 나의 마음에 들지 않는다.

هَذِهِ الْوَثَائِقُ مَطْلُوبَةٌ مِنَ السَّفَارَةِ.    이 서류들은 대사관에서 요청된 것이다.

# Unit 25. 비인칭 수동분사[1] 각주 여기

## ▶비인칭 수동 분사의 개념

기본적으로 능동형에서 목적어가 있어야 수동형이 될 수 있다. 하지만, 아랍어의 동사 중에는 동사 자체적으로 목적어를 취할 수 있는 타동사가 있는 반면, 아래와 같이 직접 목적어를 취하지 못하는 자동사도 전치사의 도움을 받아서 의미상 목적어를 취할 수 있다.

| جَنَى عَلَى ~ | سَمَحَ لِ ~ بِ... | إِتَّفَقَ عَلَى ~ | حَكَمَ عَلَى ~ بِ... | أَوْصَى بِ ~ |
|---|---|---|---|---|
| ~에게 피해를 주다 | ~에게 ...를 허락하다 | ~에 동의하다 | ~에게 ...를 선고하다 | ~를 추천하다 |

위와 같이 전치사의 도움을 받아 **의미상 목적어를 취하는 '자동사+전치사' 형태도 결과적으로 의미상 목적어를 갖기 때문에 수동 분사 형태로 사용**될 수 있다.

이 때, 의미상 목적어를 표현하기 위해 사용된 **전치사가 수동형에서는 의미상 주어를 표현하기 위해 사용**된다. 즉, 분사 그 자체만으로는 의미상 주어의 의미를 전달할 수 없으므로 전치사가 그 의미를 완성시켜주게 된다. 따라서 수동 분사형을 쓸 때 그 뒤에 나오는 전치사를 생략하면 안 된다.

| مَجْنِيٌّ عَلَيْهَا | مَسْمُوحٌ لَهُمْ بِ... | مُتَّفَقٌ عَلَيْهِ | مَحْكُومٌ عَلَيْهِنَّ بِ... | مُوصَى بِهَا |
|---|---|---|---|---|
| 피해를 입은 (f.) | ...를 허락받은 (pl.) | 동의된 (m.) | ...를 선고받은 (f./pl.) | 추천된 (f.) |

결과적으로 **분사 자체는 비인칭 즉 남성 단수 형태인 기본형가 고정**되어 사용되고 **실질적인 그 분사의 성과 수는 전치사와 함께 대명사로써 표현**된다.

| تَرْجِعُ النِّسَاءُ الْمَحْكُومُ عَلَيْهِنَّ بِالسِّجْنِ لِسَنَتَيْنِ إِلَى السِّجْنِ. | 2년 형을 선고받은 여성들은 교도소로 돌아가고 있다. |
|---|---|
| غَيَّرَ رَئِيسُ الشَّرِكَةِ الْقَرَارَ الْمُتَّفَقَ عَلَيْهِ بِالْإِجْمَاعِ بِشَكْلٍ أُحَادِيٍّ. | 사장님은 만장일치로 합의된 결정을 일방적으로 바꾸었다. |
| لَا تُعْجِبُنِي هَذِهِ السَّيَّارَةُ الْمُوصَى بِهَا مِنْ تَاجِرِ السَّيَّارَاتِ. | 자동차 딜러로부터 추천받은 이 차량이 내 마음에 들지 않는다. |
| يُمْكِنُ أَنْ يَدْخُلَ هَؤُلَاءِ الْأَشْخَاصُ الْمَسْمُوحُ لَهُمْ فَقَطْ بِالدُّخُولِ إِلَى هَذَا الْمَصْنَعِ. | 입장이 허가된 이 사람들만 이 공장에 들어갈 수 있다. |
| لَمْ تَقْبَلِ الْمَجْنِيُّ عَلَيْهَا اعْتِذَارَ الْجَانِي أَبَدًا. | 피해자는 가해자의 사과를 받아주지 않았다. |

---

[1] 이 유닛이 바로 이해되지 않으면 unit 58 비인칭 수동태를 보고 다시 학습하길 바란다.

# Unit 26. 약동사 기초

## ▶약동사의 공통 특징

약동사는 성/수/인칭/시상에 따라 형태가 변할 때, 약자근의 종류나 위치에 따라 변화형태가 달라서 학습하기 힘들다. 그렇기 때문에 약동사의 형태변화를 익히기 전 숙지하고 있어야 하는 내용이 크게 3가지가 있다. 다음 unit에서부터 아래의 내용이 적용될 경우 첫 번째 특징은 ①, 두 번째 특징은 ②, 세 번째 특징은 ③ 으로 표시 할 것이고, 이 이외에 예외적으로 아래 특징들이 적용되지 않는 경우는 [예외사항]으로 표시할 것이다.

**첫 째**, 어근으로서의 약자음(=약자근)과 **주어표지어로서의 약자음**이 충돌할 경우, 주어표지어 약자음을 원래 어근으로 바꿔준 뒤, 약자근과 주어표지어 약자음의 조합이 و ㅗ 혹은 ᠍ㅣ 가 아닐 경우 약자근을 탈락시킨다.

وَصَلَ 의 미완료는 يَوْصِلُ 가 아닌 약자근(و)이 탈락된 يَصِلُ

دَعَا 의 담마 완료형은 دَعَاوا 에서 دَعَوُوا 로 변한 뒤 약자근이 탈락한 دَعَوْا

دَعَا 의 쌍수 남성 완료형은 دَعَا 가 아닌 دَعَوَا

يَدْعُو 의 복수형은 يَدْعُوونَ 가 아닌 약자근이 탈락한 يَدْعُونَ

**둘 째**, 약자근과 쓰쿤이 충돌할 경우도 약자근이 탈락한다.

كَانَ 의 쓰쿤 완료형은 كَانْتَ 가 아닌 كُنْتَ

كَانَ 의 미완료 단축법은 يَكُونْ 가 아닌 يَكُنْ

**셋 째**, 약자근 위에 쓰쿤이 나오게 될 경우, 그 앞의 모음이 i 혹은 u 이면 이 모음이 약자근을 장모음으로 바꾸게 되지만, a 일 경우 이중모음인 ai 혹은 au 가 된다. 단, 이렇게 쓰쿤을 취하는 약자근이 어말에 나올 경우 이 약자근은 아예 사라진다.

نَسِي 의 쓰쿤 완료형은 نَسِيْتَ 가 아닌 نَسِيتَ

دعا 의 쓰쿤 미완료형은 يَدْعُوْنَ 가 아닌 يَدْعُونَ

دعا 의 쓰쿤 완료형은 دَعَوْنَ

يَدْعُو 의 단축법은 يَدْعُوْ 가 아닌 يَدْعُ

이는 모음의 강세의 영향이다. 모음의 강세는 "쓰쿤 -> 파트하 ------------------> 담마 -> 카스라" 이 순서로 강해진다. 즉, **카스라와 담마는 모음 자체가 매우 강한 모음**이고 **쓰쿤과 파트하는 매우 약한 모음**이다. 그래서 카스라랑 담마는 그 뒤에 모음이 없는 약자근이 나올 때 본인의 모음으로 장음을 만들어서 쭉 밀고나갈 수 있지만 파트하는 이것이 불가능 하다.

26

STEP 0. 기본 어형___ **Chapter 4. 약동사**

| 1 | 2 | 3 | **4** | 5 | 6 | 7 | 8 | 9 | 10 | 11 | 12 | 13 | 14 | 15 | 16 | 17 | 18 | 19 | 20 | 21 | 22 | 23 | 24 | 25 |

# Unit 27. 어두 약동사 (وصل 형태)

| 수동태 완료형 | 수동태 미완료형 | 능동분사 | 수동분사 | 동명사 |
|---|---|---|---|---|
| وُصِلَ | يُوصَلُ | وَاصِلٌ | مَوْصُولٌ | 불규칙 |

| 파트하 완료형 | | | 쓰쿤 완료형 | | |
|---|---|---|---|---|---|
| | هُوَ | وَصَلَ | | هُنَّ | وَصَلْنَ |
| | هِيَ | وَصَلَتْ | | أَنْتَ | وَصَلْتَ |
| | هُمَا | وَصَلَا | | أَنْتِ | وَصَلْتِ |
| | هُمَا (f.) | وَصَلَتَا | | أَنْتُمَا | وَصَلْتُمَا |
| | | | | أَنْتُمَا (f.) | وَصَلْتُمَا |
| | | | | أَنْتُمْ | وَصَلْتُمْ |
| **담마 완료형** | | | | أَنْتُنَّ | وَصَلْتُنَّ |
| | هُمْ | وَصَلُوا | | أَنَا | وَصَلْتُ |
| | | | | نَحْنُ | وَصَلْنَا |

| 미완료 기본형 | | | |
|---|---|---|---|
| ① 미완료 주어표지어 ي 와 약자근인 و 가 충돌하여 و 가 탈락하게 된다. | | | |
| | 직설법 | 접속법 | 단축법 |
| هُوَ | يَصِلُ | يَصِلَ | يَصِلْ |
| هِيَ أَنْتَ | تَصِلُ | تَصِلَ | تَصِلْ |
| أَنَا | أَصِلُ | أَصِلَ | أَصِلْ |
| نَحْنُ | نَصِلُ | نَصِلَ | نَصِلْ |

| 5가지 동사 | | | |
|---|---|---|---|
| | 직설법 | 접속법 | 단축법 |
| هُمَا | يَصِلَانِ | يَصِلَا | يَصِلَا |
| هُمَا (f.) أَنْتُمَا | تَصِلَانِ | تَصِلَا | تَصِلَا |
| هُمْ | يَصِلُونَ | يَصِلُوا | يَصِلُوا |
| أَنْتُمْ | تَصِلُونَ | تَصِلُوا | تَصِلُوا |
| أَنْتِ | تَصِلِينَ | تَصِلِي | تَصِلِي |

| 쓰쿤 미완료형 | |
|---|---|
| هُنَّ | يَصِلْنَ |
| أَنْتُنَّ | تَصِلْنَ |

| وَضَعَ _ يَضَعُ ~ | وَقَعَ _ يَقَعُ على~ | وَرِثَ ـ يَرِثُ ~ |
|---|---|---|
| ~을 놓다 | ~에 위치하다, 넘어지다 | ~을 상속받다 |
| وَثِقَ _ يَثِقُ ب~ | وَعَدَ _ يَعِدُ ~ ب .. | وَجَدَ _ يَجِدُ ~ |
| ~을 믿다 | ~에게 ...을 약속하다 | ~을 찾아내다, 발견하다 |

STEP 0. 기본 어형__ **Chapter 4. 약동사**

| 1 | 2 | 3 | **4** | 5 | 6 | 7 | 8 | 9 | 10 | 11 | 12 | 13 | 14 | 15 | 16 | 17 | 18 | 19 | 20 | 21 | 22 | 23 | 24 | 25 |

# Unit 28. 어두 약동사 (يبس 형태)

| 수동태 완료형 | 수동태 미완료형 | 능동분사 | 수동분사 | 동명사 |
|---|---|---|---|---|
| يُئِسَ | يُيْأَسُ مِنْهُ | يَائِسٌ | مَيْؤُوسٌ مِنْهُ | 불규칙 |

| 파트하 완료형 | | |
|---|---|---|
| هُوَ | يَبِسَ | |
| هِيَ | يَبِسَتْ | |
| هُمَا | يَبِسَا | |
| هُمَا (f.) | يَبِسَتَا | |

| 담마 완료형 | | |
|---|---|---|
| هُمْ | يَبِسُوا | |

| 쓰쿤 완료형 | | |
|---|---|---|
| هُنَّ | يَبِسْنَ | |
| أَنْتَ | يَبِسْتَ | |
| أَنْتِ | يَبِسْتِ | |
| أَنْتُمَا | يَبِسْتُمَا | |
| أَنْتُمَا (f.) | يَبِسْتُمَا | |
| أَنْتُمْ | يَبِسْتُمْ | |
| أَنْتُنَّ | يَبِسْتُنَّ | |
| أَنَا | يَبِسْتُ | |
| نَحْنُ | يَبِسْنَا | |

## 미완료 기본형

[예외사항] 하단 설명 참고

| | 직설법 | 접속법 | 단축법 |
|---|---|---|---|
| هُوَ | يَيْبَسُ | يَيْبَسَ | يَيْبَسْ |
| هِيَ أَنْتَ | تَيْبَسُ | تَيْبَسَ | تَيْبَسْ |
| أَنَا | أَيْبَسُ | أَيْبَسَ | أَيْبَسْ |
| نَحْنُ | نَيْبَسُ | نَيْبَسَ | نَيْبَسْ |

## 5가지 동사

| | 직설법 | 접속법 | 단축법 |
|---|---|---|---|
| هُمَا | يَيْبَسَانِ | يَيْبَسَا | يَيْبَسَا |
| هُمَا (f.) أَنْتُمَا | تَيْبَسَانِ | تَيْبَسَا | تَيْبَسَا |
| هُمْ | يَيْبَسُونَ | يَيْبَسُوا | يَيْبَسُوا |
| أَنْتُمْ | تَيْبَسُونَ | تَيْبَسُوا | تَيْبَسُوا |
| أَنْتِ | تَيْبَسِينَ | تَيْبَسِي | تَيْبَسِي |

## 쓰쿤 미완료형

| هُنَّ | يَيْبَسْنَ |
|---|---|
| أَنْتُنَّ | تَيْبَسْنَ |

| يَئِسَ ــ يَيْأَسُ مِنْ | يَبِسَ ــ يَيْبَسُ |
|---|---|
| ~하는 것을 단념하다 | 마르다 |

**미완료 기본형** : 미완료 주어표지어 ي 와 약자근인 ي 가 충돌하여 약자근인 ي 가 탈락해야 하지만 이 ي 가 탈락하게 되면 완료와 미완료의 형태상 구분이 힘들어서 첫 어근이 ي 일 경우엔 약자근 ي 를 탈락시키지 않는다.

STEP 0. 기본 어형__ **Chapter 4. 약동사**

| 1 | 2 | 3 | **4** | 5 | 6 | 7 | 8 | 9 | 10 | 11 | 12 | 13 | 14 | 15 | 16 | 17 | 18 | 19 | 20 | 21 | 22 | 23 | 24 | 25 |

# Unit 29. 어중 약동사 (زَارَ_يَزُورُ 형태)

| 수동태 완료형 | 수동태 미완료형 | 능동분사 | 수동분사 | 동명사 |
|---|---|---|---|---|
| قِيلَ | يُقَالُ | قَائِلٌ | مَقُولٌ | 불규칙 |

| 파트하 완료형 | | |
|---|---|---|
| هُوَ | زَارَ | |
| هِيَ | زَارَتْ | |
| هُمَا | زَارَا | |
| هُمَا (f.) | زَارَتَا | |

| 담마 완료형 | | |
|---|---|---|
| هُمْ | زَارُوا | |

| 쓰쿤 완료형 | | |
|---|---|---|
| هُنَّ | زُرْنَ | |
| أَنْتَ | زُرْتَ | |
| أَنْتِ | زُرْتِ | |
| أَنْتُمَا | زُرْتُمَا | |
| أَنْتُمَا (f.) | زُرْتُمَا | |
| أَنْتُمْ | زُرْتُمْ | |
| أَنْتُنَّ | زُرْتُنَّ | |
| ②하단 설명 참고 | أَنَا | زُرْتُ |
| | نَحْنُ | زُرْنَا |

| 미완료 기본형 |
|---|
| ② 단축법은 어미에 쓰쿤이 나오게 되어 **약자근과 쓰쿤이 충돌**하게 (يَزُورْ) 되므로 약자근인 و 가 탈락한다. |

| | 직설법 | 접속법 | 단축법 |
|---|---|---|---|
| هُوَ | يَزُورُ | يَزُورَ | يَزُرْ |
| هِيَ أَنْتَ | تَزُورُ | تَزُورَ | تَزُرْ |
| أَنَا | أَزُورُ | أَزُورَ | أَزُرْ |
| نَحْنُ | نَزُورُ | نَزُورَ | نَزُرْ |

| 5가지 동사 | | | |
|---|---|---|---|
| | 직설법 | 접속법 | 단축법 |
| هُمَا | يَزُورَانِ | يَزُورَا | يَزُورَا |
| هُمَا (f.) أَنْتُمَا | تَزُورَانِ | تَزُورَا | تَزُورَا |
| هُمْ | يَزُورُونَ | يَزُورُوا | يَزُورُوا |
| أَنْتُمْ | تَزُورُونَ | تَزُورُوا | تَزُورُوا |
| أَنْتِ | تَزُورِينَ | تَزُورِي | تَزُورِي |

| 쓰쿤 미완료형 | |
|---|---|
| هُنَّ | يَزُرْنَ |
| أَنْتُنَّ | تَزُرْنَ |

② 원래 형태를 유지하고 쓰쿤으로 넣으면, **약자근과 쓰쿤이 충돌**하므로(يَزُورْنَ), 약자근이 탈락한다(يَزُرْنَ).

| قَالَ _ يَقُولُ | مَاتَ _ يَمُوتُ | عَادَ _ يَعُودُ | كَانَ _ يَكُونُ | مَا دَامَ ~ | صَامَ _ يَصُومُ |
|---|---|---|---|---|---|
| 말하다 | 죽다 | 돌아오다 | ~이다 | ~하는 한 | 금식하다 |

**쓰쿤 완료형** : 원래 형태를 유지하고 쓰쿤으로 넣으면, **약자근과 쓰쿤이 충돌**하므로(زَارْتَ), 약자근이 탈락하는데(زَرْتَ), 이 때 미완료 중간모음이 u 이면(يَزُورُ) 이 모음이 첫 어근으로 이동하게 된다(زُرْتَ).

# Unit 30. 어중 약동사 (بَاعَ_يَبِيعُ 형태)

| 수동태 완료형 | 수동태 미완료형 | 능동분사 | 수동분사 | 동명사 |
|---|---|---|---|---|
| بِيعَ | يُبَاعُ | بَائِعٌ | مَبِيعٌ | 불규칙 |

| 파트하 완료형 | | |
|---|---|---|
| هُوَ | بَاعَ | |
| هِيَ | بَاعَتْ | |
| هُمَا | بَاعَا | |
| هُمَا (f.) | بَاعَتَا | |

| 담마 완료형 | |
|---|---|
| هُمْ | بَاعُوا |

| 쓰쿤 완료형 | | |
|---|---|---|
| هُنَّ | بِعْنَ | |
| أَنْتَ | بِعْتَ | |
| أَنْتِ | بِعْتِ | |
| أَنْتُمَا | بِعْتُمَا | |
| أَنْتُمَا (f.) | بِعْتُمَا | |
| أَنْتُمْ | بِعْتُمْ | |
| أَنْتُنَّ | بِعْتُنَّ | |
| ②하단 설명 참고 | أَنَا | بِعْتُ |
| | نَحْنُ | بِعْنَا |

## 미완료 기본형

② 단축법은 어미에 쓰쿤이 나오게 되어 **약자근과 쓰쿤이 충돌**하게(يَبِيعْ) 되므로 약자근인 ي 가 탈락한다.

| | 직설법 | 접속법 | 단축법 |
|---|---|---|---|
| هُوَ | يَبِيعُ | يَبِيعَ | يَبِعْ |
| هِيَ / أَنْتَ | تَبِيعُ | تَبِيعَ | تَبِعْ |
| أَنَا | أَبِيعُ | أَبِيعَ | أَبِعْ |
| نَحْنُ | نَبِيعُ | نَبِيعَ | نَبِعْ |

## 5가지 동사

| | 직설법 | 접속법 | 단축법 |
|---|---|---|---|
| هُمَا | يَبِيعَانِ | يَبِيعَا | يَبِيعَا |
| هُمَا (f.) / أنتما | تَبِيعَانِ | تَبِيعَا | تَبِيعَا |
| هُمْ | يَبِيعُونَ | يَبِيعُوا | يَبِيعُوا |
| أَنْتُمْ | تَبِيعُونَ | تَبِيعُوا | تَبِيعُوا |
| أَنْتِ | تَبِيعِينَ | تَبِيعِي | تَبِيعِي |

## 쓰쿤 미완료형

| هُنَّ | يَبِعْنَ |
|---|---|
| أَنْتُنَّ | تَبِعْنَ |

② 원래 형태를 유지하고 쓰쿤으로 넣으면, **약자근과 쓰쿤이 충돌**하므로(يَبِيعْنَ), 약자근이 탈락한다(يَبِعْنَ).

| شَاعَ _ يَشِيعُ عَنْ | سَارَ _ يَسِيرُ | صَارَ _ يَصِيرُ | طَارَ _ يَطِيرُ | عَاشَ _ يَعِيشُ |
|---|---|---|---|---|
| ~에 결석하다 | 걷다 | 되다 | 날다 | 살다 |

쓰쿤 완료형 : 원래 형태를 유지하고 쓰쿤으로 넣으면, **약자근과 쓰쿤이 충돌**하므로(بَاعْتَ), 약자근이 탈락하는데(بَعْتَ), 이 때 미완료 중간모음이 i 이면(يَبِيعُ) 이 모음이 첫 어근으로 이동하게 된다(بِعْتُ).

# Unit 31. 어중 약동사 (نَالَ_يَنالُ 형태)

| 수동태 완료형 | 수동태 미완료형 | 능동분사 | 수동분사 | 동명사 |
|---|---|---|---|---|
| خِيفَ | يُخَافُ مِنْهُ | خَائِفٌ | مُخَافٌ مِنْهُ | 불규칙 |

| 파트하 완료형 | | |
|---|---|---|
| هُوَ | نَالَ | |
| هِيَ | نَالَتْ | |
| هُمَا | نَالَا | |
| هُمَا (f.) | نَالَتَا | |

| 담마 완료형 | | |
|---|---|---|
| هُمْ | نَالُوا | |

| 쓰쿤 완료형 | | |
|---|---|---|
| هُنَّ | نِلْنَ | |
| أَنْتَ | نِلْتَ | |
| أَنْتِ | نِلْتِ | |
| أَنْتُمَا | نِلْتُمَا | |
| أَنْتُمَا (f.) | نِلْتُمَا | |
| أَنْتُمْ | نِلْتُمْ | |
| أَنْتُنَّ | نِلْتُنَّ | |
| ②하단 설 명 참고  أَنَا | نِلْتُ | |
| نَحْنُ | نِلْنَا | |

## 미완료 기본형

② 단축법은 어미에 쓰쿤이 나오게 되어 **약자근과 쓰쿤이 충돌**하게 (يَنالْ) 되므로 약자근인 ا 가 탈락한다.

| | 직설법 | 접속법 | 단축법 |
|---|---|---|---|
| هُوَ | يَنالُ | يَنالَ | يَنَلْ |
| هِيَ / أَنْتَ | تَنالُ | تَنالَ | تَنَلْ |
| أَنَا | أَنالُ | أَنالَ | أَنَلْ |
| نَحْنُ | نَنالُ | نَنالَ | نَنَلْ |

## 5가지 동사

| | 직설법 | 접속법 | 단축법 |
|---|---|---|---|
| هُمَا | يَنالَانِ | يَنالَا | يَنالَا |
| هُمَا (f.) أنتما | تَنالَانِ | تَنالَا | تَنالَا |
| هُمْ | يَنالُونَ | يَنالُوا | يَنالُوا |
| أَنْتُمْ | تَنالُونَ | تَنالُوا | تَنالُوا |
| أَنْتِ | تَنالِينَ | تَنالِي | تَنالِي |

## 쓰쿤 미완료형

| هُنَّ | يَنَلْنَ |
|---|---|
| أَنْتُنَّ | تَنَلْنَ |

② 원래 형태를 유지하고 쓰쿤으로 넣으면, **약자근과 쓰쿤이 충돌**하므로(يَنالْنَ), 약자근이 탈락한다(يَنَلْنَ).

| نَامَ _ يَنَامُ | خَافَ _ يَخَافُ مِنْ ~ | مَا زَالَ _ لَا يَزَالُ |
|---|---|---|
| 자다 | ~을 두려워하다 | 여전히 ~하다 |

쓰쿤 완료형 : 원래 형태를 유지하고 쓰쿤으로 넣으면, **약자근과 쓰쿤이 충돌**하므로(نَالْتَ), 약자근이 탈락하는데(نَلْتَ), 이 때 미완료 중간모음이 a 이면(يَنَامُ) 첫 어근의 모음은 i 가 된다(نِلْتَ).

# Unit 32. 어말 약동사 (دعا_يدعو 형태)

| 수동태 완료형 | 수동태 미완료형 | 능동분사 | 수동분사 | 동명사 |
|:---:|:---:|:---:|:---:|:---:|
| دُعِيَ | يُدْعَى | دَاعٍ | مَدْعُوٌّ | 불규칙 |

| 파트하 완료형 | | |
|:---:|:---:|:---:|
| هُوَ | دَعَا | |
| *هِيَ* | دَعَتْ | |
| *هُمَا* | دَعَوَا | |
| هُمَا (f.) | دَعَتَا | |

| 담마 완료형 | | |
|:---:|:---:|:---:|
| *هُمْ* | دَعَوْا | |

| 쓰쿤 완료형 | | |
|:---:|:---:|:---:|
| هُنَّ | دَعَوْنَ | |
| أَنْتَ | دَعَوْتَ | |
| أَنْتِ | دَعَوْتِ | |
| أَنْتُمَا | دَعَوْتُمَا | |
| أَنْتُمَا (f.) | دَعَوْتُمَا | |
| أَنْتُمْ | دَعَوْتُمْ | |
| أَنْتُنَّ | دَعَوْتُنَّ | |
| أَنَا | دَعَوْتُ | |
| نَحْنُ | دَعَوْنَا | |

| 미완료 기본형 | | | |
|:---:|:---:|:---:|:---:|
| | *직설법* | 접속법 | *단축법* |
| هُوَ | يَدْعُو | يَدْعُوَ | يَدْعُ |
| هِيَ أَنْتَ | تَدْعُو | تَدْعُوَ | تَدْعُ |
| أَنَا | أَدْعُو | أَدْعُوَ | أَدْعُ |
| نَحْنُ | نَدْعُو | نَدْعُوَ | نَدْعُ |

| 5가지 동사 | | | |
|:---:|:---:|:---:|:---:|
| | 직설법 | 접속법 | 단축법 |
| هُمَا | يَدْعُوَانِ | يَدْعُوَا | يَدْعُوَا |
| هُمَا (f.) أنتما | تَدْعُوَانِ | تَدْعُوَا | تَدْعُوَا |
| *هُمْ* | يَدْعُونَ | يَدْعُوا | يَدْعُوا |
| *أَنْتُمْ* | تَدْعُونَ | تَدْعُوا | تَدْعُوا |
| *أَنْتِ* | تَدْعِينَ | تَدْعِي | تَدْعِي |

| 쓰쿤 미완료형 | |
|:---:|:---:|
| هُنَّ | يَدْعُونَ |
| أَنْتُنَّ | تَدْعُونَ |

| شَكَا _ يَشْكُو مِنْ ~ | عَفَا _ يَعْفُو عَنْ ~ | نَمَا _ يَنْمُو | رَجَا _ يَرْجُو _ مِنْ ... |
|:---:|:---:|:---:|:---:|
| ~에 대해 불평하다 | ~를 용서하다 | 성장하다 | ~에게 ...를 바라다 |

STEP 0. 기본 어형__ **Chapter 4. 약동사**

| 1 | 2 | 3 | **4** | 5 | 6 | 7 | 8 | 9 | 10 | 11 | 12 | 13 | 14 | 15 | 16 | 17 | 18 | 19 | 20 | 21 | 22 | 23 | 24 | 25 |

# Unit 32. 어말 약동사 (دعا_يدعو 형태)

---

▶**파트하 완료형**

② هِيَ → دَعَا 에 تْ 가 붙으면 **약자근과 쓰쿤이 충돌**하여(دَعَاتْ) 약자근이 탈락하게 된다.

① هُمَا → دَعَا 에 ا 가 붙은 뒤(دَعَاا) 약자근을 원래 어근(دَعَوَا)으로 바꿔준다. 이 때 약어근의 조합이 가능한 조합(او 혹은 اي)이기 때문에 추가 변형 없이 그대로 둔다.

---

▶**담마 완료형**

① دَعَا 에 وا 를 붙인 뒤(دَعَاوا) 약자근을 원래 어근(دَعَوُوا)으로 바꿔준다. 이 때 약어근의 조합이 불가능하기 때문에 약어근(دَعَوُوا)을 탈락시킨다(دَعَوا). 그리고나서
③ 복수 주어표지어 발음(u)을 살리기 위해 و 에 쓰쿤을 넣어서(دَعَوْا) au 이중모음으로 u 발음을 살리면서 마무리하게 된다.

---

▶**미완료 기본형**

[예외사항] 직설법 → 원래는 يَدْعُوْ 처럼 직설법이면 약자근인 و 에 u 모음이 찍혀야 하지만, 직설법 기본형에서는 중간 모음이 약자근을 무시하고 본인의 모음으로 쭉 밀고나간다(يَدْعُوْ).
③ 단축법 → 원래는 يَدْعُوْ 처럼 단축법이면 و 에 쓰쿤이 찍혀야 하지만, **쓰쿤을 취하는 약자근이 어미에 나오면 이 약자근은 사라진다.**

---

▶**5가지 동사**

① هم → 원래는 يَدْعُوْ 뒤에 وْنَ 가 접미되어 يَدْعُوْوْنَ 가 나와야 하지만, 장음과 장음이 충돌(يَدْعُوْوْنَ)하게 되어 약자근 장음이 탈락(يَدْعُوْنَ)하고 주어표지어인 و 는 남게 된다(يَدْعُوْنَ).
① أنتم → هم 과 같은 원리.
① أنتِ → 원래는 تَدْعُوْ 뒤에 يْنَ 가 접미되어 تَدْعُوْيْنَ 가 나와야 하지만, 장음과 장음이 충돌(تَدْعُوْيْنَ)하게 되어 약자근 장음(و)이 탈락하고 주어표지어(ي)가 남게 된다(تَدْعِيْنَ). 이 때 ui 이중모음이 안 되기 때문에 장음(ي)으로 모음이 동화(تَدْعِيْنَ)된다.

---

▶**쓰쿤 미완료형**

③ يَدْعُوْ 에서 마지막 어근인 و 에 쓰쿤을 넣게 되면, يَدْعُوْنَ 가 된다. 하지만 약자근인 و 가 쓰쿤을 취하고 그 앞의 모음이 u 이기 때문에 이 u 모음이 약자근을 무시하고 본인 모음으로 밀고 나간다.

# Unit 33. 어말 약동사 (رمى_يرمي 형태)

| 수동태 완료형 | 수동태 미완료형 | 능동분사 | 수동분사 | 동명사 |
|---|---|---|---|---|
| حُمِيَ | يُحْمَى | حَامٍ | مَحْمِيٌّ | 불규칙 |

| 파트하 완료형 | | |
|---|---|---|
| هُوَ | رَمَى | |
| *هِيَ* | رَمَتْ | |
| *هُمَا* | رَمَيَا | |
| هُمَا (f.) | رَمَتَا | |

| 담마 완료형 | | |
|---|---|---|
| *هُمْ* | رَمَوْا | |

| 쓰쿤 완료형 | | |
|---|---|---|
| هُنَّ | رَمَيْنَ | |
| أَنْتَ | رَمَيْتَ | |
| أَنْتِ | رَمَيْتِ | |
| أَنْتُمَا | رَمَيْتُمَا | |
| أَنْتُمَا (f.) | رَمَيْتُمَا | |
| أَنْتُمْ | رَمَيْتُمْ | |
| أَنْتُنَّ | رَمَيْتُنَّ | |
| أَنَا | رَمَيْتُ | |
| نَحْنُ | رَمَيْنَا | |

| 미완료 기본형 | | | |
|---|---|---|---|
| | *직설법* | 접속법 | *단축법* |
| هُوَ | يَرْمِي | يَرْمِيَ | يَرْمِ |
| هِيَ / أَنْتَ | تَرْمِي | تَرْمِيَ | تَرْمِ |
| أَنَا | أَرْمِي | أَرْمِيَ | أَرْمِ |
| نَحْنُ | نَرْمِي | نَرْمِيَ | نَرْمِ |

| 5가지 동사 | | | |
|---|---|---|---|
| | 직설법 | 접속법 | 단축법 |
| هُمَا | يَرْمِيَانِ | يَرْمِيَا | يَرْمِيَا |
| هُمَا (f.) أنتما | تَرْمِيَانِ | تَرْمِيَا | تَرْمِيَا |
| *هُمْ* | يَرْمُونَ | يَرْمُوا | يَرْمُوا |
| *أَنْتُمْ* | تَرْمُونَ | تَرْمُوا | تَرْمُوا |
| *أَنْتِ* | تَرْمِينَ | تَرْمِي | تَرْمِي |

| 쓰쿤 미완료형 | |
|---|---|
| *هُنَّ* | يَرْمِينَ |
| *أَنْتُنَّ* | تَرْمِينَ |

| بَكَى _ يَبْكِي | حَمَى _ يَحْمِي~مِن... | مَشَى _ يَمْشِي | قَضَى _ يَقْضِي الْوَقْتَ |
|---|---|---|---|
| 울다 | ...로부터 ~를 보호하다 | 걷다 | 시간을 보내다 |

# Unit 33. 어말 약동사 (رمى_يرمي 형태)

---

## ▶파트하 완료형

② هي → رَمَى 에 تْ 를 붙이게 되면 **약자근인 장음과 쓰쿤이 충돌**하여(رَمَتْ) 약자근 장음이 탈락하게 된다.

① هما → رَمَى 에 ا 가 붙은 뒤(رَمَا) 약자근을 원래 어근으로(رَمَىَ) 바꾼다. 이 때 약어근의 조합이 가능한 조합(او 혹은 ىا)이기 때문에 추가 변형 없이 그대로 둔다.

---

## ▶담마 완료형

① رَمَى 에 وا 가 붙은 뒤(رَمَوا) 약자근을 원래 어근으로(رَمَىُوا) 바꾼다. 이 때 약어근의 조합이 불가능하기 때문에 약자근을 탈락시킨다(رَمَوا). 그리고

③ 복수 주어표지어 발음(u)을 살리기 위해 و 에 쓰쿤을 넣어서(رَمَوْا) au 이중모음으로 u 발음을 살리면서 마무리하게 된다.

---

## ▶미완료 기본형

**[예외사항]** 직설법 → 원래는 يَرْمِيُ 처럼 직설법이면 약자근인 ي 에 u 모음이 찍혀야 하지만, 직설법에서는 중간 모음이 약자근을 무시하고 본인의 모음으로 쭉 밀고나간다(يَرْمِي).

③ 단축법 → 쓰쿤을 취하는 약자근이 어미에 나오면(يَرْمِيْ) 이 약자근은 사라진다(يَرْمِ).

---

## ▶5가지 동사

① هم → 원래는 يَرْمِي 뒤에 ونَ 가 접미되어 يَرْمِيُونَ 가 나와야 하지만, 약어근의 조합이 불가능하기 때문에 약자근(ي)을 탈락시킨다(يَرْمِونَ). 이 때 iu 이중모음이 안 되기 때문에 장음(و)으로 모음이 동화(يَرْمُونَ)된다.

① أنتم → هم 과 같은 원리.

① أنتِ → 원래는 تَرْمِي 뒤에 ينَ 가 접미되어 تَرْمِيِينَ 가 나와야 하지만, 장음과 장음이 충돌(تَرْمِيِينَ)하게 되어 약자근 장음이 탈락(تَرْمِينَ)하고 주어표지어인 ي 는 남게 된다(تَرْمِينَ).

---

## ▶쓰군 미완료형

③ يَرْمِي 에서 마지막 어근인 ي 에 쓰쿤을 넣게 되면, يَرْمِيْنَ 가 된다. 하지만 약자근인 ي 가 쓰쿤을 취하고 그 앞의 모음이 i 이기 때문에 이 모음이 약자근을 무시하고 본인 모음으로 밀고나간다.

# Unit 34. 어말 약동사 (نسي_ينسى 형태)

| 수동태 완료형 | 수동태 미완료형 | 능동분사 | 수동분사 | 동명사 |
|---|---|---|---|---|
| نُسِيَ | يُنْسَى | نَاسٍ | مَنْسِيٌّ | 불규칙 |

| 파트하 완료형 | | | 쓰쿤 완료형 | | |
|---|---|---|---|---|---|
| هُوَ | نَسِيَ | | *هُنَّ* | نَسِينَ |
| هِيَ | نَسِيَتْ | | *أَنْتَ* | نَسِيتَ |
| هُمَا | نَسِيَا | | *أَنْتِ* | نَسِيتِ |
| هُمَا (f.) | نَسِيَتَا | | *أَنْتُمَا* | نَسِيتُمَا |
| | | | *أَنْتُمَا* (f.) | نَسِيتُمَا |
| | | | *أَنْتُمْ* | نَسِيتُمْ |
| | | | *أَنْتُنَّ* | نَسِيتُنَّ |
| 담마 완료형 | *هُمْ* | نَسُوا | *أَنَا* | نَسِيتُ |
| | | | *نَحْنُ* | نَسِينَا |

| 미완료 기본형 | | | |
|---|---|---|---|
| | *직설법* | *접속법* | *단축법* |
| هُوَ | يَنْسَى | يَنْسَى | يَنْسَ |
| هِيَ / أَنْتَ | تَنْسَى | تَنْسَى | تَنْسَ |
| أَنَا | أَنْسَى | أَنْسَى | أَنْسَ |
| نَحْنُ | نَنْسَى | نَنْسَى | نَنْسَ |

| 5가지 동사 | | | |
|---|---|---|---|
| | 직설법 | 접속법 | 단축법 |
| هُمَا | يَنْسَيَانِ | يَنْسَيَا | يَنْسَيَا |
| هُمَا (f.) / أنتما | تَنْسَيَانِ | تَنْسَيَا | تَنْسَيَا |
| *هُمْ* | يَنْسَوْنَ | يَنْسَوْا | يَنْسَوْا |
| *أَنْتُمْ* | تَنْسَوْنَ | تَنْسَوْا | تَنْسَوْا |
| *أَنْتِ* | تَنْسَيْنَ | تَنْسَيْ | تَنْسَيْ |

| 쓰쿤 미완료형 | |
|---|---|
| هُنَّ | يَنْسَيْنَ |
| أَنْتُنَّ | تَنْسَيْنَ |

| بَقِيَ ـ يَبْقَى ~ | لَقِيَ ـ يَلْقَى ~ | رَضِيَ ـ يَرْضَى بِ ~ | خَشِيَ ـ يَخْشَى ~ |
|---|---|---|---|
| 남다 | ~을 만나다 | ~에 만족하다 | ~을 두려워하다 |

# Unit 34. 어말 약동사 (نَسِيَ_يَنْسَى 형태)

## ▶담마 완료형

① نَسِيَ 에 وا 를 붙이게 되면(نَسِيُوا) 약자근 ي 와 주어표지어 장음(و)이 충돌하게 되어 약자근 이 탈락하게 된다(نَسُوا). 그리고

③ 복수 주어표지어 발음(u)을 살리기 위해 س 에 u 모음을 넣어서(نَسُوا) 마무리하게 된다. 참고로 وُ 형태의 이중모음은 불가능하기때문에, 중간모음 자체를 바꾸는 것이다.

## ▶쓰쿤 완료형

③ نَسِيَ 에서 ي 에 쓰쿤을 넣게 되면 약자근이 쓰쿤을 갖게 되고(نَسِيْتَ) 그 앞 자음의 모음이 i 이기 때문에 이 모음이 약자근을 무시하고 본인 모음으로 밀고나간다.

## ▶미완료 기본형

**[예외사항]** 직설법 → 원래는 يَنْسَيُ 처럼 직설법이면 약자근인 ي 에 u 모음이 찍혀야 하지만, 직설법에서는 중간 모음이 약자근을 무시하고 본인의 모음으로 쭉 밀고나간다(يَنْسَى).

**[예외사항]** 접속법 → 원래는 يَنْسَيَ 처럼 어미에 a 모음이 나와야 하지만 이미 중간모음이 a 인 상태이므로 중간 모음이 장음을 받아 쭉 밀고나가게 된다.

③ 단축법 → 쓰쿤을 취하는 약자근이 어미에 나오면 이 약자근은 사라진다.

## ▶5가지 동사

① هم → 원래는 يَنْسَى 뒤에 ونَ 가 접미되어 يَنْسَوْنَ 가 나와야 하지만, 장음과 장음이 충돌(يَنْسَوْنَ)하게 되어 약자근 장음이 탈락(يَنْسَوْنَ)하고 주어표지어인 و 는 남게 된다(يَنْسَوْنَ). 이 때 주어표지어 발음인 u 를 살리기 위해 و 위에 쓰쿤이 들어간다(يَنْسَوْنَ).

① أنتم → هم 과 같은 원리.

① أنتِ → 원래는 تَنْسَى 뒤에 ينَ 가 접미되어 تَنْسَيْنَ 가 나와야 하지만, 장음과 장음이 충돌(تَنْسَيْنَ)하게 되어 약자근 장음이 탈락하고 주어표지어인 ي 는 남게 된다(تَنْسَيْنَ). 이 때 주어표지어 발음인 i 를 살려야 하는데, 그 앞의 모음이 a 이기 때문에 ي 위에 쓰쿤만 넣어줘도 이중모음이 적용되어 i 발음이 가능하게 된다(تَنْسَيْنَ).

STEP 0. 기본 어형___ **Chapter 4. 약동사**

| 1 | 2 | 3 | **4** | 5 | 6 | 7 | 8 | 9 | 10 | 11 | 12 | 13 | 14 | 15 | 16 | 17 | 18 | 19 | 20 | 21 | 22 | 23 | 24 | 25 |

# Unit 35. 이중 약동사 (وَفَى_يَفِي 형태)[1]

〔각주 여기〕

| 파트하 완료형 | هُوَ | وَفَى |
|---|---|---|
| | هِيَ | وَفَتْ |
| | هُمَا | وَفَيَا |
| | هُمَا (f.) | وَفَتَا |

| 담마 완료형 | هُمْ | وَفَوْا |
|---|---|---|

| 쓰쿤 완료형 | هُنَّ | وَفَيْنَ |
|---|---|---|
| | أَنْتَ | وَفَيْتَ |
| | أَنْتِ | وَفَيْتِ |
| | أَنْتُمَا | وَفَيْتُمَا |
| | أَنْتُمَا (f.) | وَفَيْتُمَا |
| | أَنْتُمْ | وَفَيْتُمْ |
| | أَنْتُنَّ | وَفَيْتُنَّ |
| | أَنَا | وَفَيْتُ |
| | نَحْنُ | وَفَيْنَا |

| 미완료 기본형 | 직설법 | 접속법 | 단축법 |
|---|---|---|---|
| هُوَ | يَفِي | يَفِيَ | يَفِ |
| هِيَ أَنْتَ | تَفِي | تَفِيَ | تَفِ |
| أَنَا | أَفِي | أَفِيَ | أَفِ |
| نَحْنُ | نَفِي | نَفِيَ | نَفِ |

| 5가지 동사 | 직설법 | 접속법 | 단축법 |
|---|---|---|---|
| هُمَا | يَفِيَانِ | يَفِيَا | يَفِيَا |
| هُمَا (f.) أنتما | تَفِيَانِ | تَفِيَا | تَفِيَا |
| هُمْ | يَفُونَ | يَفُوا | يَفُوا |
| أَنْتُمْ | تَفُونَ | تَفُوا | تَفُوا |
| أَنْتِ | تَفِينَ | تَفِي | تَفِي |

| 쓰쿤 미완료형 | |
|---|---|
| هُنَّ | يَفِينَ |
| أَنْتُنَّ | تَفِينَ |

| وَقَى _ يَقِي مِنْ ~ | نَوَى _ يَنْوِي ~ | شَوَى _ يَشْوِي ~ |
|---|---|---|
| ~를 예방하다 | ~을 의도하다 | ~을 굽다 |

---

[1] 이중 약동사는 동사의 어근 중 2개가 약자근으로 구성된 경우이며, 별도의 특징을 갖지 않고 어두/어중/어말에 적용되었던 각각의 규칙들이 동일하게 적용된다. 즉, 본 unit에 나오는 وفى_يفي 의 경우, 어두에 و 가 나오는 약동사의 규칙들과 어말에 ى 가 나오는 약동사의 규칙들이 그대로 적용된다. 따라서 이중 약동사는 앞의 개별 약동사에서 충분히 설명이 되므로 이중 약동사에서는 수동태 등 별도의 형태와 부가 설명을 생략하도록 하겠다.

# Unit 36. 이중 약동사 (وَلِيَ_يَلِي 형태)

| 파트하 완료형 | | |
|---|---|---|
| هُوَ | وَلِيَ | |
| هِيَ | وَلِيَتْ | |
| هُمَا | وَلِيَا | |
| هُمَا (f.) | وَلِيَتَا | |

| 쓰쿤 완료형 | | |
|---|---|---|
| هُنَّ | وَلِينَ | |
| أَنْتَ | وَلِيتَ | |
| أَنْتِ | وَلِيتِ | |
| أَنْتُمَا | وَلِيتُمَا | |
| أَنْتُمَا (f.) | وَلِيتُمَا | |
| أَنْتُمْ | وَلِيتُمْ | |
| أَنْتُنَّ | وَلِيتُنَّ | |
| أَنَا | وَلِيتُ | |
| نَحْنُ | وَلِينَا | |

| 담마 완료형 | |
|---|---|
| هُمْ | وَلُوا |

| 미완료 기본형 | | | |
|---|---|---|---|
| | 직설법 | 접속법 | 단축법 |
| هُوَ | يَلِي | يَلِيَ | يَلِ |
| هِيَ أَنْتَ | تَلِي | تَلِيَ | تَلِ |
| أَنَا | أَلِي | أَلِيَ | أَلِ |
| نَحْنُ | نَلِي | نَلِيَ | نَلِ |

| 5가지 동사 | | | |
|---|---|---|---|
| | 직설법 | 접속법 | 단축법 |
| هُمَا | يَلِيَانِ | يَلِيَا | يَلِيَا |
| هُمَا (f.) أنتما | تَلِيَانِ | تَلِيَا | تَلِيَا |
| هُمْ | يَلُونَ | يَلُوا | يَلُوا |
| أَنْتُمْ | تَلُونَ | تَلُوا | تَلُوا |
| أَنْتِ | تَلِينَ | تَلِي | تَلِي |

| 쓰쿤 미완료형 | |
|---|---|
| هُنَّ | يَلِينَ |
| أَنْتُنَّ | تَلِينَ |

# Unit 37. 함자 동사

| 수동태 완료형 | 수동태 미완료형 | 능동분사 | 수동분사 | 동명사 |
|---|---|---|---|---|
| أُكِلَ | يُأْكَلُ | آكِلٌ | مَأْكُولٌ | 불규칙 |

| 파트하 완료형 | | |  | 쓰쿤 완료형 | | |
|---|---|---|---|---|---|---|
| | هُوَ | أَكَلَ | | | هُنَّ | أَكَلْنَ |
| | هِيَ | أَكَلَتْ | | | أَنْتَ | أَكَلْتَ |
| | هُمَا | أَكَلَا | | | أَنْتِ | أَكَلْتِ |
| | هُمَا (f.) | أَكَلَتَا | | | أَنْتُمَا | أَكَلْتُمَا |
| | | | | | أَنْتُمَا (f.) | أَكَلْتُمَا |
| | | | | | أَنْتُمْ | أَكَلْتُمْ |
| | | | | | أَنْتُنَّ | أَكَلْتُنَّ |
| 담마 완료형 | هُمْ | أَكَلُوا | | | أَنَا | أَكَلْتُ |
| | | | | | نَحْنُ | أَكَلْنَا |

## 미완료 기본형

어두에 함자가 나오는 형태의 1인칭 미완료 형태는 أَأْكُلُ 라고 쓰면 함자가 연달아 나오게되어 آ 로 합치게 된다.

| | 직설법 | 접속법 | 단축법 |
|---|---|---|---|
| هُوَ | يَأْكُلُ | يَأْكُلَ | يَأْكُلْ |
| هِيَ / أَنْتَ | تَأْكُلُ | تَأْكُلَ | تَأْكُلْ |
| *أَنَا* | آكُلُ | آكُلَ | آكُلْ |
| نَحْنُ | نَأْكُلُ | نَأْكُلَ | نَأْكُلْ |

## 쓰쿤 미완료형

| هُنَّ | يَأْكُلْنَ |
|---|---|
| أَنْتُنَّ | تَأْكُلْنَ |

## 5가지 동사

| | 직설법 | 접속법 | 단축법 |
|---|---|---|---|
| هُمَا | يَأْكُلَانِ | يَأْكُلَا | يَأْكُلَا |
| هُمَا (f.) / أنتما | تَأْكُلَانِ | تَأْكُلَا | تَأْكُلَا |
| هُمْ | يَأْكُلُونَ | يَأْكُلُوا | يَأْكُلُوا |
| أَنْتُمْ | تَأْكُلُونَ | تَأْكُلُوا | تَأْكُلُوا |
| أَنْتِ | تَأْكُلِينَ | تَأْكُلِي | تَأْكُلِي |

| أَخَذَ _ يَأْخُذُ ~ | أَمَرَ _ يَأْمُرُ بِ ~ | سَأَلَ _ يَسْأَلُ ~ | بَدَأَ _ يَبْدَأُ ~ |
|---|---|---|---|
| ~을 취하다 | ~을 명령하다 | ~에게 질문하다 | ~을 시작하다 |

# Unit 38. 함자 약동사 (رأى_يرى 형태)

| 파트하 완료형 | هُوَ | رَأَى |
|---|---|---|
| | هِيَ | رَأَتْ |
| | هُمَا | رَأَيَا |
| | هُمَا (f.) | رَأَتَا |

| 쓰쿤 완료형 | هُنَّ | رَأَيْنَ |
|---|---|---|
| | أَنْتَ | رَأَيْتَ |
| | أَنْتِ | رَأَيْتِ |
| | أَنْتُمَا | رَأَيْتُمَا |
| | أَنْتُمَا (f.) | رَأَيْتُمَا |
| | أَنْتُمْ | رَأَيْتُمْ |
| | أَنْتُنَّ | رَأَيْتُنَّ |
| | أَنَا | رَأَيْتُ |
| | نَحْنُ | رَأَيْنَا |

| 담마 완료형 | هُمْ | رَأَوْا |
|---|---|---|

## *미완료 기본형*

이 동사의 미완료는 중간의 함자가 탈락된 형태로 사용되는 특징이 가진다.

| | 직설법 | 접속법 | 단축법 |
|---|---|---|---|
| هُوَ | يَرَى | يَرَى | يَرَ |
| هِيَ أَنْتَ | تَرَى | تَرَى | تَرَ |
| أَنَا | أَرَى | أَرَى | أَرَ |
| نَحْنُ | نَرَى | نَرَى | نَرَ |

## 5가지 동사

| | 직설법 | 접속법 | 단축법 |
|---|---|---|---|
| هُمَا | يَرَيَانِ | يَرَيَا | يَرَيَا |
| هُمَا (f.) أنتما | تَرَيَانِ | تَرَيَا | تَرَيَا |
| هُمْ | يَرَوْنَ | يَرَوْا | يَرَوْا |
| أَنْتُمْ | تَرَوْنَ | تَرَوْا | تَرَوْا |
| أَنْتِ | تَرَيْنَ | تَرَيْ | تَرَيْ |

## 쓰쿤 미완료형

| | |
|---|---|
| هُنَّ | يَرَيْنَ |
| أَنْتُنَّ | تَرَيْنَ |

다른 형태의 함자 약동사는 일반 약동사와 동일한 규칙이 적용되므로 변화형태를 표로 정리하는 것은 생략한다.

| أَنَّى _ يَأْتِي | جَاءَ _ يَجِيءُ (جِئْتُ) | شَاءَ _ يَشَاءُ (شِئْتُ) | سَاءَ _ يَسُوءُ (سُؤْتُ) |
|---|---|---|---|
| 오다 | 오다 | 원하다 | 악화되다 |
| 어말 약동사와 동일 | 어중 약동사와 동일 | 어중 약동사와 동일 | 어중 약동사와 동일 |

# Unit 39. 4자근 동사

| 수동태 완료형 | 수동태 미완료형 | 능동분사 | 수동분사 | 동명사 |
|---|---|---|---|---|
| تُرْجِمَ | يُتَرْجَمُ | مُتَرْجِمٌ | مُتَرْجَمٌ | تَرْجَمَةٌ |

| 파트하 완료형 | | 쓰쿤 완료형 | |
|---|---|---|---|
| هُوَ | تَرْجَمَ | هُنَّ | تَرْجَمْنَ |
| هِيَ | تَرْجَمَتْ | أَنْتَ | تَرْجَمْتَ |
| هُمَا | تَرْجَمَا | أَنْتِ | تَرْجَمْتِ |
| هُمَا (f.) | تَرْجَمَتَا | أَنْتُمَا | تَرْجَمْتُمَا |
| | | أَنْتُمَا (f.) | تَرْجَمْتُمَا |
| | | أَنْتُمْ | تَرْجَمْتُمْ |
| | | أَنْتُنَّ | تَرْجَمْتُنَّ |
| 담마 완료형 | | أَنَا | تَرْجَمْتُ |
| هُمْ | تَرْجَمُوا | نَحْنُ | تَرْجَمْنَا |

| 미완료 기본형 | | | | |
|---|---|---|---|---|
| | 직설법 | 접속법 | 단축법 |
| هُوَ | يُتَرْجِمُ | يُتَرْجِمَ | يُتَرْجِمْ |
| هِيَ / أَنْتَ | تُتَرْجِمُ | تُتَرْجِمَ | تُتَرْجِمْ |
| أَنَا | أُتَرْجِمُ | أُتَرْجِمَ | أُتَرْجِمْ |
| نَحْنُ | نُتَرْجِمُ | نُتَرْجِمَ | نُتَرْجِمْ |

| 5가지 동사 | | | | |
|---|---|---|---|---|
| | 직설법 | 접속법 | 단축법 |
| هُمَا | يُتَرْجِمَانِ | يُتَرْجِمَا | يُتَرْجِمَا |
| هُمَا (f.) / أنتما | تُتَرْجِمَانِ | تُتَرْجِمَا | تُتَرْجِمَا |
| هُمْ | يُتَرْجِمُونَ | يُتَرْجِمُوا | يُتَرْجِمُوا |
| أَنْتُمْ | تُتَرْجِمُونَ | تُتَرْجِمُوا | تُتَرْجِمُوا |
| أَنْتِ | تُتَرْجِمِينَ | تُتَرْجِمِي | تُتَرْجِمِي |

| 쓰쿤 미완료형 | |
|---|---|
| هُنَّ | يُتَرْجِمْنَ |
| أَنْتُنَّ | تُتَرْجِمْنَ |

| سَيْطَرَ _ يُسَيْطِرُ عَلَى ~ | هَيْمَنَ _ يُهَيْمِنُ عَلَى ~ | عَرْقَلَ _ يُعَرْقِلُ ~ | دَحْرَجَ _ يُدَحْرِجُ ~ |
|---|---|---|---|
| ~을 장악하다 | ~을 장악하다 | ~을 방해하다 | ~을 굴리다 |

# Unit 40. 중복자음 동사

| 수동태 완료형 | 수동태 미완료형 | 능동분사 | 수동분사 | 동명사 |
|---|---|---|---|---|
| عُدَّ | يُعَدُّ | عَادٌّ | مَعْدُودٌ | 불규칙 |

| 파트하 완료형 | | | *쓰쿤* 완료형 | | |
|---|---|---|---|---|---|
| هُوَ | عَدَّ | | هُنَّ | عَدَدْنَ | |
| هِيَ | عَدَّتْ | | أَنْتَ | عَدَدْتَ | |
| هُمَا | عَدَّا | | أَنْتِ | عَدَدْتِ | |
| هُمَا (f.) | عَدَّتَا | 마지막 어근에 쓰쿤을 넣을 수 없어서 샷다를 풀어주게 된다. | أَنْتُمَا | عَدَدْتُمَا | |
| | | | أَنْتُمَا (f.) | عَدَدْتُمَا | |
| | | | أَنْتُمْ | عَدَدْتُمْ | |
| 담마 완료형 | هُمْ | عَدُّوا | أَنْتُنَّ | عَدَدْتُنَّ | |
| | | | أَنَا | عَدَدْتُ | |
| | | | نَحْنُ | عَدَدْنَا | |

## 미완료 기본형

단축법을 쓰려면 마지막 어근에 쓰쿤을 넣어야 하는데, 샷다로 묶여있으면 쓰쿤을 넣을 수 없어서 샷다를 풀고 일반 3자근동사 미완료 형태의 모음배열(يَفْعُل)을 갖는다.

| | 직설법 | 접속법 | *단축법* |
|---|---|---|---|
| هُوَ | يَعُدُّ | يَعُدَّ | يَعْدُدْ |
| هِيَ / أَنْتَ | تَعُدُّ | تَعُدَّ | تَعْدُدْ |
| أَنَا | أَعُدُّ | أَعُدَّ | أَعْدُدْ |
| نَحْنُ | نَعُدُّ | نَعُدَّ | نَعْدُدْ |

## 5가지 동사

| | 직설법 | 접속법 | 단축법 |
|---|---|---|---|
| هُمَا | يَعُدَّانِ | يَعُدَّا | يَعُدَّا |
| هُمَا (f.) أنتما | تَعُدَّانِ | تَعُدَّا | تَعُدَّا |
| هُمْ | يَعُدُّونَ | يَعُدُّوا | يَعُدُّوا |
| أَنْتُمْ | تَعُدُّونَ | تَعُدُّوا | تَعُدُّوا |
| أَنْتِ | تَعُدِّينَ | تَعُدِّي | تَعُدِّي |

## 쓰쿤 미완료형

| 쓰쿤 미완료형 | |
|---|---|
| هُنَّ | يَعْدُدْنَ |
| أَنْتُنَّ | تَعْدُدْنَ |

마찬가지로 마지막 어근이 샷다로 묶여있어서 샷다를 풀어준 뒤 쓰쿤을 넣는다.

| هَزَّ _ يَهُزُّ | مَرَّ _ يَمُرُّ بـ | رَدَّ _ يَرُدُّ على | مَدَّ _ يَمُدُّ | سَدَّ _ يَسُدُّ | شَدَّ _ يَشُدُّ |
|---|---|---|---|---|---|
| 흔들다 | 지나가다 | 대답하다 | 늘이다 | 메우다 | 당기다 |

STEP 0. 기본 어형___ **Chapter 6. 파생 동사**

| 1 | 2 | 3 | 4 | 5 | **6** | 7 | 8 | 9 | 10 | 11 | 12 | 13 | 14 | 15 | 16 | 17 | 18 | 19 | 20 | 21 | 22 | 23 | 24 | 25 |

# Unit 41. 2형 동사

## ▶2형 동사의 기본 형태

|  | 완료 | 미완료 | 분사 | 동명사 |
|---|---|---|---|---|
| 능동태 | فَعَّلَ | يُفَعِّلُ | مُفَعِّلٌ | تَفْعِيلٌ / تَفْعِلَةٌ[1] |
| 수동태 | فُعِّلَ | يُفَعَّلُ | مُفَعَّلٌ | 각주 여기 |

## ▶2형 동사의 주요 의미[2] 각주 여기

2형동사는 주로 자동사를 타동사로 변형시키거나, 원래 타동사인 동사를 사역동사로 바꾸는 의미로 사용되며, 간혹 단순히 원형의 의미를 강화시키는 의미로도 사용된다.

## ▶주요 2형 동사[3] 각주 여기

| 뜻 | 완료 | 미완료 | 분사 | 동명사 |
|---|---|---|---|---|
| ~을 운전하다 | ~ سَيَّرَ | ~ يُسَيِّرُ | مُسَيِّرٌ | تَسْيِيرٌ |
| ~을 재우다 | ~ نَوَّمَ | ~ يُنَوِّمُ | مُنَوِّمٌ | تَنْوِيمٌ |
| ~에 서명하다 | وَقَّعَ على ~ | يُوَقِّعُ على ~ | مُوَقِّعٌ | تَوْقِيعٌ |
| ~을 결정하다 | ~ قَرَّرَ | ~ يُقَرِّرُ | مُقَرِّرٌ | تَقْرِيرٌ |
| ~을 실험하다 | ~ جَرَّبَ | ~ يُجَرِّبُ | مُجَرِّبٌ | تَجْرِبَةٌ |
| ~에게 ...를 가르치다 | ... ~ دَرَّسَ | ... ~ يُدَرِّسُ | مُدَرِّسٌ | تَدْرِيسٌ |
| ~를 박살내다 | ~ كَسَّرَ | ~ يُكَسِّرُ | مُكَسِّرٌ | تَكْسِيرٌ |
| ~을 강하게 만들다 | ~ قَوَّى | ~ يُقَوِّي | مُقَوٍّ | تَقْوِيَةٌ |
| ~를 ...로 축하하다 | ...ب ~ هَنَّأَ | ...ب ~ يُهَنِّئُ | مُهَنِّئٌ | تَهْنِئَةٌ |

---

[1] 3개 어근이 모두 강자근인 일반 동사의 경우 거의 대부분 تَفْعِيلٌ 형태를 가지지만 간혹 تَفْعِلَةٌ 형태를 취하기도 하며, 어말 약동사와 어말에 함자가 나오는 동사의 경우 주로 تَفْعِلَةٌ 형태를 갖는다.

[2] 각각의 파생동사들은 대표적인 뜻이 존재하기는 하지만, 예외도 많이 있으므로 **단어는 통으로 암기하도록 하자.**

그래서 본 교재에서도 각각의 형태가 가지는 주요 의미에는 크게 집중하지 않고 간단하게만 언급이 될 것이며, 대신 각 형태별 많이 사용되는 단어들을 다수 삽입 할 것이다. 이 단어의 뜻을 암기하면서 상단에 있는 완료/미완료/분사/동명사 형태에 적용하여 **계속해서 발음하면서 연습해보자. 자음의 배열을 보고 모음을 판단해야 하기 때문에 반드시 이 연습을 통해 배열을 보는 눈을 키워야 한다.**

[3] 어말 약동사의 분사 형태는 만꾸스 명사(unit 11)의 형태를 갖는다.

# Unit 42. 3형 동사

## ▶3형 동사의 기본 형태

|  | 완료 | 미완료 | 분사 | 동명사 |
|---|---|---|---|---|
| 능동태 | فَاعَلَ | يُفَاعِلُ | مُفَاعِلٌ | مُفَاعَلَةٌ / فِعَالٌ |
| 수동태 | فُوعِلَ | يُفَاعَلُ | مُفَاعَلٌ | |

## ▶3형 동사의 주요 의미

3형동사는 무언가를 지속적으로 하거나, 대상물과 무언가를 할 때 사용된다. 단, 이 때 후자의 의미일 때 مَعَ 를 쓰지 않는 특징이 있다.

## ▶주요 3형 동사[1] 각주 여기

| 뜻 | 완료 | 미완료 | 분사 | 동명사 |
|---|---|---|---|---|
| ~에게 ...를 요구하다 | ...طَالَبَ ~ بِ | ...يُطَالِبُ~ بِ | مُطَالِبٌ | مُطَالَبَةٌ |
| ~를 계속 따라가다 | ~ تَابَعَ | ~ يُتَابِعُ | مُتَابِعٌ | مُتَابَعَةٌ |
| ~을 시청하다 | ~ شَاهَدَ | ~يُشَاهِدُ | مُشَاهِدٌ | مُشَاهَدَةٌ |
| ~와 치고 받다 | ~ ضَارَبَ | ~ يُضَارِبُ | مُضَارِبٌ | مُضَارَبَةٌ |
| ~와 만나다 | ~ قَابَلَ | ~ يُقَابِلُ | مُقَابِلٌ | مُقَابَلَةٌ |
| ~에 살아보다 | ~ عَايَشَ | ~ يُعَايِشُ | مُعَايِشٌ | مُعَايَشَةٌ |
| ~로 여행가다 | ~سَافَرَ إِلَى | ~يُسَافِرُ إِلَى | مُسَافِرٌ | سَفَرٌ 각주 여기[2] |
| ~에 대항하다 | ~ قَاوَمَ | ~ يُقَاوِمُ | مُقَاوِمٌ | مُقَاوَمَةٌ |
| ~를 치료하다 | ~ عَالَجَ | ~ يُعَالِجُ | مُعَالِجٌ | مُعَالَجَةٌ / عِلَاجٌ |
| ~를 놀라게 하다 | ~ فَاجَأَ | ~ يُفَاجِئُ | مُفَاجِئٌ | مُفَاجَأَةٌ |
| ~에 동의하다 | ~ وَافَقَ عَلَى | ~ يُوَافِقُ عَلَى | مُوَافِقٌ | مُوَافَقَةٌ |
| ~에 저항하다 | ~ كَافَحَ | ~ يُكَافِحُ | مُكَافِحٌ | مُكَافَحَةٌ / كِفَاحٌ |
| ~을 변호하다 | ~ حَامَى | ~ يُحَامِي | مُحَامٍ | مُحَامَاةٌ |
| ~을 마주치다 | ~ لَاقَى | ~ يُلَاقِي | مُلَاقٍ | مُلَاقَاةٌ |

---

[1] 어말 약동사 3형 동사의 분사는 만꾸스 형태(unit 11)이다
[2] 이 동사는 예외적으로 مُسَافَرَةٌ 이나 سِفَارٌ 형태를 사용하지 않고 سَفَرٌ 형태를 사용한다.

# Unit 43. 4형 동사

## ▶4형 동사의 기본 형태

|  | 완료 | 미완료 | 분사 | 동명사 |
|---|---|---|---|---|
| 능동태 | أَفْعَلَ | يُفْعِلُ | مُفْعِلٌ | إِفْعَالٌ |
| 수동태 | أُفْعِلَ | يُفْعَلُ | مُفْعَلٌ | |

## ▶4형 동사의 주요 의미

4형동사는 2형동사와 뜻이 유사하며, 주로 자동사를 타동사로 만들거나 복수 목적어 타동사의 으미를 가진다.

## ▶주요 4형 동사[1]  각주 여기

| 뜻 | 완료 | 미완료 | 분사 | 동명사 |
|---|---|---|---|---|
| ~을 드러내다 | ~ أَظْهَرَ | ~ يُظْهِرُ | مُظْهِرٌ | إِظْهَارٌ |
| ~을 내보내다 | ~ أَخْرَجَ | ~ يُخْرِجُ | مُخْرِجٌ | إِخْرَاجٌ |
| ~을 들여보내다 | ~ أَدْخَلَ | ~ يُدْخِلُ | مُدْخِلٌ | إِدْخَالٌ |
| ~을 마무리하다 | ~ أَكْمَلَ | ~ يُكْمِلُ | مُكْمِلٌ | إِكْمَالٌ |
| ~을 일으키다 | ~ أَقَامَ | ~ يُقِيمُ | مُقِيمٌ | إِقَامَةٌ |
| ~을 다시하다 | ~ أَعَادَ | ~ يُعِيدُ | مُعِيدٌ | إِعَادَةٌ |
| ~을 취소하다 | ~ أَلْغَى | ~ يُلْغِي | مُلْغٍ | إِلْغَاءٌ |
| ~을 던지다 | ~ أَلْقَى | ~ يُلْقِي | مُلْقٍ | إِلْقَاءٌ |
| ~에게 ...를 알리다 | ... ~ أَخْبَرَ | ... ~ يُخْبِرُ | مُخْبِرٌ | إِخْبَارٌ |
| ~의 마음에 든다 | ~ أَعْجَبَ | ~ يُعْجِبُ | مُعْجِبٌ | إِعْجَابٌ |
| ...을 알리다 | ~ أَعْلَنَ | ~ يُعْلِنُ | مُعْلِنٌ | إِعْلَانٌ |
| ~을 발행하다 | ~ أَصْدَرَ | ~ يُصْدِرُ | مُصْدِرٌ | إِصْدَارٌ |
| ~를 서두르다 | أَسْرَعَ ب | يُسْرِعُ ب~ | مُسْرِعٌ | إِسْرَاعٌ |

---

[1] 어중 약동사의 4형 동사는 동명사가 될 때 ة 가 나온다.
한편, 어말 약동사 4형 동사의 분사는 만꾸스 형태(unit 11)이며, 동명사가 맘두드 형태(unit 12)이다.

# Unit 44. 5형 동사

## ▶5형 동사의 기본 형태

| | 완료 | 미완료 | 분사 | 동명사 |
|---|---|---|---|---|
| 능동태 | تَفَعَّلَ | يَتَفَعَّلُ | مُتَفَعِّلٌ | تَفَعُّلٌ |
| 수동태 | تُفُعِّلَ | يُتَفَعَّلُ | مُتَفَعَّلٌ | |

## ▶5형 동사의 주요 의미

5형동사는 주로 서서히 무언가가 이루어지는 의미를 가지며, 2형동사의 수동의 의미를 가지는 경우가 많다.

## ▶주요 5형 동사[1] 각주 여기

| 뜻 | 완료 | 미완료 | 분사 | 동명사 |
|---|---|---|---|---|
| ~에서 졸업하다 | تَخَرَّجَ فِي~ | يَتَخَرَّجُ فِي~ | مُتَخَرِّجٌ | تَخَرُّجٌ |
| ~로 구성되다 | تَكَوَّنَ مِنْ~ | يَتَكَوَّنُ مِنْ~ | مُتَكَوِّنٌ | تَكَوُّنٌ |
| ~을 할 수 있다 | تَمَكَّنَ مِنْ~ | يَتَمَكَّنُ مِنْ~ | مُتَمَكِّنٌ | تَمَكُّنٌ |
| 발전하다 | تَطَوَّرَ | يَتَطَوَّرُ | مُتَطَوِّرٌ | تَطَوُّرٌ |
| 변경되다 | تَغَيَّرَ | يَتَغَيَّرُ | مُتَغَيِّرٌ | تَغَيُّرٌ |
| ~애 영향을 받다 | تَأَثَّرَ بِ~ | يَتَأَثَّرُ بِ~ | مُتَأَثِّرٌ | تَأَثُّرٌ |
| ~에 늦다 | تَأَخَّرَ عَنْ~ | يَتَأَخَّرُ عَنْ~ | مُتَأَخِّرٌ | تَأَخُّرٌ |
| ~을 알아보다 | تَعَرَّفَ عَلَى~ | يَتَعَرَّفُ عَلَى~ | مُتَعَرِّفٌ | تَعَرُّفٌ |
| 긴장되다 | تَوَتَّرَ | يَتَوَتَّرُ | مُتَوَتِّرٌ | تَوَتُّرٌ |
| ~을 흡수하다 | تَشَرَّبَ~ | يَتَشَرَّبُ~ | مُتَشَرِّبٌ | تَشَرُّبٌ |
| ~를 주저하다 | تَرَدَّدَ فِي~ | يَتَرَدَّدُ فِي~ | مُتَرَدِّدٌ | تَرَدُّدٌ |
| ~을 받다 | تَلَقَّى~ | يَتَلَقَّى~ | مُتَلَقٍّ | تَلَقٍّ |
| ~에서 하야하다 | تَخَلَّى عَنْ~ | يَتَخَلَّى عن~ | مُتَخَلٍّ | تَخَلٍّ |
| ~을 도전하다 | تَحَدَّى~ | يَتَحَدَّى~ | مُتَحَدٍّ | تَحَدٍّ |
| ~을 통치하다 | تَوَلَّى~ | يَتَوَلَّى~ | مُتَوَلٍّ | تَوَلٍّ |

---

[1] 어말 약동사의 5형 동사의 분사와 동명사는 만꾸스 형태(unit 11)이다

# Unit 45. 6형 동사

## ▶6형 동사의 기본 형태

|  | 완료 | 미완료 | 분사 | 동명사 |
|---|---|---|---|---|
| 능동태 | تَفَاعَلَ | يَتَفَاعَلُ | مُتَفَاعِلٌ | تَفَاعُلٌ |
| 수동태 | تُفُوعِلَ | يُتَفَاعَلُ | مُتَفَاعَلٌ | |

## ▶6형 동사의 주요 의미

6형동사는 주로 상호간 이루어지는 의미를 가진다. 이 경우엔 3형과 달리 مَعَ 를 쓰거나 아니면 아예 주어가 복수로 사용된다. 또한, '~하는 척 하다'의 의미를 가질 경우도 종종 있다.

## ▶주요 6형 동사[1] 각주 여기

| 뜻 | 완료 | 미완료 | 분사 | 동명사 |
|---|---|---|---|---|
| 서로 협력하다 | تَعَاوَنَ | يَتَعَاوَنُ | مُتَعَاوِنٌ | تَعَاوُنٌ |
| 서로 만나다 | تَقَابَلَ | يَتَقَابَلُ | مُتَقَابِلٌ | تَقَابُلٌ |
| 서신을 주고받다 | تَرَاسَلَ | يَتَرَاسَلُ | مُتَرَاسِلٌ | تَرَاسُلٌ |
| 연락을 주고받다 | تَوَاصَلَ | يَتَوَاصَلُ | مُتَوَاصِلٌ | تَوَاصُلٌ |
| 서로 논의하다 | تَشَاوَرَ | يَتَشَاوَرُ | مُتَشَاوِرٌ | تَشَاوُرٌ |
| 서로 공존하다 | تَعَايَشَ | يَتَعَايَشُ | مُتَعَايِشٌ | تَعَايُشٌ |
| 서로 협상하다 | تَفَاوَضَ | يَتَفَاوَضُ | مُتَفَاوِضٌ | تَفَاوُضٌ |
| ~인 척 하다 | تَظَاهَرَ بِ~ | يَتَظَاهَرُ بِ~ | مُتَظَاهِرٌ | تَظَاهُرٌ |
| 모르는 척 하다 | تَجَاهَلَ | يَتَجَاهَلُ | مُتَجَاهِلٌ | تَجَاهُلٌ |
| 많이 떨어지다 | تَسَاقَطَ | يَتَسَاقَطُ | مُتَسَاقِطٌ | تَسَاقُطٌ |
| ~을 양보하다 | تَنَازَلَ عَنْ~ | يَتَنَازَلُ عَنْ~ | مُتَنَازِلٌ | تَنَازُلٌ |
| 평행을 이루다 | تَوَازَى | يَتَوَازَى | مُتَوَازٍ | تَوَازٍ |
| 계속 이어지다 | تَوَالَى | يَتَوَالَى | مُتَوَالٍ | تَوَالٍ |
| 잊은 척 하다 | تَنَاسَى | يَتَنَاسَى | مُتَنَاسٍ | تَنَاسٍ |
| 모이다 | تَلَاقَى | يَتَلَاقَى | مُتَلَاقٍ | تَلَاقٍ |

---

[1] 어말 약동사의 6형 동사의 분사와 동명사는 만꾸스 형태(unit 11)이다

STEP 0. 기본 어형___ **Chapter 6. 파생 동사**

| 1 | 2 | 3 | 4 | 5 | **6** | 7 | 8 | 9 | 10 | 11 | 12 | 13 | 14 | 15 | 16 | 17 | 18 | 19 | 20 | 21 | 22 | 23 | 24 | 25 |

# Unit 46. 7형 동사

## ▶7형 동사의 기본 형태

| | 완료 | 미완료 | 분사 | 동명사 |
|---|---|---|---|---|
| 능동태 | اِنْفَعَلَ | يَنْفَعِلُ | مُنْفَعِلٌ | اِنْفِعَالٌ |
| 수동태[1] | - | - | - | |

각주 여기

## ▶7형 동사의 주요 의미

7형동사는 주로 원형동사의 수동의미를 가진다.

## ▶주요 7형 동사

| 뜻 | 완료 | 미완료 | 분사 | 동명사 |
|---|---|---|---|---|
| 개최되다 | اِنْعَقَدَ | يَنْعَقِدُ | مُنْعَقِدٌ | اِنْعِقَادٌ |
| 전복되다 | اِنْقَلَبَ | يَنْقَلِبُ | مُنْقَلِبٌ | اِنْقِلَابٌ |
| 개방적이다 | اِنْفَتَحَ | يَنْفَتِحُ | مُنْفَتِحٌ | اِنْفِتَاحٌ |
| 결여되다 | اِنْعَدَمَ | يَنْعَدِمُ | مُنْعَدِمٌ | اِنْعِدَامٌ |
| 분리되다 | اِنْفَصَلَ | يَنْفَصِلُ | مُنْفَصِلٌ | اِنْفِصَالٌ |
| 감소하다 | اِنْخَفَضَ | يَنْخَفِضُ | مُنْخَفِضٌ | اِنْخِفَاضٌ |
| 패배하다 | اِنْهَزَمَ | يَنْهَزِمُ | مُنْهَزِمٌ | اِنْهِزَامٌ |
| 물러나다 | اِنْسَحَبَ | يَنْسَحِبُ | مُنْسَحِبٌ | اِنْسِحَابٌ |
| 부숴지다 | اِنْكَسَرَ | يَنْكَسِرُ | مُنْكَسِرٌ | اِنْكِسَارٌ |
| ~에 가입하다 | اِنْضَمَّ إِلَى~ | يَنْضَمُّ إلَى~ | مُنْضَمٌّ | اِنْضِمَامٌ |
| 붕괴되다 | اِنْهَارَ | يَنْهَارُ | مُنْهَارٌ | اِنْهِيَارٌ |
| 수축하다 | اِنْكَمَشَ | يَنْكَمِشُ | مُنْكَمِشٌ | اِنْكِمَاشٌ |
| 끊기다 | اِنْقَطَعَ | يَنْقَطِعُ | مُنْقَطِعٌ | اِنْقِطَاعٌ |
| 미끄러지다 | اِنْزَلَقَ | يَنْزَلِقُ | مُنْزَلِقٌ | اِنْزِلَاقٌ |

---

[1] 7형동사는 수동형이 존재하지 않는다.

# Unit 47. 8형 동사

## ▶8형 동사의 기본 형태

|  | 완료 | 미완료 | 분사 | 동명사 |
|---|---|---|---|---|
| 능동태 | اِفْتَعَلَ | يَفْتَعِلُ | مُفْتَعِلٌ | اِفْتِعَالٌ |
| 수동태 | أُفْتُعِلَ | يُفْتَعَلُ | مُفْتَعَلٌ | |

## ▶8형 동사의 주요 형태[1] 각주 여기

첫 어근이 ط/ض/ص 일 경우 중간의 ت 는 ط 로 변형된다.

| 뜻 | 완료 | 미완료 | 분사 | 동명사 |
|---|---|---|---|---|
| ~에 충돌하다 | ~اِصْطَدَمَ بِ | ~يَصْطَدِمُ بِ | مُصْطَدِمٌ | اِصْطِدَامٌ |
| ~에 정통하다 | اِطَّلَعَ عَلَى~ | يَطَّلِعُ عَلَى~ | مُطَّلِعٌ | اِطِّلَاعٌ |
| 혼란스러워하다 | اِضْطَرَبَ | يَضْطَرِبُ | مُضْطَرِبٌ | اِضْطِرَابٌ |

첫 어근이 ز / ذ / د 일 경우 중간의 ت 는 د 로 변형된다. 특히 ذ의 경우는 ذ도 د 로 변하여 دّ 형태가 된다.

| 뜻 | 어근 | 완료 | 미완료 | 분사 | 동명사 |
|---|---|---|---|---|---|
| 주장하다 | د ع و | اِدَّعَى | يَدَّعِي | مُدَّعٍ | اِدِّعَاءٌ |
| 증가하다, 태어나다 | ز ي د | اِزْدَادَ | يَزْدَادُ | مُزْدَادٌ | اِزْدِيَادٌ |
| 보관하다 | ذ خ ر | اِدَّخَرَ | يَدَّخِرُ | مُدَّخِرٌ | اِدِّخَارٌ |

첫 어근이 약자근이나 함자일 경우 이 어근은 ت 에 동화되어 샷다로 묶인다.

| 뜻 | 어근 | 완료 | 미완료 | 분사 | 동명사 |
|---|---|---|---|---|---|
| ~에게 연락하다 | و ص ل | ~اِتَّصَلَ بِ | ~يَتَّصِلُ بِ | مُتَّصِلٌ | اِتِّصَالٌ |
| ~를 ...라고 비난하다 | و ه م | ...اِتَّهَمَ ~ بِ | ...يَتَّهِمُ ~بِ | مُتَّهِمٌ | اِتِّهَامٌ |
| ~을 채택하다 | أ خ ذ | ~اِتَّخَذَ | ~يَتَّخِذُ | مُتَّخِذٌ | اِتِّخَاذٌ |

그 외 ت 의 변형없는 일반적인 형태는 아래와 같다.

| 뜻 | 완료 | 미완료 | 분사 | 동명사 |
|---|---|---|---|---|
| ~을 듣다 | ~اِسْتَمَعَ إِلَى | ~يَسْتَمِعُ إِلَى | مُسْتَمِعٌ | اِسْتِمَاعٌ |
| ~을 선택하다 | ~اِخْتَارَ | ~يَخْتَارُ 각주 여기[2] | ~مُخْتَارٌ | اِخْتِيَارٌ |
| ~에 의존하다 | ~اِعْتَمَدَ عَلَى | ~يَعْتَمِدُ عَلَى | مُعْتَمِدٌ | اِعْتِمَادٌ |

---

[1] 8형동사는 발음의 편의를 위해 중간에 삽입되는 ت 의 발음이 첫 어근에 따라 변화한다.
그리고 어말 약동사의 8형 동사의 분사는 만꾸스 형태(unit 11)이며, 동명사는 맘두드 형태(unit 12)이다.
[2] 이 동사의 능동분사인 مُخْتِيرٌ 는 사용되지 않아서 예외적으로 수동분사 형태를 기입하였다.

# Unit 48. 9형 동사[1] <sup>각주 여기</sup>

## ▶9형 동사의 기본 형태

| | 완료 | 미완료 | 유사 형용사[2] <sup>각주 여기</sup> | 동명사 |
|---|---|---|---|---|
| 능동태 | اِفْعَلَّ | يَفْعَلُّ | أَفْعَلُ | اِفْعِلَالٌ |
| 수동태[3] <sup>각주 여기</sup> | - | - | - | |

## ▶9형 동사의 주요 의미

9형동사는 색깔이나 장애 이 두가지의 의미만 가진다.

## ▶주요 9형 동사

| 뜻 | 완료 | 미완료 | 유사 형용사 | 동명사 |
|---|---|---|---|---|
| 빨갛게 되다 | اِحْمَرَّ | يَحْمَرُّ | أَحْمَرُ | اِحْمِرَارٌ |
| 노랗게 되다 | اِصْفَرَّ | يَصْفَرُّ | أَصْفَرُ | اِصْفِرَارٌ |
| 파랗게 되다 | اِزْرَقَّ | يَزْرَقُّ | أَزْرَقُ | اِزْرِقَاقٌ |
| 녹색이 되다 | اِخْضَرَّ | يَخْضَرُّ | أَخْضَرُ | اِخْضِرَارٌ |
| 하얗게 되다 | اِبْيَضَّ | يَبْيَضُّ | أَبْيَضُ | اِبْيِضَاضٌ / بَيَاضٌ |
| 검게 되다 | اِسْوَدَّ | يَسْوَدُّ | أَسْوَدُ | اِسْوِدَادٌ / سَوَادٌ |
| 청각장애인이 되다 | اِطْرَشَّ | يَطْرَشُّ | أَطْرَشُ | اِطْرِشَاشٌ / طَرَشٌ |
| 사시가 되다 | اِحْوَلَّ | يَحْوَلُّ | أَحْوَلُ | اِحْوِلَالٌ / حَوَلٌ |
| 언어장애인이 되다 | اِخْرَسَّ | يَخْرَسُّ | أَخْرَسُ | اِخْرِسَاسٌ / خَرَسٌ |

---

[1] 보통 9형동사는 유사형용사/동명사의 형태로는 자주 사용되지만 **동사 자체의 실제 사용 빈도가 많이 낮은 편이다.** 특히 장애를 뜻하는 동사의 경우는 거의 대부분 사전적으로만 어형이 존재하며 사전에서도 명시되어있지 않은 경우가 많다. 그러니 위의 동사 형태는 단순 참고만 하고 유사형용사/동명사의 형태를 유의해서 보도록 하자.
동명사의 경우에서도, 흰색과 검은색은 اِفْعِلَالٌ 보다 فَعَالٌ 형태를, 장애를 의미하는 동사의 동명사는 فَعَلٌ 형태가 비교적 더 사용된다.

[2] 9형동사는 분사의 형태가 따로 없고, 그 대신 분사의 성질을 가진 형용사를 가진다. 이런 형용사는 분사와 그 쓰임이 유사해서 '유사 형용사'라는 문법용어를 가진다. 유사 형용사는 여러 형태가 있지만 색깔과 장애를 의미하는 어근에서는 أَفْعَلُ 형태가 사용되며 이 형태의 형용사는 unit 7 에서 학습한 바와 같이 2격 형용사에 해당한다.

[3] 9형동사도 수동형이 존재하지 않는다.

# Unit 49. 10형 동사

## ▶10형 동사의 기본 형태

|  | 완료 | 미완료 | 분사 | 동명사 |
|---|---|---|---|---|
| 능동태 | اِسْتَفْعَلَ | يَسْتَفْعِلُ | مُسْتَفْعِلٌ | اِسْتِفْعَالٌ |
| 수동태 | اُسْتُفْعِلَ | يُسْتَفْعَلُ | مُسْتَفْعَلٌ | |

## ▶10형 동사의 주요 의미

10형동사는 주로 "원형의 행위를 하고싶어서 하는 행동"을 의미한다.

## ▶주요 10형 동사[1] 각주_여기

| 뜻 | 완료 | 미완료 | 분사 | 동명사 |
|---|---|---|---|---|
| ~을 맞이하다 | اِسْتَقْبَلَ ~ | يَسْتَقْبِلُ ~ | مُسْتَقْبِلٌ | اِسْتِقْبَالٌ |
| ~을 사용하다 | اِسْتَخْدَمَ ~ | يَسْتَخْدِمُ ~ | مُسْتَخْدِمٌ | اِسْتِخْدَامٌ |
| ~을 문의하다 | اِسْتَفْسَرَ عن~ | يَسْتَفْسِرُ عن~ | مُسْتَفْسِرٌ | اِسْتِفْسَارٌ |
| ~에 항복하다 | اِسْتَسْلَمَ ل~ | يَسْتَسْلِمُ ل~ | مُسْتَسْلِمٌ | اِسْتِسْلَامٌ |
| ~을 개간하다 | اِسْتَصْلَحَ ~ | يَسْتَصْلِحُ ~ | مُسْتَصْلِحٌ | اِسْتِصْلَاحٌ |
| ~에 투자하다 | اِسْتَثْمَرَ في ~ | يَسْتَثْمِرُ في ~ | مُسْتَثْمِرٌ | اِسْتِثْمَارٌ |
| ~할 준비가 되다 | اِسْتَعَدَّ ل~ | يَسْتَعِدُّ ل~ | مُسْتَعِدٌّ | اِسْتِعْدَادٌ |
| ~을 소비하다 | اِسْتَهْلَكَ ~ | يَسْتَهْلِكُ ~ | مُسْتَهْلِكٌ | اِسْتِهْلَاكٌ |
| 지속되다 | اِسْتَمَرَّ | يَسْتَمِرُّ | مُسْتَمِرٌّ | اِسْتِمْرَارٌ |
| 안정되다 | اِسْتَقَرَّ | يَسْتَقِرُّ | مُسْتَقِرٌّ | اِسْتِقْرَارٌ |
| ~을 소환하다 | اِسْتَدْعَى ~ | يَسْتَدْعِي ~ | مُسْتَدْعٍ | اِسْتِدْعَاءٌ |
| ~을 통치하다 | اِسْتَوْلَى على ~ | يَسْتَوْلِي على ~ | مُسْتَوْلٍ | اِسْتِيلَاءٌ |
| ~을 돌려받다 | اِسْتَعَادَ | يَسْتَعِيدُ | مُسْتَعِيدٌ | اِسْتِعَادَةٌ |
| ~을 손님으로 맞다 | اِسْتَضَافَ ~ | يَسْتَضِيفُ ~ | مُسْتَضِيفٌ | اِسْتِضَافَةٌ |
| 일어나다 | اِسْتَيْقَظَ | يَسْتَيْقِظُ | مُسْتَيْقِظٌ | اِسْتِيقَاظٌ |

---

[1] 어중 약동사의 10형 동사의 동명사에는 ة 가 나온다.
그리고 어말 약동사 10형 동사의 분사는 만꾸스 형태(unit 11)이고, 동명사는 맘두드 형태(unit 12)이다.

# Unit 50. 전체 파생동사 형태 정리

마지막으로 모든 형태의 동사들을 모아서 보면서 마무리하자. "어떤 형태가 몇 형 동사이다" 라는 것은 사실 전혀 중요하지 않고, **자음이 나열된 형태를 보고 표기되지 않는 모음을 맞춰 정확하게 발음하는 것이 가장 중요하다.** 그러므로 앞으로 단어를 외울 때 완료-미완료-분사-동명사는 하나의 단어인 것처럼 연속해서 발음하며 암기하도록 하자.

| | 완료 | 미완료 | 능동분사 | 동명사 |
|---|---|---|---|---|
| 2형 | جَرَّبَ | يُجَرِّبُ | مُجَرِّبٌ | تَجْرِبَةٌ |
| | وَقَّعَ | يُوَقِّعُ | مُوَقِّعٌ | تَوْقِيعٌ |
| 3형 | سَاعَدَ | يُسَاعِدُ | مُسَاعِدٌ | مُسَاعَدَةٌ |
| | شَاهَدَ | يُشَاهِد | مُشَاهِدٌ | مُشَاهَدَةٌ |
| 4형 | أَكْمَلَ | يُكْمِلُ | مُكْمِلٌ | إِكْمَالٌ |
| | أَخْرَجَ | يُخْرِجُ | مُخْرِجٌ | إِخْرَاجٌ |
| 5형 | تَخَرَّجَ | يَتَخَرَّجُ | مُتَخَرِّجٌ | تَخَرُّجٌ |
| | تَشَرَّبَ | يَتَشَرَّبُ | مُتَشَرِّبٌ | تَشَرُّبٌ |
| 6형 | تَقَابَلَ | يَتَقَابَلُ | مُتَقَابِلٌ | تَقَابُلٌ |
| | تَبَادَلَ | يَتَبَادَلُ | مُتَبَادِلٌ | تَبَادُلٌ |
| 7형 | اِنْخَفَضَ | يَنْخَفِضُ | مُنْخَفِضٌ | اِنْخِفَاضٌ |
| | اِنْقَطَعَ | يَنْقَطِعُ | مُنْقَطِعٌ | اِنْقِطَاعٌ |
| 8형 | اِجْتَمَعَ | يَجْتَمِعُ | مُجْتَمِعٌ | اِجْتِمَاعٌ |
| | اِعْتَمَدَ | يَعْتَمِدُ | مُعْتَمِدٌ | اِعْتِمَادٌ |
| 9형 | اِحْمَرَّ | يَحْمَرُّ | أَحْمَرُ | اِحْمِرَارٌ |
| | اِخْضَرَّ | يَخْضَرُّ | أَخْضَرُ | اِخْضِرَارٌ |
| 10형 | اِسْتَخْدَمَ | يَسْتَخْدِمُ | مُسْتَخْدِمٌ | اِسْتِخْدَامٌ |
| | اِسْتَهْلَكَ | يَسْتَهْلِكُ | مُسْتَهْلِكٌ | اِسْتِهْلَاكٌ |

# Step 1

## 기초 문장

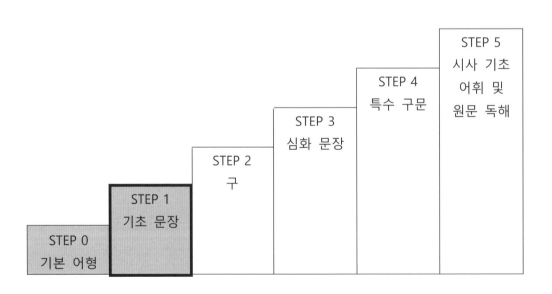

# Unit 51. 한정주어+술어(명사)

## ▶명사문의 개념

명사문은 명사로 문장이 시작하며, 주어(a)와 술어(b)로 구성되어 "a는 b이다." 혹은 "a는 b하다."로 해석되는 문장이다. 명사문의 주어로는 명사만 나올 수 있으나, 술어에는 ①명사, ②형용사, ③전치사/부사구, ④문장이 나올 수 있다. 특히 술어에 문장이 나오는 경우는 난이도가 높아 심화문장 파트에서(unit97-unit98)에서 다뤄질 예정이다.

## ▶한정주어+술어(명사) 구조의 특징

술어에 명사나 형용사가 나올 경우, **술어에도 주격이 나오는 점을 유의해야 한다.** 그리고 술어에 나온 명사가 사람이면 주어와 성/수를 일치시키고, 사물이면 고유의 성을 유지한다.

## ▶한정주어 (대명사) + 술어 (명사)

هُوَ رَئِيسُ كُورِيَا. — 그는 한국의 대통령이다.

هِيَ مُتَحَدِّثَةٌ رَئِيسِيَّةٌ فِي مُنْتَدَى دَابُوس. — 그녀는 다보스 포럼 주요 연설자이다.

هَؤُلَاءِ هُمُ الْإِرْهَابِيُّونَ الَّذِينَ دَمَّرُوا الْمَبْنَى. — 이 사람들이 건물을 부순 테러범들이다.

هُمْ لَاعِبُونَ وَطَنِيُّونَ لِكُرَةِ الْقَدَمِ. — 그들은 축구 국가대표 선수이다.

## ▶한정주어 (관사+명사) + 술어 (명사)

أَلْغَرَضُ مِنْ هَذَا التَّحْدِيثِ هُوَ رَفْعُ كَمَالِ هَاتِفِنَا الذَّكِيِّ. — 이번 업데이트의 목적은 우리 스마트폰의 완성도를 높이는 것이다.

أَلزُّجَاجَاتُ الْبِلَاسْتِيكِيَّةُ الَّتِي نَرَاهَا الْآنَ قُمَامَاتٌ بَحْرِيَّةٌ. — 우리가 지금 보고 있는 플라스틱 병들은 해양 쓰레기이다.

أَلصَّارُوخُ النَّوَوِيُّ سِلَاحٌ قَوِيٌّ. — 핵 미사일은 강력한 무기이다.

## ▶한정주어 (고유명사) + 술어 (명사)

مُنَظَّمَةُ التِّجَارَةِ الْعَالَمِيَّةِ هِيَ مُنَظَّمَةٌ تَلْعَبُ دَوْرًا فِي إِدَارَةِ النِّزَاعِ التِّجَارِيِّ بَيْنَ الْبُلْدَانِ. — 세계무역기구는 국가간 무역분쟁을 관리하는 역할을 수행하는 기구이다.

# Unit 52. 한정주어+술어(형용사)

---

### ▶한정주어+술어(형용사) 구조의 특징

술어에 형용사가 나올 경우에도 **술어는 주격을 취한다.** 특히, 이렇게 형용사가 술어로 나오게 될 경우 반드시 술어 형용사의 상태(성/수)를 명사와 일치시켜야 하며, **비한정으로 써야 한다.**

---

### ▶한정주어(대명사) + 술어 (형용사)

| | |
|---|---|
| هُوَ مُجْتَهِدٌ، لَكِنَّهُ عَمَلِيٌّ جِدًّا. | 그는 성실하지만 너무 사무적이다. |
| تِلْكَ شَدِيدَةٌ لِلْمُوَظَّفِينَ الْجُدُدِ. | 저분(f.)은 신입 직원들에게 엄격하다. |
| أُولَئِكَ مُسْتَمْتِعَاتٌ بِالْمَظَاهِرِ اللَّيْلِيَّةِ الْجَمِيلَةِ. | 저들(f.)은 아름다운 야경을 즐기고 있다. |

---

### ▶한정주어(관사+명사) + 술어 (형용사)

| | |
|---|---|
| ٱلْجَوُّ فِي مِصْرَ جَافٌّ جِدًّا بِسَبَبِ أَنَّ الْمَطَرَ لَا يَنْزِلُ فِيهَا هَذِهِ الْأَيَّامَ. | 요즘 이집트에 비가 내리지 않아서 날씨가 아주 건조하다. |
| هَلِ الطَّعَامُ الَّذِي طَبَخَتْهُ أُمِّي مُنَاسِبٌ لَكُمْ؟ | 내 엄마가 만든 음식이 당신들에게 맞나요? |
| كُلُّ السَّيَّارَاتِ الَّتِي نَبِيعُهَا جَدِيدَةٌ. | 우리가 판매하는 모든 자동차는 새것이다. |
| هَلْ هَذَا الْهَاتِفُ الذَّكِيُّ مُسْتَعْمَلٌ؟ | 이 스마트폰은 중고인가요? |
| شُقَقُ هَذَا الْفُنْدُقِ وَاسِعَةٌ كَثِيرًا. | 이 호텔의 객실들은 많이 넓다. |
| ٱلْعُنْفُ الْمَدْرَسِيُّ مُثِيرٌ لِلْغَضَبِ فِي مُجْتَمَعِنَا. | 학교 폭력은 우리 사회에 분노를 유발한다. |
| ٱلْجَوُّ فِي قَطَرَ عَادَةً حَارٌّ وَرَطِبٌ جِدًّا. | 카타르 날씨는 보통 아주 덥고 습하다. |
| طَعَامُ الدَّجَاجِ الْمَقْلِيِّ لَذِيذٌ دَائِمًا. | 튀긴 닭 요리는 항상 맛있다. |

---

### ▶한정주어(고유명사) + 술어 (형용사)

| | |
|---|---|
| مُحَمَّدٌ جَوْعَانُ الْآنَ. | 무함마드는 지금 배가고프다. |
| فَاطِمَةُ مُسْتَعِدَّةٌ لِتَسْجِيلِ إِجْرَاءَاتِ الْوُصُولِ. | 파티마는 체크인 할 준비가 되어있다. |
| مُحَمَّدٌ وَأَبُوهُ مُتَشَابِهَانِ. | 무함마드와 아버지는 서로 비슷하다. |

STEP 1. 기초 문장__ **Chapter 7. 명사문 기초**

| 1 | 2 | 3 | 4 | 5 | 6 | **7** | 8 | 9 | 10 | 11 | 12 | 13 | 14 | 15 | 16 | 17 | 18 | 19 | 20 | 21 | 22 | 23 | 24 | 25 |

# Unit 53. 한정주어+술어(전치사구/부사구)

---

## ▶한정주어 + 술어 (전치사구/부사구)

| | |
|---|---|
| عَائِلَتِي الْآنَ عَلَى مَتْنِ السَّفِينَةِ. | 내 가족은 지금 배에 타 있다. |
| فَاطِمَةُ فِي وَحْدَةِ الْعِنَايَةِ الْمُرَكَّزَةِ الْآنَ. | 파티마는 지금 중환자실에 있다. |
| اِسْتِخْرَاجُ التَّأْشِيرَةِ قَيْدَ آخِرِ الْإِجْرَاءَاتِ حَالِيًا. | 비자 발급은 현재 마지막 절차 중에 있다. |
| هُوَ فِي الطَّرِيقِ إِلَى الطَّابِقِ الثَّالِثِ الْآنَ. | 그는 지금 3층으로 가는 길이다. |
| فَاطِمَةُ عَلَى قَيْدِ الْحَيَاةِ تَحْتَ الْأَنْقَاضِ. | 파티마는 건물의 잔해 속에서 생존해있다. |

---

## ▶한정주어와 전치사구/부사구 술어의 도치

술어에 전치사구/부사구가 나올 경우 **주어와 술어의 위치를 바꿔도 무방**한데, 이 경우 주어에 동명사 혹은 أَنَّ/أَنْ 절이 나오는 경우가 일반적이다.

| | |
|---|---|
| مِنَ الصَّعْبِ عَلَيَّ أَنْ أَتَخَرَّجَ فِي الْجَامِعَةِ فِي هَذِهِ السَّنَةِ. | 나는 올 해 대학교 졸업하기 힘들다. |
| هَلْ مِنَ السَّهْلِ أَنْ نَحْصُلَ عَلَى تَأْشِيرَةِ الدُّخُولِ مِنَ السِّفَارَةِ الْكُورِيَّةِ؟ | 저희는 한국 대사관으로부터 입국비자를 받는 것이 쉬운가요? |
| مِنَ الْجَدِيرِ بِالذِّكْرِ أَنَّ فَرِيقَنَا حَصَلَ عَلَى الْعَقْدِ الَّذِي تَخَلَّى عَنْهُ فَرِيقٌ آخَرُ. | 다른팀이 포기한 그 계약을 우리팀이 따냈다는 것은 언급할 가치가 있다. |
| مِنَ الْمُسْتَحِيلِ وُصُولُنَا إِلَى الشَّرِكَةِ فِي الْوَقْتِ الْمُحَدَّدِلِأَنَّنَا اسْتَيْقَظْنَا مِنَ النَّوْمِ مُتَأَخِّرًا جِدًّا. | 우리는 오늘 너무 늦게 잠에서 깨서 회사에 제 시간에 도착하는 것은 불가능하다. |
| بِإِمْكَانِ الْمَرْضَى الْأَجَانِبِ طَلَبُ الْإِسْتِشَارَةِ فِي الْمَرْكَزِ الطِّبِّيِّ الدُّوَلِيِّ. | 외국인 환자는 국제의료센터에서 진료를 요청할 수 있다. |

단, **주어 자리에 일반 명사가 쓰이는 문장은 위치를 도치시키는 것이 부자연스러운 경우가 많다.** 하지만 의문문이되면 비교적 자연스럽게 쓰일 수 있다.

| | |
|---|---|
| أَمَامَ مَحَطَّةِ الْمِتْرُو مَرْكَزُ التَّسَوُّقِ. | 지하철 역 앞에 쇼핑센터가 있다. (부자연) |
| سَأُقَابِلُ كِبَارَ الْمَسْؤُولِينَ فِي الْمُنْتَدَى وَمِنْ بَيْنِهِمِ الرَّئِيسُ وَرَئِيسُ الْوُزَرَاءِ. | 나는 포럼에서 대통령과 총리를 포함한 고위 책임자들을 만날 것이다. |
| هَلْ مَعَكَ هَاتِفِي؟ | 당신이 내 휴대폰을 가지고 있나요? |

# Unit 54. 비한정 주어+술어(전치사구/부사구)

## ▶ 비한정 주어와 전치사구/부사구 술어의 도치

앞 unit 에서 확인한 것처럼 술어에 전치사구/부사구가 나오면 주어와 술어의 도치가 가능하다. 하지만 주어가 술어보다 앞자리에 위치하기 위해서는 '한정상태'라는 조건이 충족되어야 가능하기 때문에 **주어가 비한정일 경우에는 주어와 술어의 위치를 반드시 도치시켜야 한다.**

## ▶ 비한정 주어와 전치사구/부사구 술어

이 경우도 한정주어와 마찬가지로 주로 소유나 존재의 의미로 사용된다.

| | |
|---|---|
| فِي الْجَامِعَةِ كُلِّيَّاتٌ مُتَنَوِّعَةٌ. | 대학교 안에 여러 단과대가 있다. |
| هَلْ فِي هَذِهِ الشَّقَّةِ شُرْفَةٌ وَاسِعَةٌ؟ | 이 객실 안에는 넓은 발코니가 있나요? |
| بِجَانِبِ الْجَامِعَةِ الَّتِي تَعَلَّمْتُ فِيهَا الْعَرَبِيَّةَ مَسْجِدٌ كَبِيرٌ. | 내가 아랍어를 배운 대학교 옆에 큰 사원이 있다. |
| عَلَى سَطْحِ هَذَا الْبَحْرِ كَثِيرٌ مِنَ النُّفَايَاتِ الْمَنْزِلِيَّةِ وَالصِّنَاعِيَّةِ. | 이 바다 표면에는 많은 가정용 쓰레기와 산업 폐기물이 있다. |
| خَارِجَ مَحَلِّنَا الْآنَ مُتَسَوِّلُونَ. | 지금 우리 가게 밖에 거지들이 있다. |
| هَلْ مَعَكَ صَدِيقٌ يُمْكِنُ لَهُ أَنْ يَتَكَلَّمَ اللُّغَةَ الْكُورِيَّةَ بِطَلَاقَةٍ؟ | 당신은 한국어를 유창하게 할 수 있는 친구가 있나요? |
| مَعَ أَبِي مُحَمَّدٍ سَيَّارَةٌ رِيَاضِيَّةٌ حَمْرَاءُ. | 무함마드의 아버지는 빨간 스포츠카를 소유하고 계시다. |
| عِنْدِي أَسْئِلَةٌ كَثِيرَةٌ عَنِ الْمَشْرُوعِ. | 나는 그 프로젝트에 대해 많은 질문이 있다. |
| عِنْدَنَا مَوْعِدٌ هُنَا فِي السَّاعَةِ الثَّانِيَةِ الْيَوْمَ. | 우리는 여기서 오늘 2시에 약속이 있다. |
| هَلْ لَكَ وَلَدٌ وَاحِدٌ فَقَطْ؟ | 당신은 아들 한 명만 있나요? |
| لِي سَيَّارَةٌ مَصْنُوعَةٌ فِي أَلْمَانِيَا. | 나는 독일제 자동차를 갖고 있다. |
| هَلْ لَدَيْكُم فِكْرَةٌ جَيِّدَةٌ مِنْ أَجْلِ حَلِّ هَذِهِ الْمُشْكِلَةِ؟ | 당신들은 이 문제를 해결하기 위한 좋은 아이디어가 있나요? |

# Unit 55. 능동태(자동사)

## ▶동사문의 개념과 자동사 문장의 어순

아랍어 동사문은 **동사로 문장이 시작하는 문장**을 의미하며, 자동사 능동태 어순은 기본적으로 동사+주어 순서이다.

## ▶단순 자동사의 활용

**주어가 따로 존재할 경우에는 동사가 단수로만 사용**되므로, 성만 일치시키면 된다. 다만, 주어가 단순 인칭 대명사일 경우에는 동사 자체가 성/수/인칭에 따라 형태가 변형되므로 굳이 대명사를 쓰지 않는다.

| | |
|---|---|
| يَنَامُ الْمُوَظَّفُونَ عَلَى الْمَكْتَبِ في وَقْتِ الْغَدَاءِ بَدَلًا مِنْ تَنَاوُلِ الْوَجْبَةِ. | 직원들은 점심시간에 식사 대신에 책상에 엎드려 자고 있다. |
| نَمَا أَوْلَادِي بِصِحَّةٍ جَيِّدَةٍ وَبِأَدَبٍ. | 내 아이들은 건강하고 예의바르게 자랐다. |
| مَتَى قُمْتَ مِنَ النَّوْمِ صَبَاحَ الْيَوْمِ؟ | 당신은 오늘 아침에 언제 잠에서 깼나요? |
| تَمْشِي بِطُولِ النَّهْرِ صَبَاحًا عَادَةً. | 그녀는 주로 아침에 강변을 따라 걷는다. |

## ▶의미상 목적어를 취하는 자동사

자동사 중에서 아래 동사들과 같이 **의미상 목적어를 취하기 위해 전치사의 도움을 받는 자동사**가 있다. 이 전치사들은 단순히 부사로서의 역할이 아닌 동사의 의미를 살려주는 핵심적인 요소이다.

| حَصَلَ عَلَى ~ | عَثَرَ عَلَى ~ | حَكَمَ عَلَى ~ بِـ... | وَافَقَ عَلَى ~ | سَمَحَ لِ ~ بِـ... |
|---|---|---|---|---|
| ~을 얻다 | ~을 발견하다 | ~에게 ...를 선고하다 | ~에 동의하다 | ~에게 ...를 허락하다 |

| | |
|---|---|
| حَصَلَ مُحَمَّدٌ عَلَى جَوَازِ السَّفَرِ الْجَدِيدِ. | 무함마드는 새 여권을 받았다. |
| عَثَرَتْ هَذِهِ الْفَتَاةُ عَلَى هَذِهِ الْجُثَّةِ أَثْنَاءَ الْمَشْيِ في حَدِيقَةِ نَهْرِ هَان. | 이 여성은 한강 공원에서 산책하다가 이 시체를 발견했다. |
| حَكَمَ الْقَاضِي عَلَى الْمُتَّهَمِ بِالسَّجْنِ الْمُؤَبَّدِ. | 판사는 피고에게 종신형을 선고했다. |
| هَلْ سَوْفَ تُوَافِقِينَ عَلَى إِلْغَاءِ الْمَشْرُوعِ. | 당신(f.)은 그 프로젝트 취소에 동의할건가요? |
| لَا أَسْمَحُ بَعْدُ لِابْنِي بِاسْتِخْدَامِ الْهَاتِفِ الذَّكِيِّ. | 나는 아직 내 아들에게 스마트폰 사용을 허락하지 않는다. |

# Unit 56. 능동태(타동사)

## ▶ 타동사 문장의 어순

타동사 문장의 어순은 기본적으로 동사+주어+목적어 순서이지만 반드시 지킬 필요는 없고 주어에는 주격, 목적어에는 목적격 표기만 해주면, 주어와 목적어는 위치를 서로 바꿔도 무방하다.

## ▶ 단순 타동사의 활용

일반 명사가 목적어로 나오면 그 명사에 목적격을 취하면 된다. 단, 목적어가 대명사로 나올 경우 동사 접미형 인칭대명사 형태로 나와야 한다.

| | |
|---|---|
| هَلْ سَأَلْتَ الْأُسْتَاذَ عَنِ الْوَاجِبِ؟ | 당신은 교수님께 과제에 대해 여쭤봤나요? |
| = هَلْ سَأَلْتَهُ عَنِ الْوَاجِبِ؟ | =당신은 그에게 과제에 대해 여쭤봤나요? |
| مِنَ الْمُقَرَّرِ أَنْ يَذْهَبَ مُحَمَّدٌ إِلَى الشَّرِكَةِ بَعْدَ أَنْ يُنْزِلَ زَوْجَتَهُ فِي الْفُنْدُقِ. | 무함마드는 호텔에 그의 아내를 내려다주고 회사로 갈 예정이다. |
| = مِنَ الْمُقَرَّرِ أَنْ يَذْهَبَ مُحَمَّدٌ إِلَى الشَّرِكَةِ بَعْدَ أَنْ يُنْزِلَهَا فِي الْفُنْدُقِ. | = 무함마드는 호텔에 그녀를 내려다주고 회사로 갈 예정이다. |
| يُمْكِنُ أَنْ تَسْتَخْدِمَ هَذَا الْهَاتِفَ فِي حَالَةِ الطَّوَارِئِ. | 당신은 위급상황 시 이 전화기를 사용할 수 있습니다. |
| = يُمْكِنُ أَنْ تَسْتَخْدِمَهُ فِي حَالَةِ الطَّوَارِئِ. | = 당신은 위급상황 시 그것을 사용할 수 있습니다. |

## ▶ 주어와 목적어의 직역이 어색한 동사

아랍어 동사 중에 주어와 목적어를 있는 그대로 직역할 경우 그 해석이 어색한 동사가 존재한다. 이런 동사들은 주로 목적어가 접미 인칭 대명사 형태로 나온다. 이 동사는 직역하면 어색하므로 문법상 목적어로 사용된 대명사를 의미상 주어로 놓고 의역하면 비교적 자연스럽다.

| | |
|---|---|
| هَلْ يُعْجِبُكَ الْبَيْتُ الَّذِي يَقَعُ بِالْقُرْبِ مِنْ مَحَطَّةِ الْمِتْرُو؟ | 지하철역 근처에 위치한 그 집이 당신을 마음에 들게하나요? (=당신은 ~집이 마음에 드나요?) |
| يُسْعِدُنِي أَنَّكَ نَجَحْتَ فِي الْمُقَابَلَةِ الشَّخْصِيَّةِ لِدُخُولِ الْجَامِعَةِ. | 당신이 대입 면접에 합격했다는 것이 나를 기쁘게 만드네요. (= ~하다니 내가 기쁘네요) |
| فَاتَتْهَا الْفُرْصَةُ لِشِرَاءِ هَذِهِ الْحَقِيبَةِ. | 이 가방을 구입할 기회가 그녀를 지나쳤다. (=그녀는 ~기회를 놓쳤다) |
| عِنْدَمَا دَخَلَ السَّارِقُ إِلَى بَيْتِهِ، انْتَابَهُ الْخَوْفُ. | 도둑이 그의 집에 들어왔을 때 공포가 그에게 발생했다. (= 그는 공포를 느꼈다) |

# Unit 57. 수동태

## ▶수동태의 개념

기본적으로 능동태에서 목적어가 있는 문장이어야 수동태로 사용될 수 있으며, 능동태에서 목적어로 있던 명사가 수동태의 주어로 오게된다.

아랍어 수동태는 한국어 수동태와 호환이 잘 되는 편이다. 그래서 수동 표현이 한국어로 어색하면 아랍어로도 어색한 경우가 많으며, 반대로 한국어로 자연스러운 수동 표현은 아랍어로도 자연스러운 편이다.

| | |
|---|---|
| هَلْ يُمْكِنُ لَكَ أَنْ تَقْرَأَ الْجُمْلَةَ الَّتِي كُتِبَتْ بِاللُّغَةِ الْعَرَبِيَّةِ؟ | 당신은 아랍어로 적힌 문장을 읽을 수 있나요? |
| يُسْتَخْدَمُ هَذَا الْجِهَازُ فِي حَالَةِ الطَّوَارِئِ فَقَطْ. | 이 장비는 위급상황시에만 사용된다. |
| نَمَا اقْتِصَادُ هَذِهِ الدَّوْلَةِ بِسُرْعَةٍ لَا تُصَدَّقُ بَعْدَ الِاسْتِقْلَالِ. | 이 국가의 경제는 독립 이후 믿어지지 않는 속도로 성장했다. |

## ▶수동태로 자주 쓰이는 동사

아래 경우는 수동태로 자주 쓰이는 동사들이다.

| أُلْقِيَ / يُلْقَى الْقَبْضُ عَلَى ~ | أُتِيحَتْ / تُتَاحُ لِي~ الْفُرْصَةُ ل... | تُوُفِّيَ / يُتَوَفَّى |
|---|---|---|
| ~가 체포되다 | ~에게 ...할 기회가 주어지다 | 사망하다 |

| أُصِيبَ / يُصَابُ بِ~ | اسْتُشْهِدَ / يُسْتَشْهَدُ | اُضْطُرَّ / يُضْطَرُّ إِلَى ~ |
|---|---|---|
| ~(병)에 걸리다 | 순직하다 | (마지못해) ~를 할 수 밖에 없다 |

| | |
|---|---|
| تُوُفِّيَ مُحَمَّدٌ فِي حَادِثِ الْمُرُورِ. | 무함마드는 교통사고로 사망했다. |
| أُتِيحَتْ لِي الْفُرْصَةُ لِدُخُولِ الْمُقَابَلَةِ الشَّخْصِيَّةِ النِّهَائِيَّةِ لِدُخُولِ هَذِهِ الشَّرِكَةِ. | 나에게 이 회사에 입사 할 최종 면접의 기회가 주어졌다. |
| أُلْقِيَ الْقَبْضُ عَلَى الْقَاتِلِ الْمُتَسَلْسِلِ الَّذِي قَتَلَ 5 أَشْخَاصٍ بِدُونِ أَيِّ دَافِعٍ. | 어떠한 동기도 없이 5명을 살해한 연쇄 살인마가 체포되었다. |
| اُضْطُرَّ إِلَى الْاِنْتِقَالِ إِلَى مَدِينِةٍ أُخْرَى بِسَبَبِ اسْتِقْرَارِ الزَّلَازَالِ. | 지진이 계속되어 우리는 다른 도시로 이사갈 수 밖에 없다. |
| اُسْتُشْهِدَ جُنْدِيَّانِ فِي هَذِهِ الْمَعْرَكَةِ. | 이번 전투에서 2명의 군인이 순직하였다. |
| أُصِيبَ مُحَمَّدٌ بِالزُّكَامِ الشَّدِيدِ. | 무함마드는 독감에 걸렸다. |

# Unit 58. 비인칭 수동태[1] 각주 여기

## ▶비인칭 수동태

앞 unit에서 수동태에 대해 설명할 때, '목적어가 있는 문장이어야 수동태로 사용될 수 있다'고 표현했다. 이 때, 능동태의 종류를 보면, 일반 타동사가 목적어를 가지는 것 이외에, 자동사가 전치사의 도움을 받아 의미상 목적어를 갖는 경우도 있었다.

이런 자동사도 결국엔 목적어를 갖는 것이기 때문에 수동태로 사용될 수 있다.

다만, 일반 타동사에서는 해당 능동태 문장의 목적어가 바로 수동태 문장의 주어로 오면 되었지만, 이런 경우에서는 **의미상 목적어를 받아주던 전치사까지 하나의 세트로 묶여서 수동태의 의미상 주어로** 나오게 된다.

그래서 결과적으로 의미상 주어는 전치사 뒤에 있지만 **문장 구조상 주어에 해당하는 단어가 존재하지 않게 된다.** 그래서 이럴 경우엔 수동태 동사의 형태가 의미상 주어의 인칭과 무관하게 3인칭 남성 단수 형태로 고정된 비인칭 상태로 사용된다.

| في الْحَدِيقَةِ | عَلَى الْجُثَّةِ | مُحَمَّدٌ | عَثَرَ | 능동태 |
|---|---|---|---|---|
| 공원에서 | 시체를 | 무함마드가 | 발견했다 | |

| في الْحَدِيقَةِ | عَلَى الْجُثَّةِ | عُثِرَ | | 수동태 |
|---|---|---|---|---|
| 공원에서 | 시체가 | 발견됐다 | | |

| حُكِمَ عَلَى الْمُتَّهَمَاتِ بِالسَّجْنِ لِ5 سَنَوَاتٍ. | 그 여성 피고인들은 5년형을 선고받았다. |
|---|---|
| عُثِرَ عَلَى لُغْمٍ أَرْضِيٍّ في هَذَا الرِّيفِ بَعْدَ الْفَيَضَانِ. | 홍수 이후에 이 마을에서 지뢰가 발견되었다. |
| يُرِيدُ رَئِيسُ الشَّرِكَةِ أَنْ يُغَيِّرَ الْقَرَارَ الَّذِي اتُّفِقَ عَلَيْهِ بِالْإِجْمَاعِ. | 회사 사장님은 만장일치로 합의된 결정을 바꾸고 싶어한다. |
| لَا تُعْجِبُنِي الْأَطْعِمَةُ الَّتِي يُوصَى بِهَا مِنَ الصَّدِيقِ. | 친구로부터 추천받은 음식들이 내 마음에 들지 않는다. |
| لَا يُسْمَحُ لَنَا بِالتَّدْخِينِ دَاخِلَ الْمُسْتَشْفَى. | 우리는 병원 내부에서 흡연하는 것이 허가되지 않는다. |

---

[1] 이번 유닛을 학습한 뒤 unit 25 비인칭 수동분사를 복습하길 바란다.

# Unit 59. قَامَ بِ 와 تَمَّ 의 활용

## ▶ قَامَ بِ 의 활용

يَقُومُ / قَامَ 동사는 동명사와 결합된 بِ 와 함께 쓰여서 '~하다' 를 의미하게 된다. 이 때 단순히 해당 동명사를 동사로 풀어서 쓴 문장과 그 의미는 다르지 않다.

| | |
|---|---|
| يَتَعَلَّمُ مُحَمَّدٌ اللُّغَةَ الْكُورِيَّةَ فِي مَرْكَزِ اللُّغَاتِ بِهَذِهِ الْجَامِعَةِ. | 무함마드는 이 대학교 언어센터에서 한국어를 배우고 있다. |
| = يَقُومُ مُحَمَّدٌ بِتَعَلُّمِ اللُّغَةِ الْكُورِيَّةِ فِي مَرْكَزِ اللُّغَاتِ بِهَذِهِ الْجَامِعَةِ. | |
| يُقَدِّمُ رَئِيسُنَا عَرْضًا بِشَأْنِ الْمُنْتَجَاتِ الْجَدِيدَةِ أَمَامَ الْمُسَاهِمِينَ. | 우리 사장님은 주주들 앞에서 신제품들에 대해 프리젠테이션을 하고 있다. |
| = يَقُومُ رَئِيسُنَا بِتَقْدِيمِ عَرْضٍ بِشَأْنِ الْمُنْتَجَاتِ الْجَدِيدَةِ أَمَامَ الْمُسَاهِمِينَ. | |

## ▶ تَمَّ 의 활용

يَتِمُّ / تَمَّ 동사가 동명사를 주어로 받으면 해당 동명사의 수동의 의미를 표현할 수 있다. 이 때 단순히 해당 동명사를 수동태 동사로 풀어서 쓴 문장과 그 의미는 다르지 않다.

| | |
|---|---|
| رُقِّيَ مُحَمَّدٌ إِلَى مُدِيرِ الْقِسْمِ بِفَضْلِ النَّجَاحِ فِي الْمَشْرُوعِ الْكَبِيرِ. | 대형 프로젝트의 성공덕에 무함마드는 부장으로 승진했다. |
| = تَمَّتْ تَرْقِيَةُ مُحَمَّدٍ إِلَى مُدِيرِ الْقِسْمِ بِفَضْلِ النَّجَاحِ فِي الْمَشْرُوعِ الْكَبِيرِ. | |
| نُزِّلَتْ كُلُّ التَّطْبِيقَاتِ الَّتِي تَحْتَاجِينَ إِلَيْهَا فِي الْعَمَلِ هُنَا عَلَى هَذَا الْهَاتِفِ الذَّكِيِّ بِالْفِعْلِ. | 당신(f.)이 여기에서 일하는데 필요한 모든 어플리케이션들이 이 스마트폰에 이미 다운로드 되어있습니다. |
| = تَمَّ تَنْزِيلُ كُلِّ التَّطْبِيقَاتِ الَّتِي تَحْتَاجِينَ إِلَيْهَا فِي الْعَمَلِ هُنَا عَلَى هَذَا الْهَاتِفِ الذَّكِيِّ بِالْفِعْلِ. | |

# Unit 60. 직설법

## ▶ 직설법의 활용

직설법은 미완료 동사의 가장 기본적인 형태라 별다른 접속사 등 없이 단독으로 미완료 동사를 쓸 때 이 직설법이 사용된다. 그리고 아래의 불변사가 쓰이게 되면 그 뒤에는 직설법 미완료 동사가 나오게 되며, 의문사가 쓰였을 때도 직설법이 사용된다.

| لَا يَفْعَلُ | سَيَفْعَلُ | سَوْفَ يَفْعَلُ | قَدْ يَفْعَلُ |
|---|---|---|---|
| ~하지 않는다 | | ~할 것이다 | ~할 가능성이 있다. |

이미 unit 22 를 통해 미완료 동사를 각 형태별로 확인 하였지만, 복습 한 번 하고 예문을 보도록 하자. 기본형에서는 마지막 모음이 u 이고, 5가지 동사에서는 장음+ن 이 나오며, 쓰쿤 미완료는 마지막 어근에 쓰쿤을 취하고 그 뒤에 장음 없이 ن 이 나오는 형태이다.

| 기본형 | يَفْعَلُ / تَفْعَلُ / أَفْعَلُ / نَفْعَلُ |
|---|---|
| 5가지 동사 | يَفْعَلَانِ / تَفْعَلَانِ / تَفْعَلِينَ / يَفْعَلُونَ / تَفْعَلُونَ |
| 쓰쿤 미완료 | يَفْعَلْنَ / تَفْعَلْنَ |

| | |
|---|---|
| سَوْفَ يَنْضَمُّ مُحَمَّدٌ إِلَى نَادِي كُرَةِ الْقَدَمِ بَعْدَ دُخُولِ الْمَدْرَسَةِ الْإِبْتِدَائِيَّةِ. | 무함마드는 초등학교에 입학한 이후에 축구 클럽에 가입 할 것이다. |
| سَأُنَوِّمُ وَلَدِي بَعْدَ السَّاعَةِ 9 مَسَاءً. | 나는 내 아들을 밤 9시 이후에 재울 것이다. |
| لِمَاذَا لَا تُوَقِّعِينَ عَلَى هَذَا الْعَقْدِ؟ | 당신(f.)은 왜 이 계약에 서명하지 않는 건가요? |
| هَلْ تَعِيشُونَ مَعَ وَالِدَيْكُم فِي بَيْتِهِمَا حَتَّى الْآنِ؟ | 당신들은 지금까지도 당신들 부모님의 집에서 부모님과 함께 살고 있나요? |
| الصَّدِيقَاتُ سَيُسَافِرْنَ إِلَى الشَّرْقِ الْأَوْسَطِ لِمُدَّةِ شَهْرَيْنِ بِمُنَاسَبَةِ الْعُطْلَةِ الشَّتَوِيَّةِ. | 친구들(f.)은 겨울방학을 맞아서 중동으로 2달 간 여행을 갈 것이다. |
| لِمَاذَا لَا تُرَكِّزْنَ عَلَى الْمُحَاضَرَةِ؟ | 당신들(f.)은 왜 강의에 집중하지 않나요? |
| مُحَمَّدٌ وَإِخْوَانُهُ قَدْ يَتَأَخَّرُونَ عَنِ الْمَوْعِدِ لِأَنَّهُم قَامُوا مِنَ النَّوْمِ مُتَأَخِّرًا. | 무함마드와 그의 형제들은 잠에서 늦게 일어나서 아마 약속에 늦을 수도 있다. |
| قَدْ تَتَأَجَّلُ الْمُبَارَاةُ إِلَى الْأُسْبُوعِ الْقَادِمِ فِي حَالَةِ سُوءِ الْأَحْوَالِ الْجَوِّيَّةِ. | 기상악화 시 경기는 다음 주로 미뤄질 가능성이 있다. |

# Unit 61. 접속법

## ▶접속법의 활용

접속법 미완료 동사 형태는 아래의 접속사가 나올 때 그 뒤에 쓰이게 된다.

| لَنْ يَفْعَلَ | أَنْ يَفْعَلَ | أَلَّا (أَنْ+لَا) يَفْعَلَ | لِكَيْلَا يَفْعَلَ |
|---|---|---|---|
| ~하지 않을 것이다 | ~하는 것 | ~하지 않는 것 | ~하지 않기 위해 |

| كَيْ يَفْعَلَ | لِكَيْ يَفْعَلَ | لِيَفْعَلَ | حَتَّى يَفْعَلَ |
|---|---|---|---|
| | | ~하기 위해 | |

마찬가지로 접속법의 형태도 간단하게 복습하고 예문으로 보자. 기본형에서는 마지막 모음이 a 로 나오고, 5가지 동사에서는 ن 이 탈락하면서 복수에서만 alif 가 추가되었으며, 쓰쿤 미완료는 불변 형태라 마지막 어근에 쓰쿤을 취하고 그 뒤에 장음 없이 ن 이 나오는 형태이다.

| 기본형 | يَفْعَلَ / تَفْعَلَ / أَفْعَلَ / نَفْعَلَ |
|---|---|
| 5가지 동사 | يَفْعَلَا / تَفْعَلَا / تَفْعَلِي / يَفْعَلُوا / تَفْعَلُوا |
| 쓰쿤 미완료 | يَفْعَلْنَ / تَفْعَلْنَ |

| | |
|---|---|
| مِنَ الصَّعْبِ أَنْ نَقُولَ إِنَّ اقْتِصَادَ دَوْلَتِنَا لَنْ يَتَأَثَّرَ بِسِعْرِ النَّفْطِ. | 우리는 우리 나라의 경제가 유가에 의해 영향을 받지 않을 것이라고 말하기 힘들다. |
| لَنْ أَتَرَدَّدَ فِي التَّجَنُّدِ فِي حَالَةِ انْدِلَاعِ الْحَرْبِ. | 나는 전쟁이 날 경우 주저하지 않고 입대할 것이다. |
| لَنْ تَنْخَفِضَ دَرَجَةُ الْحَرَارَةِ أَكْثَرَ مِنَ الْآنِ. | 지금보다 기온이 더 낮아지지 않을 것이다. |
| مِنَ السَّهْلِ أَنْ تَنْقَلِبَ السَّفِينَةُ لِأَنَّ الرِّيحَ الْآنَ قَوِيَّةٌ جِدًّا. | 지금 바람이 너무 쎄서 배가 전복되기 쉽다. |
| هَلْ يُمْكِنُ أَنْ تَتَّصِلِي بِشَرِكَةِ الطَّيَرَانِ لِكَيْ تَحْجِزِي تَذْكِرَةً لِي؟ | 티켓을 예약하기 위해 당신(f.)이 항공사에 연락해줄 수 있나요? |
| يَجِبُ عَلَيْهِمْ أَنْ يَكْسِبُوا الْمَالَ لِكَيْلَا يَعْتَمِدُوا عَلَى مُسَاعَدَةِ الْوَالِدَيْنِ. | 그들은 부모님의 도움에 의존하지 않기 위해 돈을 벌어야 한다. |
| اَلنِّسَاءُ يَتَحَدَّثْنَ فِي الْمَكْتَبِ حَتَّى يَسْتَثْمِرْنَ فِي الشَّرِكَةِ الَّتِي تُنْتِجُ الْبَطَّارِيَّاتِ. | 그 여성들은 배터리를 생산하는 회사에 투자하기 위해 사무실에서 이야기 중이다. |

STEP 1. 기초 문장__ **Chapter 9.** 미완료 동사의 서법별 활용

| 1 | 2 | 3 | 4 | 5 | 6 | 7 | 8 | **9** | 10 | 11 | 12 | 13 | 14 | 15 | 16 | 17 | 18 | 19 | 20 | 21 | 22 | 23 | 24 | 25 |

# Unit 62. 단축법

## ▶단축법의 활용

단축법은 과거 부정사와 함께 쓰이거나 명령 혹은 제안의 의미로 활용된다.

| لَمْ يَفْعَلْ | فَلْتَفْعَلْ / لِنَفْعَلْ | فَلْتَفْعَلْ / لِتَفْعَلْ | لَا تَفْعَلْ |
|---|---|---|---|
| ~하지 않았다 | ~합시다 | ~하세요 | ~하지 마세요 |

마찬가지로 단축법의 형태도 간단하게 복습하고 예문으로 보자. 기본형에서는 마지막 모음이 쓰쿤으로 나오고, 5가지 동사에서는 ن 이 탈락하면서 복수에서만 alif 가 추가되었으며, 쓰쿤 미완료는 불변형태라 마지막 어근에 쓰쿤을 취하고 그 뒤에 장음 없이 ن 이 나오는 형태이다.

| 기본형 | يَفْعَلْ / تَفْعَلْ / أَفْعَلْ / نَفْعَلْ |
|---|---|
| 5가지 동사 | يَفْعَلَا / تَفْعَلَا / تَفْعَلِي / يَفْعَلُوا / تَفْعَلُوا |
| 쓰쿤 미완료 | يَفْعَلْنَ / تَفْعَلْنَ |

| | |
|---|---|
| لِمَاذَا لَمْ تُذَكِّرْنِي بِأَنَّ الْيَوْمَ هُوَ عِيدُ مِيلَادِ مُحَمَّدٍ؟ | 당신은 왜 오늘이 무함마드의 생일이라고 나를 상기시키지 않았나요? |
| لَمْ يُلْغِ مُحَمَّدٌ الْفَحْصَ الشَّامِلَ. | 무함마드는 건강검진을 취소하지 않았다. |
| لَا تَتَحَلَّوْا بِالصَّبْرِ أَكْثَرَ وَمِنَ الْآنِ لِنُقَاوِمُوا دِيكْتَاتُورِيَّةَ الرَّئِيسِ. | 여러분들은 더 이상 참지 말고 이제부터 대통령의 독재에 저항하세요. |
| لِتَتَنَحَّ عَنْ مَنْصِبِكَ نَتِيجَةً لِلتَّصْوِيتِ. | 투표 결과에 따라 당신의 자리에서 하야하세요. |
| لِنَسْتَخْدِمْ مُنْتَجَاتٍ قَابِلَةً لِإِعَادَةِ التَّدْوِيرِ مِنْ أَجْلِ حِمَايَةِ الْبِيئَةِ. | 환경을 보호하기 위해 재활용이 가능한 제품들을 사용합시다. |
| لَا تَتَزَوَّجِي هَذَا لِأَنَّهُ كَسْلَانُ جِدًّا وَدَائِمًا سَكْرَانُ. | 이 사람은 아주 게으르고 항상 술에 취해있으니 당신(f.)은 이 사람과 결혼하지 마세요. |
| لَا تَتَظَاهَرُوا بِأَنَّكُم مَشْغُولُونَ بِالْعَمَلِ. | 당신들은 일 하느라 바쁜 척 하지 마세요. |
| لَا تَعْتَمِدَا عَلَى رَاتِبِ التَّقَاعُدِ فَقَطْ وَمِنَ الْمُسْتَحْسَنِ أَنْ تَبْحَثَا عَنْ مَصْدَرِ الدَّخْلِ الْجَدِيدِ. | 당신 둘은 연금에만 의존하지 마시고 새로운 수입원을 찾는 것이 바람직합니다. |
| لَا تَتَرَدَّدْنَ فِي الْاِتِّصَالِ بِنَا فِي حَالَةِ الطَّوَارِئِ. | 당신(f.)들은 위급 상황 시 주저하지 마시고 저희에게 연락하세요. |

# Unit 63. 명령형

## ▶단순 명령 동사의 형태

unit 62 에서 학습한 لِتَفْعَلْ 형태 이외에, 순수하게 동사의 형태만으로도 명령형을 만들 수 있다.

① 우선 기본적으로 명령형은 단축법에서 시작하므로 동사를 단축법 형태로 만든다. 그리고

② 동사의 미완료 주어표지어(ت)를 제거한다. 이 때 주어표지어가 제거된 뒤 쓰쿤이 아닌 고유의 모음을 갖고 있으면 그 상태로 명령형이 마무리된다. 하지만

③ 주어표지어가 제거된 뒤 쓰쿤으로 시작하게 되면 어두에 alif 를 추가한다. 이 때, 이 추가된 alif 의 모음은 해당 동사의 **미완료 중간어근의 모음을 따르게** 되지만, 미완료 중간모음이 a 일 경우에 만 추가된 alif 의 모음이 i 가 된다.

| ③alif 추가 | ②주어표지어 제거 | ①단축법 | | ②주어표지어 제거 | ①단축법 |
|---|---|---|---|---|---|
| أُدْرُسْ | دْرُسْ | تَدْرُسْ | | دَعْ | تَدَعْ |
| إِجْلِسْ | جْلِسْ | تَجْلِسْ | | دَرِّسْ | تُدَرِّسْ |
| إِذْهَبْ | ذْهَبْ | تَذْهَبْ | | سَاعِدْ | تُسَاعِدْ |
| إِنْتَظِرْ | نْتَظِرْ | تَنْتَظِرْ | | تَكَلَّمْ | تَتَكَلَّمْ |
| إِسْتَخْدِمْ | سْتَخْدِمْ | تَسْتَخْدِمْ | | تَعَاوَنْ | تَتَعَاوَنْ |

| | |
|---|---|
| اِرْجِعِي إِلَى بَيْتِكِ حَالًا. | 당신(f.)은 당장 집으로 돌아가세요. |
| سَأُنَادِي اسْمَكَ إِذَا جَاءَ دَوْرُكَ فَانْتَظِرْ قَلِيلًا أَمَامَ الْمُخْتَبَرِ. | 당신 차례가 오면 이름을 부를 테니 검사실 앞에서 잠시만 기다려주세요. |
| تَكَلَّمُوا اللُّغَةَ الْعَرَبِيَّةَ فَقَطْ خِلَالَ مُحَاضَرَةِ الْمُحَادَثَةِ. | 여러분들은 회화 수업 동안에는 아랍어만 말 하세요. |
| دَعْنِي أَعْرِفُ السَّبَبَ. | 나에게 그 이유를 알려주세요. |

단, 동사 형태 중 위와 같은 일반적인 경우 이외에 4형동사(예. أَكْمَلَ_يُكْمِلُ)는 주어표지어가 제거된 후 أ 가 추가되며, 어두 함자동사의 경우(예. أَكَلَ_يَأْكُلُ)는 주어표지어와 함자가 같이 탈락하게 된다.

| ③alif 추가 | ②주어표지어 제거 | ①단축법 | | ②주어표지어+함자 제거 | ①단축법 |
|---|---|---|---|---|---|
| أَكْمِلْ | كْمِلْ | تُكْمِلْ | | كُلْ | تَأْكُلْ |

| | |
|---|---|
| أَكْمِلِي وَاجِبَكِ الْمَنْزِلِيَّ قَبْلَ النَّوْمِ. | 당신(f.)은 잠 자기 전에 숙제를 끝마치세요. |
| كُلُوا هَذِهِ الْأَطْعِمَةَ الَّتِي طَبَخْتُهَا. | 당신들은 내가 만든 이 음식들을 드세요. |

# Unit 64. 일반 의문문과 부정 의문문

## ▶일반 의문문과 대답

일반 평서문을 의문문으로 바꿀 때 의문사 هَلْ 혹은 أ 를 문두에 놓을 수 있으며, 이 때 긍정의 대답은 نَعَمْ 부정의 대답은 لَا 로 한다.

| | |
|---|---|
| هَلْ حَصَلْتَ عَلَى الْإِذْنِ مِنْ مُدِيرِكَ لِإِجَازَةٍ مَرَضِيَّةٍ؟ | 당신은 당신의 매니저로부터 병가 허락을 받았나요? |
| نَعَمْ حَصَلْتُ عَلَيْهِ. / لَا، لَمْ أَحْصُلْ عَلَيْهِ. | 네 받았어요. / 아니요 못 받았어요. |
| أَمُحَمَّدٌ مُوَظَّفٌ فِي هَذَا الْفُنْدُقِ؟ | 무함마드가 이 호텔의 직원인가요? |
| نَعَمْ، هُوَ مُوَظَّفٌ فِيهِ. / لَا، لَيْسَ مُوَظَّفًا فِيهِ. | 네, 그는 이곳 직원이에요. / 아니요, 그는 직원이 아니에요. |

## ▶부정 의문문과 대답

부정 의문문을 쓸 때는 의문사 أ 만 사용할 수 있으며, 이에 대해 대답을 할 때 بَلَّى 라고 하면 부정문을 부정하는 의미가 되며, نَعَمْ 이라고 하면 부정문을 긍정하는 의미가 된다.[1]

أَلَمْ تَنْجَحْ فِي الْإِمْتِحَانِ؟

당신은 시험에 합격하지 못했나요?

| بَلَّى، نَجَحْتُ | نَعَمْ، لَمْ أَنْجَحْ |
|---|---|
| 아니요, 저는 합격했어요 | 네, 저는 합격하지 못했어요 |

| | |
|---|---|
| أَلَيْسَ هَذَا كَافِيًا؟ | 이거는 충분하지 못한가요? |
| بَلَّى، هَذَا كَافٍ. / نَعَمْ، لَيْسَ هَذَا كَافِيًا. | 아니요, 충분합니다. / 네 충분하지 않습니다. |
| أَلَمْ تَعِدْنِي بِأَنْ تُكَمِّلَ الْوَاجِبَ قَبْلَ لَعْبِ كُرَةِ الْقَدَمِ مَعَ الْأَصْدِقَاءِ؟ | 너는 친구들이랑 축구하기 전에 숙제 다 끝낸다고 나한테 약속하지 않았나요? |
| بَلَّى، وَعَدْتُكَ بِهِ. / نَعَمْ، لَمْ أَعِدْكَ بِهِ. | 제가 약속했습니다. / 전 약속하지 않았습니다. |

---

[1] 부정 의문문에 대한 대답은 실제로 사람마다 제각각으로 사용하는 경향이 매우 강하다. 그러므로 위의 내용은 원칙적인 수준으로만 학습하길 바라며, 실제 아랍인이 부정 의문문으로 질문했을 때 نعم 이나 بلى 로 답을 마무리하지 말고 그 뒤의 내용을 말해주는 것이 좋으며, 반대로 아랍인이 대답을 할 때도 نعم 이나 بلى 로만 답을 할 경우 그 뒤의 내용을 정확하게 말해달라고 하는 것이 좋다.

STEP 1. 기초 문장__ **Chapter 10. 의문문**

| 1 | 2 | 3 | 4 | 5 | 6 | 7 | 8 | 9 | **10** | 11 | 12 | 13 | 14 | 15 | 16 | 17 | 18 | 19 | 20 | 21 | 22 | 23 | 24 | 25 |

# Unit 65. 6하 의문문

## ▶6하 의문사의 종류

6하 의문사의 종류는 아래와 같은데, 특히 무엇에 해당하는 의문사는 2가지를 사용한다. مَا 는 뒤에 명사가 나오고, مَاذَا 는 뒤에 동사나 전치사/부사구가 나오게 된다.

그리고 كَيْفَ의 경우 뒤에 동사가 나오면 해당 동사를 하는 방법을 물어보는 의미이며, 명사가 나오면 명사의 상태를 물어보는 의미가 된다.

| 언제 | 어디서 | 누가 | 무엇을 | 왜 | 어떻게/어떤지 |
|---|---|---|---|---|---|
| مَتَى | أَيْنَ | مَنْ | مَا / مَاذَا | لِمَاذَا | كَيْفَ |

| | |
|---|---|
| مَا دَافِعُكَ لِلتَّقَدُّمِ لِهَذِهِ الشَّرِكَةِ مَرَّةً أُخْرَى عَلَى الرَّغْمِ مِنْ أَنَّكَ تَرَكْتَهَا مِنْ قَبْلِ؟ | 이전에 퇴사했음에도 이 회사에 다시 지원한 동기가 무엇인가요? |
| مَاذَا اشْتَرَيْتَ أَمْسِ فِي السُّوقِ التَّقْلِيدِيَّةِ؟ | 당신은 전통 시장에서 어제 무엇을 구매했나요? |
| مَاذَا فِي الصُّنْدُوقِ؟ | 박스 안에 무엇이 있나요? |
| كَيْفَ تَمَكَّنْتَ مِنْ حَجْزِ الْمَقْعَدِ الْمُمْتَازِ هَكَذَا بِسِعْرٍ مُخَفَّضٍ؟ | 당신은 어떻게 할인된 가격으로 이렇게 좋은 좌석을 예약할 수 있었나요? |
| كَيْفَ الْجَوُّ فِي مِصْرَ خِلَالَ فَصْلِ الشِّتَاءِ بِالتَّحْدِيدِ فِي شَهْرِ يَنَايَرَ؟ | 겨울 정확히는 1월에 이집트 날씨는 어떤가요? |
| مَنْ أَثَّرَ عَلَى قَرَارِ تَحْدِيدِ حُلْمِكَ؟ | 당신의 꿈을 결정하는 데 누가 영향을 미쳤나요? |

## ▶의문문의 명사적 활용

"언제 ~한지" 혹은 "어떻게 ~하는지" 와 같이 의문문 자체를 하나의 명사구로 사용할 때, 아랍어의 경우 별도의 문장 형태 변형 없이 사용할 수 있다.

| | |
|---|---|
| هَلْ تَعْرِفُ مَتَى سَوْفَ تُوَقِّعُ فاطمة عَلَى الْعَقْدِ؟ | 그 계약에 파티마가 언제 서명할 건지 당신은 아시나요? |
| أُرِيدُ أَنْ أَعْرِفَ أَيْنَ يُنْعَقِدُ مُنْتَدَى تَغَيُّرِ الْمَنَاخِ. | 저는 기후변화포럼이 어디에서 열리는지 알고 싶어요. |
| هَلْ يُمْكِنُ أَنْ تَشْرَحَ لِي كَيْفَ حَصَلْتَ عَلَى تَأْشِيرَةِ الْإِقَامَةِ الطَّوِيلَةِ؟ | 혹시 당신은 장기체류비자를 어떻게 받았는지 저에게 설명해주실 수 있나요? |

69

# Unit 66. 6하 의문문_심화

## ▶ 전치사+의문사

의문사는 아래의 예와 같이 전치사와 적절히 조합해서 사용할 수 있다. 단, 일부 조합은 그 형태 자체가 발음의 편의상 합쳐지기도 한다.

| 언제부터 | 누구랑 | 무엇에 대해 | 무엇으로부터 | 누구로부터 | 어디로 |
|---|---|---|---|---|---|
| مُنْذُ مَتَى | مَعَ مَنْ | عَمَّا (عَنْ+مَا) | مِمَّا (مِنْ+مَا) | مِمَّنْ (مِنْ+مَنْ) | إِلَى أَيْنَ |

| | |
|---|---|
| مُنْذُ مَتَى تَعِيشُ فِي كُورِيَا؟ | 당신은 언제부터 한국에서 살고 있는 건가요? |
| عَمَّا سَأَلْتَهَا بَعْدَ انْتِهَاءِ الْمُحَاضَرَةِ؟ | 당신은 수업 끝나고 그녀에게 무엇에 대해 질문한건가요? |
| إِلَى أَيْنَ سَوْفَ تُسَافِرْنَ فِي الْعُطْلَةِ الشِّتَوِيَّةِ؟ | 당신들(f.)은 겨울방학에 어디로 놀러가나요? |

## ▶ 의문사 مَا / مَاذَا 의 활용

의문사 مَا / مَاذَا 는 관용적으로 전치사 혹은 조건사랑 결합하여 아래와 같은 별도의 의미로 사용된다.

| ~하면 어떨까?, ~하면 어쩌지? (what if ~) | ~에 대해 어떻게 생각하나요? (what about ~) |
|---|---|
| مَاذَا لَوْ~؟ | مَاذَا عَنْ ~؟ |

| | |
|---|---|
| مَاذَا لَوْ تَعَلَّمْتِ اللُّغَةَ الْيَابَانِيَّةَ؟ | 당신(f.)이 일본어를 배워보는 건 어떨까? |
| مَاذَا لَوْ غَادَرَتْ فَاطِمَةُ الْبَيْتَ بِالْفِعْلِ؟ | 파티마가 이미 집에서 출발했으면 어쩌지? |
| مَاذَا لَوْ تَأَخَّرْنَا عَنْ مَوْعِدِ الْقِطَارِ؟ | 우리가 열차 시간에 늦으면 어쩌지? |
| مَاذَا عَنْ فُنْدُقٍ آخَرَ قَرِيبٍ مِنْ هُنَا؟ | 여기 근처 다른 호텔은 어떤가요? |
| مَاذَا عَنِ الرَّجُلِ الَّذِي تَكَلَّمَ الْعَرَبِيَّةَ بِطَلَاقَةٍ؟ | 아랍어를 유창하게 말하던 남자는 어떤가요? |

# Unit 67. 의문사 أَيُّ 의 활용

## ▶의문사 أَيُّ 의 특징

의문사 أَيُّ 는 '어떤~', '어느~' 의 의미를 지닌 의문사이다. 이 의문사는 다른 의문사와 달리 의문사 자체가 격을 가지며, 주로 전 연결어로 사용되어 뒤에 명사를 하나 취하는 형태로 사용된다. 그리고 후 연결어가 여성명사일 경우 أَيَّةُ 의 형태로도 사용이 가능하지만 이는 필수는 아니다.

## ▶주격으로 사용된 경우

| أَيُّ طَالِبٍ اخْتَارَ هَذَا؟ | 어떤 학생이 이것을 선택했나요? |
|---|---|
| أَيُّ (= أَيَّةُ) دَوْلَةٍ سَوْفَ تَسْتَضِيفُ كَأْسَ الْعَالَمِ الْقَادِمَ؟ | 어떤 나라가 다음 월드컵을 개최하나요? |
| أَيُّ (= أَيَّةُ) سَيَّارَةٍ لَكَ؟ | 어느 자동차가 당신의 것인가요? |

## ▶목적격으로 사용된 경우

| أَيَّ نَوْعٍ مِنَ الْأَفْلَامِ تُفَضِّلِينَ؟ | 당신(f.)은 영화들 중 어느 종류를 선호하나요? |
|---|---|
| أَيَّ مَتْحَفٍ سَتَزُورُ غَدًا؟ | 당신은 내일 어느 박물관을 방문 할건가요? |
| لَا نَعْرِفُ بِالضَّبْطِ أَيَّ قَرَارٍ سَيَأْخُذُ الرَّئِيسُ. | 사장님이 어떤 결정을 할 지 우리는 정확히 알 수 없다. |

## ▶소유격으로 사용된 경우

| إِلَى أَيِّ (= أَيَّةِ) دَوْلَةٍ سَوْفَ تُسَافِرَانِ فِي شَهْرِ الْأَسَلِ؟ | 당신둘은 신혼여행으로 어느 국가로 가나요? |
|---|---|
| بِأَيِّ (= أَيَّةِ) سَيَّارَةٍ جِئْتُمْ إِلَى هُنَا؟ | 당신들은 여기로 어떤 자동차로 왔나요? |
| فِي أَيِّ (= أَيَّةِ) جَامِعَةٍ تَعَلَّمْتَ الْعَرَبِيَّةَ؟ | 당신은 어느 대학교에서 아랍어를 배웠나요? |

STEP 1. 기초 문장___ **Chapter 10. 의문문**

| 1 | 2 | 3 | 4 | 5 | 6 | 7 | 8 | 9 | **10** | 11 | 12 | 13 | 14 | 15 | 16 | 17 | 18 | 19 | 20 | 21 | 22 | 23 | 24 | 25 |

# Unit 68. 의문사 كَمْ 의 활용

## ▶의문사 كَمْ 의 특징

의문사 كَمْ 은 그 뒤에 동사나 명사가 나올 수 있으며, 동사가 나올 때에는 얼마나~한지 물어보는 의미가 되며, 명사가 나오면 정확한 개수나 누적 총량 등을 묻는 의미가 된다. 특히, 개수를 물어볼 때는 كَمْ 뒤에 비한정 목적격이 나오게 되며, 누적된 총량을 물어볼 때는 كَمْ 뒤에 한정 주격이 나오게 된다.

## ▶كَمْ 뒤에 동사가 나오는 경우

| | |
|---|---|
| كَمْ يَسْتَغْرِقُ الْوُصُولُ مِنْ هُنَا إِلَى مَحَطَّةٍ قَرِيبَةٍ مَشْيًا؟ | 여기에서 가까운 역까지 도착하는 데 걸어서 얼마나 걸리나요? |
| لَا تَعْرِفُ أَبَدًا كَمْ أَرَدْتُ أَنْ أَدْخُلَ هَذِهِ الْجَامِعَةِ. | 내가 이 대학교에 들어오기를 얼마나 원했는지 당신은 절대로 모릅니다. |
| كَمْ تَبْعُدُ هَذِهِ الْمَدِينَةِ عَنْ هُنَا؟ | 이 도시는 여기에서 얼마나 떨어져있나요? |

## ▶كَمْ 뒤에 비한정 목적격 명사가 나와 개수를 물어보는 경우

| | |
|---|---|
| كَمْ سَاعَةً دَرَسْتِ الرِّيَاضِيَّاتِ أَمْسِ؟ | 당신(f.)은 어제 수학을 몇 시간 공부했나요? |
| كَمْ سَيَّارَةً لَكَ؟ | 당신은 몇 대의 차량을 소유하고 있나요? |
| كَمْ دَوْلَةً زُرْتَ فِي حَيَاتِكَ؟ | 당신은 평생 동안 몇 개 국가를 가봤나요? |

## ▶كَمْ 뒤에 한정 주격 명사가 나와 누적된 총량을 물어보는 경우

| | |
|---|---|
| كَمِ السَّاعَةُ الْآنَ فِي مِصْرَ؟ | 지금 이집트는 몇 시 인가요? |
| كَمْ عُمْرُ مُحَمَّدٍ؟ | 무함마드의 나이가 몇인가요? |
| كَمْ سِعْرُ هَذَا؟ | 이것의 가격은 몇인가요? |
| كَمْ مِسَاحَةُ هَذِهِ الْحَدِيقَةِ؟ | 이 정원의 면적은 몇인가요? |

# Unit 69. 과거

## ▶ كَانَ 와 그 자매어의 특징

كَانَ 와 그 자매어들은 그 뒤에 명사문이 나와야하며, 술어에 격을 표현할 수 있을 경우 목적격으로 표기해야 한다. 참고로 **동사보다 주어가 앞에 나오는 형태도 명사문으로 구분**되므로 كَانَ 의 자매어의 술어로 동사가 나올 수 도 있다.

## ▶ كَانَ 의 활용

كَانَ 동사는 그 뒤에 나오는 명사문의 시제에 영향을 미쳐서 완료형이 나오면 해당 명사문을 과거시제로 만들며, 미완료시제가 나오면 현재시제나 미래시제를 의미하게 된다. 이 동사의 성/수/인칭에 따른 변화 형태는 unit 29 를 참고하면 된다.

| | |
|---|---|
| كَانَ ابْنِي طَالِبًا فِي هَذِهِ الْمَدْرَسَةِ حَتَّى السَّنَةِ الْمَاضِيَةِ. | 내 아들은 작년까지 이 학교 학생이었다. |
| كَانَ سِعْرُ هَذَا الْحِذَاءِ الرِّيَاضِيِّ رَخِيصًا عَلَى عَكْسِ التَّوَقُّعِ. | 이 운동화의 가격은 예상과 달리 저렴했다. |
| كَانَ كُلُّ الطُّلَّابِ الَّذِينَ كُنْتُ أُدَرِّسُهُمْ فِي الْمَدْرَسَةِ مُؤَدَّبِينَ. | 내가 이 학교에서 가르쳐 온 모든 학생들은 예의 발랐다. |
| كَانَتِ الثَّلَّاجَةُ الَّتِي اشْتَرَيْتُهَا قَبْلَ سَنَةٍ مِنْ هُنَا مُعَطَّلَةً أَمْسِ لِفَتْرَةٍ مِنَ الْوَقْتِ. | 내가 작년에 여기에서 구입한 냉장고가 어제 잠시 고장났었다. |
| كَانَتْ فِي بَيْتِي أَمْسِ امْرَأَةٌ لَا أَعْرِفُهَا أَبَدًا فَأَبْلَغْتُ الشُّرْطَةَ عَنْهَا فَوْرًا. | 어제 내 집에 내가 전혀 모르는 여자가 있었어서 바로 경찰에 신고했다. |
| هَلْ كُنْتَ فِي الْبَيْتِ فَقَطْ طَوَالَ أَمْسِ؟ | 당신은 어제 내내 집에만 있었나요? |
| كَانَ الْمُوَظَّفُونَ يَعْمَلُونَ فِي مَكْتَبٍ آخَرَ. | 그 직원들은 다른 사무실에서 일하는 중이었다. |
| سَيَكُونُ لَدَيَّ بَيْتٌ وَاسِعٌ فِي سِيُول. | 나는 서울에서 넓는 집을 소유할 것이다. |
| هَلْ سَوْفَ تَكُونِينَ عِنْدَ مَدْخَلِ مَرْكَزِ التَّسَوُّقِ فِي السَّاعَةِ 3 ظُهْرًا. | 당신(f.)은 오후 3시에 쇼핑센터 입구에 있을 건가요? |

73

# Unit 70. 변화

## ▶변화를 의미하는 كَانَ 의 자매어

كَانَ 의 자매어 중 주어와 술어의 관계가 변화를 의미하여 '주어가 술어하게 되다'로 해석되는 동사가 있다.

| أَضْحَى / يُضْحِي | بَاتَ / يَبِيتُ (بِتّ) | صَارَ / يَصِيرُ (صِرْت) | أَصْبَحَ / يُصْبِحُ |
|---|---|---|---|

이 이외에도, 몇 가지 동사가 더 있지만 실제로 쓰이는 경우가 드물기 때문에 자주 사용되는 경우에 집중해서 예문을 보도록 하자.

| أَصْبَحَتْ شَرِكَتُنَا مَشْهُورَةً عَالَمِيًّا بَعْدَ تَطْوِيرِ هَذَا الْبَرْنَامَجِ. | 우리 회사는 이 프로그램을 개발한 이후 세계적으로 유명해졌다. |
|---|---|
| أَصْبَحَ هَذَا الْفُنْدُقُ مُغْلَقًا بِسَبَبِ سُوءِ الْإِدَارَةِ. | 이 호텔은 부실경영으로 폐점하게 되었다. |
| سَيُصْبِحُ مُحَمَّدٌ مُحَامِيًا دَوْلِيًّا فِي الْمُسْتَقْبَلِ. | 무함마드는 미래에 국제변호사가 될 것이다. |
| هَلْ تُرِيدِينَ أَنْ تُصْبِحِي سِيَاسِيَّةً؟ | 당신(f.)은 정치인이 되길 원하시나요? |
| أَخِيرًا صَارَ هَاتِفِي مُتَاحًا فَسَأَتَّصِلُ بِهِ فَوْرًا. | 드디어 내 폰이 터지네요, 바로 그에게 연락해볼께요. |
| صَارَتِ الْعَلَامَاتُ الْحَيَوِيَّةُ لِهَذَا الْمَرِيضِ مُسْتَقِرَّةً بَعْدَ دُخُولِ وَحْدَةِ الْعِنَايَةِ الْمُرَكَّزَةِ. | 중환자실에 입실한 이후 이 환자의 활력징후 (vital signs)가 안정적이게 되었다. |
| مُنْذُ مَتَى صِرْتُمْ مُتَطَرِّفِينَ دِينِيًّا؟ | 당신들은 언제부터 종교적으로 극단적이게 되었나요? |
| تَصِيرُ كُلُّ أَوْرَاقِ الشَّجَرِ صَفْرَاءَ فِي فَصْلِ الْخَرِيفِ. | 그 나무의 모든 잎사귀들은 가을에 노랗게 된다. |
| بَاتَ الْجَوُّ فِي هَذِهِ الْمِنْطَقَةِ صَافِيًا فَجْأَةً. | 이 지역의 날씨가 갑자기 맑아졌다. |
| بَاتَتْ فَاطِمَةُ رَئِيسَةً جَدِيدَةً فِي الدَّوْلَةِ. | 파티마는 그 국가의 새로운 대통령이 되었다. |
| سَيُضْحِي فَقْرُ الْمِيَاهِ ظَاهِرَةً عَالَمِيَّةً فِي حَالَةِ اسْتِمْرَارِ هَذَا الْجَفَافِ. | 이 가뭄이 지속되는 경우에 물 부족은 세계적인 현상이 될 것이다. |

# Unit 71. 지속

## ▶지속을 의미하는 كَانَ 의 자매어

كَانَ 의 자매어 중 아래 두 동사는 주어와 술어의 관계에 지속의 의미를 부여한다.

مَا زَالَ / لَا يَزَالُ (مَا زِلْتُ)   |   ظَلَّ / يَظَلُّ

특히 مَا زَالَ 는 **지금까지 계속 이어져오고 있다는 상황만**을 의미할 수 있으며, 완료형을 쓰더라도 현재 시제의 의미를 갖는 특징이 있으니 주의해야 한다.

| | |
|---|---|
| مَا زَالَتْ هَذِهِ الْمَدْرَسَةُ الثَّانَوِيَّةُ مَشْهُورَةً فِي هَذِهِ الْمِنْطَقَةِ. | 이 고등학교는 여전히 이 지역에서 유명하다. |
| مَا زَالَ الْمُدَرِّسُ الَّذِي دَرَّسَنِي فِي الْمَاضِي يَعْمَلُ فِي الْمَدْرَسَةِ الَّتِي تَخَرَّجْتُ فِيهَا. | 예전에 나를 가르치셨던 선생님이 여전히 내가 졸업한 학교에서 근무하고 계신다. |
| مَا زَالَ أَبِي فِي غُرْفَتِهِ مُنْذُ أَمْسِ. | 내 아버지는 어제부터 계속 방에 계신다. |
| مَا زِلْنَا مُوَظَّفِينَ هُنَا، لَكِنْ نَعْمَلُ فِي قِسْمٍ آخَرَ الْآنَ. | 우리는 여전히 여기 직원이지만 지금은 다른 부서에서 일하고 있다. |
| لَا يَزَالُ صَدِيقِي سَكْرَانَ عَلَى الرَّغْمِ مِنْ مُرُورِ الْوَقْتِ الْكَافِي. | 충분한 시간이 지났음에도 내 친구는 여전히 술에 취해 있다. |
| لَا تَزَالُ الْكَلِمَةُ الَّتِي أَلْقَاهَا الرَّئِيسُ قَبْلَ شَهْرٍ أَمَامَ الْجُمْهُورِ تُثِيرُ الْجَدَلَ الشَّدِيدَ. | 지난 달 대통령이 국민들 앞에서 한 발언은 여전히 강한 논란을 일으키고 있다. |

반면에, ظَلَّ 동사의 경우 완료형으로 쓰면 '과거 특정시점에 계속 ~~했으나 현재는 그렇지 않다'는 의미를 내포하며, 미완료형으로 쓰면 '현재는 아니지만 미래 특정시점에는 계속 ~~ 하고있을 것이다'는 의미를 내포하거나 현재를 포함해서 미래에도 계속 ~~한다는 의미를 갖는다..

| | |
|---|---|
| ظَلَّ الْمُدِيرُ يَلْعَبُ دَوْرًا ضَرُورِيًّا فِي تَسْهِيلِ هَذَا الْمَشْرُوعِ الْجَدِيدِ. | 그 매니저는 이 신규 프로젝트를 안정화시키는 데 필수적인 역할을 했다. |
| عِنْدَمَا كَانَتْ لَدَيْهَا مَكَانَةٌ أَعْلَى مِنَ الْآنَ ظَلَّتْ مُجْتَهِدَةً أَكْثَرَ مِنْ آخَرِينَ. | 그녀가 지금보다 높은 지위를 가졌던 때에는 남들보다 더 성실하게 일했었다. |
| لِأَنَّ الْأَمْطَارَ الْغَزِيرَةَ تَنْزِلُ غَدًا، فَيَظَلُّ الطَّرِيقُ مُزْدَحِمًا جِدًّا فِي سَاعَةِ الذُّرْوَةِ صَبَاحًا. | 내일은 비가 올 예정이라 아침 러시아워때 엄청 길이 막힐 것이다. |
| اَلْحَلُّ السِّلْمِيُّ يَظَلُّ مُهِمًّا لِكُلِّ الْأَطْرَافِ. | 평화적인 해법은 (현재도 그렇고 앞으로도) 모든 당사자에게 중요할 것이다. |

STEP 1. 기초 문장___ **Chapter 11.** كَانَ 와 그 자매어

| 1 | 2 | 3 | 4 | 5 | 6 | 7 | 8 | 9 | 10 | **11** | 12 | 13 | 14 | 15 | 16 | 17 | 18 | 19 | 20 | 21 | 22 | 23 | 24 | 25 |

# Unit 72. 조건

▶ 조건을 의미하는 كَانَ 의 자매어

كَانَ 의 자매어 중 주어와 술어의 관계가 조건을 의미하여 '주어가 술어하는 한'으로 해석되는 동사가 있다.

مَا دَامَ (مَا دُمت)

이 때 مَا دام 는 완료형으로 쓰임에도 과거의 의미를 갖지 않으며, 미완료 형태로는 사용되지 않는다.

يُمْكِنُ أَنْ يَحْصُلَ مُحَمَّدٌ عَلَى الْمِيدَالِيَّةِ الذَّهَبِيَّةِ فِي الْمُبَارَاةِ مَا دَامَ يَتَدَرَّبُ بِجِدٍّ.
무함마드가 성실하게 훈련을 받는 한, 대회에서 금메달을 딸 수 있을 것이다.

مَا دَامَ الْوَلَدُ مُؤَدَّبًا سَوْفَ أُسَاعِدُهُ.
그 소년이 예의바른 한 나는 그를 도울 것이다.

آخُذُ كَلْبِي فِي نَزْهَةٍ صَبَاحًا فِي الْحَدِيقَةِ مَا دَامَ الْجَوُّ صَافِيًا.
나는 날씨가 좋은 한, 아침에 공원에서 내 강아지를 산책시킨다.

لَنْ أَذْهَبَ إِلَى الْمِنْطَقَةِ بِالسَّيَّارَةِ مَا دَامَتْ فِيهَا مَحَطَّةُ الْمِتْرُو.
그 지역 안에 지하철역이 있는 한 나는 차를 타고 가지 않을 것이다.

سَوْفَ أُغَادِرُ هَذِهِ الشَّرِكَةَ حَالًا مَا دَامُوا يَعْمَلُونَ فِيهَا.
그들이 이 회사에서 일하는 한 나는 당장 퇴사할 것이다.

سَوْفَ تَتَحَسَّنُ الْأَعْرَاضُ الَّتِي تُعَانِي مِنْهَا الْآنَ مَا دُمْتَ تَتَنَاوَلُ الْأَدْوِيَةَ بِانْتِظَامٍ الَّتِي وَصَفْتُهَا لَكَ.
내가 당신에게 처방해준 약을 규칙적으로 먹으면 당신이 지금 겪고 있는 증상들이 호전될 것입니다.

لَنْ نَتَخَلَّى عَنِ الْمَشْرُوعِ عَلَى الْإِطْلَاقِ مَا دُمْتِ تُسَاعِدِينَنَا.
당신(f.)이 우리를 도와주는 한 우리는 절대 그 프로젝트를 포기하지 않을 것이다.

لَا أَسْتَطِيعُ أَنْ أَبِيعَ لَكَ سِجَارَةً مَا دُمْتَ مُرَاهِقًا.
당신이 청소년인 한 나는 담배를 팔 수 없다.

لَنْ أَتَخَلَّى عَنْكَ أَبَدًا مَا دُمْتَ عَلَى قَيْدِ الْحَيَاةِ.
당신이 살아있는 한 나는 당신을 절대 포기하지 않는다.

STEP 1. 기초 문장___ Chapter 11. كَانَ 와 그 자매어

| 1 | 2 | 3 | 4 | 5 | 6 | 7 | 8 | 9 | 10 | **11** | 12 | 13 | 14 | 15 | 16 | 17 | 18 | 19 | 20 | 21 | 22 | 23 | 24 | 25 |

# Unit 73. 부정

---

## ▶부정을 의미하는 كَانَ 의 자매어

كَانَ 의 자매어 중 주어와 술어의 관계가 부정을 의미하여 '주어가 술어하지 않는다' 로 해석되는 동사가 있다.

لَيْسَ (لَسْت)

이 때 لَيْسَ 는 미완료 형태가 아예 존재하지 않으며, 완료형으로 쓰임에도 미완료의 의미를 갖는 독특한 특징이 있으니 주의해야 한다.

| | |
|---|---|
| لَيْسَ مُحَمَّدٌ مُرَاهِقًا فَيُمْكِنُ لَهُ أَنْ يَشْتَرِيَ سِجَارَةً. | 무함마드는 청소년이 아니라서 담배를 살 수 있다. |
| لَيْسَتْ هَذِهِ الْمَلَابِسُ مُنَاسِبَةً لِيَوْمٍ مَلِيءٍ بِالْحَرَكَةِ. | 이 옷들은 활동이 많은 날에는 적합하지 않다. |
| لَيْسُوا مُدَرِّسِينَ فِي هَذِهِ الْمَدْرَسَةِ الْإِعْدَادِيَّةِ. | 그들은 이 중학교 교사들이 아니다. |
| لَسْتُ مُسْتَعِدًّا لِلْامْتِحَانِ بَعْدُ، أَحْتَاجُ إِلَى الْمَزِيدِ مِنَ الْوَقْتِ. | 나는 아직 시험준비가 안됐고 더 많은 시간이 필요하다. |
| أَلَسْتَ طَالِبًا فِي هَذِهِ الْجَامِعَةِ؟ | 당신은 이 대학교 학생이 아닌가요? |

---

## ▶명사문의 과거부정과 미래부정

명사문을 부정할 때, لَيْسَ 를 쓰면 현재시제만 부정할 수 있기 때문에 과거나 미래를 부정하기 위해서는 명사문에 시제를 부여했던 كَانَ 동사를 활용해야 한다.

| | |
|---|---|
| لَمْ يَكُنْ مُحَمَّدٌ هُوَ الطَّبِيبُ الَّذِي وَصَفَ هَذَا الدَّوَاءَ لَكَ فِي الْمَاضِي. | 무함마드는 예전에 당신에게 이 약을 처방해준 그 의사가 아니었다. |
| لَمْ يَكُنْ هَذَا الْفُنْدُقُ غَالِيًا لِهَذِهِ الدَّرَجَةِ حَتَّى نِهَايَةِ الْعَامِ الْمَاضِي. | 이 호텔은 작년 말까지 이정도로 비싸지는 않았다. |
| لَنْ تَكُونَ دَرَجَةُ الْحَرَارَةِ عَالِيَةً بِشَكْلٍ كَافٍ فِي الْأُسْبُوعِ الْقَادِمِ أَيْضًا. | 다음주에도 기온이 충분히 높지 않을 것이다. |
| لَنْ أَكُونَ فِي انْتِظَارِكَ مَا دُمْتَ تَتَأَخَّرُ عَنِ الْمَوْعِدِ هَكَذَا. | 당신이 이런식으로 약속에 늦는 한 나는 기다리고있지 않을 것이다. |

# Unit 74. إِنَّ 와 أَنَّ

## ▶ إِنَّ 와 그 자매어의 특징

إِنَّ 와 그 자매어들은 그 뒤에 명사문이 나와야하며, **주어에 격을 목적격으로** 놓는다. 이 때 만약 주어가 대명사일 경우 접미형 대명사로 넣으면 되며, 1인칭의 경우 نِي 라고 넣어주면 된다.

## ▶ إِنَّ 의 활용

إِنَّ 는 명사문 자체를 강조하고 싶을 때 사용하거나, 뒤에 나오는 명사문을 하나의 구로 만들어서 '~하는 것'을 의미할 수 있다. 그리고 후자의 경우 قَالَ 동사의 주어/목적어로만 사용될 수 있다.

| | |
|---|---|
| إِنَّ هَذِهِ الْغُرْفَةَ لَا تُعْجِبُنِي. | 정말로 나는 이 방이 마음에 안 든다. |
| إِنَّنِي مُوَظَّفٌ هُنَا وَتَرَكْتُ بِطَاقَةَ هُوِيَّةِ الْمُوَظَّفِ فِي الْبَيْتِ. | 정말로 나는 이곳 직원입니다. 직원 카드를 집에 두고왔어요. |
| إِنَّ الطَّعَامَ الَّذِي طَبَخَهُ هَذَا لَذِيذٌ جِدًّا. | 이 분이 만든 음식은 정말로 아주 맛있습니다. |
| قَالَ مُدِيرُنَا لَنَا إِنَّ فَرِيقَنَا نَجَحَ فِي كِتَابَةِ الْعَقْدِ. | 우리 매니저는 우리들에게 우리팀이 계약에 성공했다고 말했다. |
| قَالَ صَدِيقِي إِنَّ السُّوقَ قَرِيبَةٌ مِنَ الْفُنْدُقِ الَّذِي نَنْزِلُ فِيهِ. | 그 시장은 우리가 머무는 호텔에서 가깝다고 내 친구가 말했다. |
| يُقَالُ إِنَّ مُسْتَوَى رَفَاهِيَّةِ الشَّرِكَةِ عَالٍ. | 그 회사의 복지수준이 높다고 일컬어진다. |

## ▶ أَنَّ 의 활용

أَنَّ 는 명사문을 하나의 구로 만들어서 '~하는 것'을 의미하며, قال 이외에 다른 동사와 사용될 수 있다.

| | |
|---|---|
| أَكَّدَ الرَّئِيسُ أَنَّنَا سَوْفَ نَتَغَلَّبُ عَلَى هَذَا التَّحَدِّي مَعًا. | 사장님은 우리가 함께 이 난관을 극복할 것이라고 강조했다. |
| يَبْدُو أَنَّ الْجَوَّ فِي كُورِيَا فِي هَذِهِ الْأَيَّامِ أَبْرَدُ مِنَ الْجَوِّ فِي رُوسِيَا. | 요즘 한국 날씨가 러시아보다 더 추운 것 같다. |

# Unit 75. لَيْتَ 와 لَعَلَّ

---

## ▶ لَعَلَّ 의 활용

لَعَلَّ 는 실현 가능한 소망과 바램 표현할 때 사용되며, 문맥에 따라 '아마도'의 의미로도 사용될 수 있다.

| | |
|---|---|
| لَعَلَّ اِبْنِي يَدْخُلُ أَيَّ جَامِعَةٍ فِي سِيُول. | 내 아들이 서울에 있는 아무 대학이나 들어가면 좋겠다. |
| لَعَلَّ الْمَشْرُوعَ الَّذِي بَدَأَهُ فَرِيقُنَا يَدْخُلُ حَيِّزَ التَّنْفِيذِ فِي الرُّبْعِ الْقَادِمِ. | 우리가 시작한 프로젝트가 다음 분기에는 시행 단계에 들어가면 좋겠네요. |
| لَعَلَّ السَّفِينَةَ الَّتِي تَحْمِلُ مُنْتَجَاتِنَا تَصِلُ إِلَى الْوِلَايَاتِ الْمُتَّحِدَةِ. | 아마도 우리 제품을 실은 배가 내일 미국에 도착할 것이다. |
| هَلْ تَعْرِفُ أَيْنَ هَاتِفِي؟ لَعَلَّهُ فِي الْحَمَّامِ. | 내 휴대폰 어디있는지 아나요? 그거 아마 화장실에 있을 거 같다. |
| لَعَلَّ مُحَمَّدًا يَحْتَاجُ إِلَى أَخْذِ قِسْطٍ كَافٍ مِنَ الرَّاحَةِ. | 아마도 무함마드는 충분한 휴식을 취할 필요가 있는 것 같다. |

---

## ▶ لَيْتَ 의 활용

لَيْتَ 는 실현 불가능한 소망과 바램 표현할 때 사용된다.

| | |
|---|---|
| لَيْتَ لَدَيْنَا طَرِيقَةً لِحَلِّ الْمُشْكِلَةِ. | 우리들에게 그 문제를 해결할 수 있는 방법이 있으면 좋을텐데. |
| لَيْتَنِي مَعَكَ الْآنَ. | 지금 내가 당신과 같이 있다면 좋을텐데. |
| لَيْتَكَ تَلْتَزِمُ بِالْوَعْدِ جَيِّدًا. | 당신이 약속좀 잘 지키면 좋을텐데. |
| هَلْ دَخَلَ وَلَدُكَ الْجَامِعَةَ فِي هَذِهِ السَّنَةِ؟ | 올해 당신 아들은 대학교에 들어갔나요? |
| يَا لَيْتَ...[각주 여기]1 | 그럼 얼마나 좋아요... |

---

1 لَيْتَ 는 관용적으로 يَا لَيْتَ 를 써서 '그랬으면 참 좋을텐데' 의 의미로 사용된다.

# Unit 76. كَأَنَّ 와 لِأَنَّ 그리고 لَكِنَّ

## ▶ كَأَنَّ 의 활용

كَأَنَّ 는 전치사 كَ와 أَنَّ 가 결합된 형태이다. 이 자체만으로 '~인 것 같다' 로 문장을 구성할 수 있고, '~인 것 처럼' 로 구로 구성할 수도 있다.

| كَأَنَّ الْفَصْلَ هَذِهِ الْأَيَّامَ رَبِيعٌ. | 요즘 날씨가 마치 봄 인 것 같다. |
|---|---|
| كَأَنَّ فِي غُرْفَتِي شَخْصًا لَا أَعْرِفُهُ. | 마치 내 방에 내가 모르는 사람이 있는 것 같다. |
| أَجْرَى مُحَمَّدٌ الْعَمَلِيَّةَ الْجِرَاحِيَّةَ كَأَنَّهُ طَبِيبٌ حَقِيقِيٌّ. | 무함마드는 마치 그가 진짜 의사인 것 처럼 외과수술을 진행했다. |
| تَصَرَّفَ مُحَمَّدٌ كَأَنَّ أَبَاهُ قَاضٍ. | 무함마드는 마치 그의 아버지가 판사인 것 처럼 행동했다. |

## ▶ لِأَنَّ 의 활용

كَأَنَّ 와 마찬가지로 لِأَنَّ 는 전치사 لِ와 أَنَّ 가 결합되어 '~이기 때문이다'로 문장을 구성할 수 있고, '~이기 때문에'로 구로 구성할 수도 있다.

| لِمَاذَا تَسْأَلُنِي عَنْ هَذَا؟ لِأَنِّي أُرِيدُ أَنْ أَعْرِفَ الْمَرَضَ الَّذِي أُعَانِي مِنْهُ بِالضَّبْطِ. | 왜 나한테 이것을 물어보나요? 왜냐하면 나는 내가 앓고 있는 병을 정확히 알고싶기 때문입니다. |
|---|---|
| لِمَاذَا تَرَكَ مُحَمَّدٌ الشَّرِكَةَ؟ لِأَنَّ الشَّرِكَةَ رَفَضَتْ طَلَبَهُ بِزِيَادَةِ رَاتِبِهِ. | 무함마드는 왜 퇴사했나요? 회사가 그의 임금인상 요구를 반려했기 때문입니다. |
| قَرَّرْنَا أَنْ نُسَافِرَ إِلَى جَزِيرَةِ جِيجُو لِأَنَّ الْجَوَّ فِيهَا مُمْتَازٌ جِدًّا هَذِهِ الْأَيَّامِ. | 요즘 제주도 날씨가 아주 좋기 때문에 우리는 제주도로 여행가기로 결정했다. |

## ▶ لَكِنَّ 의 활용

لَكِنَّ 를 발음할 때 لـ 부분은 장음으로 발음해야 하며, '그러나, 하지만' 등을 의미한다.

| نَجَحْنَا فِي الثَّوْرَةِ، لَكِنَّ مُسْتَوَى وَعْيِ الْمُوَاطِنِينَ لَمْ يَرْتَفِعْ بِسُرْعَةٍ. | 우리는 혁명을 성공했지만, 시민들의 의식 수준은 빠르게 상승하지 않았다. |
|---|---|

# Unit 77. 비인칭 대명사

## ▶비인칭 대명사의 개념

اِنَّ 와 그 자매어는 그 뒤에 명사문이 나와야 하므로 어떤 형태든 명사가 하나는 나와줘야 한다. 하지만 <u>문장 구조상 명사를 먼저 쓰는 것이 불가능하거나 애매할 경우</u> 아무런 의미가 없는 대명사를 اِنَّ 와 그 자매어에 접미시켜서 쓸 수 있다. 이 때 이 대명사가 비인칭 대명사이며, 이 대명사는 인칭에 따른 변화를 하지 않기 때문에 남성/단수 형태로만 사용되어 اِنَّهُ 형태로 사용된다.

## ▶주어 술어가 도치된 명사문에서의 활용

قَالَ وَزِيرُ الْخَارِجِيَّةِ فِي مُؤْتَمَرٍ صُحُفِيٍّ اِنَّهُ بَيْنَ الدَّوْلَتَيْنِ عَلَاقَاتٌ عَمِيقَةٌ مِنْ زَمَانٍ.

외교부 장관은 기자회견에서 양국간에는 오래전부터 깊은 유대가 있다고 말했다.

تَأَخَّرْنَا عَنْ مَوْعِدِ الرِّحْلَةِ بِنِصْفِ سَاعَةٍ فَفَاتَتْنَا الطَّائِرَةُ، لَكِنَّهُ مِنَ الْمُمْكِنِ أَنْ نَرْكَبَ الرِّحْلَةَ التَّالِيَةَ دُونَ رُسُومٍ إِضَافِيَّةٍ.

우리는 비행시간에 30분 늦어서 비행기를 놓쳤지만 추가 비용 없이 다음 비행기를 탈 수 있다.

## ▶전치사/부사구로 시작되는 문장에서의 활용

قَرَّرَتِ الْحُكُومَةُ بَدْءَ إِصْلَاحِ التَّعْلِيمِ لِأَنَّهُ مِنْ خِلَالِ مَحْوِ الْأُمِّيَّةِ نَتَمَكَّنُ مِنْ زِيَادَةِ الْقُدْرَةِ التَّنَافُسِيَّةِ لِبِلَادِنَا.

우리는 문맹 퇴치를 통해 우리 나라의 경쟁력을 높일 수 있기 때문에 정부는 교육 개혁을 시작하기로 결정했다.

يَبْدُو أَنَّ أُمِّي اعْتَادَتْ عَلَى الْعَيْشِ هُنَا، لَكِنَّهُ بِالنِّسْبَةِ لِي لَمْ أَتَعَوَّدْ عَلَيْهِ بَعْدُ.

엄마는 이곳에서의 삶에 적응한 듯 보이지만, 나는 아직도 익숙해지지 않았다.

## ▶비인칭 동사에서의 활용

이 경우에서는 비인칭 대명사가 항상 쓰어야 한다.

أَعْتَقِدُ أَنَّهُ يَجِبُ عَلَى كُلِّ مَنْ يَكْسِبُ الْمَالَ أَنْ يَدْفَعَ الضَّرَائِبَ.

나는 돈을 버는 모든 사람은 세금을 내야한다고 생각한다.

إِنَّهُ يُمْكِنِنِي أَنْ أَسُدَّ كُلَّ الدُّيُونِ الَّتِي أَدِينُ بِهَا لَكَ فِي خِلَالِ هَذِهِ السَّنَةِ.

나는 올해 안에 당신에게 진 모든 빚을 청산할 수 있습니다.

# Step 2

구

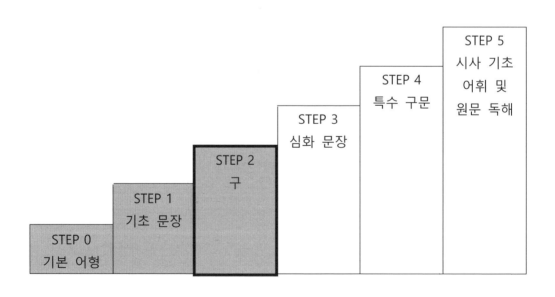

# Unit 78. 명사 연결형 기초

---

## ▶명사 연결형의 개념

명사가 연속으로 나열되어 서로 소유/소속 등의 의미를 나타내면서 하나의 구로 묶인 형태를 의미한다. 이 때 앞에 위치하는 명사부터 '제 n 요소'라 하고 부르며, 각각의 요소들은 위치에 따라 전연결어 혹은 후 연결어라고 표현되기도 한다.

그리고 이런 각각의 요소들은 구의 성격(격/한정여부)을 결정하는 결정권을 나눠 갖는다.

우선, **제 1요소가 구의 격을 결정**하기 때문에 그 외 요소들은 소유격으로 표기된다.

그리고 **마지막 요소가 구의 한정여부를 결정**하기 때문에 그 외 요소들에는 관사와 탄윈을 모두 쓰면 안 된다. 이 때 주의해야 할 점은 마지막 요소가 한정이 될 경우 그 앞의 명사들은 관사가 없지만 한정으로 인식해야 한다는 점이다.

| 제 2 요소<br>= 후 연결어 | 제 1 요소<br>= 전 연결어 |
|---|---|
| **한정여부를 결정** | **격을 결정** |
| (소유격 고정) | (탄윈x, 관사x) |

그래서 만약 3 이상의 명사가 연결형으로 묶일 경우 가운데 나오는 명사는 격과 한정여부 중 아무것도 결정할 수 있는 것이 없기 때문에, 소유격으로 고정되면서 탄윈과 관사도 나올 수 없게 된다.

| 제 3 요소<br>= 제 2 요소의 후 연결어 | 제 2 요소<br>= 제 1 요소의 후 연결어<br>= 제 3 요소의 전 연결어 | 제 1 요소<br>= 제 2 요소의 전 연결어 |
|---|---|---|
| **한정여부를 결정** | 결정권 X | **격을 결정** |
| (소유격 고정) | (소유격 고정, 탄윈x, 관사x) | (탄윈x, 관사x) |

---

## ▶첨가된 ن 의 탈락

쌍수나 남성 규칙복수의 형태에 나오는 ن 이 접미된 명사는 **후 연결어를 가질 경우 어미에 추가된 ن 은 탈락**하게 된다. 즉, 후 연결어를 갖지 않는 마지막 요소에 나오는 ن 은 탈락하지 않는다.

| | |
|---|---|
| تُعْجِبُنِي هَذِهِ الشَّقَّةُ لِأَنَّ غُرْفَتَيْ الشَّقَّةِ وَاسِعَتَانِ أَكْثَر مِمَّا تَوَقَّعْتُ. | 그 객실의 두 개의 방이 예상 보다 넓어서 나는 이 객실이 마음에 든다. |
| طُرِدَ مُوَظَّفُو قِسْمِ التَّسْوِيقِ وَمُوَظَّفَا قِسْمِ الْمَبِيعَاتِ أَمْسِ. | 어제 마케팅 부서 직원들과 판매 부서 직원 두 명이 해고되었다. |

83

STEP 2. 구___ **Chapter 13. 연결형**

| 1 | 2 | 3 | 4 | 5 | 6 | 7 | 8 | 9 | 10 | 11 | 12 | **13** | 14 | 15 | 16 | 17 | 18 | 19 | 20 | 21 | 22 | 23 | 24 | 25 |

# Unit 79. 명사 연결형 활용 (1) _ 정도와 동일성

## ▶정도의 표현

정도를 의미하는 단어는 전 연결어로서 자주 사용된다. 이 때 후 연결어로 주로 한정 복수명사가 나오게 된다.

| مُعْظَمُ ~ | بَعْضُ ~ | نِصْفُ ~ |
|---|---|---|
| 대부분의 ~ | 일부, 몇몇의 ~ | 절반의 ~ |

단, كُلُّ 의 경우 의미에 따라 **한정복수** 외에, **한정 단수**와 **비한정 단수**가 다양하게 나올 수 있다.

| كُلُّ ~ | | |
|---|---|---|
| 비한정 단수 | 한정 단수 | 한정 복수 |
| ~마다, 각각의 ~ | ~의 전체 | 모든 ~ |

| | |
|---|---|
| يَزُورُ **مُعْظَمُ السُّيَّاحِ** الَّذِينَ يَزُورُونَ بِلَادَنَا هَذِهِ الْقَلْعَةَ الْقَدِيمَةَ. | 우리 나라를 방문하는 관광객들의 대부분은 이 고성에 간다. |
| سَمِعَ **بَعْضُ الْمُوَظَّفِينَ** أَنَّ شَرِكَتَنَا بَدَأَتْ إِجْرَاءَ الْعَرْضِ الْعَامِّ الْأَوَّلِيِّ. | 일부 직원들은 우리 회사가 주식공개상장(Initial Public Offering_IPO) 절차를 시작했다고 들었다. |
| أَكَلَ أَخِي **نِصْفَ الْبِيتْزَا** الَّتِي طَلَبْتُهَا. | 내가 주문한 피자의 반을 내 형이 먹었다. |
| كَتَبَ الْمُؤَلِّفُ تَوْقِيعَهُ عَلَى **كُلِّ كِتَابٍ**. | 그 작가는 각각의 책에 그의 사인을 적었다. |
| كَمْ مَرَّةً قَرَأْتَ **كُلَّ الْكِتَابِ** حَتَّى الْآنِ؟ | 당신은 지금까지 그 책을 몇 번 완독했나요? |
| أُحْرِقَتْ **كُلُّ الْكُتُبِ** فِي هَذِهِ الْمَكْتَبَةِ بِسَبَبِ الْحَرِيقِ. | 그 화재로 이 도서관의 모든 책들이 불에 탔다. |

## ▶동일성의 표현

동일성을 의미하는 단어도 전 연결어로 자주 사용된다.

| نَفْسُ ~ |
|---|
| 같은~ |

| | |
|---|---|
| دَخَلْتُ **نَفْسَ الْجَامِعَةِ** الَّتِي تَخَرَّجَ فِيهَا أَخِي قَبْلَ سَنَةٍ. | 나는 작년에 내 형이 졸업한 같은 대학교에 입학했다. |

STEP 2. 구___ **Chapter 13.** 연결형

| 1 | 2 | 3 | 4 | 5 | 6 | 7 | 8 | 9 | 10 | 11 | 12 | **13** | 14 | 15 | 16 | 17 | 18 | 19 | 20 | 21 | 22 | 23 | 24 | 25 |

# Unit 80. 명사 연결형 활용 (2) _ ذُو

## ▶ ذُو 의 형태

Unit 9 에서 학습했던 5가지 명사들 중 ذُو 는 격에 따라 장음이 추가되는 것 이외에, 그 자체의
성과 수에 따라 형태가 변하게 된다.

| 단수 | 주격 | 목적격 | 소유격 |
|---|---|---|---|
| 남 | ذُو | ذَا | ذِي |
| 여 | ذَاتُ | ذَاتَ | ذَاتِ |

| 쌍수 | 주격 | 목적격 | 소유격 |
|---|---|---|---|
| 남 | ذَوَا | | ذَوَيْ |
| 여 | ذَوَاتَا | | ذَوَاتَيْ |

| 복수 | 주격 | 목적격 | 소유격 |
|---|---|---|---|
| 남 | ذَوُو | | ذَوِي |
| 여 | ذَوَاتُ | | ذَوَاتِ |

## ▶ ذُو 의 의미

ذُو 는 후 연결어(a)를 취해서 'a를 가지고 있는' 을 뜻하는 **형용사로 쓰일 수 있기** 때문에 이 구가
수식으로 쓰이는지, 명사문의 술어로 쓰이는지 판단해서 a 의 관사 여부를 결정하면 된다.

| | |
|---|---|
| سَوْفَ نَتَحَدَّثُ عَنْ هَذَا الْمَشْرُوعِ مَعَ كُلِّ الْأَطْرَافِ ذَاتِ الصِّلَةِ. | 우리는 모든 관계 당사자들과 그 프로젝트에 대해 이야기 할 것이다. |
| هَذِهِ الْمُنْتَجَاتُ هِيَ مُنْتَجَاتٌ ذَاتُ سُمْعَةٍ عَالِيَةٍ عَالَمِيًّا. | 이 제품들은 세계적으로 높은 명성을 가진 제품들입니다. |
| اَلْمُدِيرُ الْجَدِيدُ ذُو خِبَرَاتٍ عَمَلِيَّةٍ مُتَنَوِّعَةٍ. | 새 관리자는 다양한 업무 경험을 갖고 있다. |

반면, 이 구는 'a를 가지고 있는 사람/사물'을 뜻하는 **명사로도 쓰일 수** 도 있다.

| | |
|---|---|
| هَلْ تَعْرِفِينَ ذَا فِكْرَةٍ أُخْرَى لِتَسْوِيقِ هَذَا الْمُنْتَج الْجَدِيدِ؟ | 당신은 이 신규 제품을 마케팅 할 다른 아이디어를 가진 사람을 아시나요? |
| مِنَ الصَّعْبِ عَلَى ذَوِي الْإِعَاقَةِ أَنْ يَتَعَايَشُوا فِي الْمُجْتَمَعِ بِدُونِ الْاِعْتِبَارَاتِ وَالتَّنَازُلَاتِ. | 장애를 가진 사람들(=장애인들)은 배려와 양보 없이 사회에서 함께 살아가기 어렵다. |
| تَعِيشُ ذَوَاتُ الْاِحْتِيَاجَاتِ الْخَاصَّةِ مَعًا فِي السَّكَنِ. | 그 특별한 필요를 가진 여성들 (=장애인들)은 숙소에서 함께 살고 있다. |

STEP 2. 구___ **Chapter 13. 연결형**

| 1 | 2 | 3 | 4 | 5 | 6 | 7 | 8 | 9 | 10 | 11 | 12 | **13** | 14 | 15 | 16 | 17 | 18 | 19 | 20 | 21 | 22 | 23 | 24 | 25 |

# Unit 81. 명사 연결형 활용 (3) _ 숫자

## ▶숫자범위 3~10

명사의 개수를 셀 때 1개, 2개는 단수형과 쌍수형을 쓰므로, 3개 이상부터 숫자와 명사가 결합된다. 이 때 3~10 범위의 개수를 셀 때는 **복수 명사가 숫자의 후 연결어로** 나온다. 그리고 이 범위 **숫자의 성은 unit 15에서 학습한 바와 같이 세어지는 명사의 단수와 반대로 한다.**

سَأَقْرَأُ ثَلَاثَةَ كُتُبٍ لِكُلِّ شَهْرٍ مِنَ السَّنَةِ الْمُقْبِلَةِ.    나는 내년부터 매 달 책 3권을 읽을 것이다.

فِي الْفَصْلِ ثَمَانِي طَالِبَاتٍ وَسِتَّةُ طُلَّابٍ.    교실에 여학생 8명과 남학생 6명이 있다.

한 편, 이 숫자 연결형을 한정 상태로 만드는 방식이 두 가지가 있다.

① 숫자에만 관사를 넣은 뒤 뒤의 복수 명사는 그대로 탄윈 상태로 둔다.
② 숫자가 형용사처럼 명사를 뒤에서 수식할 수도 있으며, 이 경우엔 둘 다 관사를 넣는다.

① عِنْدَ هَذِهِ الشَّرِكَةِ الْخَمْسُ سُفُنٍ.    이 회사가 그 배 5척을 보유하고 있다.

② عِنْدَ هَذِهِ الشَّرِكَةِ السُّفُنُ الْخَمْسُ.

## ▶숫자범위 100 단위

100단위 수는 100, 200 ~ 900, 1000 등 딱 떨어지는 숫자를 의미한다. 이 숫자 명사는 ة 여부가 고정된 일반명사로 분류되어 3~10 과는 달리 세어지는 명사의 성에 따라 성을 변경시키지 않아도 된다. 이 때 숫자뒤에 **단수 명사가 후 연결어로** 나온다.

فِي دَاخِلِ حَدِيقَةِ الْمَنْزِلِ حَوَالَيْ أَرْبَعِمِئَةِ شَجَرَةٍ    가정용 정원에 약 400그루의 나무와 3000 송이
وَثَلَاثَةِ آلَافِ زَهْرَةٍ.    의 꽃이 있다.

لَدَيْنَا خَمْسُمِئَةِ سَيَّارَةٍ مُسْتَعْمَلَةٍ تَقْرِيبًا.    우리들은 약 500대의 중고차를 보유하고 있다.

한편, أَلْفٌ (آلَافٌ، أُلُوفٌ) 과 عَشَرَةٌ 그리고 مِئَةٌ (مِئَاتٌ) 의 복수형태는 후 연결어로 한정 복수명사를 받거나, مِنْ 을 받게 되면 '수 십의~', '수 백의 ~', '수 천의 ~'를 의미하게 된다.

| 수 십의~ | 수 백의 ~ | 수 천의 ~ |
|---|---|---|
| عَشَرَاتُ ~ | مِئَاتُ ~ | ~ آلَافُ، أُلُوفُ |
| عَشَرَاتٌ مِنْ ~ | مِئَاتٌ مِنْ ~ | ~آلَافٌ مِنْ ~، أُلُوفٌ مِنْ |

قَرَّرَ الرَّئِيسُ نَشْرَ الشُّرْطَةِ فِي الْمَيْدَانِ مِنْ أَجْلِ تَفْرِيقِ    대통령은 수 백명의 시위대를 해산시키기 위해
مِئَاتِ الْمُتَظَاهِرِينَ.    경찰을 광장에 배치하기로 결정했다.

نَتَعَامَلُ مَعَ آلَافِ الشَّكَاوَى مِنَ الزَّبَائِنِ كُلَّ شَهْرٍ.    우리는 매 달 고객들로부터 온 수 천 건의 컴플레인을 처리한다.

# Unit 82. 동명사 연결형

## ▶자동사 동명사의 연결형

자동사에서 파생된 동명사들은 그 동명사의 **의미상 주어를 표현할 때** 그 주어에 해당하는 명사를 동명사의 후 연결어로 놓게 된다.

| | |
|---|---|
| سَوْفَ نَبْحَثُ تَغَيُّرَ الْمُنَاخِ فِي الْمُنْتَدَى. | 우리는 포럼에서 기후 변화에 대해 논의 할 것이다. |
| هَلْ تَعْرِفِينَ وَقْتَ بَدْءِ الْمُؤْتَمَرِ الصُّحُفِيِّ عَنْ حَادِثَةِ الْقَتْلِ؟ | 당신(f.)은 살인사건에 대한 기자 회견 시작 시간을 아시나요? |
| سَتَكْشِفُ الْحُكُومَةُ بَعْدَ سَاعَةٍ عَنْ سَبَبِ انْقِطَاعِ الْكَهْرَبَاءِ الَّذِي شَهِدَتْهُ هَذِهِ الْمَدِينَةُ. | 정부는 한 시간 뒤 이 도시에 발생한 정전 원인을 공개할 것이다. |

## ▶타동사 동명사의 연결형

타동사에서 파생된 동명사들은 그 동명사의 **의미상 목적어를 표현할 때** 이에 해당하는 명사를 동명사의 후 연결어로 놓게 된다.

| | |
|---|---|
| لَا يُسْمَحُ لَنَا بِالْتِقَاطِ أَيِّ صُورَةٍ هُنَا. | 우리는 이곳에서 어떠한 사진을 찍는 것도 허용되지 않는다. |
| قَضَيْتُ نِهَايَةَ الْأُسْبُوعِ فِي مُشَاهَدَةِ الْفِيلْمِ. | 나는 영화를 시청하면서 주말을 보냈다. |
| هَلْ يُمْكِنُ أَنْ تُحَاوِلَ إِعَادَةَ رَفْعِ الصُّورَةِ؟ | 당신은 그 사진을 다시 업로드 해 볼 수 있나요? |

단, 이 동명사가 **의미상 주어와 의미상 목적어를 모두 쓰고 싶을 때**는 의미상 주어를 동명사의 후 연결어로 놓고 의미상 목적어는 그대로 목적격으로 놓거나 전치사 لِ 와 함께 쓰이게 된다.

단, 동명사가 방향/이동의 의미를 가지면 예외적으로 إِلَى 를 써줄 수 있다.

| | |
|---|---|
| أَوَدُّ أَنْ أَعْرِفَ سَبَبَ إِلْغَاءِ الْمُدِيرِ الْمَشْرُوعَ. | 나는 매니저가 그 프로젝트를 취소한 이유를 알고싶다. |
| = أَوَدُّ أَنْ أَعْرِفَ سَبَبَ إِلْغَاءِ الْمُدِيرِ لِلْمَشْرُوعِ. | |
| يَرْتَفِعُ سِعْرُ الْأَسْهُمِ بَعْدَ تَوَلِّي مُحَمَّدٍ الْمَنْصِبَ رَسْمِيًّا. | 공식적으로 무함마드가 취임한 이후 주가가 오르고있다. |
| = يَرْتَفِعُ سِعْرُ الْأَسْهُمِ بَعْدَ تَوَلِّي مُحَمَّدٍ لِلْمَنْصِبِ رَسْمِيًّا. | |
| يَرْغَبُ مُحَمَّدٌ فِي زِيَارَتِهِ لِأَفْرِيكَا اللَّاتِينِيَّةِ فِي الْعُطْلَةِ. | 무함마드는 방학 때 남미에 방문하길 바라고 있다. |
| = يَرْغَبُ مُحَمَّدٌ فِي زِيَارَتِهِ أَمْرِيكَا اللَّاتِينِيَّةِ فِي الْعُطْلَةِ. | |
| = يَرْغَبُ مُحَمَّدٌ فِي زِيَارَتِهِ إِلَى أَمْرِيكَا اللَّاتِينِيَّةِ فِي الْعُطْلَةِ. | |

STEP 2. 구___ **Chapter 13. 연결형**

| 1 | 2 | 3 | 4 | 5 | 6 | 7 | 8 | 9 | 10 | 11 | 12 | **13** | 14 | 15 | 16 | 17 | 18 | 19 | 20 | 21 | 22 | 23 | 24 | 25 |

# Unit 83. 형용사 연결형

## ▶형용사 연결형의 개념

형용사 뒤에 명사를 놓아 서로 연결형으로 묶이는 구조를 형용사 연결형이라고 한다. 이 구조가 사용되는 경우는 형용사의 의미를 특정 무언가로 한정하고 싶을 때 사용된다.

예컨대, 머리가 큰 학생이 있다고 가정할 때, '큰' 이라고 하는 형용사는 '머리' 라고 하는 특정된 명사를 표현하는데 그 의미가 제한된다.

이 형용사 연결형은 명사 연결형과 달리 1요소 형용사가 성,수,격,한정여부를 모두 결정하며, 제 2 요소는 **항상 관사가 접두된 한정 상태**의 소유격 명사가 나오게된다.

단, 이때 1요소 형용사는 후 연결어를 가지기 때문에 쌍수나 복수가 될 경우 첨가된 ن 은 탈락하며, 형용사가 비한정이라고 하더라도 탄윈을 쓸 수 없다는 특징이 있다.

| 제 2 요소 (명사)<br>= 후 연결어 | 제 1 요소 (형용사)<br>= 전 연결어 |
|---|---|
| 항상 관사가 접두된 한정상태 소유격 | 성,수,격,한정여부 모두 결정<br>(단, 탄윈 불가능) |
| لَا نَهْتَمُّ أَبَدًا بِأَنَّ مُدِيرَنَا كُورِيُّ الْأَصْلِ. | 우리는 우리 매니저가 출신이 한국인(=한국계)이라는 것을 전혀 신경쓰지 않는다. |
| أَتَمَنَّى أَنْ أَعْمَلَ مَعَ شَخْصٍ خَفِيفِ الدَّمِ. | 나는 피가 가벼운(=유쾌한, 발랄한) 사람과 같이 일하길 바란다. |
| اِذْهَبْ إِلَى مَبْنَى أَحْمَرِ[1] إِطَارِ النَّافِذَةِ.<br>⌐각주 여기⌐ | 당신은 창틀이 빨간색인 건물로 가세요. |
| يَتَوَلَّى مُدِيرُنَا الثَّقِيلُ الدَّمِ دَوْرًا مُهِمًّا فِي أَدَاءِ قِسْمِ الْمَبِيعَاتِ. | 피가 무거운(=무뚝뚝한) 우리 매니저는 영업팀 실적에 중요한 역할을 담당한다. |
| تَمَّتْ تَرْقِيَةُ الْمُوَظَّفَتَيْنِ الْحُسْنَيَيِ السُّمْعَةِ بَعْدَ تَقْيِيمِ الْأَدَاءِ الْوَظِيفِيِّ. | 평판이 좋은 그 두 여 직원이 업무 실적 평가 후 승진했다. |
| سَوْفَ يَتِمُّ التَّعَامُلُ مَعَ هَذَا الْإِرْهَابِ فِي اجْتِمَاعٍ رَفِيعِ الْمُسْتَوَى. | 이 테러는 수준이 높은(=고위급) 회담에서 다뤄 질 것이다. |

---

[1] Unit 7 에서 학습했던 색깔형용사는 기본적으로 2격을 취하는 형용사이지만 후 연결어를 가질 경우 다시 3격 이 된다.

# Unit 84. 형용사 수식

## ▶단순 명사 수식

형용사로 명사를 수식할 때는 형용사의 상태(성/수/격/한정여부) 모두를 명사의 상태에 일치시켜주면 된다.

| | |
|---|---|
| يَتَأَثَّرُ مُجْتَمَعُنَا بِشَكْلٍ طَوِيلٍ بِهَذَا الْفَيْرُوسِ الْمُنْتَشِرِ فِي أَنْحَاءِ الْعَالَمِ. | 우리 사회는 전 세계 곳곳에 퍼진 이 바이러스에 의해 오랫동안 영향을 받고 있다. |
| سَوْفَ أَتَفَاوَضُ عَلَى الرَّاتِبِ السَّنَوِيِّ مَعَ رَئِيسِنَا. | 나는 사장님이랑 연봉 협상을 할 것이다. |
| تَمَّ إِحْرَاقُ الْعِمَارَةِ الْقَدِيمَةِ الَّتِي تَعُودُ إِلَى عَصْرِ مَمْلَكَةِ جوسون. | 조선시대로 거슬러 올라가는 고대 건축물이 불에 타버렸다. |

## ▶연결형 수식

연결형을 구성하는 명사를 수식할 때, 만약 1요소 명사를 수식해주고 싶어도 해당 명사 바로 뒤에 형용사가 위치하지 못 하고 **명사의 나열이 끝난 뒤 형용사가 나올 수 있다.** 이 때 피수식명사와 수식해주는 형용사가 떨어져있어도 상태(성/수/격/한정여부)는 일치시켜야 한다.

또한, 대명사가 명사에 접미되면 한정으로 인식되므로 수식해주는 형용사도 한정이 되어야 한다.

| | |
|---|---|
| لَا أَسْتَطِيعُ أَنْ أَذْهَبَ إِلَى الْمُسْتَشْفَى بِسَبَبِ أَنَّ رِجْلِي الْيُمْنَى كُسِرَتْ، فَهَلْ يُمْكِنُ أَنْ نُجْرِي الْاِسْتِشَارَةَ عَنْ بُعْدٍ؟ | 제 오른쪽 다리가 부러져서 병원에 갈 수 없는데 혹시 원격으로 진료를 진행하실 수 있나요? |
| حَصَلَ هَذَا الْمَطْعَمُ الْكُورِيُّ عَلَى ثَلَاثِ نُجُومٍ فِي دَلِيلِ ميشلان لِمُدَّةِ ثَلَاثِ سَنَوَاتٍ مُتَتَالِيَةٍ. | 이 한식당은 3년 연속으로 미슐랭 가이드에서 3스타를 받았다. |
| تَشَرَّبَ وَلَدُ الْأُسْتَاذَةِ الذَّكِيُّ مَعْرِفَةَ عِلْمِ الْاِقْتِصَادِ الصَّعْبَةِ بِسُرْعَةٍ لَا تُصَدَّقُ. | 그 교수님(f.)의 똑똑한 아들은 믿어지지 않은 속도로 어려운 경제학 지식을 흡수했다. |

한편, 1요소 명사 바로 뒤에 형용사를 위치시키기 위해 **연결형 구조를 분리할 수도 있다.** 다만, 이 때 분리된 연결형 구조를 다시 이어주기 위해 **분리된 명사에 ل 를 넣어주어야 한다.**

| | |
|---|---|
| تَشَرَّبَ الْوَلَدُ الذَّكِيُّ لِلْأُسْتَاذَةِ الْمَعْرِفَةَ الصَّعْبَةَ لِعِلْمِ الْاِقْتِصَادِ بِسُرْعَةٍ لَا تُصَدَّقُ. | 그 교수님(f.)의 똑똑한 아들은 믿어지지 않은 속도로 어려운 경제학 지식을 흡수했다. |

# Unit 85. 대용어와 강조어

## ▶대용어의 개념

서로가 서로를 대체할 수 있는 명사가 병렬적으로 나열되는 관계를 대용어 관계라 한다. 이런 대용어는 각각의 명사가 동등한 지위를 지녀야 하므로 성/수/격/한정여부가 서로 일치해야 한다.

## ▶직책과 이름

이름은 한정으로 인식되는 고유명사이므로 직책명은 반드시 한정 상태로 나와야 한다.

| | |
|---|---|
| قَرَّرَ مُؤَسِّسُ الْجَمْعِيَّةِ الْخَيْرِيَّةِ مُحَمَّدٌ تَوْفِيرَ الْخِيَامِ لِلَّاجِئِينَ. | 자선단체 설립자인 무함마드는 난민들에게 텐트를 제공하기로 결정했다. |
| أَوْصَتْ صَدِيقَتِي فَاطِمَةُ بِهَذَا الْمَطْعَمِ. | 내 친구인 파티마가 이 식당을 추천해주었다 |

## ▶지시대명사와 명사

대용어는 연결형이 아니므로 쌍수나 복수에서 나오는 첨가된 ن 이 탈락하지 않는다.

| | |
|---|---|
| لِمَاذَا يَتَرَدَّدُ هَذَانِ الطَّالِبَانِ فِي تَقْدِيمِ الطَّلَبِ؟ | 이 두 학생은 왜 지원서 제출을 망설이나요? |
| تَحَسَّنَتْ قُدْرَةُ هَذِهِ الطَّالِبَةِ عَلَى التَّحَدُّثِ بِالْعَرَبِيَّةِ لِدَرَجَةِ أَنَّهَا تَتَمَكَّنُ أَنْ تُعَبِّرَ عَنْ رَأْيِهَا عَنِ الْمَسْأَلَةِ السِّيَاسِيَّةِ. | 이 학생은 정치적 사건에 대한 자신의 생각을 표현할 수 있을 정도로 아랍어 구사능력이 개선되었다. |

## ▶정도와 동일성 강조[1]

강조하고 싶은 명사를 한정상태로 쓴 뒤, 정도나 동일성을 강조하는 단어를 써주면 된다. 이 때 정도나 동일성을 나타내는 단어 뒤에는 강조되는 명사와 성/수가 일치하는 대명사가 접미되게 된다.

| 정도 | كُلٌّ | مُعْظَمُ | بَعْضٌ | 동일성 | نَفْسٌ | عَيْنٌ | ذَاتٌ |
|---|---|---|---|---|---|---|---|

| | |
|---|---|
| سَافَرْتُ إِلَى دُوَلِ الشَّرْقِ الْأَوْسَطِ كُلِّهَا فِي غُضُونِ 5 سَنَوَاتٍ. | 나는 5년간 중동의 모든 국가를 여행했다. |
| يَتَظَاهَرُ النَّاسُ بَعْضُهُمْ عَلَى وَسَائِلِ التَّوَاصُلِ الْإِجْتِمَاعِيِّ بِأَنَّهُمْ مَيْسُورُو الْحَالِ. | 사람들 일부는 sns 상에서 부유한 척을 한다. |
| يَجِبُ أَنْ يَجْرِي تَحْلِيلُ الدَّمِ وَالْعَمَلِيَّةِ فِي التَّارِيخِ نَفْسِهِ. | 피검사와 수술은 같은 날짜에 진행되어야 한다. |
| يَعْمَلُ أَوْلَادِي كُلُّهُمْ فِي الشَّرِكَةِ عَيْنِهَا. | 내 아이들 모두는 같은 회사에서 일한다. |

---

[1] 사용방식은 똑같지만 كل 와 동일성을 표현하는 نفس، عين، ذات 는 문법상 강조어로 분류된다.

# Unit 86. 관계 대명사_기초

## ▶관계 대명사의 개념과 형태

관계 대명사는 문장이나 구로 한정 명사를 수식할 때 관사처럼 그 **수식해주는 문장을 한정으로 만들어주는 역할**을 한다. 이 때 수식을 받는 명사를 선행사라 하며, 수식해주는 문장을 관계절이라 한다.

이 관계 대명사는 선행사의 성과 수에 따라 그 형태가 아래와 같이 변한다. 특히 쌍수의 경우는 격에 따라 형태가 변한다.

|  | 단수 | 쌍수 | 복수 |
|---|---|---|---|
| 남성 | اَلَّذِي | اَللَّذَانِ / اَللَّذَيْنِ | اَلَّذِينَ |
| 여성 | اَلَّتِي | اَللَّتَانِ / اَللَّتَيْنِ | اَللَّوَاتِي ، اَللَّاتِي |

## ▶관계대명사의 활용

관계절을 쓸 때 **선행사를 지칭하는 대명사가 관계절 안에 표기**되어야 한다. 단, 선행사가 관계절의 주어일 경우 대명사는 생략되었다고 볼 수 있다.[1]

سَوْفَ يُلْقِي رَئِيسُنَا الْجَدِيدُ كَلِمَةً فِي الْاِجْتِمَاعِ الدُّوَلِيِّ الَّذِي سَيُنْعَقِدُ (هُوَ) بِسِيُول بَعْدَ سَنَةٍ.

우리 신임 대통령은 내년에 서울에서 개최 될 국제 회의에서 연설을 할 것이다.

تَعَرَّضَ مَقَرُّ الْمُنَظَّمَةِ الْعَالَمِيَّةِ الَّتِي انْضَمَّتْ إِلَيْهَا بِلَادُنَا قَبْلَ 3 سَنَوَاتٍ لِلْهُجُومِ الْإِرْهَابِيِّ.

우리 나라가 3년 전에 가입한 그 세계 기구의 본부는 테러공격에 노출되었다.

لَا تُعْجِبُنِي حَالَةُ هَذِهِ الْغُرْفَةِ الَّتِي حَجَزْتَهَا فَأُرِيدُ مِنْكَ أَنْ تَحْجِزَ غُرْفَةً أَحْسَنَ مِنْهَا مَرَّةً أُخْرَى.

당신이 예약한 이 방은 내 마음에 들지 않으니 더 좋은 방으로 다시 예약하는게 좋겠어요.

ظَلَّ مُحَمَّدٌ نَائِمًا فِي الْفُنْدُقِ فِي الْوَقْتِ الَّذِي وَصَلْتُ فِيهِ إِلَى الْمَطَارِ بِالْفِعْلِ.

내가 이미 공항에 도착했을 때 무함마드는 계속 호텔에서 자고 있었다.

أَنْصَحُ بِزِيَارَةِ مَدِينَةِ كِيُونغ جُو الَّتِي فِيهَا عِمَارَاتٌ قَدِيمَةٌ وَأَسْوَاقٌ تَقْلِيدِيَّةٌ.

저는 고대 건축물들과 전통 시장들이 있는 경주 시 방문을 추천합니다.

يَتَعَلَّمُ الطُّلَّابُ الَّذِينَ (هُمْ) مِنْ مِصْرَ الْبَرْمَجَةَ فِي هَذِهِ الْجَامِعَةِ الَّتِي فِيهَا مَرْكَزُ اللُّغَاتِ.

이집트 출신의 그 학생들은 언어 센터가 있는 이 대학교에서 프로그래밍을 배우고 있다.

---

[1] 사실 이 경우에 대명사가 보이지 않는다고 표현되는 것이 더 정확한 표현이다. 이해해의 편의를 위해 생략했다고 표현하였다.

STEP 2. 구___ **Chapter 14. 수식**

| 1 | 2 | 3 | 4 | 5 | 6 | 7 | 8 | 9 | 10 | 11 | 12 | 13 | **14** | 15 | 16 | 17 | 18 | 19 | 20 | 21 | 22 | 23 | 24 | 25 |

# Unit 87. 관계 대명사_심화

## ▶비한정 관계절

관계 대명사 자체가 관계절을 한정으로 만드는 역할이므로 **선행사가 비한정이면 관계 대명사는 쓰일 이유가 없다.** 단순 형용사로 비한정 명사를 수식할 때 형용사에 관사를 쓰지 않는것과 같은 이유이다.

| | |
|---|---|
| هَلْ هُنَاكَ شَخْصٌ مِنْ أَصْدِقَائِكَ يَعْمَلُ فِي هَذِهِ الشَّرِكَةِ؟ | 당신 친구들 중 이 회사 다니는 사람 있나요? |
| هَلْ يُمْكِنُ أَنْ تَنْصَحَ بِفِيلِمٍ مُمْتِعٍ أُشَاهِدُهُ مَعَ زَوْجَتِي؟ | 와이프랑 볼만한 재밌는 영화좀 추천해 줄 수 있나요? |
| أَتَمَنَّى أَنْ أَعِيشَ فِي دَوْلَةٍ لَيْسَتْ فِيها الْعُنْصُرِيَّةُ. | 나는 인종차별이 없는 나라에서 살고 싶다. |

## ▶명사로 사용되는 관계대명사

관계 대명사는 선행사 없이 명사처럼 '~한 것/~한 사람' 으로도 해석될 수 있는데, 이 경우는 아래 예문과 같은 관용적으로 많이 사용되는 형태 이외에 많이 사용되지는 않는다.

| | |
|---|---|
| مَنِ الَّذِي يُرِيدُ أَنْ يَأْكُلَ هَذَا؟ | 이거 먹고 싶은 사람? |
| حَكَمَ عَلَيْهِ الْقَاضِي بِالْإِعْدَامِ، الْأَمْرُ الَّذِي أَثَارَ الْجَدَلَ فِي مُجْتَمَعِنَا. | 판사가 그에게 사형을 선고하였고, 이는 우리 사회에 논란을 야기하였다. |

## ▶사물의 의미를 포함하는 관계사 مَا

مَا 는 그 뒤에 관계절이 나와서 '~한 것' 이라고 해석된다.

| | |
|---|---|
| يُعْجِبُنِي مَا اخْتَرْتَهُ. | 나는 당신이 선택한 것이 마음에 든다. |
| سَأُظْهِرُ مَا سَتَبِيعُهُ فِي السُّوقِ. | 당신이 시장에서 판매할 것을 것을 보여 줄께요. |

## ▶사람의 의미를 포함하는 관계사 مَنْ

مَنْ 은 그 뒤에 관계절이 나와서 '~한 사람' 이라고 해석된다.

| | |
|---|---|
| لَا أَعْرِفُ بِالضَّبْطِ مَنْ أَكْمَلَ هَذَا. | 나는 이걸 마무리 한 사람을 잘 모르겠다. |
| سَيَحْصُلُ مَنْ يَنْجَحُ فِي تَوْقِيعِ الْعَقْدِ عَلَى الْحَافِزِ. | 계약 체결에 성공하는 사람은 인센티브를 받을 것이다. |

STEP 2. 구___ **Chapter 14. 수식**

| 1 | 2 | 3 | 4 | 5 | 6 | 7 | 8 | 9 | 10 | 11 | 12 | 13 | **14** | 15 | 16 | 17 | 18 | 19 | 20 | 21 | 22 | 23 | 24 | 25 |

# Unit 88. 관계 부사[1] 각주 여기

## ▶장소 관계 부사 حَيْثُ

어떤 문장에서 장소를 의미하는 단어가 나오고 그 장소에서 어떤 일이 발생했는지 표현할 때, 해당 장소명사 뒤에 حَيْثُ 를 쓴 뒤 발생한 일을 서술해주면 된다.

يُمْكِنُ أَنْ تَتَّصِلُوا عِنْدَ الْحَاجَةِ بِمَرْكَزِ الْعُمَلَاءِ حَيْثُ يَعْمَلُ مُوَظَّفٌ يَتَكَلَّمُ اللُّغَةَ الْعَرَبِيَّةَ.

당신들은 필요 시 아랍어를 하는 직원이 근무하고 있는 고객 센터에 연락을 할 수 있습니다.

سَيَزُورُ الرَّئِيسُ الْأَمْرِيكِيُّ الْمَدِينَةَ حَيْثُ تَتَمَرْكَزُ الْقُوَّاتُ الْأَمْرِيكِيَّةُ خِلَالَ رِحْلَتِهِ فِي كُورِيَا.

미국 대통령은 그의 방한 기간 동안 미군이 주둔하고 있는 도시를 방문할 것이다.

## ▶시간 관계 부사 حِينَ

حِينَ 는 그 자체로 '시기', '때' 와 같이 시간을 의미하는 명사로도 활용이 되지만, 관계 부사로서 시간을 의미하는 단어 뒤에 حِينَ 를 써주면 그 시점에 어떤 일이 발생했는지 표현할 수 있다.

تَمَّ إِرْسَالُ قُوَّاتِ الْأُمَمِ الْمُتَّحِدَةِ إِلَى كُورِيَا فِي عَامِ 1950 حِينَ انْدَلَعَتِ الْحَرْبُ فِيهَا.

한국에서 전쟁이 발발한 1950년에 유엔군이 한국으로 파병되었다.

أَفْلَسَتِ الْعَدِيدُ مِنَ الشَّرِكَاتِ فِي عَامِ 1997 حِينَ ظَهَرَتِ الْأَزَمَةُ الْمَالِيَّةُ.

외환위기가 발생한 1997년에 많은 회사가 파산했다.

## ▶ [+α] حَيْثُ 의 추가 의미

이 حَيْثُ 는 관계 부사가 아닌 접속사로 사용되어 아래와 같은 구조로 사용되면 문장의 인과를 의미할 수도 있다.

| 원인 (B) | حَيْثُ إِنَّ | 결과 (A) | B 때문에 A 하다 |
|---|---|---|---|
| 결과 (B) | (بِ)حَيْثُ (إِنَّ) | 원인 (A) | A 라서 B 하다 |

أُرِيدُ إِرْجَاعَ هَذَا الْمُنْتَجِ حَيْثُ إِنَّهُ لَا يَعْمَلُ كَمَا سَمِعْتُ مِنَ الْبَائِعِ مِنْ قَبْلِ.

이전에 직원에게 들은 대로 작동하지 않아서 나는 이 제품을 환불하고 싶어요.

سَبَبُ الدُّخُولِ غَيْرُ الْوَاضِحِ بِحَيْثُ أَضْطَرُّ إِلَى إِبْلَاغِ شُرْطَةِ الْمَطَارِ عَنْكَ.

당신의 입국 사유가 불분명하기 때문에 나는 당신을 공항 경찰에 신고할 수 밖에 없다.

---

[1] 아랍어 문법에 관계 부사라는 명칭은 사실 존재하지 않는다. 대신 위와 같은 내용은 동사 연결형이라는 문법 명칭으로 분류되어 حيث 혹은 حين 가 동사를 후 연결어로 받는 구조로 설명된다. 하지만 한국 학생의 이해를 돕기 위해 비교적 더 익숙한 관계 부사라는 표현을 사용하였으니 명칭은 참고만 하길 바란다.

STEP 2. 구___ **Chapter 15. 우선급**

| 1 | 2 | 3 | 4 | 5 | 6 | 7 | 8 | 9 | 10 | 11 | 12 | 13 | 14 | **15** | 16 | 17 | 18 | 19 | 20 | 21 | 22 | 23 | 24 | 25 |

# Unit 89. 우선급의 기본 형태

## ▶우선급의 개념

다른 언어와 달리 아랍어의 비교급과 최상급은 동일한 형태의 단어를 사용하는데 이를 우선급이라 한다. 이 형태는 비교급인지 최상급인지에 따라 형태를 바꾸지 않기 때문에 문맥에 따라 판단해야 한다. 그리고 기본적으로 형용사로 많이 사용되지만 '더/가장 ~한 것' 이라는 의미의 명사로도 사용될 수 있다.

## ▶우선급의 기본 형태

우선급은 أَفْعَل 형태가 가장 기본형이며, 이 우선급은 unit 7 에서 학습했던 바와 같이 **2격으로 분류되는 형태**이므로 탄윈을 갖지 않는다.

| | | | |
|---|---|---|---|
| كَبِيرٌ | أَكْبَرُ | صَغِيرٌ | أَصْغَرُ |
| 큰 | 더/가장 큰 (것) | 작은 | 더/가장 작은 (것) |
| قَصِيرٌ | أَقْصَرُ | طَوِيلٌ | أَطْوَلُ |
| 짧은 | 더/가장 짧은 (것) | 긴 | 더/가장 긴 (것) |

어근이 위와 같은 일반적인 3자근이 아닌 두 번째와 세 번째 어근이 같은 형태는 아래와 같은 형태를 갖는다.

| | | | |
|---|---|---|---|
| جَدِيدٌ | أَجَدُّ | شَدِيدٌ | أَشَدُّ |
| 새로운 | 더/가장 새로운 (것) | 강한 | 더/가장 강한 (것) |
| قَلِيلٌ | أَقَلُّ | لَذِيذٌ | أَلَذُّ |
| 적은 | 더/가장 적은 (것) | 맛있는 | 더/가장 맛있는 (것) |

그리고 마지막 어근이 약자근인 형태는 아래와 같은 형태를 갖는다.

| | | | |
|---|---|---|---|
| عَالٍ | أَعْلَى | غَالٍ | أَغْلَى |
| 높은 | 더/가장 높은 (것) | 비싼 | 더/가장 비싼 (것) |

| 1 | 2 | 3 | 4 | 5 | 6 | 7 | 8 | 9 | 10 | 11 | 12 | 13 | 14 | **15** | 16 | 17 | 18 | 19 | 20 | 21 | 22 | 23 | 24 | 25 |

# Unit 90. 우선급의 형태 변화

## ▶우선급의 형태 변화

우선급은 남성 단수형을 기본형으로 하고, 아래와 같이 성/수에 따라 형태가 변하게 된다. 단, 이렇게 **형태가 변하는 경우는 일부 어근에 한정**되어 있으며, 이에 해당되지 않는 어근은 형태가 변화하지 않고 기본형으로만 쓰이게 된다.

| 기본 3자근 | 단수 | 쌍수 | 복수 |
|---|---|---|---|
| 남성 | أَكْبَرُ | أَكْبَرَانِ / أَكْبَرَيْنِ | أَكَابِرُ |
| 여성 | كُبْرَى | كُبْرَيَانِ / كُبْرَيَيْنِ | كُبْرَيَاتٌ |

| 말약 어근 | 단수 | 쌍수 | 복수 |
|---|---|---|---|
| 남성 | أَعْلَى | أَعْلَيَانِ / أَعْلَيَيْنِ | أَعَالٍ |
| 여성 | عُلْيَا | عُلْيَيَانِ / عُلْيَيْنِ | عُلْيَاتٌ |

## ▶성/수 변화가 가능한 어근

아래 형태들은 관용적으로 쓰임이 굳어진 경우라 별도의 규칙은 없으며 나올 때 마다 암기해주면 된다. 아래는 자주 사용되는 형태이므로 암기하도록 하자. 그리고 이 이외에 다른 어근은 우선 우선급으로 사용될 때 기본형만 쓰인다고 간주하고, 실제로 아랍인이 쓴 글이나 말에서 사용된 경우를 목격하면 그 때 추가로 암기해서 사용하도록 하자.

| أَوْسَط وُسْطَى | أَكْبَرُ كُبْرَى | أَصْغَرُ صُغْرَى |
|---|---|---|
| 더/가장 중앙인 | 더/가장 큰 | 더/가장 작은 |

| أَعْظَمُ عُظْمَى | أَمْثَلُ مُثْلَى | أَفْضَلُ فُضْلَى |
|---|---|---|
| 더/가장 위대한 | 더/가장 모범인 | 더/가장 좋은 |

| أَعْلَى عُلْيَا | أَدْنَى دُنْيَا | أَفْصَحُ فُصْحَى |
|---|---|---|
| 더/가장 높은 | 더/가장 낮은 | 더/가장 표준인 |

# Unit 91. 비교급

## ▶비교를 의미하는 우선급의 특징

우선급이 문맥상 비교의 의미로 사용되면 성과 수에 따라 형태가 변화하지 않고 **항상 기본형 우선급만 사용**된다. 그리고 비교가 되는 그 대상은 전치사 مِنْ 으로 표현된다.

## ▶수식으로 사용된 경우

سَوْفَ أَشْتَرِي بَيْتًا أَكْبَرَ مِنَ الْبَيْتِ الَّذِي أَسْكُنُ فِيهِ حَالِيًا.

나는 지금 살고 있는 집보다 더 큰 집을 구매 할 것이다.

تَبْلُغُ سُرْعَةُ سَيَّارَتِهِ الرِّياضِيَّةِ الْأَسْرَعِ مِنْ مَرْوَحِيَّتِي 300 كِيلُومِتْرٍ فِي السَّاعَةِ.

내 헬리콥터 보다 더 빠른 그의 스포츠카의 속도는 시속 300 km 에 달한다.

مَا رَأَيْتُ مَنْظَرًا أَجْمَلَ مِنْ هَذَا.

나는 이것보다 더 아름다운 풍경을 못 봤다.

حَصَلَتِ الْمَرِيضَةُ عَلَى أَدْوِيَةٍ أَكْثَرَ بَعْدَ الْخُرُوجِ مِنْ وَحْدَةِ الْعِنَايَةِ الْمُرَكَّزَةِ.

그 환자(f.)는 중환자실에서 나온 이후 더 많은 약들을 받았다.

قَرَّرَ مُحَمَّدٌ الْاِنْتِقَالَ إِلَى مَدِينَةٍ أَقْرَبَ لِلْعاصِمَةِ مِنْ هُنَا بَحْثًا عَنْ بِيئَةٍ تَعْلِيمِيَّةٍ أَفْضَلَ لِوَلَدِهِ.

무함마드는 아들의 더 나은 교육 환경을 위해 여기보다 수도와 더 가까운 도시로 이사가기로 결정했다.

## ▶술어로 사용된 경우

مُدِيرَةُ الْفَرِيقِ الْجَدِيدَةُ الَّتِي لَهَا خِبَرَاتٌ مُتَنَوِّعَةٌ فِي مَجَالِ التَّسْوِيقِ أَكْبَرُ فِي السِّنِّ مِنِّي بِثَلَاثِ سَنَوَاتٍ.

마케팅 분야에서 다양한 경험을 가진 새로운 팀장님(f.)은 나보다 3살이 많다.

أَصْبَحَتْ أَسْعارُ الشُّقَقِ فِي مَدِينَتِنَا أَغْلَى بِكَثِيرٍ مُقَارَنَةً بِالْعَامِ الْمَاضِي.

우리 도시 아파트 가격이 작년과 비교해서 훨씬 더 비싸졌다.

وِفْقًا لِتَقْرِيرٍ صَادِرٍ عَنْ وِزَارَةِ الدِّفَاعِ، ٱلْقُوَّاتُ الْجَوِّيَّةُ لِبِلَادِنَا صَارَتْ أَقْوَى مِنَ الْقُوَّاتِ الْبَرِّيَّةِ.

국방부에서 나온 한 자료에 의하면, 우리나라 공군이 육군보다 더 강해졌다.

# Unit 92. 최상급

## ▶명사 뒤에서 수식하는 방식

이 경우, 성/수 변형이 가능한 어근일 경우 피수식 명사와 성/수를 일치시켜준다. 일반적으로 우선급이 최상의 의미로 쓰일 경우에는 피수식 명사가 한정인 경우가 자연스럽지만 필수는 아니다.

| | |
|---|---|
| هَلْ تَعْرِفُونَ مَا هِيَ الْبُحَيْرَةُ الْكُبْرَى فِي الْعَالَمِ؟ | 여러분들은 세계에서 가장 큰 호수가 무엇인지 아시나요? |
| بُنِيَ الْفُنْدُقُ الْأَقْدَمُ فِي الْعَالَمِ فِي عَام 705 بِالْيَابَانِ. | 세계에서 가장 오래된 호텔은 705년 일본에서 지어졌다. |
| يُتَوَقَّعُ أَنْ يَزُورَ حَوَالَيْ 10 آلَافِ مُشَجِّعِ الْيَابَانَ لِمُدَّةِ فَتْرَةِ الْأُولِمْبِيَادِ كَحَدٍّ أَقْصَى. | 올림픽 기간 동안 일본에 최대 약 1만명의 응원객이 일본을 방문할 것으로 예상된다. |

## ▶후 연결어를 취하는 방식

후 연결어에 비한정 명사가 나오면 우선급은 기본형만 사용되지만, 한정 명사가 나오면 우선급의 성/수가 후 연결어에 맞춰 변해야 한다. 단, 형태 변형이 불가능하면 기본형으로 쓴다.

| 비한정 후 연결어 | 우선급 | 한정 후 연결어 | 우선급 |
|---|---|---|---|
| 단수/쌍수/복수 | 기본형 고정 | 복수 | 기본형 고정 or<br>후 연결어와 일치 |

| | |
|---|---|
| سَوْفَ أَشْتَرِي أَحْدَثَ هَاتِفٍ ذَكِيٍّ بِشَاشَةٍ قَابِلَةٍ لِلطَّيِّ. | 나는 최신식 접이식 스마트폰을 구매할 것이다. |
| سَجَّلَتَا رَقْمًا قِيَاسِيًّا عَالَمِيًّا جَدِيدًا مُشْتَرَكًا فِي هَذِهِ الْمُبَارَاةِ فَأَثْبَتَتَا أَنَّهُمَا أَسْرَعُ امْرَأَتَيْنِ فِي التَّارِيخِ. | 그녀 둘은 이번 경기에서 공동 세계 신기록을 세우고 역사상 가장 빠른 두 여성이라는 것을 증명했다. |
| وَصَفَ مُحَمَّدٌ رَئِيسَةَ بِلَادِهِ بِأَنَّهَا فُضْلَى الرَّئِيسَاتِ (= أَفْضَلُ الرَّئِيسَاتِ) فِي التَّارِيخِ. | 무함마드는 그의 나라의 대통령을 역사상 가장 모범적인 대통령이라고 표현했다. |

## ▶술어로 사용된 경우

한 편, 우선급이 다른 단어와 결합되지 않고 단독으로 술어로 쓰일 경우 최상급임을 강조하기 위해 우선급에 관사를 붙여줄 수 있다.

| | |
|---|---|
| هَذَا النَّهْرُ هُوَ الْأَجْمَلُ مِنْ كُلِّ الْأَنْهَارِ الَّتِي رَأَيْتُهَا حَتَّى الْآنِ. | 이 강은 내가 지금까지 봤던 모든 강들 중에 가장 아름답다. |

# Unit 93. 형용사 부정

## ▶형용사 부정사 غَيْرُ

형용사를 부정할 때는 غَيْرُ 가 형용사 앞에 위치하게 된다. 이 때 غَيْرُ 는 격을 결정하고, 부정되는 형용사는 성/수/한정여부를 결정한다.

| 형용사 | غَيْرُ |
|---|---|
| 성/수/한정여부 결정 + 소유격 고정 | 격 결정 |

| | |
|---|---|
| فِي هَذِهِ الْمِنْطَقَةِ تُصْبِحُ كُلُّ الْأَجْهِزَةِ الْإِلِكْتُرُونِيَّةِ غَيْرَ مُتَاحَةٍ. | 이 지역에서는 모든 전자 장비가 먹통이 된다. |
| مِنَ الْمُقَرَّرِ أَنْ تَجْرِي دِرَاسَةُ الْجَدْوَى غَيْرُ الرَّسْمِيَّةِ لِمَشْرُوعِ التَّجْدِيدِ الْحَضَرِيِّ. | 도시 재개발 프로젝트를 위한 비공식 타당성 조사가 실시될 예정이다. |
| أَلْيُونِسْكُو هُوَ وَاحِدٌ مِنَ الْمُنَظَّمَاتِ غَيْرِ الْحُكُومِيَّةِ. | 유네스코는 비정부기구들 중 하나이다. |

## ▶형용사 부정사 لَا

일부 형용사는 부정사 لَا 와 완전히 결합되어 마치 한 단어처럼 붙어서 사용되며, 관사를 붙일 때에도 لَا 앞에 붙이게 된다. 대부분의 형용사는 위에서 학습한 غَيْرُ 로 부정이 되며, لَا 가 결합되는 일부 특정 형용사는 종류가 정해져있으며, 그 중 아래는 빈번하게 사용되는 경우이니 이것 먼저 암기하도록 하자.

| لَاسِلْكِيٌّ | لَاشُعُورِيٌّ | لَاإِرَادِيٌّ | لَانِهَائِيٌّ | لَامُبَالٍ بِ ~ |
|---|---|---|---|---|
| 무선의 | 무의식적인 | 무의식적인 | 무한한 | ~에 무관심한 |

| | |
|---|---|
| هَلْ أَسْتَطِيعُ أَنْ أَسْتَخْدِمَ هَذَا الْجِهَازَ اللَّاسِلْكِيَّ هُنَا؟ | 혹시 여기에서 이 무선 장치를 사용해도 되나요? |
| عِنْدَ هَذِهِ الدَّوْلَةِ إِمْكَانِيَّةٌ لَانِهَائِيَّةٌ لِلنُّمُوِّ. | 이 국가는 무한한 성장 가능성이 있다. |
| مُنْذُ مَتَى تُعَانِينَ مِنَ التَّبَوُّلِ اللَّاإِرَادِيِّ؟ | 당신(f.)은 언제부터 요실금(본인의 의지와 상관없이 소변이 나오는 병)을 앓고 있는건가요? |
| اِرْتَكَبَ مُجْتَمَعُنَا الْعُنْصُرِيَّةَ ضِدَّهُمْ بِشَكْلٍ لَاشُعُورِيٍّ. | 우리 사회는 그들에게 무의식적으로 인종차별을 범했다. |

# Unit 94. 명사 부정

## ▶명사 부정사 عَدِيمٌ

명사를 부정할때는 "결여된" 을 의미하는 형용사인 عَدِيمٌ 이 전 연결어로 나오는 형용사 연결형 (unit83 참고)의 형태로 활용된다. 이 때, 후 연결어에는 보통 좋은 의미의 명사가 나와서 "~이 결여된", "~이 없는" 의 의미로 쓰인다.

| | |
|---|---|
| أَبْلَغَ مُدِيرُ فَرِيقِنَا الْعَدِيمِ الضَّمِيرِ أَدَاءَ هَذَا الْمَشْرُوع بِاسْمِهِ فَقَطْ. | 양심이 없는 우리 팀장님은 이번 프로젝트의 성과를 자기 이름으로만 보고했다. |
| اِبْنِي الَّذِي يَبْلُغُ عُمُرُهُ 5 أَعْوَامٍ عَدِيمُ الصَّبْرِ عَلَى الْإِطْلَاقِ. | 5살인 내 아들은 참을성이 전혀 없다. |
| نَحْتَاجُ إِلَى سِيَاسَةٍ لِخَلْقِ فُرَصِ الْعَمَلِ لِلْمُتَقَدِّمِينَ الْعَدِيمِي الْخِبْرَةِ الْعَمَلِيَّةِ. | 우리는 근무 경험이 없는 지원자들을 위한 일자리 창출 정책이 필요하다. |

## ▶명사 부정사 لَا

일부 형용사가 لَا 로 부정된 것과 마찬가지로, 부정사 لَا 는 그 뒤에 명사와 한 단어로 결합된 형태로도 간혹 사용된다. 이 경우도 결합되는 특정 명사가 정해져있으며, 아래 형태가 그 중 빈번하게 사용되는 경우이니 우선 이 형태 먼저 암기하자.

| لَامُبَالَاةٌ بِ~ | لَافَقَرِيَّاتٌ | لَامَرْكَزِيَّةٌ | لَاشُعُورٌ / لَاوَعْيٌ |
|---|---|---|---|
| ~에 대한 무관심 | 무척추(동물) | 지방자치(분권) | 무의식 |

| | |
|---|---|
| سَنُؤَدِّي اللَّامُبَالَاةُ بِالسِّيَاسَةِ وَالْاِقْتِصَادِ السَّائِدَةُ فِي مُجْتَمَعِنَا إِلَى الْإِفْلَاسِ السِّيَادِيِّ. | 우리 사회에 만연한 정치와 경제에 대한 무관심은 국가부도를 초래할 것이다. |
| نَحْتَاجُ بِلَادُنَا إِلَى بَدْءِ نِظَامِ اللَّامَرْكَزِيَّةِ. | 우리나라도 지방자치제도를 도입할 필요가 있다. |

## ▶동명사 부정사 عَدَمٌ

부정사는 عَدَمٌ 은 동명사만 후 연결어로 취해서 그 동명사를 부정한다.

| | |
|---|---|
| كَان مِنَ الطَّبِيعِيِّ عَدَمُ اسْتِخْدَامِ الْهَاتِفِ عِنْدَ الْمُحَاضَرَةِ فِي الْمَاضِي. | 예전에는 수업시간에 휴대폰을 사용하지 않는 것이 당연했다. |
| مَا سَبَبُ عَدَمِ الثِّقَةِ بِنَفْسِكَ؟ | 당신은 자기 자신을 믿지 못하는 이유가 무엇인가요? |

99

# Unit 95. 절대 부정의 لَا

## ▶절대 부정의 لَا

لَا 뒤에 탄원 없는 목적격 명사(a)가 나오면 'a는 전혀 없다' 의미의 문장이 된다. 이 때 이 a 라는 명사를 형용사로 수식할 때 이 형용사는 탄원을 취하는 주격이 나오게 된다.

| | |
|---|---|
| لَا شَيْءَ مَجَّانِيٌّ فِي هَذَا الْعَالَمِ. | 이 세상에 공짜는 없다. |
| لَا أَحَدَ تَمَّتْ تَرْقِيَتُهُ فِي هَذَا الرُّبْعِ. | 이번 분기에는 아무도 승진한 사람이 없다. |
| أَنْصَحُ بِأَنَّكَ تَأْخُذُ الْعِلَاجَ فِي أَمْرِيكَا لِأَنَّ الدَّوَاءَ الَّذِي لَا غِنَى عَنْهُ فِي اسْتِمْرَارِ هَذَا الْعِلَاجِ لَا يُبَاعُ فِي بِلَادِنَا. | 이 치료를 계속 하는 데에 없어선 안 되는 약이 우리나라에는 판매되고있지 않으니 미국에서 치료를 받으시길 권유드립니다. |
| لَا شَكَّ فِي أَنَّهُ مَا زَالَ عَلَى قَيْدِ الْحَيَاةِ تَحْتَ الْأَنْقَاضِ. | 그가 잔해 아래서 여전히 살아있다는 것은 의심의 여지가 없다. |

## ▶ (+α) 부정사 لَا 정리

지금까지 부정사 لَا 가 나온 경우를 아래 표와 같이 정리할 수 있다.

| 구조 | | 의미 | 참고 unit |
|---|---|---|---|
| لَا | 부정 응답 | 아니요. | unit 64 |
| لَا +직설법 미완료 동사 | 현재 부정 | 하지 않는다. | unit 60 |
| لَا +단축법 미완료 동사 | 부정 명령 | 하지 마세요. | unit 63 |
| لَا +탄원불가 목적격 명사 | 절대 부정 | 전혀 존재하지 않는다. | unit 95 |
| لَا +형용사 (لَا 와 붙어서) | 형용사 부정 | | unit 93 |
| لَا +명사 (لَا 와 붙어서) | 명사 부정 | | unit 94 |

# Unit 96. 기타 부정 구문

## ▶ 'A가 아니라 B'

이 표현을 할 때 부정문이 먼저 나오고 بَلْ 을 쓴 뒤 대신하는 그 내용이 나오면 된다. 이 때 A에 해당하는 명사와 B 에 해당하는 명사가 서로 동격을 취해야 한다.

| | |
|---|---|
| لَمْ أَصِلْ إِلَى هُنَا بِسَيَّارَتِهِ بَلْ سَيَّارَتِكَ. | 난 여기에 그의 차가 아니라 네 차를 타고 왔다. |
| لَا أُرِيدُ أَنْ أَحْجِزَ هَذِهِ الْغُرْفَةَ بَلْ تِلْكَ الْغُرْفَةَ. | 나는 이 방이 아니라 저 방을 예약하고 싶어요. |
| لَيْسَ مُحَمَّدٌ مُدِيرًا لِقِسْمِ الْمَبِيعَاتِ بَلْ قِسْمِ السَّوِيقِ. | 무함마드는 영업부서가 아니라 마케팅부서 부장이다. |

## ▶ 'A뿐만 아니라 B또한'

이 표현을 할 때 부정문에는 فَحَسْبَ 혹은 فَقَطْ 을 추가해주고, 그 뒤 문장에는 بَلْ을 써준 뒤 أَيْضًا 혹은 كَذَلِكَ 를 추가해주면 된다.

| | |
|---|---|
| لَمْ أَتَنَاوَلِ الْغَدَاءَ وَحْدِي فِي الْجَامِعَةِ الْيَوْمَ فَحَسْبَ، بَلِ الْعَشَاءَ أَيْضًا. | 나는 오늘 학교에서 점심 뿐만 아니라 저녁도 혼자서 먹었다. |
| لِمَاذَا يَجِبُ عَلَيَّ أَنْ أَلْعَبَ دَوْرًا لَيْسَ فِي جَمْعِ الْبَيَانَاتِ فَقَطْ، بَلْ تَقْدِيمِ الْعَرْضِ كَذَلِكَ؟ | 왜 제가 자료수집 뿐만 아니라 발표를 하는 역할도 해야하는 건가요? |

## ▶ 'A도 아니고 B도 아닌'

대등한 두 부정문이 병렬적으로 나열되거나, 하나의 부정문에서 대등한 두 개의 부정 대상이 병렬적으로 나열될 때, 대등 접속사 وَ 를 기준으로 대등한 두 문장 혹은 구가 나열되는 구조이다.

이 때 전자일 경우에는 A와 B에 동일한 부정사가 사용되지만, 후자일 경우에는 대등 접속사 وَ 뒤에 부정사 لَا 만 사용될 수 있다.

| | |
|---|---|
| لَمْ أُقَرِّرْ بَعْدُ أَمَاكِنَ الزِّيَارَةِ خِلَالَ السَّفَرِ فِي كُورِيَا وَلَمْ أَحْجِزْ تَذْكِرَةَ الطَّيَرَانِ أَيْضًا. | 나는 아직 한국 어디를 방문할지 결정하지 않았고 항공권 예약도 하지 않았다. |
| لَنْ أَتَخَلَّى عَنْ هَدَفِي وَلَا حِلْمِكَ عَلَى الْإِطْلَاقِ. | 나는 절대 내 목표를 포기하지도 그리고 당신의 꿈을 포기하지도 않을 것이다. |
| لَيْسَتْ فَاطِمَةُ مِنْ مِصْرَ وَلَا مِنَ الْأُرْدُنِّ. | 파티마는 이집트 출신도 요르단 출신도 아니다. |

# Step 3

## 심화 문장

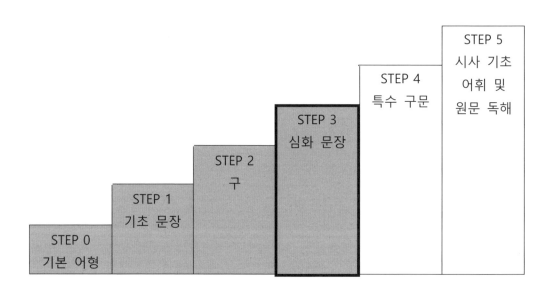

STEP 5
시사 기초
어휘 및
원문 독해

STEP 4
특수 구문

STEP 3
심화 문장

STEP 2
구

STEP 1
기초 문장

STEP 0
기본 어형

STEP 3. 심화 문장__ **Chapter 17. 복문**

| 1 | 2 | 3 | 4 | 5 | 6 | 7 | 8 | 9 | 10 | 11 | 12 | 13 | 14 | 15 | 16 | **17** | 18 | 19 | 20 | 21 | 22 | 23 | 24 | 25 |

# Unit 97. 주어 + 술어 (동사문)

## ▶복문의 개념

어떤 문장(A)의 한 특정 명사(B)를 그 문장(A) 맨 앞에 위치시키면 그 명사(B) 는 복문의 주어가 되고, B가 빠진 문장은 복문의 술어(C)가 된다. 이 때 가장 중요한 부분은 A와 C의 문장성분이 동일해야 한다는 점이다. 아래 매커니즘을 보면서 다시 설명을 읽어보고 이해해보자.

| يُشَاهِدُ الطُّلَّابُ الْأَخْبَارَ. | 원래 문장(A) | يُشَاهِدُ الطُّلَّابُ الْأَخْبَارَ. |
| يُشَاهِدُ **الطُّلَّابُ** الْأَخْبَارَ.<br>(B) | 앞으로 빼고싶은 명사(B) 선택 | يُشَاهِدُ الطُّلَّابُ **الْأَخْبَارَ**.<br>(B) |
| اَلطُّلَّابُ يُشَاهِدُ الْأَخْبَارَ.<br><u>(C)</u> <u>(B)</u> | 선택한 명사(B)를 앞으로 이동<br>B는 복문의 주어, C는 복문의 술어 | اَلْأَخْبَارُ يُشَاهِدُ الطُّلَّابُ.<br><u>(C)</u> <u>(B)</u> |
| اَلطُّلَّابُ يُشَاهِدُونَ الْأَخْبَارَ.<br><u>(C)</u> <u>(B)</u> | A와 C 의 성분 일치 | اَلْأَخْبَارُ يُشَاهِدُهَا الطُّلَّابُ.<br><u>(C)</u> <u>(B)</u> |

C 만 봐서는 A의 주어가 복수라는 것을 알 수 없으므로 C 의 동사를 복수로 만든다.

C 만 봐서는 A에 목적어가 있다는 것을 알 수 없으므로 C 의 동사 뒤에 목적어를 대명사로 접미시킨다.

그리고 이 복문은 구조상 술어가 문장인 명사문에 해당한다.

## ▶술어가 동사문인 복문

아래 예문에서는 복문으로 바뀐 형태만 나와있으니, 만약 일반적인 동사문이였다면 문장이 어떻게 변할지 한 번 생각하는 연습도 해보자.

| اَلْبَائِعُونَ الَّذِينَ فِي هَذِهِ السُّوقِ التَّقْلِيدِيَّةِ جَمَعُوا نُقُودًا مِنْ أَجْلِ تَرْكِيبِ السَّقْفِ فَوْقَهَا. | 이 전통시장의 상인들은 시장 위에 지붕을 설치하기 위해 돈을 모았다. |
| اَلدَّعْمُ الْحُكُومِيُّ سَتَحْصُلُ عَلَيْهِ مَا دُمْتَ عَاطِلًا عَنِ الْعَمَلِ. | 당신이 실업자인 한 정부 지원금을 받을 것이다. |
| فِي نَظَرِي، ذِهِ الْبِطَالَةِ الْعَالِيَةِ الَّتِي تُوَاجِهُهَا بِلَادُنَا لَا تَنْجُمُ عَنِ الرُّكُودِ الْإِقْتِصَادِيِّ فَقَطْ. | 제가 보기에, 우리나라가 직면하고 있는 높은 실업률이 경기 침체 때문만은 아닙니다. |
| اَلْمُضَاعَفَاتُ الْمُتَنَوِّعَةُ قَدْ تُؤَدِّي إِلَيْهَا الْعَمَلِيَّةُ الَّتِي تُرِيدُ أَنْ تَخْضَعَ لَهَا. | 당신이 받기를 원하는 그 수술은 다양한 합병증을 유발할 수 있습니다. |

STEP 3. 심화 문장___ **Chapter 17. 복문**

| 1 | 2 | 3 | 4 | 5 | 6 | 7 | 8 | 9 | 10 | 11 | 12 | 13 | 14 | 15 | 16 | **17** | 18 | 19 | 20 | 21 | 22 | 23 | 24 | 25 |

# Unit 98. 주어 + 술어 (명사문)

## ▶술어가 명사문인 복문

술어에 명사문이 나오는 형태도 바로 앞 unit에서 학습한 복문의 개념과 동일하다. 마찬가지로 아래 매커니즘을 보면서 이해해보자.

| 일반 명사문 | | 도치 명사문 |
|---|---|---|
| حَدِيقَةُ بَيْتِهِ وَاسِعَةٌ. | 원래 문장(A) | فِي بَيْتِهِ حَدِيقَةٌ وَاسِعَةٌ. |
| حَدِيقَةُ **بَيْتِهِ** وَاسِعَةٌ.<br>(B) | 앞으로 빼고싶은 명사(B) 선택 | فِي **بَيْتِهِ** حَدِيقَةٌ وَاسِعَةٌ.<br>(B) |
| بَيْتُهُ حَدِيقَةُ وَاسِعَةٌ.<br>(C)　(B) | 선택한 명사(B)를 앞으로 이동<br>B는 복문의 주어, C는 복문의 술어 | بَيْتُهُ فِي حَدِيقَةٌ وَاسِعَةٌ.<br>(C)　(B) |
| بَيْتُهُ حَدِيقَتُهُ وَاسِعَةٌ. | A와 C 의 성분 일치 | بَيْتُهُ فِيهِ حَدِيقَةٌ وَاسِعَةٌ. |

B가 빠짐으로 인해 C는 A와 문장 성분도 불일치할 뿐 아니라 C 자체만으로는 문장을 완성시킬수 조차 없어서 원래 B가 위치했던 자리에 B에 해당하는 대명사가 새롭게 추가된다.

تَشَرَّفْنَا. أَوَّلًا أُقَدِّمُ لَكُم نَفْسِي. أَنَا اسمِي مُحَمَّد، وَجِئْتُ هُنَا كَمُدِيرِ الْقِسْمِ وَالْوَظِيفَةُ الَّتِي تَوَلَّيْتُهَا دَوْرُهَا إِدَارَةُ كُلِّ الْإِجْرَاءَاتِ بِشَأْنِ هَذَا الْمَشْرُوعِ.

만나서 반갑습니다. 우선 제 소개를 하죠. 저는 이름이 무함마드이고 이곳에 부장으로 왔습니다. 제가 맡은 업무의 역할은 이 프로젝트와 관련된 모든 절차를 관리하는 것입니다.

أَلْغُرْفَةُ الَّتِي نَنْزِلُ فِيهَا حَالِيًا حَالَتُهَا غَيْرُ مُمْتَازَة وَمُسْتَوَى الْخِدِمَاتِ أَقَلُّ مِنَ التُّوُقُّعَاتِ أَيْضًا.

현재 우리가 묵고 있는 그 방은 상태가 훌륭하지 않고 서비스의 수준도 기대이하이다.

هَذَا الْمُسْتَشْفَى الَّذِي يَعْمَلُ فِيهِ الدُّكْتُورُ كِيم الْمَشْهُورُ عَالَمِيًّا بِعَمَلِيَّةِ زِرَاعَةِ الْكَبِدِ لَهُ عَلَاقَةٌ أَكَادِيمِيَّةٌ مَعَ جَامِعَتِنَا.

세계적으로 간 이식으로 유명한 닥터 김이 근무하는 이 병원은 우리 대학교와 학술적인 관계를 갖고 있다.

أَلْمِنْطَقَةُ الَّتِي تَتَعَرَّضُ لِلْهُجُومِ مِنَ الْقُوَّاتِ الْحُكُومِيَّةِ دَاخِلَهَا مُسْتَشْفًى خَاصٌّ بِالْأَطْفَالِ وَكَثِيرٌ مِنَ الْمَدَارِسِ فَأَعْتَقِدُ أَنَّ الْمُنَظَّمَاتِ الدُّوَلِيَّةَ يَجِبُ عَلَيْهَا أَنْ تَتَدَخَّلَ فِي هَذِهِ الْمَسْأَلَةِ بِسُرْعَةٍ.

정부군의 공격에 노출된 그 지역은 그 안에 소아전문 병원과 많은 학교들이 있어서 저는 국제기구가 이 문제에 서둘러 개입해야한다고 생각합니다.

STEP 3. 심화 문장___ **Chapter 18. 복수 목적어 타동사**

| 1 | 2 | 3 | 4 | 5 | 6 | 7 | 8 | 9 | 10 | 11 | 12 | 13 | 14 | 15 | 16 | 17 | **18** | 19 | 20 | 21 | 22 | 23 | 24 | 25 |

# Unit 99. 생각 동사

---

## ▶복수 목적어 타동사의 개념

지금까지 사용했던 타동사들은 모두 직접 목적어를 하나씩만 취할 수 있었지만, 일부 동사들은 2 개의 목적어를 취할 수 있다.

---

## ▶생각동사의 종류

아래 동사들이 '~을 ...로 생각하다/여기다/간주하다' 의 의미로 사용될 경우 '~' 와 '...' 자리에 목적어를 직접 받을 수 있다. 아래 동사의 뜻은 모두 유사하므로 생략한다.

| إِعْتَبَر / يَعْتَبِرُ ~ ... | رَأَى / يَرَى ~ ... | ظَنَّ / يَظُنُّ ~ ... |
|---|---|---|
| عَدَّ / يَعُدُّ ~ ... | خَالَ / يَخَالُ (خِلْت) ~... | |

---

## ▶생각동사의 특징

생각동사들은 제 1 목적어와 제 2 목적어가 **의미상 명사문의 주어/술어 관계**이므로 제1목적어는 주어의 역할을 하고 제2목적어는 술어의 역할을 한다. 그래서 제 2 목적어에는 명사(unit51), 형용사(unit52), 전치사/부사구(unit53), 문장(unit97-98)이 모두 나올 수 있으며, 성과 수를 제 1 목적어에 일치시켜야 한다.

بَدَأَتِ الْحُكُومَةُ إِجْرَاءَاتٍ إِصْلَاحِ هَيْكَلَةِ الْاِقْتِصَادِ، لَكِنَّنِي أَعْتَبِرُ هَذَا الْإِصْلَاحَ رَمْزِيًّا فَقَطْ.

정부는 경제구조 개혁조치를 시작했는데, 저는 이 개혁은 실속이 없다고 생각한다.

أَرَى مُوَظَّفَةَ الشَّرِكَةِ الَّتِي قَابَلْتُهَا فِي الْإِجْتِمَاعِ احْتَقَرَتْ عَرْضَ شَرِكَتِنَا.

나는 회의에서 봤던 그 회사 직원(f.)이 우리 회사의 제안을 무시했다고 생각한다.

أَخِيرًا تَمَّ تَرْكِيبُ أَحْدَثِ جِهَازٍ لَاسِلْكِيٍّ فِي مَكْتَبِنَا وَأَظُنُّهُ حَسَّنَ بِيئَةَ الْعَمَلِ.

최근에 우리 사무실에 최신 무선 장치가 설치되었는데 나는 이게 업무 환경을 개선했다고 생각한다.

لَا يَعُدُّ الْقُضَاةُ فَاطِمَةَ مَجْنِيًّا عَلَيْهَا بَعْدُ لِأَنَّهَا لَمْ تُظْهِرْ أَيَّ دَلِيلٍ مَادِّيٍّ يُمْكِنُهُ إِثْبَاتُ زَعْمِهَا.

파티마는 그녀의 주장을 입증할 수 있는 어떠한 물증도 제시하지 못했기 때문에 판사들이 파티마를 아직 피해자로 생각하지 않는다.

بِصَرَاحَةٍ، لَا أَخَالُ الضَّحَايَا عَلَى قَيْدِ الْحَيَاةِ حَالِيًا بِسَبَبِ مُرُورِ سَاعَتَيْنِ عَلَى غَرْقِهِمْ فِي الْبَحْرِ.

솔직히 말해서, 나는 그 피해자들이 바다속에 빠진지 두 시간이 지났기 때문에 현재 그들이 살아 있다고 생각하지 않는다.

STEP 3. 심화 문장__ **Chapter 18. 복수 목적어 타동사**

| 1 | 2 | 3 | 4 | 5 | 6 | 7 | 8 | 9 | 10 | 11 | 12 | 13 | 14 | 15 | 16 | 17 | **18** | 19 | 20 | 21 | 22 | 23 | 24 | 25 |

# Unit 100. 전환 동사

## ▶전환동사의 종류

| عَيَّنَ / يُعَيِّنُ ~... | اِنْتَخَبَ / يَنْتَخِبُ ~... | حَوَّلَ / يُحَوِّلُ ~... | جَعَلَ / يَجْعَلُ ~... |
|---|---|---|---|
| ~을 ...로 임명하다 | ~을 ...로 선출하다 | ~를 ...로 변화시키다 | ~을 ...로 만들다 |

## ▶전환동사의 특징

전환동사들도 생각동사와 마찬가지로 제 1 목적어와 제 2 목적어가 명사문의 주어/술어의 관계를 갖기 때문에 제 1 목적어는 주어의 역할을, 제 2 목적어는 술어의 역할을 한다. 그래서 제 2 목적어의 성과 수를 제 1 목적어에 일치시켜야 한다.

한편, 위에 언급된 동사들 중 특히 جَعَلَ 동사를 해석하거나 사용할 때 실수가 많이 나오는데, 이 동사는 이미 존재하는 것을 다른 무언가로 만들어냈다는 의미를 함축한다.

예컨대, جَعَلَتْ أُمِّي هَذَا الطَّعَامَ لَذِيذًا 이라는 문장이 있을 때, 이 음식을 처음 만든 사람이 엄마인 지는 알 수 없고, 이미 만들어져있던 이 음식을 엄마가 맛있게 만들어냈다는 것을 의미하게 된다.

سَتَجْعَلُ مَدِينَةُ الْمَلَاهِي الَّتِي (هِيَ) قَيْدَ الْبِنَاءِ حَالِيًا النَّاسَ يَزُورُونَ مِنْطَقَتَنَا لِلسِّيَاحَةِ.

현재 건설중인 놀이공원은 사람들을 우리 지역 으로 관광으로 위해 방문하게끔 만들 것이다.

جَعَلَنِي خَبَرُ مُحَاوَلَتِكَ الْاِنْتِحَارَ حَزِينًا لِلْغَايَةِ.

당신의 자살시도 소식은 나를 상당히 슬프게 만 들었다.

حَوَّلَ حَادِثُ الْمُرُورِ الَّذِي أَسْفَرَ عَنْ عَشَرَاتِ الْقَتْلَى مُحَمَّدًا يَقُودُ السَّيَّارَةَ بِأَمَانٍ.

수십명의 사망자를 발생시킨 교통사고가 무함마 드를 안전하게 운전하도록 변화시켰다.

فِي نَظَرِي، سَوْفَ يَنْتَخِبُ الشَّعْبُ الْأَمْرِيكِيُّ الْمُرَشَّحَ الدِّيمُقْرَاطِيَّ رَئِيسًا تَالِيًا.

내 생각에, 미국 국민들은 민주당 후보를 차기 대통령으로 선출할 것 같다.

اِعْتَزَمَ الرَّئِيسُ أَنَّهُ سَوْفَ يُعَيِّنُ زَوْجَتَهُ وَزِيرَةَ الْخَارِجِيَّةِ عَلَى الرَّغْمِ مِنْ أَنَّ الْمُوَاطِنِينَ مُعْظَمَهُمْ رَفَضُوا هَذَا الْقَرَارَ.

대통령은 대부분의 국민들이 이 결정을 반대하 지만 그의 아내를 외무부 장관으로 임명하기로 결심했다.

جَعَلَ مُحَمَّدٌ الَّذِي عَيَّنَهُ مَجْلِسُ الْإِدَارَةِ رَئِيسًا تَنْفِيذِيًّا جَدِيدًا بِالْإِجْمَاعِ قَبْلَ سَنَةٍ هَيْكَلَ رِبْحِ الشَّرِكَةِ فَعَّالًا.

작년에 이사회가 만장일치로 신임 CEO로 임명한 무함마드는 회사의 수익구조를 효율적으로 만들 었다.

# Unit 101. 수여 동사

## ▶ 수여동사의 종류

| أَعْطَى / يُعْطِي ~... | مَنَحَ / يَمْنَحُ ~... | نَاوَلَ / يُنَاوِلُ ~... |
|---|---|---|
| ~에게 ...을 주다 | ~에게 ...을 주다 | ~에게 ...를 건네주다 |

## ▶ 수여동사의 특징

수여동사는 앞선 생각동사나 전환동사와 달리 제 1 목적어와 제 2 목적어가 서로 주어/술어 관계를 갖지 않고, 서로 독립적인 명사 두 개가 나오게 된다.

سَوْفَ يُعْطِيكَ الطَّبِيبُ الْمُعَالِجُ تَقْرِيرًا نِهَائِيًّا وَأَدْوِيَةً عِنْدَمَا تَخْرُجُ مِنَ الْمُسْتَشْفَى غَدًا.

내일 퇴원할 때 주치의가 당신에게 최종 리포트와 약을 줄 것이다.

أَوَدُّ أَنْ أُغَيِّرَ الْوَظِيفَةَ إِلَى مُبَرْمِجٍ مِثْلَكَ فَأَعْطِنِي نَصِيحَةً لِكَيْ يُمْكِنَنِي أَنْ أُصْبِحَ مُبَرْمِجًا.

저는 당신 같은 프로그래머로 직업을 바꾸고 싶은데 내가 프로그래머가 될 수 있도록 나에게 조언 좀 해주세요

سَوْفَ تَمْنَحُ الْحُكُومَةُ الْمُرَاهِقِينَ الَّذِينَ تَبْلُغُ أَعْمَارُهُمْ 18 عَامًا كَامِلًا أَوْ أَكْثَرَ حَقَّ التَّصْوِيتِ فِي الْإِنْتِخَابَاتِ الْبَرْلَمَانِيَّةِ التَّالِيَةِ.

정부는 다음 국회의원 선거에서 만 18세 이상의 청소년들에게 투표권을 줄 것이다.

نَاوِلِي مُدِيرَنَا هَذِهِ الْوَثَائِقَ حَالًا، لَا نَسْتَطِيعُ أَنْ نَذْهَبَ إِلَى الْبَيْتِ الْيَوْمَ قَبْلَ أَنْ نَحْصُلَ عَلَى التَّوْقِيعِ عَلَيْهَا.

당신(f.)은 당장 우리 매니저에게 이 서류들 건네주세요. 이 서류에 사인 받기 전에 오늘 우리 퇴근 못합니다.

그리고 수여 동사의 경우는 제 2 목적어(~를)를 먼저쓰고 싶을 경우 제 1 목적어(~에게)보다 먼저 쓸 수 있지만 이때 '~에게'에 해당하는 명사는 직접 목적격으로 되지 못하고 전치사 لِ 혹은 إِلَى 와 같이 쓰이게 된다.

أَثَارَ إِعْلَانُ الْحُكُومَةِ أَنَّهَا سَوْفَ تَمْنَحُ فَوَائِدَ التَّأْمِينِ الصِّحِّيِّ لِلَّاجِئِينَ بَدَلًا كَبِيرًا.

정부가 난민들에게 건강보험의 혜택을 줄 것이라는 발표는 큰 논란을 불러인오켰다.

سَوْفَ تُعْطِي الشَّرِكَةُ حِصَّةَ الْأَرْبَاحِ لِلْمُسَاهِمِينَ مِنَ السَّنَةِ الْمُقْبِلَةِ.

내년부터는 회사가 주주들에게 배당금을 줄 것이다.

# Unit 102. 기타

## ▶ 기타 종류

앞서 학습한 생각동사/전환동사/수여동사 이외에 의미상 하나의 카테고리로 묶이지 않는 동사들도 있다. 이 동사들은 제 1 목적어와 제 2 목적어의 의미가 주어/술어의 관계를 가질 수 도 있고 아닐 수 도 있다.

그리고 동사 자체의 사용법이 따로 정해져 있는 경우도 있다. 특히 아래 동사들 중에 ناشد 동사 는 제 2 목적어에 동사를 쓸 경우 접속사 أَنْ 을 써줘야 한다.

| أَلْبَسَ / يُلْبِسُ ~... | أَفْهَمَ / يُفْهِمُ ~ ... | نَاشَدَ / يُنَاشِدُ ~ ... | تَرَكَ / يَتْرُكُ ~... |
|---|---|---|---|
| ~에게 ...을 입히다 | ~에게 ...을 이해시키다 | ~에게 ...을 간청하다 | ~을 ...인 상태로 두다 |

يَجِبُ عَلَيْكَ أَنْ تُلْبِسَ مُحَمَّدًا جَوْرَبَيْنِ وَقُفَّازَيْنِ دَائِمًا لِأَنَّهُ يُعَانِي مِنْ بُرُودَةِ الْيَدَيْنِ وَالْقَدَمَيْنِ لِلْحِفَاظِ عَلَى حَرَارَةِ جِسْمِهِ.

무함마드가 수족냉증을 앓고있으니 체온을 보호 하기 위해 항상 그에게 양말과 장갑을 신겨주어 야 합니다.

يَبْذُلُ أُسْتَاذُنَا جُهُودًا لِكَيْ يُفْهِمَنَا هَذَا الْمَفْهُومَ.

우리 교수님이 우리에게 이 개념을 이해시키기 위해 노력하고 계시다.

نَاشَدَ الْمَرِيضُ الَّذِي يُعَانِي مِنْ سَرَطَانِ الْكَبِدِ طَبِيبَهُ الْمُعَالِجَ أَنْ يَنْجَحَ فِي الْعَمَلِيَّةِ.

간암 환자는 그의 주치의에게 수술을 성공시켜 달라고 간청했다.

بَكَتْ بِنْتِي فِي غُرْفَتِهَا بِصَوْتٍ عَالٍ بَعْدَ الْإِنْفِصَالِ عَنْ حَبِيبِهَا السَّابِقِ فَتَرَكْتُهَا تَبْكِي وَحْدَهَا.

내 딸이 전 남자친구와 헤어지고나서 방 안에서 큰 소리로 울길래 나는 혼자 울게 두었다.

لَمْ أَنَمْ لَيْلَةَ أَمْسِ فَاتْرُكِينِي أَنَمْ لِوَقْتٍ مُتَأَخِّرٍ.

저 어제 밤 샜어요. 늦게까지 자게 두세요.

동사에 따라 복수 목적어 타동사로 가능하고, 전치사의 사용도 가능한 경우도 있다.

| حَرَمَ / يَحْرِمُ ~ (مِنْ)... | وَعَدَ / يَعِدُ ~ (بِ)... | عَلَّمَ / يُعَلِّمُ ~ (بِ)... |
|---|---|---|
| ~에게서 ...을 빼앗다 | ~에게 ...을 약속하다 | ~에게 ...을 가르치다 |

لَا يَحِقُّ لِأَحَدٍ أَنْ يَحْرِمُ الْآخَرِينَ (مِنْ) حَقِّ الْحَيَاةِ.

그 누구에게도 타인에게서 생존권을 빼앗을 자 격은 없다.

أَلَمْ تَعِدْنَا (بِ)تَشْيِيدِ مَوْقِفِ سَيَّارَاتٍ عَامٍّ فِي هَذِهِ الْمِنْطَقَةِ عِنْدَ الْإِنْتِخَابَاتِ الْأَخِيرَةِ؟

당신은 지난 선거 때 우리에게 이 지역에 공영 주차장을 짓겠다고 약속하지 않았나요?

# Unit 103. 복수 목적어 타동사의 수동태

---

### ▶복수 목적어 타동사의 수동태의 구조

원칙상 모든 복수 목적어 타동사는 수동태로 변할 수 있으며, 이의 구조를 보면 능동태 동사의 제 1 목적어가 수동태 동사의 주어가 되고 제 2 목적어는 목적격으로 그대로 유지되는 구조가 된다.

하지만, 앞서 언급된 단어들 중에서 수동태로 자주 사용되는 경우는 많지 않다. 아래의 동사들이 수동형으로 빈번하게 사용되는 복수 목적어 타동사며, 이 이외에는 수동태 사용이 드문편이다.

아래 표에서, "~" 부분은 주어(주격)에 해당하고, "..." 부분은 목적어(목적격)에 해당된다.

| أُعْتُبِرَ / يُعْتَبَرُ ~... | عُدَّ / يُعَدُّ ~... | اُنْتُخِبَ / يُنْتَخَبُ ~... |
|---|---|---|
| ~는 ...라고 간주되다 | ~는 ...라고 여겨지다 | ~는 ...로 선출되다 |

| عُيِّنَ / يُعَيَّنُ ~... | سُمِّيَ / يُسَمَّى ~ (ب)... |
|---|---|
| ~는 ...로 임명되다 | ~는 ...로 불리우다 |

---

### ▶복수 목적어 타동사의 수동태 활용

| | |
|---|---|
| أُعْتُبِرَ السَّرَطَانُ مَرَضًا مُسْتَعْصِيًا فِي الْمَاضِي لَكِنَّ الشِّفَاءَ التَّامَّ مِنْهُ أَصْبَحَ مُمْكِنًا حَالِيًا مَعَ تَقَدُّمِ التَّكْنُلُوجِيَا الطِّبِّيَةِ مَا دَامَ اكْتِشَافُهُ تَمَّ فِي وَقْتٍ مُبَكِّرٍ. | 과거에 암은 불치병으로 여겨졌지만, 현재는 의료기술이 발전하면서 초기에 발견되는 한 완치가 가능하다. |
| فَازَ بَايدن عَلَى ترامب فِي الْإِنْتِخَابَاتِ الرِّئَاسِيَّةِ فَانْتُخِبَ رَئِيسًا أَمْرِيكِيًّا جَدِيدًا. | 바이든이 이번 대선에서 트럼프를 이기고 미국의 새 대통령으로 선출되었다. |
| ضَرَبَ هَذَا الْوَبَاءُ الَّذِي يُسَمَّى (ب)كُورُونَا جَمِيعَ أَنْحَاءِ الْعَالَمِ فِي عَامِ 2020. | 코로나로 불리우는 이 전염병은 2020년에 전 세계를 강타했다. |
| أَبْدَى مُحَمَّدٌ الَّذِي عُيِّنَ وَزِيرَ الدِّفَاعِ أَوَائِلَ الْعَامِ الْمَاضِي إِرَادَتَهُ التَّنَحِّيَ عَنْ مَنْصِبِهِ بَعْدَ كَشْفِ فَضِيحَةِ فَسَادِهِ. | 작년 초 국방부 장관으로 임명된 무함마드는 그의 비리 추문이 공개된 이후 사퇴 의사를 표했다. |

STEP 3. 심화 문장__ **Chapter 19. 특수 동사**

| 1 | 2 | 3 | 4 | 5 | 6 | 7 | 8 | 9 | 10 | 11 | 12 | 13 | 14 | 15 | 16 | 17 | 18 | **19** | 20 | 21 | 22 | 23 | 24 | 25 |

# Unit 104. 시작 동사

## ▶시작동사의 개념

아랍어 동사들 중에 접속사 أَنْ 없이 동사를 목적어로 직접 받는 동사가 존재하며, 이에는 시작동사와 임박동사가 있다.

그 중 시작동사는 목적어로 미완료 직설법 동사가 나와서 '~하기 시작하다'를 의미하며, 그 종류로는 아래와 같다.

| بَدَأَ / يَبْدَأُ ~ | شَرَعَ / يَشْرَعُ (في، بِ) ~ | جَعَلَ / يَجْعَلُ ~ | أَخَذَ / يَأْخُذُ ~ |
|---|---|---|---|

## ▶시작동사의 활용

위의 동사들이 목적어로 미완료 동사를 바로 받게 되면 '~하기 시작하다'로 해석이 되는데, 이렇게 동사를 목적어로 받는 형태로 쓰기 위해서는 시작동사 자체가 완료형이어야 한다. 만약 시작동사를 미완료 형태로 쓸 경우에는 목적어 자리에 동명사가 나오게 된다.

한편, 위 동사들 중 시작동사로서의 활용도가 가장 높은 단어는 بدأ 와 أخذ 이며 شرع 동사는 주로 전치사의 도움을 받아서 사용된다. 그리고 جَعَلَ 동사는 거의 전환동사로 사용되며 시작동사로 쓰이는 경우는 매우 드물다.

| | |
|---|---|
| بَدَأَتْ كُلُّ الْأَطْرَافِ ذَاتِ الصِّلَةِ بِهَذِهِ الْمَسْأَلَةِ تَبْحَثُ اتِّفَاقَ وَقْفِ إِطْلَاقِ النَّارِ. | 이 사안에 대한 모든 관계 당사자들은 휴접 협정에 대해 논의하기 시작했다. |
| سَتَبْدَأُ هَذِهِ الدَّوْلَةُ تَشْيِيدَ مَحَطَّةِ الطَّاقَةِ النَّوَوِيَّةِ هُنَا فِي أَوَائِلِ الْعَامِ الْمُقْبِلِ. | 이 나라는 내년 초에 원자력 발전소를 이곳에 건설하기 시작할 것이다. |
| شَرَعَ الطَّبَّاخُونَ (بِ) الطَّبْخَ مُبَكِّرًا لِتَوْفِيرِ الْفُطُورِ فِي الْوَقْتِ الْمُحَدَّدِ. | 요리사들은 제시간에 조식을 제공하기위해 일찍 요리를 시작했다. |
| شَرَعَتْ أَسْعَارُ الْغُرَفِ الْمُطِلَّةِ عَلَى الْبَحْرِ تَرْتَفِعُ مَعَ اقْتِرَابِ مَوْسِمِ الْعُطْلَاتِ الصَّيْفِيَّةِ. | 여름방학 시즌이 가까워지자 오션뷰 객실가가 높아지기 시작했다. |
| جَعَلَ فَيْرُوسُ كُورُونَا يَنْتَشِرُ بِسُرْعَةٍ مُخِيفَةٍ فِي أَنْحَاءِ الْعَالَمِ. | 코로나 바이러스는 전 세계에서 무서운 속도로 퍼지기 시작했다. |
| أَخَذَ الْمُنَاخُ يَتَغَيَّرُ بِبُطْءٍ مُنْذُ بَدْءِ الثَّوْرَةِ الصِّنَاعِيَّةِ مَعَ زِيَادَةِ انْبِعَاثَاتِ الْكَرْبُونِ. | 산업혁명이 시작한 이후 탄소 배출이 많아지면서 기후가 서서히 변화하기 시작했다. |

STEP 3. 심화 문장__ **Chapter 19. 특수 동사**

| 1 | 2 | 3 | 4 | 5 | 6 | 7 | 8 | 9 | 10 | 11 | 12 | 13 | 14 | 15 | 16 | 17 | 18 | **19** | 20 | 21 | 22 | 23 | 24 | 25 |

# Unit 105. 임박 동사

## ▶임박동사의 개념

시작동사와 마찬가지로 임박동사도 접속사 أَنْ 없이 동사를 목적어로 받을 수 있다. 그 종류로는 كَادَ 와 أَوْشَكَ 가 있으며, 이 두 동사가 목적어로 미완료 동사를 받으면 "~하기 직전이다", "곧~한다", "~할 뻔 하다" 등 어떤 동작이 임박했음을 의미하게 된다.

## ▶كَادَ 의 활용

وَصَلْنَا إِلَى الْمَطَارِ عِنْدَمَا كَادَتِ الطَّائِرَةُ تُقْلِعُ فَطَلَبْنَا فَوْرًا مِنْ شَرِكَةِ الطَّيَرَانِ الْاِنْتِظَارَ قَلِيلًا.

우리는 비행기가 곧 이륙하려고 했을 때 공항에 도착해서 곧바로 항공사에 조금만 기다려달라고 요청했다.

اِنْتَظِرْ هُنَا قَلِيلًا، تَكَادُ كُلُّ الْإِجْرَاءَاتِ لِتَمْدِيدِ التَّأْشِيرَةِ تَنْتَهِي.

여기서 잠시만 기다려주세요. 비자 연장의 모든 절차가 곧 끝납니다.

كِدْتُ أَمُوتُ فِي حَادِثِ الْمُرُورِ الَّذِي حَدَثَ أَمْس لَكِنَّ الْإِصَابَاتِ لَيْسَتْ كَبِيرَةً بِفَضْلِ حِزَامِ الْأَمَانِ.

어제 발생한 교통사고에서 나는 죽을 뻔 했는데, 다행히 안전벨트 덕분에 부상이 크지 않다.

## ▶أَوْشَكَ 의 활용

이 동사의 경우 주로 접속사 أَنْ 의 도움을 받는다.

اِشْتَرِ أَسْهُمَ شَرِكَتِنَا لِأَنَّهَا تُوشِكُ أَنْ تَنْدَمِجَ مَعَ شَرِكَةٍ لِتِكْنُولُوجِيَا الْمَعْلُومَاتِ وَالْاِتِّصَالَاتِ.

우리 회사는 곧 ICT 기업과 합병하니까 우리회사 주식을 매수하세요.

اِنْتَظِرِي قَلِيلًا، أَنَا فِي الطَّرِيقِ إِلَى غُرْفَتِكِ وَأُوشِكُ أَنْ أَصِلَ إِلَيْهَا.

당신(f.)은 잠시만 기다려주세요. 지금 가능 중이고 곧 방에 도착합니다.

يُوشِكُ الْمَزَادُ أَنْ يَنْتَهِي وَهُوَ بِشَأْنِ هَذَا الْعَمَلِ الَّذِي سَجَّلَ أَغْلَى سِعْرٍ فِي الْعَالَمِ فِي الْمَزَادِ الَّذِي جَرَى قَبْلَ 3 سَنَوَاتٍ.

3년전 신행된 성매에서 세게 쇠끄가늘 기독안 이 작품에 대한 경매가 곧 마무리된다.

STEP 3. 심화 문장___ **Chapter 20. 시제**

| 1 | 2 | 3 | 4 | 5 | 6 | 7 | 8 | 9 | 10 | 11 | 12 | 13 | 14 | 15 | 16 | 17 | 18 | 19 | **20** | 21 | 22 | 23 | 24 | 25 |

# Unit 106. 과거

## ▶과거 습관, 과거 진행

과거에 하던 습관(~하곤 했다) 이나 과거 특정 시점에 무언가 진행중이던 상황(~하던 중이었다)을 표현할 때 كَانَ يَفْعَلُ 구조를 사용한다.

كَانَ الرَّئِيسُ السَّابِقُ يُعْطِي إِجَازَةً طَوِيلَةً لِمُدَّةِ أُسْبُوعٍ لِلْمُوَظَّفِ الَّذِي يُسَجِّلُ أَعْلَى أَدَاءٍ لِكُلِّ رُبْعٍ.

전 사장님은 분기마다 최고 실적을 기록한 직원에게 1주일간 장기 휴가를 주곤 했다.

فِي عَامِ 2020، كَانَ مُعْظَمُ النَّاسِ فِي الْعَالَمِ يَرْتَدُونَ الْكِمَامَاتِ مِنْ أَجْلِ الْوِقَايَةِ مِنَ الْوَبَاءِ.

2020년에 세계 대부분의 사람들은 전염병을 예방하기 위해 마스크를 쓰곤 했다.

عِنْدَمَا اتَّصَلْتَ بِي صَبَاحَ الْيَوْمِ كُنْتُ أَسْتَحِمُّ فَلَمْ أَسْتَطِعْ أَنْ أُرُدَّ عَلَيْكَ فَوْرًا.

오늘 아침에 당신이 나에게 전화했을 때 샤워중이었어서 바로 전화를 못 받았다.

## ▶과거 완료

문맥상 특정 과거시점보다 그 이전에 벌어진 상황에 대한 묘사를 할 때 كَانَ (قَدْ) فَعَلَ 구조를 사용한다.

قَالَ الْمَلِكُ إِنَّ بِلَادَنَا سَوْفَ نَشْهَدُ تَطَوُّرًا سَرِيعًا بِحَقْلِ النَّفْطِ الْجَدِيدِ. وَكَانَتْ قَدْ نَجَحَتْ أَمْسِ فِي اسْتِخْرَاجِ النَّفْطِ مِنَ الْحَقْلِ الْجَدِيدِ الَّذِي عُثِرَ عَلَيْهِ فِي الْمِيَاهِ الْإِقْلِيمِيَّةِ فِي السَّنَةِ الْمَاضِيَةِ.

우리나라는 새로운 유전을 통해 빠른 발전을 목격할 것이라고 왕이 말했으며, 작년 영해에서 발견된 새 유전의 채굴을 어제 성공했었다.

## ▶과거 미래

과거를 기준으로 미래를 이야기할 때(~하려고 했다) كَانَ سَيَفْعَلُ 구조를 사용한다.

عِنْدَمَا كُنْتُ طَالِبًا فِي الْجَامِعَةِ، كُنْتُ سَأُصْبِحُ مُحَامِيًا أَوْ وَكِيلَ نِيَابَةٍ بَعْدَ التَّخَرُّجِ مِنْهَا.

내가 대학교 학생일 때, 졸업 후 변호사나 검사가 되려고 했다.

يَتَّجِهُ الرَّئِيسُ إِلَى مَوْقِعِ الْحَادِثِ بَعْدَ إِلْغَاءِ الْمُنْتَدَى الَّذِي كَانَ سَيَشْتَرِكُ فِيهِ.

대통령은 참석하려고 했던 포럼을 취소한 뒤 사고 현장으로 향하는 중이다.

STEP 3. 심화 문장___ **Chapter 20. 시제**

| 1 | 2 | 3 | 4 | 5 | 6 | 7 | 8 | 9 | 10 | 11 | 12 | 13 | 14 | 15 | 16 | 17 | 18 | 19 | **20** | 21 | 22 | 23 | 24 | 25 |

# Unit 107. 현재

## ▶단순 현재, 현재 진행, 현재 습관

아랍어의 미완료 시상은 그 자체로 문맥에 따라 단순 현재나 진행 그리고 습관을 모두 의미할 수 있다.

| | |
|---|---|
| لَا يَسْتَطِيعُ الْقَارِبُ أَنْ يُبْحِرَ حَالِيًا لِأَنَّ الْأَحْوَالَ الْجَوِّيَّةَ تَسُوءُ بِاسْتِمْرَارٍ. | 현재 기상 상태가 계속 악화되고 있어서 배가 뜰 수 없다. |
| تَمِيلُ النَّاسُ إِلَى ارْتِكَابِ أَفْعَالٍ عُنْصُرِيَّةٍ عَادَةً بِلَاوَعْيٍ. | 사람들은 보통 무의식적으로 인종차별을 저지르는 경향이 있다. |
| يَجِبُ عَلَيْكَ أَنْ تُنَظِّفَ الْأَسْنَانَ بَعْدَ تَنَاوُلِ الْأَكْلِ دَائِمًا مِنْ أَجْلِ الْوِقَايَةِ مِنَ السَّوُسِ. | 당신은 충치를 예방하기 위해 항상 식후에 양치를 해야 한다. |

## ▶현재 추측

قَدْ 뒤에 يَكُونُ 와 분사가 나오면 현재 추측으로 사용되어 '아마 ~일 가능성이 있다' 를 의미한다.

| | |
|---|---|
| قَدْ يَكُونُ ابْنُكَ تَائِهًا فِي الْمُولِ فَلْنَبْحَثْ عَنْهُ فِيهِ مَعًا. وَسَأَطْلُبُ مِنَ الْمُولِ إِعْلَانًا. | 아마 당신의 아들은 몰 안에서 길을 잃은 걸 수 있으니 다 같이 몰 안에서 찾아보자. 그리고 내가 안내방송도 요청해볼께. |
| قَدْ يَكُونُ هَذَا الْحَرِيقُ الَّذِي انْدَلَعَ أَمْسِ نَاجِمًا عَنْ مَاسٍّ كَهْرَبَائِيٍّ بِقَابِسِ الْكَهْرُبَاءِ. | 아마 전기 콘센트 합선이 어제 발생한 이 화재의 발단일 가능성이 있다. |

## ▶현재 완료

과거에 발생한 행위가 현재까지 영향을 미치는 경우 يَكُونُ (قَدْ) فَعَلَ 구조가 사용된다.

| | |
|---|---|
| تَكُونُ الْإِصْلَاحَاتُ الْاقْتِصَادِيَّةُ الَّتِي بَدَأَتْ بِالْكَادِ قَبْلَ سَنَتَيْنِ قَدْ أَثَّرَتْ إِيجَابًا عَلَى مُجْتَمَعِنَا مُنْذُ أَوَائِلِ الْعَامِ الْجَارِي. | 올해 초부터 경제 개혁은 우리 사회에 긍정적으로 영향을 미쳐오고 있다. |
| اَلْهَاتِفُ الَّذِي يَكُونُ مُحَمَّدٌ قَدِ اسْتَخْدَمَهُ مُنْذُ عَقْدٍ فِيهِ بَيَانَاتٌ كَثِيرَةٌ. | 무함마드가 10년동안 써오고 있는 휴대폰에는 많은 데이터가 있다. |

# Unit 108. 미래

## ▶단순 미래

단순히 미완료 동사만 사용해도 문맥상 미래를 함축할 수 있지만 그 앞에 سَوْفَ 를 쓰거나 سَ 를 접두시키면 미래시제를 의미할 수 있다.

| | |
|---|---|
| سَأُقَابِلُ حَبِيبَتِي فِي مَوْعِدِ غَرَامِي بِمَدِينَةِ الْمَلَاهِي نِهَايَةَ الْأُسْبُوعِ. | 나는 주말에 놀이공원에서 여자친구와 데이트를 할 것이다. |

## ▶미래 추측

قَدْ 뒤에 미완료 동사가 직접 나오면 미래의 상황을 추측하는 의미가 될 수도 있다.

| | |
|---|---|
| قَدْ تُسْفِرُ هَذِهِ الْعَمَلِيَّةُ الْعَسْكَرِيَّةُ الَّتِي هِيَ لِوَضْعِ حَدٍّ لِلْحَرْبِ الْأَهْلِيَّةِ، عَنْ عَدَدٍ كَبِيرٍ مِنَ الْقَتْلَى وَالْجَرْحَى مِنَ الْمَدَنِيِّينَ. | 내전을 종식시키기 위한 이 군사 작전은 다수의 민간인 사상자를 초래할 가능성이 있다. |
| يَذُوبُ الْجَلِيدُ فِي الْقُطْبِ الشَّمَالِيِّ جَرَّاءَ الْاِحْتِبَاسِ الْحَرَارِيِّ وَذَلِكَ قَدْ يُؤَدِّي إِلَى غَمْرِ بَعْضِ الدُّوَلِ الْجُزُرِيَّةِ. | 지구 온난화로 인해 북극의 얼음이 녹고 있으며, 이는 일부 섬나라들을 침수시킬 가능성이 있다. |

## ▶미래 진행

미래에 어떤 일이 진행중인 상황(~하는 중일 것이다)을 표현할 때 سَيَكُونُ يَفْعَلُ 구조를 사용한다.

| | |
|---|---|
| فِي هَذَا الْوَقْتِ مِنَ الْأُسْبُوعِ الْقَادِمِ، سَيَكُونُ الرَّئِيسُ يُلْقِي كَلِمَةً فِي هَذِهِ الْقَاعَةِ. | 다음 주 이 시간에 이 강당에서 대통령이 연설을 하는 중일 것이다. |
| عِنْدَمَا تَصِلُ إِلَى الْمَطَارِ غَدًا سَيَكُونُ مُحَمَّدٌ يَصْطَادُ عَلَى مَتْنِ الْقَارِبِ. | 당신이 내일 공항에 도착할 때 무함마드는 배 위에서 낚시하는 중일 것이다. |

## ▶미래 완료

특정 미래 시점을 기준에서 어떤 행위가 이미 완료된 상황(이미 ~를 했을 것이다)을 표현할 때 سَيَكُونُ قَدْ فَعَلَ 구조를 사용한다.

| | |
|---|---|
| عِنْدَمَا يُدْرِكُ وَاحِدٌ مِنَ الْأَفْرَادِ فِي هَذَا الْبَيْتِ أَنَّهُ انْسَرَقَ، سَنَكُونُ قَدْ هَرَبْنَا بَعِيدًا عَنْهُ. | 이 집의 구성원 중 한 명이 집이 도둑맞았다는 것을 알아차릴 때, 우리는 이미 그 집에서 멀리 도망쳤을 것이다. |
| فِي وَقْتِ الْوُصُولِ غَدًا سَيَكُونُ الْمُتَرْجِمُ قَدْ وَصَلَ أَمَامَ الْبَوَّابَةِ. | 내일 도착 시간에 통역사가 게이트 앞에 미리 도착해 있을 것이다. |

# Step 4

## 특수 구문

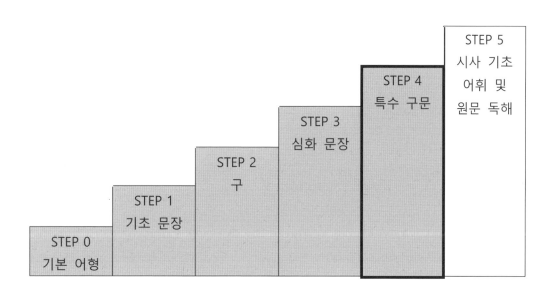

STEP 4. 특수 구문__ **Chapter 21. 다양한 문장 구조**

| 1 | 2 | 3 | 4 | 5 | 6 | 7 | 8 | 9 | 10 | 11 | 12 | 13 | 14 | 15 | 16 | 17 | 18 | 19 | 20 | **21** | 22 | 23 | 24 | 25 |

# Unit 109. 직접 조건문

## ▶조건문의 문장 구조

조건문은 조건사(만약), 조건절(~하다면), 조건 결과절(~하다)로 문장이 구성된다. 이 때 '만약'이라는 조건의 의미가 직접적으로 문장에 나오는 경우를 직접 조건문이라고 하며, 이 직접 조건사에는 إِذَا 와 إِنْ 그리고 لَوْ 가 있다.

## ▶직접 조건사별 의미

조건사 자체는 '만약' 이라고 동일하게 해석하지만, 조건사마다 내포하는 의미가 약간 다르다. 이를 이해하기 위해 아래 타임 라인을 보면, 시험 당일과 결과 발표를 기준으로 조건사를 다르게 사용할 수 있는 것을 볼 수 있다.

위 타임라인에 따라 조건절에는 '공부하다', 조건 결과절에는 '합격하다'를 쓴다는 가정 하에 조건사별 의미를 보면 아래와 같다.

| 조건 결과절 | 조건절 | 조건사 | 의미 |
|---|---|---|---|
| 합격하다 | 공부하다 | إِذَا | 만약 공부한다면 합격할 것이다. |
| 합격하다 | 공부하다 | إِنْ | 만약 공부했다면 합격할 것이다. |
| 합격하다 | 공부하다 | لَوْ | 만약 공부했다면 합격했을 것이다. |

즉, إِذَا 는 조건절의 내용을 실행할 여유가 충분하고 이 조건절의 이행 여부에 따라 조건 결과절의 결과를 뒤집을 수 있음을 의미하게 된다.

반면, إِنْ 조건사는 조건절의 내용을 더 이상 실행할 여유가 충분치 않고, 이미 행해진 내용을 바탕으로 결과가 나오는 상황을 의미한다.[1] 그래서 시험 직전이나 결과발표가 나오기 전에 사용될 수 있다.

그리고 لَوْ 조건사는 이미 불합격이라는 결과가 나온 뒤, 벌어진 일에 대한 반대 상황을 가정하는 의미가 된다.

---

[1] 원칙상 조건사 إِنْ 을 إِذَا 의 의미로 쓰는 것이 안 되지만, 간혹 إِذَا 의 의미로 사용되기도 한다.

STEP 4. 특수 구문___ **Chapter 21. 다양한 문장 구조**

| 1 | 2 | 3 | 4 | 5 | 6 | 7 | 8 | 9 | 10 | 11 | 12 | 13 | 14 | 15 | 16 | 17 | 18 | 19 | 20 | **21** | 22 | 23 | 24 | 25 |

# Unit 109. 직접 조건문

## ▶직접 조건사별 활용

직접 조건사를 쓸 때 상황에 따라 어떤 조건사를 쓸지 결정했으면, 그 조건사의 사용법도 주의해야 한다.

| 조건 결과절 | 조건절 | 조건사 | 의미 |
|---|---|---|---|
| نَجَحَ / يَنْجَحُ | دَرَسَ | إِذَا | 만약 공부한다면 합격할 것이다. |
| نَجَحَ / يَنْجَحُ | دَرَسَ / يَدْرُسْ | إِنْ | 만약 공부했다면 합격할 것이다. |
| لَنَجَحَ | دَرَسَ | لَوْ | 만약 공부했다면 합격했을 것이다. |

إِذَا 가 사용된 조건문은 미래만 의미할 수 있지만 조건절에는 완료형으로만 사용될 수 있다. 반면에, 조건 결과절에는 완료형이나 미완료 직설법 중에 선택할 수 있다. إِنْ 의 경우는 조건절과 조건 결과절 모두에서 완료형이나 미완료 단축법을 선택할 수 있다. لَوْ 의 경우 조건절과 조건 결과절에 모두 완료형만 나오게 된다.

이 때, إِذَا 나 إِنْ 처럼 조건절이나 결과절에 나오는 동사의 시상을 선택할 수 있다는 것이 조건사가 가지는 의미에 영향을 미치지는 않는다는 점에 유의해야 한다. 즉, 조건절과 조건 결과절에 사용된 **동사의 시상(완료/미완료)은 문장의 시제(과거/현재/미래)에 영향을 미치지 않기** 때문에, 동사를 완료형으로 썼다고 과거로 해석이 되거나 미완료로 썼다고 현재/미래로 해석되지 않는다.

한편 إِذَا 혹은 إِنْ 조건문의 결과절을 쓸 때, 결과절에 단순 완료/미완료 동사가 나오면 결과절을 바로 쓰면 되지만, **그렇지 않으면 결과절 앞에 فَ 를 써서 문장을 분리해줘야 한다.** 반면, لَوْ 조건문의 결과절은 لَ 를 써줘야 한다.

| | |
|---|---|
| إِذَا جَاءَ دَوْرُكَ فَارْمِ النَّرْدَ هُنَا. | 당신의 차례가 오면 여기에 주사위를 던지세요. |
| إِذَا كَانَ هُنَاكَ غُرْفَةٌ أَوْسَعُ مِنَ الْغُرْفَةِ الَّتِي أَنْزِلُ فِيهَا حَالِيًا أُرِيدُ أَنْ أَنْتَقِلَ إِلَيْهَا. | 현재 내가 묵고있는 방보다 더 큰 방이 있으면 나는 그 방으로 옮기고 싶다. |
| إِنْ أَجَبْتَ عَلَى الْأَسْئِلَةِ بِشَأْنِ مَحْفَظَةِ الْمَشَارِيعِ جَيِّدًا فِي الْمُقَابَلَةِ دُونَ تَلَعْثُمٍ اجْتَزْتَ الْمُقَابَلَةَ. | 당신이 면접에서 긴장하지 않고 프로젝트 포트폴리오에 대한 질문들에 대한 답변을 잘 했으면 면접을 통과할 것이다. |
| إِنْ أَقْلَعَتِ الطَّائِرَةُ الَّتِي أَقَلَّتْ عَلَى مَتْنِهَا اللَّقَاحَ كَمَا هُوَ مُخَطَّطٌ فَسَتَصِلُ إِلَى هَذَا الْمَطَارِ بَعْدَ سَاعَةٍ. | 백신을 실은 비행기가 예정대로 이륙했으면 한 시간 뒤에 이 공항에 도착할 것이다. |
| لَوِ اعْتَدْتَ عَلَى مُتَابَعَةِ الْأَخْبَارِ يَوْمِيًّا لَفَهِمْتَ كَلَامِي جَيِّدًا. | 당신이 매일 뉴스를 보는 습관이 들었다면 내 말을 잘 이해했을 것이다. |

---

[1] 결과절 동사에 س 가 접두어 فـ로 문장이 분리되었다. 그래서 결과절에 단축법이 아닌 직설법이 쓰였다.

STEP 4. 특수 구문__ **Chapter 21.** 다양한 문장 구조

| 1 | 2 | 3 | 4 | 5 | 6 | 7 | 8 | 9 | 10 | 11 | 12 | 13 | 14 | 15 | 16 | 17 | 18 | 19 | 20 | **21** | 22 | 23 | 24 | 25 |

# Unit 110. 간접 조건문

## ▶간접 조건사의 개념[1]과 종류

간접 조건사는 '~을 하는 누구든' 처럼 문장 안에 '만약' 이라는 말이 직접 나오지는 않지만 의미상 조건이 함축된 조건문을 의미한다.

| مَنْ ~ | مَا / مَهْمَا ~ | أَيْنَمَا / حَيْثُمَا ~ | كَيْفَمَا ~ | مَتَى ~ |
|---|---|---|---|---|
| 누구든 | 무엇이든, 아무리 | 어디든 | 어떻게든 | 언제든 |

## ▶간접 조건문의 활용

이런 간접 조건사가 사용된 조건문은 그 조건절과 조건 결과절에 단축법이 나오는 것이 원칙이지만 مَتَى , حَيْثُمَا , أَيْنَمَا, مَهْمَا 는 완료형이 나올 수 있다. 하지만 이 경우도 동사의 시상이 문장의 시제에 영향을 미치지 않는다.

مَنْ يَدْخُلْ لِكُورِيَا يَجِبُ عَلَيْهِ أَنْ يَخْضَعَ لِفَحْصِ كُورُونَا فِي الْمَطَارِ وَيَلْتَزِمَ بِالْحَجْرِ الصِّحِّيِّ لِأُسْبُوعَيْنِ فِي مَكَانِ الْحَجْرِ الْمُحَدَّدِ.

한국으로 입국하는 누구든 공항에서 코로나검사를 받아야 하고 지정된 격리장소에서 2주간 자가격리를 해야 한다.

مَهْمَا تُطْلِقِ الدَّوْلَةُ تُجَاهَ أَرَاضِينَا تَعْتَرِضُهُ قُوَّاتُ الدِّفَاعِ الْجَوِّيِّ.

그 나라가 우리 나라 영토 쪽으로 무엇을 발사하던 방공군은 그것을 요격할 것이다.

مَهْمَا أَرَدْتَ أَنْ تَشْتَرِيَ السَّيَّارَةَ الْجَدِيدَةَ فَلَيْسَتْ مَعَنَا نُقُودٌ كَافِيَةٌ لِشِرَاءِهَا الْآنَ.

아무리 당신이 새 차를 사고싶을 지라도 우리는 지금 그것을 살 충분한 돈을 갖고있지 않다.

مَهْمَا تَبْحَثْ عَنِ الْحَلِّ فَلَا نَسْتَطِيعُ أَنْ نَحُلَّ هَذِهِ الْإِشْكَالِيَّةَ أَبَدًا مَا دَامَتِ الدَّوْلَةُ تَسْتَخْدِمُ حَقَّ النَّقْضِ.

아무리 우리가 해법을 찾는다고 하더라도 그 나라가 거부권을 사용하는 한 우리는 이 문제를 절대 해결할 수 없다.

مَتَى تُرِيدِي أَنْ تَزُورِي بَيْتِي فَخَبِّرِينِي قَبْلَ الْمُغَادَرَةِ لِكَيْ أُنَظِّفَهُ.

당신(f.)이 내 집에 방문하기 원하는 언제든 집을 청소하게 출발 전에 저에게 알려주세요.

أَيْنَمَا كُنْتَ نَجِدُكَ فِي النِّهَايَةِ.

당신이 어디에 있던 나는 결국 당신을 찾아낼것이다.

---

[1] 사실 원래 아랍어 문법에 따른 조건사는 사용 방법에 따라 **단축법을 취하는 조건사**(الشرط الجازم)"와 "**단축법을 취하지 않는 조건사**(الشرط غير الجازم)"로 구분하여, 조건사 إِنْ 과 본 unit에 나오는 간접 조건사가 전자에 해당하고 나머지 조건사는 모두 후자에 포함된다. 하지만 의미를 파악하는 것이 더 중요하다고 생각해서 조건사 구분을 의미에 따라 직접 조건사, 간접 조건사로 하였다. 하지만 이는 정식 표현은 아니니 참고만 하길 바란다.

# Unit 111. 기타 조건문[1] [각주 여기]

## ▶ كُلَّمَا 구문과 لَمَّا 구문

'~할 때 마다 ...를 한다' 혹은 '~할수록 ...한다'의 의미를 표현할 때 كُلَّمَا 구문이 사용된다. 그리고 لَمَّا 는 '~했을 때 ...를 했다'를 의미한다. 이 때 이 구문을 쓸 때 '~'와 '...'에 해당하는 동사는 항상 완료형으로 사용된다.

| | |
|---|---|
| كُلَّمَا انْتَهَتْ مُبَارَاةُ كُرَةِ الْقَدَمِ أَخَذْتُ قِسْطًا كَافِيًا مِنَ الرَّاحَةِ فِي الْبَيْتِ وَحْدِي. | 나는 축구 경기가 끝날 때 마다 혼자서 집에서 충분한 휴식을 취하다. |
| كُلَّمَا تَمَّ الْعُثُورُ عَلَى مَوَارِدَ يُمْكِنُهَا أَنْ تَحِلَّ مَحَلَّ النَّفْطِ تَرَاجَعَ نُفُوذُ الدُّوَلِ الَّتِي يَحْتَلُّ النَّفْطُ أَغْلَبِيَّةَ مَصْدَرِ دَخْلِهَا. | 석유를 대체할 수 있는 자원이 발견될수록 석유가 수입원의 대부분을 차지하는 국가의 영향력은 떨어진다. |
| لَمَّا حَاوَلْنَا الْإِنْقِلَابَ الْعَسْكَرِيَّ كَانَ الرَّئِيسُ قَدْ غَادَرَ الدَّوْلَةَ إِلَى أَمْرِيكَا. | 우리가 군사 구데타를 시도했을 때 이미 대통령은 국가를 떠나 미국으로 떠난 뒤였다. |

## ▶ أَمَّا ~ فَ... 구문

앞에 언급된 상황과 반대되는 내용을 서술할 때 أَمَّا 를 쓴 뒤 반전되는 명사를 쓸 수 있다. 그리고 반전되는 서술어를 فَ 이후에 써주면 된다.

| | |
|---|---|
| فِي الْمَاضِي كَانَ بِإِمْكَانِ النَّاسِ إِنْفَاقُ الْمَالِ فَقَطْ بِقَدْرِ مَا يَكْسِبُونَ أَمَّا فِي هَذِهِ الْأَيَّامِ فَالنَّاسُ يَمِيلُونَ إِلَى الْإِنْفَاقِ أَكْثَرَ مِمَّا يَكْسِبُونَ إِثْرَ التَّعَوُّدِ عَلَى تَقْسِيطِ بِطَاقَاتِ الْائْتِمَانِ. | 과거에는 사람들이 버는 만큼만 소비할 수 있었지만, 요즘엔 사람들이 신용카드의 할부에 익숙해져서 버는 것 이상으로 소비하는 경향이 있다. |
| تَنْزَلِقُ سَيَّارَاتُ الدَّفْعِ الْخَلْفِيِّ بِسُهُولَةٍ فِي الْيَوْمِ الْمُثْلِجِ أَمَّا سَيَّارَاتُ الدَّفْعِ الرُّبَاعِيِّ فَأَقَلُّ انْزِلَاقًا مِنْهَا نِسْبِيًّا بِمَا أَنَّ لَدَيْهَا قُوَّةَ كَبْحٍ أَقْوَى. | 후륜 자동차는 눈이 오는 날에 쉽게 미끄러지지만, 4륜 자동차는 더 강한 제동력을 갖고 있기 때문에 상대적으로 덜 미끄러진다. |

---

[1] unit 110 의 각주에 조건사를 구분할 때 '단축법을 쓰는 조건사'와 '단축법을 쓰지 않는 조건사'로 구분된다고 적혀있다. 이 중 كُلَّمَا 와 لَمَّا 그리고 أَمَّا 도 '단축법을 쓰지 않는 조건사' 범주에 포함되는 조건사이다.

STEP 4. 특수 구문__ Chapter 21. 다양한 문장 구조

| 1 | 2 | 3 | 4 | 5 | 6 | 7 | 8 | 9 | 10 | 11 | 12 | 13 | 14 | 15 | 16 | 17 | 18 | 19 | 20 | **21** | 22 | 23 | 24 | 25 |

# Unit 112. 예외문 기초

## ▶ 단순 예외문

문장안에 '~을 제외(예외)하고' 를 의미하는 예외구가 포함된 문장을 예외문이라 한다. 이를 표현하는 예외사의 종류는 아래와 같으며, 각각의 예외사들은 그 쓰임이 달라서 주의해야 한다.

| إِلَّا | مَا عَدَا | عَدَا | سِوَى | غَيْر |
|---|---|---|---|---|
| 제외 대상이 목적격으로 나옴[1] 각주 여기 | | | | |
| | | 제외 대상이 후 연결어로 나옴 | | |

| أَحْضَرْتُ كُلَّ الْأَغْرَاضِ إِلَّا جَوَازِ السَّفَرِ الَّذِي لَا غِنَى عَنْهُ عِنْدَ الْخُرُوجِ. | 나는 출국 시 반드시 필요한 여권을 빼고 모든 짐을 가지고 왔다. |
|---|---|
| أَسْتَطِيعُ أَنْ أَتَنَاوَلَ كُلَّ الْأَطْعِمَةِ مَا عَدَا الْأَطْعِمَةَ النِّيَّةَ. | 나는 날 음식 빼고 모든 음식을 먹을 수 있다. |
| سَبَقَ لِي أَنْ سَافَرْتُ إِلَى كُلِّ الدُّوَلِ فِي الشَّرْقِ الْأَوْسَطِ عَدَا الْعِرَاقِ (الْعِرَاقَ). | 나는 이라크를 제외한 중동의 모든 국가를 여행한 적 있다. |
| مِنْ بَيْنِ زُمَلَاءِ الْعَمَلِ الَّذِينَ انْضَمُّوا إِلَى الشَّرِكَةِ فِي نَفْسِ الْوَقْتِ تَمَّتْ تَرْقِيَةُ الْجَمِيعِ إِلَى مُدِيرِ فَرِيقٍ سِوَاكَ. | 같은 시기에 입사한 동기들 중에서 당신만 빼고 모두 팀장으로 승진했다. |

위 예외사들 중에 특히 غَيْر 는 주로 형용사 부정사(unit 93)로서 더 많이 활용되며, 예외사로 쓰이는 경우는 아래 예문들 처럼 '~등등' 의 의미로 쓰일 때 주로 사용된다.

| سَوْفَ يَشْتَرِكُ رَئِيسُ الْوُزَرَاءِ وَوَزِيرُ الدِّفَاعِ وَوَزِيرُ الْخَارِجِيَّةِ وَغَيْرُهُمْ مِنْ كِبَارِ الْمَسْؤُولِينَ فِي الْإِجْتِمَاعِ الَّذِي يَعْقِدُهُ الرَّئِيسُ. | 총리와 국방부 및 외교부 장관 등 고위 관료들은 대통령이 소집한 회의에 참석할 것이다. |
|---|---|
| يَجِبُ عَلَى دَوْلَتِنَا أَنْ نُعَزِّزَ الْعَلَاقَاتِ مَعَ الصِّينِ وَالْيَابَانِ وَغَيْرِهِمَا مِنَ الدُّوَلِ الْمُجَاوِرَةِ. | 우리나라는 중국과 일본 등 주변국들과 관계를 강화해야 한다. |
| تَتَكَوَّنُ هَذِهِ الشَّقَّةُ مِنْ ثَلَاثِ غُرَفٍ وَصَالَةٍ وَحَمَّامَيْنِ وَفِيهَا مُسْتَلْزَمَاتُ الْحَمَّامِ مِثْلَ الشَّامْبُو وَجِلِ الْإِسْتِحْمَامِ وَالصَّابُونِ وَغَيْرِهَا. | 이 객실은 방 3개와 거실 그리고 화장실 2개로 구성되어있으며, 샴푸랑 샤워젤 및 비누 등 욕실 용품들이 비치되어 있습니다. |

---

[1] 단, إِلَّا 는 경우에 따라 목적격으로 고정되지 않고 쓰일 수 있다. 이 내용은 바로 다음 unit 에서 학습할 예정이다.

STEP 4. 특수 구문__ **Chapter 21. 다양한 문장 구조**

| 1 | 2 | 3 | 4 | 5 | 6 | 7 | 8 | 9 | 10 | 11 | 12 | 13 | 14 | 15 | 16 | 17 | 18 | 19 | 20 | **21** | 22 | 23 | 24 | 25 |

# Unit 113. 부정문과 예외문의 결합

## ▶ 부정문과 결합된 예외문의 개념

어떤 무언가나 상황의 유일함을 표현하고 싶을 때 부정문과 예외문을 결합해서 사용할 수 있다.
이 때 부정문은 ①**부정되는 명사가 존재하는 문장**과, ②**부정되는 명사가 존재하지 않는 문장**으로
구분된다.

## ▶ 부정되는 명사가 존재하는 부정문과 예외문의 결합

부정문에서 부정하고자 하는 구체적인 명사가 명시되어 있으면서 예외문이 결합될 경우, 제외 대
상인 명사의 격은 **목적격**으로 쓰일 수 도 있지만, 부정문의 **부정대상과 동격**을 취할 수 도 있다.[1]

|  | 제외 대상 | 제외사 | 부정문 |
|---|---|---|---|
| 목적격 | مُحَمَّدًا | إِلَّا | لَمْ يَرْجِعْ كُلُّ الطُّلَّابِ إِلَى الْمَدْرَسَةِ. |
| 부정대상과 동격 | مُحَمَّدٌ |  | 부정대상 : كُلُّ الطُّلَّابِ |

| | |
|---|---|
| لَمْ تُشَارِكِ الشَّرِكَاتُ الْمُنَافِسَةُ فِي هَذِهِ الْمُنَاقَصَةِ إِلَّا شَرِكَتَنَا (شَرِكَتُنَا) بِسَبَبِ تَدَهْوُرِ الْوَضْعِ الْمَالِيِّ. | 우리 회사를 제외한 경쟁 업체들은 재정 상황 악화로 이번 입찰에 참여하지 않았다. |
| لَا يُوجَدُ أَيُّ خِيَارٍ أَمَامَنَا مَا عَدَا الْقِيَامَ بِالتَّعَاوُنِ مَعَهُمْ لِحَلِّ هَذِهِ الْمُشْكِلَةِ. | 이 문제를 해결하기 위해 우리 앞에는 그들과 협력하는 것 이외에 어떠한 선택지도 없다. |

## ▶ 부정되는 명사가 존재하지 않는 부정문과 예외문의 결합

부정 대상이 존재하지 않아 불완전한 상태인 부정문이 나온 뒤, **완전한 문장이 되기 위해 부정 대
상이 쓰였다면 그 명사가 취했을 격**을 예외사 뒤에 나오는 명사가 대신 취하게 된다.

| 제외 대상 | 제외사 | 불완전 부정문 (부정대상 x) |
|---|---|---|
| هَذِهِ الْمَظَاهِرُ | إِلَّا | لَا تُعْجِبُنِي |
| 결여된 주어를 대신해서 주격이 나옴 | | 부정문에 주어가 결여됨 |

| | |
|---|---|
| لَمْ أَسْتَطِعْ أَنْ أَزُورَ فِي هَذِهِ الْمِنْطَقَةِ إِلَّا هَذَا الْمَتْحَفَ بِسَبَبِ قِلَّةِ النُّقُودِ. | 나는 돈이 부족해서 이 지역에서는 국립 박물관 밖에 갈 수 없었다. |
| لَنْ أَنْزِلَ إِلَّا فِي الْغُرْفَةِ الْمُطِلَّةِ عَلَى الْبَحْرِ. | 난 오션뷰 객실 말고는 묵지 않을 것이다. |
| لَيْسَ هَدَفُنَا إِلَّا مَحْوَ الْأُمِّيَّةِ. | 우리의 목표는 오로지 문맹 퇴치뿐입니다. |

---

[1] 제외 대상의 격을 바꿀 수 있는 제외사는 إِلَّا 뿐이다.

STEP 4. 특수 구문__ Chapter 21. 다양한 문장 구조

| 1 | 2 | 3 | 4 | 5 | 6 | 7 | 8 | 9 | 10 | 11 | 12 | 13 | 14 | 15 | 16 | 17 | 18 | 19 | 20 | **21** | 22 | 23 | 24 | 25 |

# Unit 114. 상태문

## ▶ 상태문의 개념

상태문은 메인이되는 문장(A)이 있는 동시에 그 문장이 어떤 특정한 상태나 상황(B)에서 발생하고 있는지 표현할 때 사용된다. 그래서 '**B한 상태로** A가 발생하다', '**B하면서** A가 발생하다' 로 주로 해석이 되며, "B한 상태로", "B하면서" 가 상태문에 해당한다.

## ▶ 상태문의 구조

아래 상태문의 구조를 보면, ①우선 메인이 되는 문장이 먼저 나온 뒤, ②상황 접속사 وَ 와 상황 주체와 성/수가 일치하는 대명사를 써준다. 이 때 상황 주체란 메인 문장에서 추가로 그 상태가 묘사되는 명사를 의미하는데, 이 **상황 주체는 한정 상태의 명사**로만 나올 수 있다. ③마지막으로 상황/상태에 대한 서술을 써주면 된다. 이 때 이 서술어는 명사문의 술어와 동일한 구조를 따르므로 형용사, 전치사구, 부사구, 미완료 동사가 자유롭게 나올 수 있다.

| 특정 상황(B) | | | 메인 문장(A) |
|---|---|---|---|
| 상황 서술 | 상황 주체 대명사 | 상황 접속사 | |
| جَوْعَانُ. | هُوَ | وَ | يَنَامُ مُحَمَّدٌ فِي غُرْفَتِهِ |
| 무함마드는 **배고픈 상태로** 그의 방에서 자고 있다. | | | |
| عَلَى قَيْدِ الْحَيَاةِ. | هُمْ | وَ | رَجَعَ كُلُّ الْأَطْفَالِ الْمَخْطُوفِينَ إِلَى بِلَادِهِمْ |
| 납치된 모든 아이들은 **살아있는 상태로** 본국으로 돌아왔다. | | | |
| ثَمِلٌ. | هُوَ | وَ | أَخَذْتُ صَدِيقِي إِلَى بَيْتِهِ |
| 나는 **취한 상태인** 내 친구를 그의 집에 데려다 주었다. | | | |
| تَسْمَعُ الْأُغْنِيَةَ. | هِيَ | وَ | تَرْقُصُ فَاطِمَةُ عَلَى خَشَبَةِ الْمَسْرَحِ |
| 파티마는 **노래를 들으며** 무대 위에서 춤을 추고 있다. | | | |

단, 마지막 예문처럼 상황 서술이 동사일 경우 상황 접속사와 상황주체 대명사는 생략될 수 있다.

| | |
|---|---|
| تَسْتَمِعُ الْأُمُّ إِلَى قِصَّةٍ حَزِينَةٍ عَنِ التِّمْثَالِ مِنَ الْمُرْشِدِ السِّيَاحِيِّ (وَهِيَ) تَبْكِي. | 엄마는 관광 가이드로부터 조각상에 대한 슬픈 이야기를 울면서 듣고 있다. |
| نَعْمَلُ مَعًا حَتَّى هَذَا الْوَقْتِ لِكَيْلَا نَتَجَاوَزَ الْمُهْلَةَ وَنَحْنُ تَعَابَى. | 우리는 기한을 넘기지 않기 위해 피곤한 채로 이 시간까지 함께 일하고 있다. |
| نِمْتُ لِمُدَّةِ 8 سَاعَاتٍ أَمْسِ فِي الْخَارِجِ وَأَنَا عَلَى الْأَرْضِ. | 우리는 어제 밖에서 8시간동안 바닥에서 잤다. |

# Unit 115. 상황어

## ▶ 상황어의 개념

상황어는 unit 114에 나온 상태문에서 상황 접속사와 상황주체 대명사가 생략된 형태이며, 이 때 남겨진 형태인 상황 서술어를 상황어라고 한다.

이 상황어는 목적격으로 쓰이며, 만약 상황어가 동사일 경우 동사를 분사형태로 변형한 뒤 목적격으로 놓는다. 이 때 분사의 목적어는 목적격으로 그대로 놓아도 되며, 전치사 لـ 를 써줘도 된다.

| 특정 상황(B) | 메인 문장(A) |
|---|---|
| 상황 서술 | |
| جَوْعَانَ. | يَنَامُ مُحَمَّدٌ فِي غُرْفَتِهِ |
| 무함마드는 **배고픈 상태로** 그의 방에서 자고 있다. | |
| عَلَى قَيْدِ الْحَيَاةِ. | رَجَعَ كُلُّ الْأَطْفَالِ الْمَخْطُوفِينَ إِلَى بِلَادِهِمْ |
| 납치된 모든 아이들은 **살아있는 상태로** 본국으로 돌아왔다. | |
| ثَمِلًا. | أَخَذْتُ صَدِيقِي إِلَى بَيْتِهِ |
| 나는 **취한 상태인** 내 친구를 그의 집에 데려다 주었다. | |
| سَامِعَةً الْأُغْنِيَةَ. | تَرْقُصُ فَاطِمَةُ عَلَى خَشَبَةِ الْمَسْرَحِ |
| سَامِعَةً لِلْأُغْنِيَةِ. | |
| 파티마는 **노래를 들으며** 무대 위에서 춤을 추고 있다. | |

| | |
|---|---|
| إِذَا حَمَلْتَ حَقِيبَتَكَ مَفْتُوحَةً فِي الشَّارِعِ فَقَدْ تَتَعَرَّضُ لِلنَّشْلِ. | 만약 길거리에서 당신의 가방을 열어 둔 채로 메고 있다면 소매치기에 노출될 수 있다. |
| عُثِرَ عَلَى طِفْلٍ صَغِيرٍ بِمَقْلَبِ قُمَامَةٍ مَلْفُوفًا دَاخِلَ قُطْعَةِ قُمَاشٍ. | 어제 쓰레기 처리장에서 천으로 감싸여 있는 작은 아이가 발견되었다. |
| رَأَيْنَ الْبَدْرَ بَيْنَ السَّحَابِ. | 그녀들은 구름 사이에 있는 보름달을 보았다. |
| أَكَّدَ الرَّئِيسُ وَرَئِيسُ الْوُزَرَاءِ أَنَّ بِلَادَنَا يُمْكِنُهَا التَّغَلُّبُ عَلَى هَذِهِ الْأَزْمَةِ الَّتِي نُوَاجِهُهَا حَالِيًا مَا دُمْنَا نَجْمَعُ الْقُوَى مُشِيرَيْنِ إِلَى أَنَّ مُعْظَمَ الْمُؤَشِّرَاتِ الْإِقْتِصَادِيَّةِ بَدَأَتْ تَتَعَافَى. | 대통령과 총리는 대부분의 경제 지표들이 회복되기 시작했다고 지적하면서 우리가 힘을 모으면 우리는 현재 우리가 직면하고 있는 이 위기를 극복할 수 있다고 강조했다. |

STEP 4. 특수 구문__ Chapter 22. 특수 목적어

| 1 | 2 | 3 | 4 | 5 | 6 | 7 | 8 | 9 | 10 | 11 | 12 | 13 | 14 | 15 | 16 | 17 | 18 | 19 | 20 | 21 | **22** | 23 | 24 | 25 |

# Unit 116. 동족 목적어

## ▶ 동족 목적어의 개념

문장에 사용된 동사의 행동을 특정 의미로 부여하고 싶을 때 이 해당 동사의 동명사를 목적격으로 놓아서 표현할 수 있다. 이 때 그 의미로는 해당 동작의 횟수나 강도 그리고 구체적 묘사가 있다.

## ▶ 동작의 강도와 횟수

동사의 동명사를 단순히 목적격으로 놓으면 해당 동사를 강조하는 의미가 된다. 그리고 이 동사의 강도를 표현하기 위해 동명사가 정도를 나타내는 명사를 전 연결어로 받을 수 있다.

| اِسْتَفَدْنَا مِنْ هَذِهِ الْمُحَاضَرَةِ الَّتِي يُقَدِّمُهَا الْأُسْتَاذُ حَسَنٌ اِسْتِفَادَةً. | 우리는 하싼 교수님이 하시는 이 강의로 많은 것을 얻었다. |
| نَجَحَ مُحَمَّدٌ فِي الْإِمْتِحَانِ عَلَى الرَّغْمِ مِنْ أَنَّهُ اِجْتَهَدَ بَعْضَ الْإِجْتِهَادِ. | 무함마드는 약간의 노력을 했음에도 그 시험에 합격했다. |

한편, 1형 동사는 동명사가 아닌 فَعْلَةٌ 명사를 목적격으로 놓아 동사를 몇 번 하는지 횟수를 표현할 수 있다. 하지만 파생 동사는 동명사에 ة 를 첨가해서 횟수를 표현할 수 있다.

| أَشْرَبُ الْقَهْوَةَ شَرْبَةً فِي الْيَوْمِ. | 나는 하루에 커피를 한 번만 마신다. |
| هَجَمَتِ الْقُوَّاتُ الْحُكُومِيَّةُ ثَلَاثَ هَجَمَاتٍ عَلَى هَذِهِ الْمِنْطَقَةِ أَمْسِ. | 정부군은 이 지역을 어제 세 차례 공격했다. |
| تَدُورُ الْأَرْضُ حَوْلَ الشَّمْسِ دَوْرَةً لِكُلِّ عَامٍ. | 지구는 매년 태양을 한 바퀴 돈다. |
| بِسَبَبِ الزِّلْزَالِ الَّذِي حَدَثَ أَمْسِ، اِهْتَزَّتِ الْأَرْضُ اِهْتِزَازَتَيْنِ. | 어제 발생한 지진으로 땅이 두 차례 흔들렸다. |

## ▶ 동작의 묘사

동사를 수식하고 싶을 때, 해당 동사의 동명사를 목적격으로 놓고 이 동명사를 형용사로 수식해주는 방식으로 동사를 수식할 수 있다.

하지만 많은 경우에 이 동명사는 생략된 채 형용사만 목적격으로 남는 형태로 사용된다. 이 때 만약 동명사에 ة 가 있다 할지라도 동명사가 생략되면 형용사는 남성형으로 목적격이 된다.

| يَتَأَثَّرُ اِقْتِصَادُ دَوْلَتِنَا بِالْحَرْبِ التِّجَارِيَّةِ بَيْنَ أَمْرِيكَا وَالصِّينِ تَأَثُّرًا سَلْبِيًّا (= سَلْبِيًّا). | 우리나라의 경제는 미중간 무역전쟁으로 인해 부정적으로 영향을 받고 있다. |
| تُسَاعِدُ هَذِهِ الْمُؤَسَّسَةُ الْخَيْرِيَّةُ ذَوِي الْإِحْتِيَاجَاتِ الْخَاصَّةِ مُسَاعَدَةً مَادِّيَّةً (= مَالِيًّا). | 이 자선 단체는 장애인들에게 물질적으로 도움을 준다. |

# Unit 117. 이유 목적어

## ▶ 이유 목적어의 개념

이유나 목적을 의미하기 위해 전치사 لِ 나 مِنْ أَجْلِ 를 쓴 뒤 동명사를 쓸 수 있지만, 동명사 그 자체만으로 목적격이 되어 이유나 목적을 의미할 수도 있다.

## ▶ 이유 목적어의 활용

이유나 목적을 의미하는 동명사가 단순 자동사에서 파생되면 그냥 이 동명사만 목적격으로 놓으면되지만, 자동사가 전치사의 도움을 받아 의미상 목적어를 취할 수 있는 동사에서 파생된 경우에는 본래의 의미를 살리기 위해 의미상 목적어를 쓸 때 원래 사용된 전치사를 사용하게 된다.

| | |
|---|---|
| يُنْصَحُ بِنَسْخِ جَوَازِ السَّفَرِ وَحَمْلِ النُّسْخَةِ **احْتِيَاطِيًّا** خِلَالَ السَّفَرِ فِي أُورُوبًّا. | 유럽에서 여행하는 동안 만일을 대비하여 여권을 복사하고 사본을 들고 다니는 것이 권장된다. |
| اخْتَفَى الْمَلِكُ فِي غُرْفَتِهِ وَلَا يُظْهِرُ نَفْسَهُ لِشَعْبِهِ **خَوْفًا مِنَ** التَّعَرُّضِ لِلْاِغْتِيَالِ. | 국왕은 암살에 노출되는 것이 두려워서 방 안에 숨고 국민들에게 그의 모습을 보이지 않고 있다. |
| خَاضَتِ النِّقَابَةُ الْإِضْرَابَ الْعَامَّ صَبَاحَ الْيَوْمِ **احْتِجَاجًا عَلَى** إِعَادَةِ الْهَيْكَلَةِ الَّتِي أَسْفَرَتْ عَنْ تَسْرِيحٍ جَمَاعِيٍّ لِلْعُمَّالِ. | 노조는 대량 해고를 초래한 구조조정에 항의하기 위해 오늘 아침 총 파업에 돌입했다. |
| قَرَّرَ رَئِيسُ الْوُزَرَاءِ نَشْرَ الْقُوَّاتِ الْبَرِّيَّةِ فِي الْمِنْطَقَةِ الْحُدُودِيَّةِ الَّتِي تَدُورُ فِيهَا الْاِشْتِبَاكَاتُ مَعَ الصِّينِ **دِفَاعًا عَنْ** أَرْضِهَا. | 총리는 영토를 보호하기 위해 중국과 교전이 벌어지고 있는 국격지역에 지상군을 배치하기로 결정했다. |

반면, 타동사에서 파생된 동명사로 이유나 목적을 나타낼 때, 이 동명사의 목적어는 **동명사의 후연결어**로 나오거나 **전치사 لِ 뒤에** 쓰이게 된다.

| | |
|---|---|
| سَوْفَ يَبْقَى الْوَفْدُ هُنَا لِمُدَّةِ شَهْرَيْنِ **تَعَلُّمًا لِطَرِيقَةِ** تَطْوِيرِ الْبُنْيَةِ التَّحْتِيَّةِ وَتَحْسِينِ نِظَامِ الْمُوَاصَلَاتِ الْعَامَّةِ. | 파견단은 사회기반시설 개발 방식과 대중교통 시스템 개선 방식을 배우기 위해 이곳에 두 달 동안 머물 것이다. |
| اضْطُرَّتْ بِلَادُنَا إِلَى إِبْرَامِ الْاِتِّفَاقِ لِوَقْفِ إِطْلَاقِ النَّارِ **خَشْيَةَ** انْدِلَاعِ الْحَرْبِ مَرَّةً أُخْرَى فِي بِلَادِنَا. | 우리 나라는 다시 전쟁이 발발하는 것이 두려워서 휴전 협정을 체결할 수 밖에 없었다. |

STEP 4. 특수 구문__ **Chapter 22. 특수 목적어**

| 1 | 2 | 3 | 4 | 5 | 6 | 7 | 8 | 9 | 10 | 11 | 12 | 13 | 14 | 15 | 16 | 17 | 18 | 19 | 20 | 21 | **22** | 23 | 24 | 25 |

# Unit 118. 명시 목적어 기본

## ▶ 명시 목적어의 개념

어떤 문장이 쓰였는데 그 문장만으로는 의미가 불분명하고 모호할 때, 그 모호한 부분을 명확하게 지칭 해주기 위한 용도로 명사가 목적어로 나온다. 이 때 이 목적어가 명시 목적어이다.

## ▶ 도량(무게, 부피, 면적)

일상 생활에서 자주 사용되는 도량형 표현은 아래와 같이 표기하며, 도량형을 먼저 쓴 뒤 명시 목적어를 쓴다. 예를 들어, 모래 1톤일 경우, طُنُّ رَمْلاً 이라고 표현한다.

| 리터(liter) | 킬로그램(kg) | 톤(ton) | 에이커(acre) |
|---|---|---|---|
| لِتْرٌ ج ات | كِيلُوغْرَامٌ ج ات | طُنٌّ ج أَطْنَانٌ | فَدَّانٌ ج فَدَادِينُ، أَفْدِنَةٌ |

| | |
|---|---|
| إِذَا اشْتَرَيْتَ لِتْرَيْنِ عَصِيرًا فَبِإِمْكَانِكَ الْحُصُولُ عَلَى لِتْرِ مَاءٍ مَجَّانًا؟ | 당신이 주스 2L 를 구매하시면 공짜로 물 1L 를 얻을 수 있다. |
| زَرَعَ الْمُزَارِعُ عَشَرَةَ أَفْدِنَةٍ أُرْزًا بِاسْتِخْدَامِ الْجَرَّارِ الزِّرَاعِيِّ. | 농부는 트랙터를 사용해서 벼 10 에이커를 재배했다. |
| شَارَكَ مُعْظَمُ الشَّعْبِ الْكُورِيِّ فِي حَمْلَةِ جَمْعِ الذَّهَبِ وَبَلَغَتِ الْكَمِّيَّةُ أَكْثَرَ مِنْ مِئَتَيْنِ طُنٍ ذَهَبًا. | 한국 국민들 대부분은 금모으기 운동에 참여했고, 그 양은 200톤 이상에 달했다. |

## ▶ 의문사 كَمْ

unit 68에서 의문사 كَمْ 의 활용 중 개수를 세기 위해 كَمْ 뒤에 목적격이 나오는 경우가 있는데, 이 목적격 명사는 명시 목적어에 해당한다. 예문 해당 unit으로 대체한다.

## ▶ 숫자 11~99

명사의 개수가 11개~99개면, 숫자를 먼저 쓴 뒤에 단수 명사를 목적격으로 놓으면 되고, **숫자의 성은 세어지는 명사와 반대로** 하면 된다. (단, 1단위 숫자가 1 또는 2 인 경우에는 성이 일치한다.)

| | |
|---|---|
| عُثِرَ عَلَى خَمْسَةَ عَشَرَ سِلَاحًا نَارِيًّا غَيْرَ شَرْعِيٍّ فِي هَذَا الْمَكْتَبِ أَمْسِ. | 어제 이 사무실에서 15개의 불법 총기가 발견되었다. |

한 편, 이 명사 구(숫자+명사)는 두 가지 방식으로 한정을 표현할 수 있다. ①비한정 상태에서 숫자에만 관사를 넣는 방식과 ②숫자를 형용사처럼 취급하여 한정 복수 명사 뒤에 놓는 방식이 있다.[1]

|각주 여기|

| 수 범위 11-19 | 수 범위 20-99 |
|---|---|
| 1단위에만 관사를 넣는다 | 1단위와 10단위 모두 관사를 넣는다 |
| ① اَلثَّلَاثَ عَشْرَةَ سَيَّارَةً | ① اَلسِّتُّ وَالثَّلَاثُونَ سَيَّارَةً |
| ② اَلسَّيَّارَاتُ الثَّلَاثَ عَشْرَةَ | ② اَلسَّيَّارَاتُ السِّتُّ وَالثَّلَاثُونَ |

---

[1] 문법을 엄격하게 적용하면 ① 번은 옳은 구조는 아니며 ②번 방식이 완전한 표준 방식이다. 하지만 ①번이 더 사용하기 쉽기 때문에 더 빈번하게 쓰이며, 심지어 뉴스에서도 ①번 방식을 더 많이 사용한다.

# Unit 119. 명시 목적어 심화 _ 우선급의 활용

## ▶ 우선급의 구체화

우선급의 의미가 불분명할 때 그 모호함을 해소해주는 명사가 명시 목적어로서 목적격으로 뒤에 쓰이게 된다.

أَلْخَطَأُ الْأَكْثَرُ شُيُوعًا فِي كِتَابَةِ السِّيرَةِ الذَّاتِيَّةِ هُوَ عِبَارَةٌ عَنِ الْمُبَالَغَةِ فِي الْخِبَرَةِ أَكْثَرَ مِمَّا يَنْبَغِي بِالْإِضَافَةِ إِلَى الْأَخْطَاءِ الْمَطْبَعِيَّةِ.

이력서(CV)를 쓸 때 가장 흔히 하는 실수는 오타 이외에 자신의 경험을 필요 이상으로 과장하는 것이다.

بِالنِّسْبَةِ لِي فَإِنَّ تَنَاوُلَ الدَّوَاءِ مَعَ الْخَمْرِ أَكْثَرُ غَرَابَةً مِنْ تَنَاوُلِهِ مَعَ الْحَلِيبِ.

나에게는 약을 우유랑 먹는 것보다 술이랑 먹는 것이 더 이상하다.

جَعَلَنِي الْحُصُولُ عَلَى الْجَائِزَةِ أَكْثَرَ ثِقَةً بِنَفْسِي مِمَّا كُنْتُ عَلَيْهِ فِي الْمَاضِي.

상을 받은 것이 과거보다 나 스스로를 더 믿게 만들었다.

특히, 일반적인 우선급의 형태만으로 비교나 최상의 의미를 전달할 수 없는 **색깔이나**[1] **파생동사**[2] 의 경우도 위와같은 구조를 갖는다. 이 때 정도를 표현하는 우선급(أَكْثَرُ، أَشَدُّ، أَقَلُّ...إلخ)을 먼저 써준 뒤 그 뒤에 동명사[3]를 목적격으로 놓아서 표현한다.

صَارَتِ الشَّمْسُ أَكْثَرَ احْمِرَارًا مُقَارَنَةً بِمَا كَانَتْ عَلَيْهِ قَبْلَ سَاعَةٍ.

태양은 한 시간 전과 비교해서 더 붉어졌다.

أَظُنُّ لَوْنَ هَذَا الْبَحْرِ أَقَلَّ ازْرِقَاقًا مِنَ الْبَحْرِ الَّذِي زُرْتُهُ فِي الْعُطْلَةِ الصَّيْفِيَّةِ الْمَاضِيَةِ.

이 바다의 색은 내가 지난 여름 방학 때 갔던 바다보다 덜 푸른 것 같다.

يَسْتَثْمِرُ الْفَنَّانُ كُلَّ وَقْتِهِ لِكَيْ يُنْتِجَ اللَّوْنَ الْأَشَدَّ سَوَادًا.

그 예술가는 가장 진한 검은색을 만들기 위해 모든 시간을 투자하고 있다.

يَغْلُبُ عَلَى فَضِيحَةِ الْمَشَاهِيرِ أَنَّهَا أَكْبَرُ تَأْثِيرًا فِي الْمُجْتَمَعِ مِنْ فَضِيحَةِ السَّاسَةِ.

연예인들의 스캔들은 정치인들의 스캔들보다 더 영향력이 강한 경향이 있다.

مَا الْفِيلْمُ الْأَكْثَرُ مُشَاهَدَةً فِي الْعَامِ الْمَاضِي؟

작년에 가장 많이 시청한 영화는 무엇인가요?

---

[1] 색깔 형용사도 우선급과 마찬가지로 أَفْعَلُ 형태라서 이 형태 자체로는 색깔에 우선급의 의미를 표현할 수 없다.
[2] 아랍어 동사는 하나의 어근묶음으로 여러 파생형 동사(2형~10형)가 만들어지고 각각의 뜻도 다르다. 하지만 하나의 어근 묶음으로는 하나의 우선급 형태 만들 수 있어서 파생동사의 경우 명시 목적어 형태로 표현된다.
[3] 특히 색깔을 표현할 때, 흰색과 검은색은 각각 اِبْيِضَاض 과 اِسْوِدَاد 의 동명사가 문법상 존재하긴 하지만 잘 사용되지 않으며 대신 بَيَاض 과 سَوَاد 이 사용된다.

STEP 4. 특수 구문__ **Chapter 23. 기타 구문**

| 1 | 2 | 3 | 4 | 5 | 6 | 7 | 8 | 9 | 10 | 11 | 12 | 13 | 14 | 15 | 16 | 17 | 18 | 19 | 20 | 21 | 22 | **23** | 24 | 25 |

# Unit 120. 양보 구문

## ▶ 양보구문의 구조

'~임에도 불구하고 ...하다'를 의미하는 양보문장은 아래의 아래의 문장구조를 가진다.

| 주절 | 양보절 |
| --- | --- |
| ... | رَغْمَ (أَنَّ) ~ |
| لَكِنَّ ... | عَلَى الرَّغْمِ مِنْ (أَنَّ) ~ |
| إِلَّا أَنَّ ... | بِالرَّغْمِ مِنْ (أَنَّ) ~ |
| | مَعَ أَنَّ ~ |

رَغْمَ أَنَّ جَوَازَ السَّفَرِ تَخَطَّى مُدَّةَ الصَّلاحِيَّةِ بِالْفِعْلِ إِلَّا أَنَّنِي لَمْ أَعْرِفْ هَذَا مِثْلَ الْأَحْمَقِ.

여권이 이미 유효기간을 지났음에도 불구하고 나는 바보같이 이를 몰랐다.

مَعَ أَنَّنَا حُكْنَا خُطَّةً وَاسْتِرَاتِيجِيَّةً بِدِقَّةٍ وَبِصُورَةٍ مُمْتَازَةٍ لَكِنَّنَا فَشِلْنَا فِي نِهَايَةِ الْمَطَافِ.

우리는 계획과 전략을 훌륭하게 잘 짰음에도 불구하고 결국 실패했다.

## ▶ 조건사를 활용한 양보구문

조건사(إِذَا، إِنْ، لَوْ) 를 활용하여 **"비록~하더라도"**을 의미하는 양보구문을 만들 수 있다. 이 때 조건사 앞에 حَتَّى 가 추가되어 활용되는데, حَتَّى 와 وَ 는 둘 중에 하나는 생략해서 쓸 수 있지만, 둘 다 생략하면 안 된다. 아래 9개의 형태는 유의미한 의미상 차이를 갖지 않으므로 아무 형태나 선택해서 사용하면 된다.

| حَتَّى وَإِذَا | حَتَّى إِذَا | وَإِذَا |
| --- | --- | --- |
| حَتَّى وَإِنْ | حَتَّى إِنْ | وَإِنْ |
| حَتَّى وَلَوْ | حَتَّى لَوْ | وَلَوْ |

لَا نَنْدَمُ أَبَدًا عَلَى بَدْءِ الْمَشْرُوعِ حَتَّى وَإِنْ كَانَتِ النَّتِيجَةُ مُخَيِّبَةً لِلْأَمَلِ.

비록 그 결과가 실망스럽더라도 우리는 결코 그 프로젝트를 시작한 것을 후회하지 않는다.

لَا يُمْكِنُنَا أَنْ نُخْبِرَهُ الْحَقِيقَةَ آخِذِينَ بِعَيْنِ الْاِعْتِبَارِ حَالَتَهُ الصِّحِّيَّةَ حَتَّى إِذَا أَرَادَ أَنْ يَعْرِفَ حَالَتَهُ بِالضَّبْطِ.

비록 그가 그의 상태를 정확히 알고싶어 하더라도 그의 건강 상태를 감안해서 우리는 그에게 사실을 알려줄 수 없다.

سَوْفَ أَتْرُكُ الشَّرِكَةَ وَأُسَافِرُ بِغَضِّ النَّظَرِ عَنْ رَأْيِ أَبِي وَلَوْ كَانَ يَظُنُّ قَرَارِي أَمْرًا مُضِيعًا لِلْوَقْتِ.

비록 아버지는 내 결정을 시간 낭비라고 생각하더라도 나는 아버지의 생각과 상관없이 퇴사하고 여행을 갈 것이다.

# Unit 121. 선택 구문

## ▶ ... إِمَّا ~ وَإِمَّا(أَوْ) 구문

'~이던지 아니면...이던지(either~or...)' 를 의미하여 **둘 중 하나를 선택**할 때 사용되는 구문이다. 이 때 أَوْ 와 وَ 는 대등 접속사이기 때문에, 접속사를 기준으로 양쪽의 구조가 대칭을 이뤄야 한다.

대등하는 구조가 단어나 구일 경우 동격을 취해서 나오면 되며, 문장이 나올 경우 أَنَّ 나 أَنْ 이 사용될 수 있다.

| إِمَّا أَنْ تَتْرُكَ هَذِهِ الشَّرِكَةَ حَالًا وَإِمَّا أَنْ أَتْرُكَهَا. | 당신이 당장 회사를 떠나던지 아니면 내가 회사를 떠날 것이다. |
|---|---|
| لَا بُدَّ لِشَرِكَتِنَا مِنْ أَنْ تَخْتَارَ إِمَّا السَّيَّارَةَ الْإِلِكْتُرُونِيَّةَ أَوْ السَّيَّارَةَ الْهَيْدُرُوجِينِيَّةَ مِنْ أَجْلِ بَقَاءِ شَرِكَتِنَا فِي الْمُسْتَقْبَلِ. | 우리 회사가 미래에도 살아남기 위해서는 전기차를 선택하던지 아니면 수소차를 선택해야 한다. |

## ▶ ... سَوَاءٌ كَانَ ~ أَمْ(أَوْ) 구문

'~이던지 ... 이던지 간에(whether~or...)' 를 의미하여 **둘 중 무엇이 되든 상관이 없을 때** 사용되는 구문이며, أَمْ 과 أَوْ 도 대등 접속사이기 때문에, 접속사를 기준으로 양쪽의 구조가 대칭을 이뤄야 한다. 위의 إِمَّا 와 달리 문장을 쓸 때 أَنَّ 나 أَنْ 이 사용되지 않는다.

한편, سَوَاءٌ 는 주격이 기본형이지만 그 뒤에 كَانَ 와 함께 쓰일 경우 سَوَاءٌ 의 격을 목적격으로도 쓸 수 있게 된다. 단, 이의 유무에 따른 해석의 차이는 없다.

| لَا يُهِمُّنِي سَوَاءٌ كَانَ لَوْنُ جِلْدِهِ أَبْيَضَ أَمْ أَسْوَدَ. | 나는 그의 피부색이 희던 검던 상관 없다. |
|---|---|
| يَجِبُ عَلَى كُلِّ شَخْصٍ سَيَرْكَبُ طَائِرَةً مُتَّجِهَةً إِلَى كُورِنَا سَوَاءٌ كَانَ مُوَاطِنًا أَوْ أَجْنَبِيًّا أَنْ يُسَلِّمَ وَرَقَةَ النَّتِيجَةِ الْأَصْلِيَّةِ لِفَحْصِ كُورُونَا الَّذِي أُجْرِيَ فِي غُضُونِ 48 سَاعَةً. | 자국민이던 외국인이던 한국행 비행기를 탑승하는 사람은 48시간 내에 실시된 코로나 검사 결과지 원본을 제출해야 한다. |
| لَنْ آمُرَ بِرَفْعِ الْعُقُوبَةِ الْاِقْتِصَادِيَّةِ عَلَى الدَّوْلَةِ سَوَاءً سَدَّدَتِ الدُّيُونَ أَمْ لَمْ تَسُدِّدْهَا. | 그 국가가 부채를 갚았던 아니던 나는 그 국가에 대한 경제제재 철회를 지시하지 않을 것이다. |
| لَا يُهِمُّنَا سَوَاءً كَانَ كَلَامُهُ سَارِيَ الْمَفْعُولِ قَانُونِيًّا أَمْ لَا. | 우리는 그의 말이 법적으로 효력이 있던 없던 신경쓰지 않는다. |

STEP 4. 특수 구문___ **Chapter 23. 기타 구문**

| 1 | 2 | 3 | 4 | 5 | 6 | 7 | 8 | 9 | 10 | 11 | 12 | 13 | 14 | 15 | 16 | 17 | 18 | 19 | 20 | 21 | 22 | **23** | 24 | 25 |

# Unit 122. 시차 구문

## ▶ مَا كَادَ ~ حَتَّى ... 구문

"A하자마자 B한다"를 의미하며 아래와 같은 구조를 갖는다.

| | | | | |
|---|---|---|---|---|
| A하자마자 B했다. | 완료형 (B) | حَتَّى | 직설법 (A) | مَا كَادَ |
| A하자마자 B했다. | 완료형 (B) | حَتَّى | 직설법 (A) | لَمْ يَكَدْ |
| A하자마자 B한다. | 접속법 (B) | حَتَّى | 직설법 (A) | لَا يَكَادُ |

مَا كِدْنَا نَصِلُ إِلَى الْمَطَارِ حَتَّى سَمِعْنَا إِعْلَانًا بِأَنَّ الطَّائِرَةَ الَّتِي حَجَزْنَاهَا تَنْتَظِرُنَا.

우리가 공항에 도착하자마자 예약한 비행기가 우리를 기다리고 있다는 안내방송을 들었다.

لَمْ يَكَدِ الْجَوُّ الْبَارِدُ يَنْتَهِي حَتَّى غَطَّى الْغُبَارُ النَّاعِمُ بِلَادَنَا.

추운 날씨가 끝나자마자 미세먼지가 우리나라를 뒤덮었다.

لَا أَكَادُ أَحْصُلُ عَلَى مَعْلُومَاتٍ سِرِّيَّةٍ عَنِ الْمُنْتَجِ الْحَدِيثِ مِنَ الشَّرِكَةِ الْمُنَافِسَةِ الَّذِي وَصَفَهُ الرَّئِيسُ بِأَنَّهُ مُبْتَكِرٌ حَتَّى أَتَّصِلَ بِكَ.

나는 사장님이 혁신적이라고 표현한 경쟁사 신제품에 대해 비밀 정보를 얻자마자 당신에게 연락한다.

## ▶ لَمْ يَمْضِ ... حَتَّى ~ 구문

"A하는 데 B밖에 걸리지 않는다"를 의미하며 아래와 같은 구조를 갖는다.

| | | | | |
|---|---|---|---|---|
| A하는데 B밖에 걸리지 않았다. | 완료형 (A) | حَتَّى | 시간명사(B) | لَمْ يَمْضِ |
| A하는데 B밖에 걸리지 않는다. | 접속법 (A) | حَتَّى | 시간명사(B) | لَا يَمْضِي |
| A하는데 B밖에 걸리지 않을 것이다. | 접속법 (A) | حَتَّى | 시간명사(B) | لَنْ يَمْضِي |

이 때 "- 한 뒤" 라는 말을 추가할 때 시간명사 앞이나 뒤에 عَلَى 와 동명사를 넣어줄 수 있다.

لَمْ يَمْضِ شَهْرٌ عَلَى انْتِهَاءِ الْخِدْمَةِ الْعَسْكَرِيَّةِ حَتَّى حَصَلْتُ عَلَى رُخْصَةِ الْقِيَادَةِ.

나는 군 전역하고 운전 면허를 따는데 한 달 밖에 걸리지 않았다.

لَنْ تَمْضِيَ سَنَةٌ حَتَّى نُشَيِّدَ الْمَبْنَى الْعَالِيَ.

우리가 그 고층 건물을 짓는데 1년밖에 걸리지 않을 것이다.

لَنْ تَمْضِيَ عُقُودٌ حَتَّى تَغْرَقَ هَذِهِ الْجَزِيرَةُ فِي الْبَحْرِ إِذَا تَجَاهَلْنَا تَغَيُّرَ الْمُنَاخِ.

우리가 기후 변화를 무시한다면 이 섬이 침수되는 데 수 십년 밖에 걸리지 않을 것이다.

STEP 4. 특수 구문__ Chapter 23. 기타 구문

| 1 | 2 | 3 | 4 | 5 | 6 | 7 | 8 | 9 | 10 | 11 | 12 | 13 | 14 | 15 | 16 | 17 | 18 | 19 | 20 | 21 | 22 | **23** | 24 | 25 |

# Unit 122. 시차 구문

## ▶ ... حَتَّى لَبِثَ مَا 구문 ◀

"얼마 지나지 않아 ...하다"를 의미하며 아래와 같은 구조를 갖는다.

| | | | |
|---|---|---|---|
| A | وَمَا لَبِثَ حَتَّى / أَنْ | 완료형(B) | A하고 얼마 지나지 않아 B 했다. |
| A | وَلَمْ يَلْبَثْ حَتَّى / أَنْ | 완료형(B) | A하고 얼마 지나지 않아 B 했다. |
| A | وَلَا يَلْبَثُ حَتَّى / أَنْ | 접속법(B) | A하고 얼마 지나지 않아 B 한다. |
| A | وَلَنْ يَلْبَثَ حَتَّى / أَنْ | 접속법(B) | A하고 얼마 지나지 않아 B 할 것이다. |

رَجَعَ مُحَمَّدٌ إِلَى بِلَادِهِ مِصْرَ وَمَا لَبِثَ حَتَّى عَادَ إِلَى كُورِيَا مَرَّةً أُخْرَى لِكَيْ يُكْمِلَ دِرَاسَتَهُ.

무함마드는 이집트로 돌아오고 얼마 지나지 않아 학업을 마무리하기 위해 다시 한국으로 돌아갔다.

اُنْتُخِبَ الرَّئِيسُ الْجَدِيدُ فِي الْإِنْتِخَابَاتِ الرِّئَاسِيَّةِ وَلَمْ يَلْبَثْ أَنْ عَفَا عَنِ الرَّئِيسِ السَّابِقِ الَّذِي كَانَ فِي السِّجْنِ بِتُهْمَةِ الْإِخْتِلَاسِ خِلَالَ تَوَلِّيهِ الْمَنْصِبَ.

신임 대통령은 대선에서 당선되고 얼마 지나지 않아 재임기간 중 횡령혐의로 수감중이던 전임 대통령을 사면하였다.

مِنَ الْمُقَرَّرِ أَنْ يُصْدِرَ الْمُغَنِّي الْأُغْنِيَةَ الْجَدِيدَةَ، الَّتِي صَنَعَهَا بِنَفْسِهِ بِبَذْلِ كُلِّ مَا بِوُسْعِهِ، غَدًا وَلَنْ تَلْبَثَ حَتَّى تَحْتَلَّ الْمَرْكَزَ الْأَوَّلَ عَلَى قَائِمَةِ بِيلْبُورْد.

그 가수는 본인이 직접 심혈을 기울여 제작한 노래를 내일 출시할 예정이며, 그 노래는 얼마 지나지 않아 빌보드 차트 1등을 차지할 것이다.

한편, 위에서 설명된 형태에서는 حَتَّى لَبِثَ مَا 를 기준으로 앞뒤로 두 개의 문장이 나와서 두 문장 간 시차가 어느 정도 있음을 표현했다. 반면에 أَنْ/حَتَّى لَبِثَ مَا 형태가 하나의 문장을 "얼마 지나지 않아~하다" 로 표현할 수 있는데, 이 때 아래와 같은 구조를 갖는다.

| | | | |
|---|---|---|---|
| 주어 | مَا لَبِثَ حَتَّى / أَنْ | 완료형 (A) | 주어는 얼마 지나지 않아 A했다 |
| 주어 | لَمْ يَلْبَثْ حَتَّى / أَنْ | 완료형 (A) | 주어는 얼마 지나지 않아 A했다 |
| 주어 | لَا يَلْبَثُ حَتَّى / أَنْ | 접속법 (A) | 주어는 얼마 지나지 않아 A한다 |
| 주어 | لَنْ يَلْبَثَ حَتَّى / أَنْ | 접속법 (A) | 주어는 얼마 지나지 않아 A할것이다 |

الْحَرْبُ الَّتِي انْدَلَعَتْ بَيْنَ الدَّوْلَتَيْنِ مَا لَبِثَتْ حَتَّى انْتَهَتْ بِفَضْلِ تَوَسُّطِ الْأُمَمِ الْمُتَّحِدَةِ.

양국간에 발발한 그 전쟁은 유엔의 중재덕에 얼마 지나지 않아 끝났다.

هَذِهِ الشَّرِكَةُ الَّتِي أَسَّسْنَاهَا قَبْلَ 3 سَنَوَاتٍ لَنْ تَلْبَثَ حَتَّى نَقُومَ بِالْعَرْضِ الْعَامِّ الْأَوَّلِيِّ.

우리가 3년전에 설립한 이 회사는 머지않아 기업 공개(IPO_Initial Public Offering)를 할 것이다.

اَلسُّلَالَةُ الْجَدِيدَةُ مِنْ فَيْرُوسِ كُورُونَا، الَّتِي تُعَدُّ أَشَدَّ تَفَشِّيًا، لَنْ تَلْبَثَ حَتَّى تَظْهَرَ فِي بِلَادِنَا حَيْثُ إِنَّ التَّطْعِيمَ لَيْسَ بِإِمْكَانِهِ الْوِقَايَةُ مِنْهَا بِدَرَجَةٍ كَافِيَةٍ.

가장 전파력이 강하다고 여겨지는 코로나 바이러스의 새로운 변종은 백신이 충분히 예방하지 못하기 때문에 얼마 지나지 않아 국내에서 발견될 것이다.

STEP 4. 특수 구문__ **Chapter 23. 기타 구문**

| 1 | 2 | 3 | 4 | 5 | 6 | 7 | 8 | 9 | 10 | 11 | 12 | 13 | 14 | 15 | 16 | 17 | 18 | 19 | 20 | 21 | 22 | **23** | 24 | 25 |

# Unit 122. 시차 구문

▶ أَنْ 의 활용

보통 أَنْ 뒤에는 접속법이 나오지만 unit 23의 سَبَقَ أَنْ فَعَلَ 구조와 unit 122의 مَا لَبِثَ أَنْ فَعَلَ 구조와 같이 أَنْ 절의 의미가 명백하게 완료된 행위를 의미할 경우 أَنْ 뒤에 완료형을 쓸 수 있다.

위 경우 외에 مُنْذُ أَنْ فَعَلَ 과 بَعْدَ أَنْ فَعَلَ 구조에서도 가능한데, 이 경우는 주절(A)에 완료형 동사가 나오면 종속절(B)에 해당하는 أَنْ 뒤의 동사에는 완료형이 나와야 하고, 주절이 미완료면 의미에 따라 أَنْ 뒤에 미완료와 완료가 모두 나올 수 있다.

이 주절A와 종속절B 두 문장의 선후관계를 보면 'B이후에 A하다' 이므로 B 상황이 먼저 일어난 상황이다. 이 때 A 가 완료형이면 그보다 더 이전엔 발생한 B는 명백히 완료된 행위일 수 밖에 없다. 그래서 이 경우에는 B에 완료형만 나올 수 있다.

| مَثَلَ الْمُتَّهَمُ مُحَمَّدٌ أَمَامَ الْمَحْكَمَةِ بِرُفْقَةِ مُحَامِيهِ بَعْدَ أَنْ أَزَالَ الْأَدِلَّةَ الْمَادِّيَّةَ كُلَّهَا الَّتِي قَدْ تُؤَدِّي إِلَى إِدَانَتِهِ. | 무함마드는 그의 유죄 판결로 이어질 수 있는 모든 물증을 인멸한 뒤에 그의 변호인과 함께 법정에 나왔다. |
|---|---|
| بَدَأَ النَّاسُ الْعَادِيُّونَ يَهْتَمُّونَ بِالْعُمْلَاتِ الْمُشَفَّرَةِ مُنْذُ أَنْ قَفَزَتْ أَسْعَارُهَا بِشَكْلٍ حَادٍّ. | 가상 화폐의 가격이 이미 급격히 치솟은 뒤에 일반인들도 관심을 갖기 시작했다. |

반면에 A 가 미완료형이면 B는 A보다는 이전에 일어나긴 했지만 아직 완료되지 않을 수 있고, 경우에 따라 이미 완료된 행위일 수도 있다. 그래서 문맥에 따라 B는 미완료와 완료 둘 다 될 수 있다.

| سَوْفَ يَدْخُلُ الْمَرِيضُ إِلَى وَحْدَةِ الْعِنَايَةِ الْمُرَكَّزَةِ لِلْأَطْفَالِ بَعْدَ أَنْ تَنْتَهِي الْعَمَلِيَّةُ الْجِرَاحِيَّةُ. | 환자는 외과 수술이 끝난 뒤 소아중환자실에 들어갈 것입니다. |
|---|---|
| يَسْتَمِرُّ أَدَاءُ شَرِكَتِنَا فِي الْارْتِفَاعِ وَلَوْ مَا زَالَتْ تُسَجِّلُ الْعَجْزَ مُنْذُ أَنْ صَارَ عَلِيٌّ مُدِيرًا عَامًّا قَبْلَ سَنَةٍ. | 알리가 작년에 CEO가 된 이후로 비록 여전히 적자를 기록하고 있지만 우리 회사의 실적은 계속 오르고 있다. |

# 격모음을 결정하는 주요 문법 리스트

## 주격

| unit 51 | 명사문의 주어 |
|---|---|
| unit 51~ 52 | 명사문의 술어 |
| unit 55 ~ 57 | 동사문(능동태, 수동태)의 주어 |
| unit 68 | 의문사 كَمْ 뒤에 주격이 나오는 경우 |
| unit 97~98 | 복문의 주어 |
| unit 103 | 복수 목적어 타동사 수동태의 주어 |
| unit 121 | سَوَاءٌ 가 단독으로 쓰인 경우 |

## 목적격

| unit 15~16 | 숫자 11~19 의 기수와 서수 |
|---|---|
| unit 24 | 분사의 목적어 |
| unit 56 | 타동사의 목적어 |
| unit 68 | 의문사 كَمْ 뒤에 목적격이 나오는 경우 |
| unit 69~73 | كَانَ 와 그 자매어의 술어 |
| unit 74~76 | إِنَّ 와 그 자매어의 주어 |
| unit 82 | 타동사 동명사의 목적어 |
| unit 95 | لَا 뒤에서 부정되는 명사 |
| unit 99~102 | 복수 목적어 타동사의 목적어 두 개 |
| unit 103 | 복수 목적어 타동사 수동태의 목적어 |
| unit 112~113 | 목적격 명사를 취하는 제외사 |
| unit 115 | 상황어 |
| unit 116 | 동족 목적어 |
| unit117 | 이유 목적어 |
| unit 118~119 | 명시 목적어 |
| unit 121 | سواء 가 كان 와 같이 같이 쓰인 경우 |

## 소유격

| unit 24 | 분사의 후 연결어로 나오는 분사의 목적어 |
|---|---|
| unit 78~81 | 전 연결어를 갖는 명사 |
| unit 82 | 동명사의 주어나 목적어가 후 연결어로 나오는 경우 |
| unit 83 | 형용사를 전 연결어로 갖는 명사 |

# Step 5

## media 기초 어휘 및 원문 독해

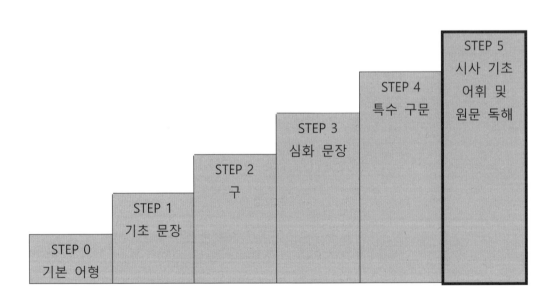

STEP 5. MEDIA 기초어휘와 단문연습__ Chapter 24. 주제 불문 빈출 기본어휘

| 1 | 2 | 3 | 4 | 5 | 6 | 7 | 8 | 9 | 10 | 11 | 12 | 13 | 14 | 15 | 16 | 17 | 18 | 19 | 20 | 21 | 22 | 23 | **24** | 25 |

# Unit 123. 시사 기초 어휘

| 미디어, 언론, 대중 매체 | إِعْلَامٌ<br>وَسَائِلُ الْإِعْلَامِ |
|---|---|
| 뉴스 | أَخْبَارٌ |
| 신문 | جَرِيدَةٌ ج جَرَائِدُ |
| 채널 | قَنَاةٌ ج قَنَوَاتٌ |
| 라디오 | رَادِيُو ج رَادِيُوهَاتٌ |
| 뉴스 통신사 | وَكَالَةُ الْأَنْبَاءِ |
| 뉴스 통신사 | شَبَكَةٌ ج ات |

| 언론 | صَحِيفَةٌ ج صُحُفٌ، صَحَائِفُ |
|---|---|
| 기자 | صُحُفِيٌّ ج ون |
| | صَحَفِيٌّ ج ون |
| 특파원 | مُرَاسِلٌ ج ون |
| 기사 | مَقَالَةٌ ج ات |
| 기자회견 | مُؤْتَمَرٌ صُحُفِيٌّ |

| 출처, 소식통 | مَصْدَرٌ ج مَصَادِرُ |
|---|---|
| 정통한 소식통 | مَصْدَرٌ مُطَّلِعٌ |
| 익명의 소식통 | مَصْدَرٌ طَلَبَ عَدَمَ كَشْفِ هُوِيَّتِهِ |
| | مَصْدَرٌ طَلَبَ عَدَمَ كَشْفِ اسْمِهِ |

STEP 5. MEDIA 기초어휘와 단문연습__ **Chapter 24. 주제 불문 빈출 기본어휘**

| 1 | 2 | 3 | 4 | 5 | 6 | 7 | 8 | 9 | 10 | 11 | 12 | 13 | 14 | 15 | 16 | 17 | 18 | 19 | 20 | 21 | 22 | 23 | **24** | 25 |

# Unit 124. 빈출 기초 동사_말/강조하다 류

| ~라고 말하다 | قَالَ _ يَقُولُ إِنَّ ~ | 124-1 |
|---|---|---|

دعا وزير الخارجية الإيراني محمد جواد ظريف للانخراط في حوار جدي، وقال **إن** وقف إطلاق النار في قره باغ خطوة نحو السلام.

www.aljazeera.net/news/2020/10/10/الهدنة-يخرق-متبادل-قصف-باغ-قره-معارك

이란 외무부 장관 무함마드 자와드 자리프는 진중한 대화에 참석하도록 촉구했으며, 아르차흐에서의 휴전은 평화를 향한 발걸음이라고 말했다.

دَعَا وَزِيرُ الْخَارِجِيَّةِ الْإِيرَانِيُّ محمد جواد ظريف لِلْإِنْخِرَاطِ فِي حِوَارٍ جِدِّيٍّ، وَقَالَ **إِنَّ** وَقْفَ إِطْلَاقِ النَّارِ فِي قره باغ خُطْوَةٌ نَحْوَ السَّلَامِ.

| ~라고 알리다 | أَعْلَنَ أَنَّ ~ | 124-2 |
|---|---|---|

**أعلنت** تركيا **أن** سفينتها "عروج ريس" ستجري، برفقة سفينتين أخريين، مسحا زلزاليا شرق البحر المتوسط قرب الجزر اليونانية، خلال العشرة أيام المقبلة.

www.aljazeera.net/news/politics/2020/10/12/سفينتها-تعيد-تركيا-التوتر-تزيد-قد-خطوة

터키는 자국 선적인 '오르츠 레이스'가 다른 두 대를 대동하여 향후 10일간 그리스 섬들 주변 동부 지중해에서 지진 탐사[1]를 실시할 것이라고 알렸다.

**أَعْلَنَتْ** تُرْكِيَّا **أَنَّ** سَفِينَتَهَا "عروج ريس" سَتُجْرِي، بِرِفْقَةِ سَفِينَتَيْنِ أُخْرَيَيْنِ، مَسْحًا زِلْزَالِيًّا شَرْقَ الْبَحْرِ الْمُتَوَسِّطِ قُرْبَ الْجُزُرِ الْيُونَانِيَّةِ، خِلَالَ **الْعَشَرَةِ** أَيَّامِ الْمُقْبِلَةِ.

| الْعَشَرَةِ أَيَّامِ | 3~10 개수의 한정 명사를 셀 때, 관사는 숫자에만 넣는다. [unit 81] |
|---|---|

---

[1] **지진 탐사**_지진 기술을 이용하여 경제 가치가 있는 매장물을 탐사하는 일. [출처_네이버 국어사전]

STEP 5. MEDIA 기초어휘와 단문연습__ Chapter 24. 주제 불문 빈출 기본어휘

| 1 | 2 | 3 | 4 | 5 | 6 | 7 | 8 | 9 | 10 | 11 | 12 | 13 | 14 | 15 | 16 | 17 | 18 | 19 | 20 | 21 | 22 | 23 | **24** | 25 |

# Unit 124. 빈출 기초 동사_말/강조하다 류

| ~라고 전하다 | أَفَادَ / يُفِيدُ بِأَنَّ ~ | 124-3 |

أفادت صحيفة أميركية بأن مشرعين من الحزب الديمقراطي وجهوا رسالة إلى الرئيس المصري

عبد الفتاح السيسي يطالبون فيها بإطلاق سراح معتقلين قالوا إنهم سجنوا ظلما.

www.aljazeera.net/news/2020/10/19/طالبوا-السيسي-بإطلاق-معتقلين-سجنوا

미국의 한 언론은 자신들이 억울하게 구금되어있다고 말한 억류자들의 석방을 요구하는
내용의 편지를 민주당 의원들이 압둘 파타흐 시시 이집트 대통령에게 보냈다고 전했다.

أَفَادَتْ صَحِيفَةٌ أَمِيرْكِيَّةٌ **بِأَنَّ** مُشَرِّعِينَ مِنَ الْحِزْبِ الدِّيمُقْرَاطِيِّ وَجَّهُوا رِسَالَةً إِلَى الرَّئِيسِ الْمِصْرِيِّ

عبد الفتاح السيسي يُطَالِبُونَ **فِيهَا** بِإِطْلَاقِ سَرَاحِ مُعْتَقَلِينَ **قَالُوا** إِنَّهُمْ سُجِنُوا ظُلْمًا.

| فيها | 비한정 선행사(رسالة)를 받아주는 대명사(ها)로 나왔다. [unit 87] |
| قالوا | 비한정 선행사(معتقلين)를 받아주는 대명사(هم)가 동사에 포함되었다. [unit 87] |

| ~라고 덧붙여 말하다 | أَضَافَ / يُضِيفُ أَنَّ ~ | 124-4 |

أضافت "سجلت بلادنا أمس 144 ألف إصابة جديدة بفيروس كورونا، وهذا من شأنه تهديد

قدرة المستشفيات".

www.aljazeera.net/news/politics/2020/11/13/ترامب-يواصل-رفض-نتائج-الانتخابات

그녀(낸시 펠로시)는 "우리나라는 어제 14만4천명의 추가 코로나 확진자를 기록하여 이는
병원들의 수용력을 위협한다"라고 덧붙여 말했다.

أَضَافَتْ "سَجَّلَتْ بِلَادُنَا أَمْس 144 أَلْفَ إِصَابَةٍ جَدِيدَةٍ بِفَيْرُوسِ كورونا، **وَهَذَا مِنْ شَأْنِهِ** تَهْدِيدُ

قُدْرَةِ الْمُسْتَشْفَيَاتِ".

| هذا من شأنه تهديد | وَمِنْ شَأْنِ هَذَا تَهْدِيدٌ 에서 هذا 가 문장 앞으로 나온 복문 구조이다. 그래서 هذا 가 복문의 주어이고 من شأنه تهديد 가 복문의 술어면서 동시에 명사문이다. 그리고 تهديد 가 도치되어 뒤로 빠진 주어에 해당한다. [unit 98] |

STEP 5. MEDIA 기초어휘와 단문연습__ **Chapter 24. 주제 불문 빈출 기본어휘**

| 1 | 2 | 3 | 4 | 5 | 6 | 7 | 8 | 9 | 10 | 11 | 12 | 13 | 14 | 15 | 16 | 17 | 18 | 19 | 20 | 21 | 22 | 23 | **24** | 25 |

# Unit 124. 빈출 기초 동사_말/강조하다 류

| ...가 ~라고 말 한 것을 전하다 | نَقَلَ عَنْ ... قَوْلَهُ إِنَّ ~ | 124-5 |

نقل مراسل الجزيرة محمود الزبيق من غوريس **عن** وزير الخارجية الأرميني **قوله إن** أذربيجان

توسّع نطاق خرق الهدنة ونطاق المعارك.

www.aljazeera.net/news/politics/2020/10/16/رغم-الهدنة-معارك-قره-باغ-متواصلة

마흐무드 알자이끄 알자지라 고리스 특파원은 아르메니아 외무장관이 아제르바이잔은 휴전(협정) 위반 범위와 교전 범위를 넓히고 있다고 말 한 것을 전했다.

**نَقَلَ** مُرَاسِلُ الْجَزِيرَةِ محمود الزبيق مِنْ غوريس **عَنْ** وَزِيرِ الْخَارِجِيَّةِ الْأَرْمِينِيِّ **قَوْلَهُ إِنَّ** أذربيجان

تُوَسِّعُ نِطَاقَ خَرْقِ الْهُدْنَةِ وَنِطَاقِ الْمَعَارِكِ.

| ~에게 ...을 알리다 | أَبْلَغَ / يُبْلِغُ ~ أَنَّ ... | 124-6 |

**أبلغت** إدارة الخدمات العامة الأميركية، وهي إدارة مستقلة، الديمقراطي بايدن **أن** انتقال

السلطة يمكن أن يبدأ رسميا، وذلك قبل توليه المنصب يوم 20 يناير/كانون الثاني المقبل.

www.aljazeera.net/news/politics/2020/11/24/في-خسارة-جديدة-لترامب-ولاية-ميشيغان

독립 기관인 미국 총무청은 민주당원인 조 바이든에게 오는 1월 20일에 (대통령)직에 취임하기 전에 정권 이양이 정식으로 시작할 수 있다고 알렸다.

**أَبْلَغَتْ** إِدَارَةُ الْخِدِمَاتِ الْعَامَّةِ الْأَمِيرْكِيَّةِ، وَهِيَ إِدَارَةٌ مُسْتَقِلَّةٌ، الدِّيمُقْرَاطِيُّ بايدن **أَنَّ انْتِقَالَ**

**السُّلْطَةِ** يُمْكِنُ **أَنْ** يَبْدَأَ رَسْمِيًّا، وَذَلِكَ قَبْلَ **تَوَلِّيهِ الْمَنْصِبَ** يَوْمَ 20 يَنَايِرَ/كَانُونِ الثَّانِي الْمُقْبِلَ.

| انتقال السلطة | 원래 أن يبدأ انتقال السلطة رسميا 에서 يمكن 가 복문의 주어가 되어 문장앞으로 이동한 구조이다. [unit 97] |
| توليه المنصب | 타동사 동명사(تَوَلٍّ)의 의미상 주어(바이든)는 접미인칭 대명사로 나왔으며, 목적어는 목적격으로 나오고 있다. [unit 82] 그리고 تَوَلٍّ 는 تَوَلَّى 의 동명사 형태이며, تَوَلَّى الْمَنْصِبَ 는 '취임하다' 를 의미하는 표현이다. |

# Unit 124. 빈출 기초 동사_말/강조하다 류

| ~를 지적하다 | أَشَارَ / يُشِيرُ إِلَى ~ | 124-7 |
|---|---|---|

أَشَارَ كولينز **إِلَى** أَنَّ ترامب "أشعل التوترات العرقية بدلا من أن يوحد الأميركيين بعد حادثة قتل جورج فلويد".

جولة-الجزيرة-نت-في-مراكز-اقتراع-قبيل/www.aljazeera.net/news/2020/11/4

콜린스는 트럼프가 조지 플로이드 사망 사건 이후 미국인들을 단결시키기보다 인종적 긴장을 고조시켰다고 지적했다.

أَشَارَ كولينز **إِلَى** أَنَّ ترامب "أَشْعَلَ التَّوَتُّرَاتِ الْعِرْقِيَّةَ بَدَلًا مِنْ أَنْ يُوَحِّدَ الْأَمِيرْكِيِّينَ بَعْدَ حَادِثَةِ قَتْلِ جورج فلويد".

| ~에게 ...을 알리다 | أَخْبَرَ / يُخْبِرُ ~ ... | 124-8 |
|---|---|---|

أَخْبَرَ جونسون أعضاء البرلمان **أنه** بالإضافة إلى تمديد خطة الدعم المادي للأعمال المضطرة للإغلاق، ستضاعف الحكومة دعمها من 40٪ إلى 80٪ من أرباح التداول لأصحاب الأعمال الحرة اعتبارًا من الشهر المقبل.

www.bbc.com/arabic/world-54772466

존슨(영국총리)은 국회의원들에게 어쩔 수 없이 문을 닫은 사업체에 물질적인 지원 계획을 연장하는 것 이외에, 정부는 내달부터 자영업자의 영업이익 중 40% 수준에서 80% 수준으로 보조금을 두 배로 늘릴 것이라고 알렸다.

أَخْبَرَ جونسون أَعْضَاءَ الْبَرْلَمَانِ **أَنَّهُ** بِالْإِضَافَةِ إِلَى تَمْدِيدِ خُطَّةِ الدَّعْمِ الْمَادِّيِّ لِلْأَعْمَالِ الْمُضْطَرَّةِ لِلْإِغْلَاقِ، سَتُضَاعِفُ الْحُكُومَةُ دَعْمَهَا مِنْ 40٪ إِلَى 80٪ مِنْ أَرْبَاحِ التَّدَاوُلِ لِأَصْحَابِ الْأَعْمَالِ الْحُرَّةِ اعْتِبَارًا مِنَ الشَّهْرِ الْمُقْبِلِ.

| أنه | أن 절이 부사구로 시작해서 비인칭 대명사가 접미되었다.  [unit 77] |
|---|---|

# Unit 124. 빈출 기초 동사_말/강조하다 류

| ~라고 밝히다 | أَوْضَحَ / يُوضِحُ أَنَّ ~ | 124-9 |

أَوْضَحَت الخارجية الأميركية أَنَّ بومبيو سيشدد خلال وجوده في اليونان على التزام واشنطن وأثينا بتعزيز الأمن والسلام في شرق البحر المتوسط، و"سيحتفي بالعلاقات اليونانية الأميركية الأقوى منذ عقود".

www.aljazeera.net/news/2020/9/25/بومبيو-إلى-اليونان-في-زيارة-دعم-وتركيا

미 국무부는 폼페이오 장관은 그리스에 머무는 동안 동 지중해에서의 미국과 그리스의 안보와 평화 강화 준수를 강조할 것이며, 수 십년 이래 가장 강한 미국-그리스 관계를 환영할 것이라고 밝혔다.

أَوْضَحَتِ الْخَارِجِيَّةُ الْأَمِيرِكِيَّةُ أَنَّ بومبيو سَيُشَدِّدُ خِلَالَ وُجُودِهِ في الْيُونَانِ عَلَى الْتِزَامِ وَاشِنْطَنَ وَأَثِينَا بِتَعْزِيزِ الْأَمْنِ وَالسَّلَامِ في شَرْقِ الْبَحْرِ الْمُتَوَسِّطِ، وَ"سَيَحْتَفِي بِالْعَلَاقَاتِ الْيُونَانِيَّةِ الْأَمِيرِكِيَّةِ **الْأَقْوَى** مُنْذُ عُقُودٍ".

| الأقوى | قوي 의 우선급이 최상급의 의미로 사용되었다. 여성 명사를 수식함에도 우선급은 남성형을 쓴 것에 주의하자. [unit 90, unit 92] |

| ~라고 언급하다 | ذَكَرَ / يَذْكُرُ ~ | 124-10 |

ذَكَرَت وكالة الأنباء السورية (سانا) صباح اليوم الأربعاء أن الدفاعات الجوية السورية تصدت لغارات إسرائيلية جوية في سماء العاصمة دمشق.

www.aljazeera.net/news/politics/2020/11/18/إسرائيلية-غارات-في-عسكريين-3-مقتل

오늘 수요일 아침 시리아 국영 통신(사나)는 시리아 방공군이 이스라엘 공습에 대응했다고 언급했다.

ذَكَرَتْ وَكَالَةُ الْأَنْبَاءِ السُّورِيَّةِ (سانا) صَبَاحَ الْيَوْمِ الْأَرْبَعَاءَ أَنَّ الدِّفَاعَاتِ الْجَوِّيَّةَ السُّورِيَّةَ تَصَدَّتْ لِغَارَاتٍ إِسْرَائِيلِيَّةٍ جَوِّيَّةٍ في سَمَاءِ الْعَاصِمَةِ دِمَشْقَ.

STEP 5. MEDIA 기초어휘와 단문연습__ **Chapter 24. 주제 불문 빈출 기본어휘**

| 1 | 2 | 3 | 4 | 5 | 6 | 7 | 8 | 9 | 10 | 11 | 12 | 13 | 14 | 15 | 16 | 17 | 18 | 19 | 20 | 21 | 22 | 23 | **24** | 25 |

# Unit 124. 빈출 기초 동사_말/강조하다 류

| ~라고 밝히다 | صَرَّحَ / يُصَرِّحُ بِأَنَّ ~ | 124-11 |
|---|---|---|

صرَّح نيهامر بِأَنَّ هناك العديد من المصابين، وربما قتلى أيضا، مشيرا إلى أن من الصعب الإدلاء ببيانات أكثر دقة في هذه اللحظة.

www.aljazeera.net/news/politics/2020/11/3/223-ΙΙ

카를 네하머(오스트리아 내무부 장관)은 당장은 더 자세한 데이터를 제공하기 힘들다는 점을 지적하며, 다수의 부상자가 있으며 아마 사망자가 있을 수도 있다고 밝혔다.

**صَرَّحَ** نيهامر **بِأَنَّ** هُنَاكَ **الْعَدِيدَ** مِنَ الْمُصَابِينَ، وَرُبَّمَا قُتْلَى أَيْضًا، **مُشِيرًا** إِلَى أَنَّ مِنَ الصَّعْبِ **الْإِدْلَاء** بِبَيَانَاتٍ **أَكْثَرَ دِقَّةً** فِي هَذِهِ اللَّحْظَةِ.

| العديد، الإدلاء | أن 가 이끄는 명사문의 주어라서 목적격이다. [unit 74] 그리고 이 두 단어 모두 도치되어 뒤에 위치한 주어이다. [unit 53] |
|---|---|
| مشيرا | نيهامر 가 상황주체인 상황 목적어이다. [unit 115] |
| أكثر دقة | 우선급이 명시 목적어를 취하는 구조이다. [unit 119] |

| ~을 강조하다, 확인하다 | أَكَّدَ / يُؤَكِّدُ ~ | 124-12 |
|---|---|---|

كان مسؤولون في ولاية جورجيا أكدوا أن النتائج النهائية لإعادة فرز الأصوات في الولاية أكدت فوز بايدن بالولاية بفارق 12 ألفا و284 صوتا عن منافسه ترامب.

www.aljazeera.net/news/2020/11/21/ولاية-جورجيا-تصدق-رسميا-على-فوز-بايدن

조지아주 대표자들은 조지아주 재검표 최종 결과는 바이든이 트럼프를 12,284표 차이로 이겼다는 것을 확인했다고 강조했다.

كَانَ مَسْؤُولُونَ فِي وِلَايَةِ جُورْجِيَا أَكَّدُوا أَنَّ النَّتَائِجَ النَّهَائِيَّةَ لِإِعَادَةِ فَرْزِ الْأَصْوَاتِ فِي الْوِلَايَةِ أَكَّدَتْ فَوْزَ بايدن بِالْوِلَايَةِ بِفَارِقِ 12 أَلْفًا وَ284 صَوْتًا عَنْ مُنَافِسِهِ ترامب.

STEP 5. MEDIA 기초어휘와 단문연습__ **Chapter 24. 주제 불문 빈출 기본어휘**

| 1 | 2 | 3 | 4 | 5 | 6 | 7 | 8 | 9 | 10 | 11 | 12 | 13 | 14 | 15 | 16 | 17 | 18 | 19 | 20 | 21 | 22 | 23 | **24** | 25 |

# Unit 124. 빈출 기초 동사_말/강조하다 류

| ~을 강조하다 | شَدَّدَ / يُشَدِّدُ (عَلَى) ~ | 124-13 |

شدد الملك المغربي **على** ضرورة الحفاظ على الوضع الخاص للقدس، واحترام حرية ممارسة الشعائر لأتباع الديانات السماوية الثلاث، وحماية الطابع الإسلامي لمدينة القدس الشريف والمسجد الأقصى.

بعد-الإمارات-والبحرين-والسودان-ترامب/www.aljazeera.net/news/2020/12/10/

모로코 왕은 예루살렘의 특별한 지위를 보존할 필요성과 3개의 아브라함 종교 신자들의 종교 의식 수행의 자유를 존중하고, 예루살렘과 알아크사 사원에 대한 이슬람적 성격을 보호해야 한다고 강조했다.

شَدَّدَ الْمَلِكُ الْمَغْرِبِيُّ **عَلَى** ضَرُورَةِ الْحِفَاظِ عَلَى الْوَضْعِ الْخَاصِّ لِلْقُدْسِ، وَاحْتِرَامِ حُرِّيَّةِ مُمَارَسَةِ الشَّعَائِرِ لِأَتْبَاعِ الدِّيَانَاتِ السَّمَاوِيَّةِ الثَّلَاثِ، وَحِمَايَةِ الطَّابِعِ الْإِسْلَامِيِّ لِمَدِينَةِ الْقُدْسِ الشَّرِيفِ وَالْمَسْجِدِ الْأَقْصَى.

| ~을 피력하다, 강조하다 | عَبَّرَ / يُعَبِّرُ عَنْ ~ | 124-14 |

قال الديوان في بيان إن الملك عبد الله الثاني **عبر** في اتصال هاتفي مع الملك محمد السادس **عن** "رغبة المملكة الأردنية الهاشمية في فتح قنصلية عامة لها بمدينة العيون المغربية".

دعما-لموقف-المغرب-الأردن-يعتزم-فتح/www.aljazeera.net/news/2020/11/20/

압둘라2세 요르단 국왕이 무함마드 6세 모로코 국왕과의 통화에서 "요르단 왕국이 주 모로코 엘아이운 요르단 총영사관을 개관하길 희망한다"고 강조했다고 모로코 왕실은 성명을 통해 발표했다.

قَالَ الدِّيوَانُ فِي بَيَانٍ إِنَّ الْمَلِكَ عَبْدَ اللهِ الثَّانِي **عَبَّرَ** فِي اتِّصَالٍ هَاتِفِيٍّ مَعَ الْمَلِكِ مُحَمَّدٍ السَّادِسِ **عَنْ** "رَغْبَةِ الْمَمْلَكَةِ الْأُرْدُنِيَّةِ الْهَاشِمِيَّةِ فِي فَتْحِ قُنْصُلِيَّةٍ عَامَّةٍ لَهَا بِمَدِينَةِ الْعُيُونِ الْمَغْرِبِيَّةِ".

STEP 5. MEDIA 기초어휘와 단문연습__ Chapter 24. 주제 불문 빈출 기본어휘

| 1 | 2 | 3 | 4 | 5 | 6 | 7 | 8 | 9 | 10 | 11 | 12 | 13 | 14 | 15 | 16 | 17 | 18 | 19 | 20 | 21 | 22 | 23 | **24** | 25 |

# Unit 124. 빈출 기초 동사_말/강조하다 류

| ~라고 이어 말하다 | تَابَعَ / يُتَابِعُ ~ | 124-15 |
|---|---|---|

تَابع "سنرى القرارات التي سيتخذونها والخطوات التي سيقدمون عليها" مشيرا إلى أن هناك
قادة أوروبيين "صادقين ومنصفين" يعارضون مثل تلك القرارات.

أردوغان-أوروبا-بايدن-أذربيجان/www.aljazeera.net/news/politics/2020/12/9

그(에르도안 터키 대통령)는 "그러한 결정들을 반대할 믿을만 하고 정의로운 유럽 지도자들이
존재한다"라고 지적하며 "우리는 그들이 취할 결정과 행보를 주시할 것이다"라고 이어
말했다.

تَابَع "سَنَرَى الْقَرَارَاتِ الَّتِي سَيَتَّخِذُونَهَا وَالْخُطُوَاتِ الَّتِي سَيُقْدِمُونَ عَلَيْهَا" **مُشِيرًا** إِلَى أَنَّ هُنَاكَ
**قَادَةً** أُورُوبِّيِّينَ "صَادِقِينَ وَمُنْصِفِينَ" **يُعَارِضُونَ** مِثْلَ تِلْكَ الْقَرَارَاتِ.

| مشيرا | 상황주체가 تابع 동사의 주어가 같아서 3인칭 남성 단수형태이다. [unit 115] |
|---|---|
| قادة | أن 절의 주어는 목적격이며 قادة 는 도치되어 뒤에 위치한 주어이므로 목적격이 된다. [unit 74] |
| يعارضون | 비한정 선행사를(قادة)를 수식해주는 관계절이다. [unit 87] |

| ~를 피력하다, 표명하다, 강조하다 | أَعْرَبَ / يُعْرِبُ عَنْ ~ | 124-16 |
|---|---|---|

أعرب السفير الإثيوبي بالقاهرة ماركوس تيكلي عَن أمله أن يتم التوصل إلى اتفاق حول سد
النهضة خلال 6 أشهر المقبلة، قبل أن يأتي موسم الأمطار، حيث ستحتجز بلاده المياه للمرة
الثانية لملء خزان السد.

سد-النهضة-الاتحاد-الإفريقي-يتمنى/www.aljazeera.net/news/politics/2020/12/10

마커스 테클은 주 카이로 에티오피아 대사는 우기가 오기 전 향후 6개월 내에 르네상스 댐에
대한 합의가 이뤄지길 희망한다고 강조했으며, 이 합의로 인해 에티오피아는 한 번 더 댐
저수지를 채우기 위해 물을 받을 것이다.

أَعْرَبَ السَّفِيرُ الإِثْيُوبِيُّ بِالْقَاهِرَةِ ماركوس تيكلي **عَنْ** أَمَلِهِ أَنْ يَتِمَّ التَّوَصُّلُ إِلَى اتِّفَاقٍ حَوْلَ سَدِّ
النَّهْضَةِ خِلَالَ 6 أَشْهُرِ الْمُقْبِلَةِ، قَبْلَ أَنْ يَأْتِي مَوْسِمِ الأَمْطَارِ، حَيْثُ سَتَحْتَجِزُ بِلَادُهُ الْمِيَاهَ لِلْمَرَّةِ
الثَّانِيَةِ لِمَلْءِ خَزَّانِ السَّدِّ.

| حيث | حيث 는 장소부사 이외에 인과의 의미도 갖는다. [unit 88] |
|---|---|

# Unit 124. 빈출 기초 동사_말/강조하다 류

| ~를 ...로 묘사하다 | وَصَفَ / يَصِفُ ~ بِ ... | 124-17 |
|---|---|---|

دعا المجلس ما وصفها بالدول التي تتحرك بخلاف القانون والمعاهدات الدولية إلى التعقل في حل الخلافات، مشددا على أن أنقرة تقف دائما إلى جانب الحق والعدل في كل الخلافات الإقليمية والعالمية، وتتبنى الموقف نفسه بخصوص شرق المتوسط.

www.aljazeera.net/news/2020/9/25/بومبيو-إلى-اليونان-في-زيارة-دعم-وتركيا

안전보장회의는 터키는 항상 모든 국내분쟁과 국제분쟁에서 권리와 원칙을 잘 준수하고 동 지중해와 관련해서도 동일한 입장을 따르고 있다고(=권리와 원칙을 잘 준수함) 강조하면서, 국제법과 조약들을 침해하며 행동하는 국가들에게 갈등을 해결하는 데에 신중을 기할 것을 촉구했다.

دَعَا الْمَجْلِسُ **مَا** وَصَفَهَا بِالدُّوَلِ الَّتِي تَتَحَرَّكُ بِخِلَافِ الْقَانُونِ وَالْمُعَاهَدَاتِ الدُّوَلِيَّةِ إِلَى التَّعَقُّلِ فِي حَلِّ الْخِلَافَاتِ، مُشَدِّدًا عَلَى أَنَّ أَنْقَرَةَ تَقِفُ دَائِمًا إِلَى جَانِبِ الْحَقِّ وَالْعَدْلِ فِي كُلِّ الْخِلَافَاتِ الْإِقْلِيمِيَّةِ وَالْعَالَمِيَّةِ، وَتَتَبَنَّى الْمَوْقِفَ **نَفْسَهُ** بِخُصُوصِ شَرْقِ الْمُتَوَسِّطِ.

| ما | 선행사를 포함하는 관계사인 ما 이다. [unit 87] 이 때 وصفها 의 ها 는 ما 를 받아주는 대명사이기 때문에 ه 라고 써야 하지만, 이 ما 가 문맥상 الدول 을 의미하여 그 의미를 더 살리기 위해 ها 로 받아주었으며, 이는 선택사항이다. |
|---|---|
| نفسه | 동일성을 강조하기 위해 نفس 가 대용어 형태로 나왔다. [unit 85] |

| ~라고 언급하다 | أَوْرَدَ / يُورِدُ ~ | 124-18 |
|---|---|---|

من جهة أخرى، أورد بيان لمجلس الوزراء السعودي أن المملكة ستتخذ الإجراءات اللازمة للحفاظ على أراضيها وسلامة مواطنيها والمقيمين فيها، وفقًا لالتزاماتها بالقوانين الدولية.

www.aljazeera.net/news/politics/2021/2/17/اليمن-واشنطن-تندد-بقصف-الحوثيين-لمطار

다른 한편, 사우디 내각 성명은 사우디가 국제법상의 의무에 따라 자국의 영토 및 국민과 거주민의 안전을 보호하기 위해 필요한 조치를 취할 것이라고 언급했다.

مِنْ جِهَةٍ أُخْرَى، **أَوْرَدَ** بَيَانٌ لِمَجْلِسِ الْوُزَرَاءِ السُّعُودِيِّ أَنَّ الْمَمْلَكَةَ سَتَتَّخِذُ الْإِجْرَاءَاتِ اللَّازِمَةَ لِلْحِفَاظِ عَلَى أَرَاضِيهَا وَسَلَامَةِ مُوَاطِنِيهَا وَالْمُقِيمِينَ فِيهَا، وَفْقًا لِالْتِزَامَاتِهَا بِالْقَوَانِينِ الدُّوَلِيَّةِ.

STEP 5. MEDIA 기초어휘와 단문연습___ **Chapter 24. 주제 불문 빈출 기본어휘**

| 1 | 2 | 3 | 4 | 5 | 6 | 7 | 8 | 9 | 10 | 11 | 12 | 13 | 14 | 15 | 16 | 17 | 18 | 19 | 20 | 21 | 22 | 23 | **24** | 25 |

# Unit 125. 빈출 기초 동사_비난하다 류

| ~을 비난하다 | أَدَانَ / يُدِينُ ~ | 125-1 |
|---|---|---|

أَدان المستشار النمساوي سيباستيان كورتز ما أسماه "الهجوم الإرهابي المثير للاشمئزاز"، الذي نفّذه مسلّحون في العاصمة فيينا الاثنين في الليل.

www.aljazeera.net/news/politics/2020/11/3/223-ll

오스트리아 총리 세바스티안 쿠르츠는 월요일 밤 수도 비엔나에서 무장된 자들이 자행한 혐오스러운 테러공격을 비난했다.

أَدَانَ الْمُسْتَشَارُ النَّمْسَاوِيُّ سيباستيان كورتز **مَا أَسْمَاهُ** "الْهُجُومَ الْإِرْهَابِيَّ الْمُثِيرَ لِلْاشْمِئْزَازِ"، الَّذِي **نَفَّذَهُ** مُسَلَّحُونَ فِي الْعَاصِمَةِ فيينا الْاِثْنَيْنِ فِي اللَّيْلِ.

| ما أسماه | 관계절에 선행사를 포함하는 관계사 ما 가 접미 대명사(ه)로 나왔다. [unit 87] |
|---|---|
| نفذه | 선행사(الهجوم)가 관계절에서 접미 대명사(ه)로 나왔다. [unit 86] |

| ~를 ...라고 비난하다 | اِتَّهَمَ / يَتَّهِمُ ~ بِ... | 125-2 |
|---|---|---|

اتهم زعيم الأقلية الديمقراطية في مجلس الشيوخ تشاك شومر الجمهوريين الخميس بما سماه "تسميم" الديمقراطية برفضهم الإقرار بفوز بايدن.

ترامب-يواصل-رفض-نتائج-الانتخابات/www.aljazeera.net/news/politics/2020/11/13

척 슈머 민주당 상원 원내대표는 목요일 공화당원들이 바이든의 승리를 인정하지 않는 방식으로 민주주의를 병들게 한다고 비난했다.

اِتَّهَمَ زَعِيمُ الْأَقَلِّيَّةِ الدِّيمُقْرَاطِيَّةِ فِي مَجْلِسِ الشُّيُوخِ تشاك شومر الْجُمْهُورِيِّينَ الْخَمِيسَ **بِمَا سَمَّاهُ** "تَسْمِيمَ" الدِّيمُقْرَاطِيَّةِ **بِرَفْضِهِم** **الْإِقْرَارَ** بِفَوْزِ بايدن.

| بما سماه | 관계절에 관계사 ما 가 접미 대명사(ه)로 나왔다. [unit 87] |
|---|---|
| فرضهم الإقرار | 타동사의 동명사(فرض)가 의미상 주어(공화당원들)로 대명사(هم)를 받으면서 목적어 (الإقرار)를 목적격으로 받는 구조이다. [unit 82] |

STEP 5. MEDIA 기초어휘와 단문연습__ Chapter 24. 주제 불문 빈출 기본어휘

| 1 | 2 | 3 | 4 | 5 | 6 | 7 | 8 | 9 | 10 | 11 | 12 | 13 | 14 | 15 | 16 | 17 | 18 | 19 | 20 | 21 | 22 | 23 | **24** | 25 |

# Unit 125. 빈출 기초 동사_비난하다 류

| ~라고 비난하다 | اِنْتَقَدَ / يَنْتَقِدُ | 125-3 |
|---|---|---|

قال عضو الكونغرس عن ولاية إلينوي آدم كينزينجر "هذا جنوني"، وأضاف أنه ينبغي التعامل مع المخاوف المشروعة بشأن الاحتيال من خلال النظام القانوني، في الوقت الذي انتقد فيه نشر "معلومات مضللة".

www.aljazeera.net/news/politics/2020/11/6/ساسة-جمهوريون-يعلقون-على-مزاعم-ترامب

일리노이주 주의회 의원인 아담 킨진저는 "이건 미친거다"고 말했으며, 허위 정보 게재를 비난하는 와중에 사기와 관련된 정당한 우려를 법률 체계를 통해 다뤄야 한다고도 덧붙였다.

قَالَ عُضْوُ الْكُونْغُرْس عَنْ وِلَايَةِ إِلينوي آدم كينزينجر "هَذَا جُنُونِيٌّ"، وَأَضَافَ **أَنَّهُ يَنْبَغِي التَّعَامُلُ** مَعَ الْمَخَاوِفِ الْمَشْرُوعَةِ بِشَأْنِ الْإِحْتِيَالِ مِنْ خِلَالِ النِّظَامِ الْقَانُونِيِّ، فِي الْوَقْتِ الَّذِي انْتَقَدَ **فِيهِ** نَشَرَ "مَعْلُومَاتٍ مُضَلَّلَةٍ".

| أنه | أن 절에 비인칭 동사가 나와서 비인칭 대명사가 접미되었다. [unit 77] |
|---|---|
| ينبغي التعامل | ينبغي 는 비인칭 동사이며 تعامل 가 주어이다. [unit 23] |
| فيه | 관계절 안에서 선행사를 받아주고 있다. [unit 86] |

| ~를 비난하다 | نَدَّدَ / يُنَدِّدُ بِ~ | 125-4 |
|---|---|---|

في أحدث ردود الفعل على عملية الاغتيال، نددت تركيا بما وصفته بـ"الاغتيال الشنيع" لأكبر عالم نووي إيراني ودعت لتقديم الضالعين في اغتياله للعدالة.

www.aljazeera.net/news/2020/11/30/رفض-ماليزي-لوصف-هيئة-كبار-علماء

암살에 대한 최근 반응에서, 터키는 이란 최고 핵 과학자에 대해 '흉악한 암살'로 묘사한 것(그 암살행위)을 비난하였으며, 그의 암살에 연루된 자들을 법정에 세워야 한다고 촉구했다.

فِي أَحْدَثِ رُدُودِ الْفِعْلِ عَلَى عَمَلِيَّةِ الْإِغْتِيَالِ، نَدَّدَتْ تُرْكِيَا بِمَا وَصَفَتْهُ بِـ"الْإِغْتِيَالِ الشَّنِيعِ" لِأَكْبَرِ عَالِمٍ نَوَوِيٍّ إِيرَانِيٌّ وَدَعَتْ لِتَقْدِيمِ الضَّالِعِينَ فِي اغْتِيَالِهِ لِلْعَدَالَةِ.

STEP 5. MEDIA 기초어휘와 단문연습__ **Chapter 24. 주제 불문 빈출 기본어휘**

| 1 | 2 | 3 | 4 | 5 | 6 | 7 | 8 | 9 | 10 | 11 | 12 | 13 | 14 | 15 | 16 | 17 | 18 | 19 | 20 | 21 | 22 | 23 | **24** | 25 |

# Unit 125. 빈출 기초 동사_비난하다 류

| ~을 비난하다 | إِسْتَنْكَرَ / يَسْتَنْكِرُ ~ | 125-5 |
|---|---|---|

في الكويت استمرت ردود الفعل المنددة بالسلوك الفرنسي، فقد **استنكر** رئيس مجلس الأمة الكويتي مرزوق الغانم اليوم نشر بعض الصحف الفرنسية وغيرها **رسوما** مسيئة للرسول الكريم.

www.aljazeera.net/news/politics/2020/10/23/فرنسا-قوانين-جديدة-لمن-يعرض-حياة

쿠웨이트에서 프랑스의 행동을 비난하는 반응들이 계속 나왔으며, 마르주끄 알가님 쿠웨이트 국회의장은 오늘 여타 몇몇 프랑스 언론들이 자비로운 선지자 (무함마드)를 모욕하는 그림들을 게재하는 것을 비난했다.

فِي الْكُوَيْتِ اسْتَمَرَّتْ رُدُودُ الْفِعْلِ الْمُنَدِّدَةُ بِالسُّلُوكِ الْفَرَنْسِيِّ، فَقَدِ **اسْتَنْكَرَ** رَئِيسُ مَجْلِسِ الْأُمَّةِ الْكُوَيْتِيِّ مَرْزُوقٌ الْغَانِمُ الْيَوْمَ نَشْرَ بَعْضِ الصُّحُفِ الْفَرَنْسِيَّةِ وَغَيْرِهَا **رُسُومًا** مُسِيئَةً لِلرَّسُولِ الْكَرِيمِ.

| رسوما | **رسوما** 타동사 동명사(نشر)의 목적어로 목적격을 갖는다. [unit 82] |
|---|---|

| ~을 ...라고 비난하다 | لَامَ / يَلُومُ ~ عَلَى ... | 125-6 |
|---|---|---|

في بريطانيا ترى الحكومة بشكل رسمي أن الدردشة المشفرة عبر الإنترنت تعتبر أداة للإرهابيين والمولعين بالأطفال والمجرمين، كما أنها **لامت** شركة "واتساب" مرات عدة **على** تشفيرها للرسائل بشكل تلقائي.

www.aljazeera.net/news/presstour/2018/9/3/كيف-ينشر-واتساب-الفوضى-بأنحاء-العالم

영국에선 정부가 공식적으로 인터넷을 통해 암호화된 채팅은 테러리스트와 소아성애자 그리고 범죄자들을 위한 도구로 간주되는것으로 보고있으며 또한, 정부는 와츠앱 회사가 메시지들을 자동으로 암호화시킨다고 수 차례 비난했다.

فِي بِرِيطَانِيَا تَرَى الْحُكُومَةُ بِشَكْلٍ رَسْمِيٍّ أَنَّ الدَّرْدَشَةَ الْمُشَفَّرَةَ عَبْرَ الْإِنْتَرْنَتِ تُعْتَبَرُ **أَدَاةً** لِلْإِرْهَابِيِّينَ وَالْمُولَعِينَ بِالْأَطْفَالِ وَالْمُجْرِمِينَ، كَمَا أَنَّهَا **لَامَتْ** شَرِكَةَ "واتساب" مَرَّاتٍ **عِدَّةٍ** عَلَى تَشْفِيرِهَا لِلرَّسَائِلِ بِشَكْلٍ تِلْقَائِيٍّ.

| أداة | **أداة** اعتبر 가 수동태로 나오면서 제 2 목적어가 목적격으로 남아있다. [unit 103] |
|---|---|
| عدة | **عدة** 정도를 나타내는 다른 단어와 달리 عدة 는 후 연결어로도 쓰일 수 도 있다. |
| للرسائل | **للرسائل** 타동사 동명사(تشفير)의 의미상 목적어가 ل 뒤에 나온다. [unit 82] |

STEP 5. MEDIA 기초어휘와 단문연습___ Chapter 24. 주제 불문 빈출 기본어휘

| 1 | 2 | 3 | 4 | 5 | 6 | 7 | 8 | 9 | 10 | 11 | 12 | 13 | 14 | 15 | 16 | 17 | 18 | 19 | 20 | 21 | 22 | 23 | **24** | 25 |

# Unit 126. 빈출 기초 동사_생각하다 류

| ~을 ...라고 여기다, 생각하다, 간주하다 | اِعْتَبَرَ / يَعْتَبِرُ | 126-1 |

يَعْتَبِرُ البَعْضُ تقنية الجيل الخامس خطرة بسبب المعلومات الجديدة حول تأثيرات الإشعاع الذي ينبعث منها، وحول المخاطر المرتبطة بالمجالات الكهرومغناطيسية، والتي ثبت مؤخرا أنها تؤثر على الكائنات الحية.

مغالطات-حول-تكنولوجيا-الجيل-الخامس-5/5/3/www.aljazeera.net/news/scienceandtechnology/2021

일부는 5세대(5G) 기술에서 방출되는 방사선의 영향과 유기체에 영향을 준다고 최근에 입증된 전자기장 분야와 관련된 위험성에 대한 새로운 정보들로 인해 5G 기술이 위험하다고 간주한다.

يَعْتَبِرُ الْبَعْضُ تِقْنِيَّةَ الْجِيلِ الْخَامِسِ **خَطِرَةً** بِسَبَبِ الْمَعْلُومَاتِ الْجَدِيدَةِ حَوْلَ تَأْثِيرَاتِ الْإِشْعَاعِ الَّذِي يَنْبَعِثُ مِنْهَا، وَحَوْلَ الْمَخَاطِرِ الْمُرْتَبِطَةِ بِالْمَجَالَاتِ الْكَهْرُومَغْنَاطِيسِيَّةِ، وَالَّتِي ثُبِّتَ مُؤَخَّرًا أَنَّهَا تُؤَثِّرُ عَلَى الْكَائِنَاتِ الْحَيَّةِ.

| خطرة | يعتبر 동사의 제 2 목적어로 목적격을 가지며, 제 1 목적어(تقنية)가 여성형이기 때문에 제 2 목적어도 여성형으로 나왔다. [unit 99] |

---

| ~라고 여겨지다 (수동) | اُعْتُبِرَ / يُعْتَبَرُ ~ | 126-1 (+α) |

يعتبر العطاس أحد الأعراض الشائعة للإنفلونزا ونزلات البرد والحساسية من العث أو حبوب اللقاح، ولكن هذا لا ينطبق على كورونا عموما.

هذه-الأعراض-لا-تشير-إلى-الإصابة/www.aljazeera.net/news/healthmedicine/2021/2/24

재채기는 인플루엔자와 감기 그리고 진드기나 꽃가루 알레르기의 흔한 증상으로 여겨지지만, 이것은 보통 코로나에는 적용되지 않는다.

يُعْتَبَرُ الْعُطَاسُ **أَحَدَ** الْأَعْرَاضِ الشَّائِعَةِ لِلْإِنْفُلُونْزَا وَنَزَلَاتِ الْبَرْدِ وَالْحَسَاسِيَّةِ مِنَ الْعُثِّ أَوْ حُبُوبِ اللِّقَاحِ، وَلَكِنَّ هَذَا لَا يَنْطَبِقُ عَلَى كُورُونَا عُمُومًا.

| أحد | يعتبر 가 수동태로 쓰여서 제 2 목적어가 그대로 목적격을 취한다. [unit 103] |

STEP 5. MEDIA 기초어휘와 단문연습__ Chapter 24. 주제 불문 빈출 기본어휘

| 1 | 2 | 3 | 4 | 5 | 6 | 7 | 8 | 9 | 10 | 11 | 12 | 13 | 14 | 15 | 16 | 17 | 18 | 19 | 20 | 21 | 22 | 23 | **24** | 25 |

# Unit 126. 빈출 기초 동사_생각하다 류

| ~는 ...라고 여겨지다 (수동) | عُدَّ / يُعَدُّ ... ~ | 126-2 |
|---|---|---|

تعد ناقلة الغاز الطبيعي المسال -التي تبلغ سعتها 174 ألف متر مكعب، والتي سيتم بناؤها لصالح قطر للبترول– أحدث جيل من تصاميم ناقلات الغاز الطبيعي المسال، وتتمتع الناقلة بأداء عالمي رائد من حيث الكفاءة والموثوقية والحفاظ على البيئة.

www.aljazeera.net/ebusiness/2020/4/26/أكبر-أسطول-لبناء-عقدا-توقع-للبترول-قطر

카타르 페트롤리엄의 이익을 위해 건조되는 17만4천 입방미터급 LNG 운반선은 LNG 디자인들 중에서 가장 최신 세대로 여겨지며, 이 운반선은 효율성과 신뢰성 그리고 친환경성 측면에서 세계적으로 훌륭한 성능을 갖고 있다.

تُعَدُّ نَاقِلَةُ الْغَازِ الطَّبِيعِيِّ الْمُسَالِ -الَّتِي تَبْلُغُ سَعَتُهَا 174 أَلْفَ مِتْرٍ مُكَعَّبٍ، وَالَّتِي سَيَتِمُّ بِنَاؤُهَا لِصَالِحِ قطر للبترول– **أَحْدَثَ** جِيلٍ مِنْ تَصَامِيمِ نَاقِلَاتِ الْغَازِ الطَّبِيعِيِّ الْمُسَالِ، وَتَتَمَتَّعُ النَّاقِلَةُ بِأَدَاءٍ عَالَمِيٍّ رَائِدٍ **مِنْ حَيْثُ** الْكَفَاءَةُ وَالْمَوْثُوقِيَّةُ وَالْحِفَاظُ عَلَى الْبِيئَةِ.

| أحدث | يَعُدُّ 가 수동태로 쓰여서 제 2 목적어가 그대로 목적격을 취한다. [unit 103] |
|---|---|
| من حيث | حيث 는 [unit 88] 에서 학습했던 '장소의 관계부사'와 '인과의 접속사' 외에 "مِنْ حَيْثُ~" 의 형태로 사용되면 '~측면에서' 의 뜻을 갖게 되며 그 뒤의 명사는 주격을 갖는다. |

| ~라고 생각하다 | ظَنَّ / يَظُنُّ أَنَّ ~ | 126-3 |
|---|---|---|

وفقا لهذا البحث، يهمل بعض الناس غسل اليدين بعد استخدام المرحاض، إذ يظن أنه لم يعد مهما، لكن غسل اليدين أفضل وأسهل طريقة للوقاية من المرض.

www.aljazeera.net/news/healthmedicine/2018/11/11/الشخصية-النظافة-في-شائعة-أخطاء

이 연구에 의하면, 몇몇 사람들은 화장실을 사용한 후 손 씻는 것을 소홀히 한다. 즉 손 씻는 것이 중요한 것으로 여겨지지 않았다고 생각한다. 하지만 손 씻기는 병을 예방하는 가장 좋고 가장 빠른 방법이다.

وِفْقًا لِهَذَا الْبَحْثِ، يُهْمِلُ بَعْضُ النَّاسِ غَسْلَ الْيَدَيْنِ بَعْدَ اسْتِخْدَامِ الْمِرْحَاضِ، إِذْ **يَظُنُّ** أَنَّهُ لَمْ يَعُدَّ **مُهِمًّا**، لَكِنَّ غَسْلَ الْيَدَيْنِ أَفْضَلُ وَأَسْهَلُ طَرِيقَةٍ لِلْوِقَايَةِ مِنَ الْمَرَضِ.

| مهما | يعد 가 수동태로 사용되어 제 2 목적어가 목적격으로 나왔다. [unit 103] |
|---|---|

STEP 5. MEDIA 기초어휘와 단문연습__ Chapter 24. 주제 불문 빈출 기본어휘

| 1 | 2 | 3 | 4 | 5 | 6 | 7 | 8 | 9 | 10 | 11 | 12 | 13 | 14 | 15 | 16 | 17 | 18 | 19 | 20 | 21 | 22 | 23 | **24** | 25 |

# Unit 126. 빈출 기초 동사_생각하다 류

| ~라고 생각하다, 보다 | رَأَى / يَرَى أَنَّ ~ | 126-4 |
|---|---|---|

يرى عدد كبير من الخبراء أنه بعد رفع العقوبات على إيران وضخ أموالها المتجمدة في الاقتصاد المحلي، قد ينخفض سعر صرف الدولار مقابل الريال الإيراني بشكل حاد.

www.aljazeera.net/ebusiness/2021/2/28/الرابح-من-إيران-من-دولار-ملبار-100-خروج

다수의 전문가들은 이란에 대한 제재가 해제되고 동결된 자금이 국내 경제에 풀린 뒤에는 이란 리얄 대비 달러 환율이 급격하게 떨어질 수 있다고 보고 있다.

يَرَى عَدَدٌ كَبِيرٌ مِنَ الْخُبَرَاءِ **أَنَّهُ** بَعْدَ رَفْعِ الْعُقُوبَاتِ عَلَى إيرَانَ وَضَخِّ أَمْوَالِهَا الْمُتَجَمِّدَةِ فِي الْإِقْتِصَادِ الْمَحَلِّيِّ، قَدْ يَنْخَفِضُ سِعْرُ صَرْفِ الدُّولَارِ مُقَابِلَ الرِّيَالِ الْإِيرَانِيِّ بِشَكْلٍ حَادٍّ.

| أنه | أن 절이 부사구로 시작해서 비인칭 대명사가 접미되었다. [unit 74] |
|---|---|

| ~을 ...라고 여기다, 생각하다, 간주하다 | رَأَى / يَرَى ~ ... | 126-4 (+α) |
|---|---|---|

اعتبر المسؤول القطري أن الانسحاب من أفغانستان لا بد أن يكون مسؤولا، وأن الجانب الأميركي لا يرى الانسحاب من هناك ممكنا قبل الأول من مايو/أيار المقبل.

www.aljazeera.net/news/politics/2021/3/10/سلام-لخطة-تمهد-أميركا-بالدوحة-مباحثات

카타르 대표는 아프간에서 (미군이)철수하는 것은 책임이 따르는 일이어야 하고, 미국측은 오는 5월 1일전에 철수하는 것이 가능하지 않다고 생각한다고 간주했다.

إِعْتَبَرَ الْمَسْؤُولُ الْقَطَرِيُّ أَنَّ **الْإِنْسِحَابَ** مِنْ أفغانستان لَا بُدَّ أَنْ يَكُونَ مَسْؤُولًا، وَأَنَّ الْجَانِبَ الْأَمِيرِكِيَّ لَا **يَرَى** الْإِنْسِحَابَ مِنْ هُنَاكَ **مُمْكِنًا** قَبْلَ الْأَوَّلِ مِنْ مايو/أيار الْمُقْبِلِ.

| الانسحاب | 복문의 주어이며 لا بد أن يكون مسؤولا 이 술어에 해당한다. "لا بد أن يكون الانسحاب مسؤولا" 에서 الانسحاب 부분이 복문의 주어로 나온 것이라 보면 된다. [unit 98] |
|---|---|
| ممكنا | رأى 동사의 제 2 목적어에 해당하기 때문에 목적격을 갖는다. [unit 99] |

STEP 5. MEDIA 기초어휘와 단문연습__ Chapter 24. 주제 불문 빈출 기본어휘

| 1 | 2 | 3 | 4 | 5 | 6 | 7 | 8 | 9 | 10 | 11 | 12 | 13 | 14 | 15 | 16 | 17 | 18 | 19 | 20 | 21 | 22 | 23 | **24** | 25 |

# Unit 126. 빈출 기초 동사_생각하다 류

| ~라고 생각하다 | اِعْتَقَدَ / يَعْتَقِدُ أَنَّ ~ | 126-5 |
|---|---|---|

شدد المسؤول الأميركي على أن إدارة الرئيس جو بايدن **تعتقد** أن الدبلوماسية هي أفضل وسيلة لمنع طهران من الوصول إلى امتلاك قنبلة نووية.

الوكالة-الدولية-للطاقة-الذرية-تعلن-عن/www.aljazeera.net/news/politics/2021/2/22/

미국 대표는 조 바이든 대통령 행정부는 외교는 이란이 핵 폭탄을 보유하는 것을 막는데 최선의 방법이라고 생각한다고 강조했다.

شَدَّدَ الْمَسْؤُولُ الْأَمِيرْكِيُّ عَلَى أَنَّ **إِدَارَةَ** الرَّئِيسِ جو بايدن **تَعْتَقِدُ** أَنَّ الدِّبْلُومَاسِيَّةَ هِيَ **أَفْضَلُ** وَسِيلَةٍ لِمَنْعِ طهران مِنَ الْوُصُولِ إِلَى امْتِلَاكِ قُنْبِلَةٍ نَوَوِيَّةٍ.

| إِدَارَة | أَنَّ 절의 주어라서 목적격이다. 뒤의 الدبلوماسيةَ 도 마찬가지다. [unit 74] |
|---|---|
| أَفْضَل | 남성 단수 우선급 형태로 후 연결어를 받으면 최상급의 의미가 된다. [unit 92] |

| ~을 생각하다, 고려하다 | فَكَّرَ / يُفَكِّرُ فِي ~ | 126-6 |
|---|---|---|

ناشدت الشركة المطورين الخارجيين من أجل تطوير الألعاب لمنصة إكس بوكس، كما **فكرت** مايكروسوفت أيضا **في** استخدام قدرتها المالية الكبيرة لشراء المطورين.

مايكروسوفت-حاولت-شراء-نينتندو-ذات-مرة/www.aljazeera.net/news/scienceandtechnology/2021/1/10/

그 회사는 엑스박스(X-BOX) 플랫폼 게임 개발을 위해 외부 개발자들에게 요청했다. 또한 마이크로소프트도 개발자들을 모시기위해 막대한 자금력을 이용하는 것을 고려했다.

نَاشَدَتِ الشَّرِكَةُ الْمُطَوِّرِينَ الْخَارِجِيِّينَ مِنْ أَجْلِ تَطْوِيرِ الْأَلْعَابِ لِمِنَصَّةِ إكس بوكس، كَمَا **فَكَّرَت** مايكروسوفت أَيْضًا **فِي** اسْتِخْدَام قُدْرَتَهَا الْمَالِيَّةِ الْكَبِيرَةِ لِشِرَاءِ الْمُطَوِّرِينَ.

STEP 5. MEDIA 기초어휘와 단문연습__ **Chapter 24. 주제 불문 빈출 기본어휘**

| 1 | 2 | 3 | 4 | 5 | 6 | 7 | 8 | 9 | 10 | 11 | 12 | 13 | 14 | 15 | 16 | 17 | 18 | 19 | 20 | 21 | 22 | 23 | **24** | 25 |

# Unit 127. 빈출 기초 동사_촉구하다 류

| ~에게 ...를 촉구하다 | دَعَا / يَدْعُو ~ إِلَى ... | 127-1 |
|---|---|---|

دَعَا وزير الخارجية التركي مولود جاويش أوغلو الاتحاد الأوروبي إِلَى إدراك القيمة التي ستضيفها

تركيا بانضمامها إليه، وتحدث أيضا عن آفاق العلاقة ونقاط الخلاف بين أنقرة وواشنطن.

www.aljazeera.net/news/politics/2020/11/24/تركيا-انضمام-أهمية-إدراك-عليهم

메블뤼트 차우쇼을루 터키 외무부 장관은 유럽연합에 터키가 유럽연합에 가입함으로써 터키가 추가할 가치를 직시하길 촉구했으며, 또한 터키와 미국 간 관계의 전망과 갈등의 포인트들에 대해 이야기 하였다.

دَعَا وَزِيرُ الْخَارِجِيَّةِ التُّرْكِيُّ مولود جاويش أوغلو الْإِتِّحَادَ الْأُورُوبِّيَّ إِلَى إِدْرَاكِ الْقِيمَةِ الَّتِي سَتُضِيفُهَا

تُرْكِيَّا بِانْضِمَامِهَا إِلَيْهِ، وَتَحَدَّثَ أَيْضًا عَنْ آفَاقِ الْعَلَاقَةِ وَنِقَاطِ الْخِلَافِ بَيْنَ أَنْقَرَةَ وَوَاشِنْطَنَ.

| ~에게 ...를 촉구하다 | نَاشَدَ / يُنَاشِدُ ~ ... | 127-2 |
|---|---|---|

نَاشَدت الشرطة الجمهور عدم رفع فيديوهات أو صور عن الحادثة، وقالت "لا تنشروا

فيديوهات أو صورا في وسائل التواصل الاجتماعي."

www.aljazeera.net/news/politics/2020/11/3/223-II

경찰은 시민들에게 사건에 관한 비디오나 사진들을 올리지 말아달라고 촉구했으며, "SNS에 비디오나 사진들을 게재하지 말라." 고 말했다.

نَاشَدَتِ الشُّرْطَةُ الْجُمْهُورَ عَدَمَ رَفْعِ فِيدِيُوهَاتٍ أَوْ صُوَرٍ عَنِ الْحَادِثَةِ، وَقَالَتْ "لَا تَنْشُرُوا

فِيدِيُوهَاتٍ أَوْ صُوَرًا فِي وَسَائِلِ التَّوَاصُلِ الْإِجْتِمَاعِيِّ.

| لا تنشروا | 부정 명령이라서 لَا 뒤에 단축법이 사용되었다. [unit 63] |
|---|---|

# Unit 127. 빈출 기초 동사_촉구하다 류

| ~에게 ...라고 촉구하다 | حَثَّ _ يَحُثُّ ~ عَلَى ... | 127-3 |
|---|---|---|

أَكَّدَ جيمس أباتوراي الممثل الخاص للأمين العام للحلف في القوقاز ووسط آسيا أنه لا يوجد

حل عسكري لهذا الصراع، وحَثَّ الأطراف عَلَى استئناف المفاوضات من أجل التوصل لتسوية

سلمية للنزاع.

نزاع-قره-باغ-أرمينيا-وأذربيجان-يعلنان/www.aljazeera.net/news/2020/9/27

제임스 아바투라이 나토 사무총장 코카서스-중앙아시아 특사는 이 분쟁에 대한 군사적 해결은
존재하지 않는다고 강조했으며, 당사자들에게 평화적인 분쟁 해결을 위한 협상 재개를
촉구했다.

أَكَّدَ جيمس أباتوراي الْمُمَثِّلُ الْخَاصُّ لِلْأَمِينِ الْعَامِّ لِلْحِلْفِ في الْقُوقَازِ وَوَسْطِ آسْيَا **أَنَّهُ** لَا يُوجَدُ

حَلٌّ عَسْكَرِيٌّ لِهَذَا الصِّرَاعِ، وَحَثَّ الْأَطْرَافَ عَلَى اسْتِئْنَافِ الْمُفَاوَضَاتِ مِنْ أَجْلِ التَّوَصُّلِ لِتَسْوِيَةٍ

سِلْمِيَّةٍ لِلنِّزَاعِ.

| أَنَّهُ | أن 절의 주어(حل)보다 동사가 먼저 쓰이면서 비인칭 대명사가 접미되었다. [unit 77] |
|---|---|

| ~에게 ...라고 촉구하다 | حَضَّ / يَحُضُّ ~ عَلَى ... | 127-4 |
|---|---|---|

كان بومبيو زار قبل أسبوعين قبرص، حيث حَضَّ على وقف الأنشطة التي تثير توترا في

شرق البحر المتوسط، داعيا جميع الأطراف إلى انتهاج السبل الدبلوماسية.

بومبيو-إلى-اليونان-في-زيارة-دعم-وتركيا/www.aljazeera.net/news/2020/9/25

폼페이오 장관은 2주 전 키프로스를 방문하여 모든 관계 당사자들에게 외교적 방안 추구를
촉구하면서 터키에게 동 지중해에서의 긴장을 유발하는 활동을 중단하라고 강하게 촉구한 바
있다.

**كَانَ** بومبيو **زَارَ** قَبْلَ أُسْبُوعَيْنِ قُبْرُصَ، حَيْثُ حَضَّ تُرْكِيَا عَلَى وَقْفِ الْأَنْشِطَةِ الَّتِي تُثِيرُ تَوَتُّرًا في

شَرْقِ الْبَحْرِ الْمُتَوَسِّطِ، **دَاعِيًا** جَمِيعَ الْأَطْرَافِ إِلَى انْتِهَاجِ السُّبُلِ الدِّبْلُومَاسِيَّةِ.

| كَانَ زَارَ | زار 자체로 완료형임에도 كان 가 추가되어 과거완료가 된다. 즉, 앞에 서술된 과거 시점보다 더 앞선 과거를 표현한다고 이해할 수 있다. [unit 106] |
|---|---|
| دَاعِيًا | دعا 동사의 능동분사(دَاعٍ)가 상황 목적어로 쓰였으며 [unit 115], دَاعٍ 은 비한정 목적격이되어 숨어있던 ي 가 나오게 되었다. [unit 11] |

STEP 5. MEDIA 기초어휘와 단문연습__ **Chapter 24. 주제 불문 빈출 기본어휘**

| 1 | 2 | 3 | 4 | 5 | 6 | 7 | 8 | 9 | 10 | 11 | 12 | 13 | 14 | 15 | 16 | 17 | 18 | 19 | 20 | 21 | 22 | 23 | **24** | 25 |

# Unit 127. 빈출 기초 동사_촉구하다 류

| ...에게 ~를 촉구하다, 요청하다 | طَلَبَ / يَطْلُبُ ~ مِنْ ... | 127-5 |

في كلمةٍ أمامَ مؤتمرِ نزعِ السلاحِ، الذي ترعاه الأممُ المتحدةُ بجنيف، طالبَ بقائي بأن تتخذَ الولاياتُ المتحدةُ إجراءاتٍ تصحيحيةً قبلَ أن تطلبَ مِنْ إيرانَ العدولَ عنِ التدابيرِ التي اتخذتها بشأنِ برنامجِها النوويِّ.

www.aljazeera.net/news/politics/2021/2/25/إسرائيل-تتهم-إيران-بتدمير-الرقابة

제네바 군축회의 연설에서 바까이(이란 대표)는 미국이 이란에게 핵 프로그램 관련 조치를 포기하라고 요청하기 전에 미국이 시정 조치를 취하길 촉구했다.

في كِلْمَةٍ أَمَامَ مُؤْتَمَرِ نَزْعِ السِّلَاحِ، الَّذِي تَرْعَاهُ الْأُمَمُ الْمُتَّحِدَةُ بجنيف، طَالَبَ بقائي بِأَنْ تَتَّخِذَ الْوِلَايَاتُ الْمُتَّحِدَةُ إِجْرَاءَاتٍ تَصْحِيحِيَّةً قَبْلَ أَنْ تَطْلُبَ مِنْ إيران الْعُدُولَ عَنِ التَّدَابِيرِ الَّتِي اتَّخَذَتْهَا بِشَأْنِ بَرْنَامَجِهَا النَّوَوِيِّ.

| ~에게 ...를 촉구하다, 요구하다 | طَالَبَ / يُطَالِبُ ~ بِ ... | 127-6 |

طالبَ البيانُ جميعَ المؤسساتِ —وعلى رأسِها الاتحادُ الأوروبيُّ— وكافةَ الدولِ ذاتِ الصلةِ بالنزاعِ باحترامِ موقفِ تركيا المبدئيِّ وحقوقِ ومصالحِ جمهوريةِ شمالِ قبرصَ التركيةِ.

www.aljazeera.net/news/2020/9/25/بومبيو-إلى-اليونان-في-زيارة-دعم-وتركيا

그 성명은 유럽연합을 필두로 한 기관들과 분쟁과 관련된 모든 국가들에게 터키의 원칙적인 입장과 북키프로스 튀르크 공화국의 권리와 이익을 존중할 것을 요구했다.

**طَالَبَ** الْبَيَانُ جَمِيعَ الْمُؤَسَّسَاتِ —وَعَلَى رَأْسِهَا **الِاتِّحَادُ** الْأُورُوبِيُّ— وَكَافَّةَ الدُّوَلِ **ذَاتِ** الصِّلَةِ بِالنِّزَاعِ بِاحْتِرَامِ مَوْقِفِ تُرْكِيَا الْمَبْدَئِيِّ وَحُقُوقِ وَمَصَالِحِ جُمْهُورِيَّةِ شَمَالِ قُبْرُصَ التُّرْكِيَّةِ.

| الاتحاد | 양쪽에 – 를 넣어 المؤسسات 를 부연하는 문장이며, على رأسها 가 술어이고, الاتحاد 가 주어인 도치 문장이다. [unit 53] |
| ذات | ذو 의 여성형이고 한정 명사를 수식해주고 있다. [unit 80] |

154

STEP 5. MEDIA 기초어휘와 단문연습__ **Chapter 24. 주제 불문 빈출 기본어휘**

| 1 | 2 | 3 | 4 | 5 | 6 | 7 | 8 | 9 | 10 | 11 | 12 | 13 | 14 | 15 | 16 | 17 | 18 | 19 | 20 | 21 | 22 | 23 | **24** | 25 |

# Unit 128. 빈출 기초 동사_주장하다 류

| ~라고 주장하다 | زَعَمَ / يَزْعُمُ ~ | 128-1 |
| --- | --- | --- |

تزعم الدعوى القضائية أن الجبري دبّر بين عامي 2008 و2017 مؤامرة مع 21 آخرين على الأقل لاختلاس 4.3 مليارات دولار من الشركات السعودية التي أُسست لدعم أنشطة مكافحة الإرهاب، ولم يتم إثبات أي من الادعاءات في الدعوى.

www.aljazeera.net/news/2021/3/14/رفع-الجبري-طلب-يرفض-الكندي-القضاء

소송 문건은 알자브리가 2008년과 2017년 사이에 최소 21명과 테러 대응 활동을 지원하기위해 설립된 사우디 기업들로부터 43억 달러를 횡령할 음모를 꾸몄다고 주장하고 있으나, 소송에서 (제기된)주장들 중에 어느것도 입증되지 않았다.

تَزْعُمُ الدَّعْوَى الْقَضَائِيَّةُ أَنَّ الجبري دَبَّرَ بَيْنَ عَامَيْ 2008 و2017 مُؤَامَرَةً مَعَ 21 آخَرِينَ عَلَى الْأَقَلِّ لِاخْتِلَاسِ 4.3 مِلْيَارَاتِ دُولَارٍ مِنَ الشَّرِكَاتِ السُّعُودِيَّةِ الَّتِي أُسِّسَتْ لِدَعْمِ أَنْشِطَةِ مُكَافَحَةِ الْإِرْهَابِ، وَلَمْ يَتِمَّ إِثْبَاتُ أَيٍّ مِنَ الْإِدِّعَاءَاتِ فِي الدَّعْوَى.

| ~을 인정하다 | اِعْتَرَفَ / يَعْتَرِفُ بِ~ | 128-2 |
| --- | --- | --- |

أعلن قصر الإليزيه أن الرئيس الفرنسي إيمانويل ماكرون اعترف -أمس الثلاثاء- بأن المحامي والزعيم الوطني الجزائري علي بومنجل "تعرّض للتعذيب والقتل" على أيدي الجيش الفرنسي قبل 64 سنة.

www.aljazeera.net/news/politics/2021/3/3/وقتل-بتعذيب-يعترف-ماكرون-سنة-64-بعد

엘리제궁은 엠마뉘엘 마크롱 프랑스 대통령이 어제 화요일 변호사이자 알제리 국가지도자인 알리 부멘젤은 64년 전 프랑스군에 의해 '고문과 살해'를 당했다는 것을 인정했다고 발표했다.

أَعْلَنَ قَصْرُ الإليزيه أَنَّ الرَّئِيسَ الْفَرَنْسِيَّ إيمانويل ماكرون اعْتَرَفَ -أَمْسِ الثُّلَاثَاءَ- بِأَنَّ الْمُحَامِيَ وَالزَّعِيمَ الْوَطَنِيَّ الْجَزَائِرِيَّ علي بومنجل "تَعَرَّضَ لِلتَّعْذِيبِ وَالْقَتْلِ" عَلَى أَيْدِي الْجَيْشِ الْفَرَنْسِيِّ قَبْلَ 64 سَنَةً.

# Unit 128. 빈출 기초 동사_주장하다 류

| ~을 부인하다, 부정하다 | نَفَى / يَنْفِي ~ | 128-3 |
|---|---|---|

نفت شركة تسويق النفط العراقية (سومو)، اليوم السبت، بيع شحنة من منتوج زيت الوقود
عراقي المنشأ عبر الأراضي التركية.

www.aljazeera.net/ebusiness/2021/2/13/عبر-الوقود-زيت-من-شحنة-لبيع-عراق-نفي

이라크 국영 석유판매 기관(SOMO_ State Oil Marketing Organization) 는 오늘 토요일 터키 영토를
통해 이라크산 중유 생산물을 실은 화물을 판매한 것을 부인했다.

نَفَتْ شَرِكَةُ تَسْوِيقِ النَّفْطِ الْعِرَاقِيَّةُ (سومو)، الْيَوْمَ السَّبْتَ، بَيْعَ شَحْنَةٍ مِنْ مَنْتُوجِ زَيْتِ الْوَقُودِ
**عِرَاقِيُّ الْمَنْشَأِ** عَبْرَ الْأَرَاضِي التُّرْكِيَّةِ.

| عراقي المنشأ | **[문법오류]** 이 구는 형용사 연결형으로 '원산지가 이라크인' 으로 해석된다. 그리고 원문에서 عراق 가 비한정으로 되어있지만 피수식명사가 한정이기 때문에 العراقي المنشأ 가 되는 것이 올바른 표현이다. [unit 83] |
|---|---|

| ~을 부인하다, 부정하다 | أَنْكَرَ / يُنْكِرُ ~ | 128-4 |
|---|---|---|

أعلنت المحكمة أن الحكم سيتم تنفيذه على الفور، في حين أنكر نافالني التهم الموجه له
وطالب بالإفراج الفوري عنه، وأكد محاميه فاديم كوبزيف وأولغا ميخائيلوفا، أنهما
سيستأنفان الحكم.

www.aljazeera.net/news/politics/2021/2/20/نافالني-طعن-رفض-السجن-إلى-نقلوه

나발리는 본인의 혐의를 부인하고 즉각 석방하라고 요청한 와중에, 법원은 판결이 즉각
집행될 것이라고 알렸으며, 나발리의 두 변호사 바딤 쿱제브와 올가 미카일로바는 항소할
것이라고 말했다.

أَعْلَنَتِ الْمَحْكَمَةُ أَنَّ **الْحُكْمَ** سَيَتِمُّ تَنْفِيذُهُ عَلَى الْفَوْرِ، فِي حِينِ أَنْكَرَ نافالني التُّهَمَ **الْمُوَجَّهَ** لَهُ
وَطَالَبَ بِالْإِفْرَاجِ الْفَوْرِيِّ عَنْهُ، وَأَكَّدَ **مُحَامِيَاهُ** فاديم كوبزيف وَأولغا ميخائيلوفا، أَنَّهُمَا
سَيَسْتَأْنِفَانِ الْحُكْمَ.

| الحكم | 복문의 주어이며 뒤의 تنفيذه سيتم 가 복문의 술어이다. [unit 97] |
|---|---|
| الموجه | **[문법오류]** 이 분사는 التهم 를 수식하는데, تُهَم 는 복수형이므로 이를 수식해주는 형용사는 여성단수인 الْمُوَجَّهَةَ 가 되어야 올바른 표현이다. [unit 84] |
| محامياه | محام 의 주격 쌍수인 مُحَامِيَان(مُحَامِيَانِ)이다. 그리고 그 뒤에 3인칭 남성 단수 대명사가 접미되어 쌍수의 ن 이 탈락되었다. [unit 78] |

STEP 5. MEDIA 기초어휘와 단문연습__ **Chapter 24. 주제 불문 빈출 기본어휘**

| 1 | 2 | 3 | 4 | 5 | 6 | 7 | 8 | 9 | 10 | 11 | 12 | 13 | 14 | 15 | 16 | 17 | 18 | 19 | 20 | 21 | 22 | 23 | **24** | 25 |

# Unit 129. 빈출 기초 동사_증감하다 류

| ~을 올리다 | رَفَعَ / يَرْفَعُ ~ | 129-1 |
|---|---|---|

أَعْلَنَ الْمُرْشِدُ الْأَعْلَى لِلثَّوْرَةِ الْإِيرَانِيَّةِ علي خامنئي أَنَّ بِلَادَهُ قَدْ **تَرْفَعُ** نَقَاءَ تَخْصِيبِ الْيُورَانِيُوم إِلَى 60%، **مُشَدِّدًا** عَلَى **أَنَّهُ** لَنْ يَتَمَكَّنَ أَيُّ طَرْفٍ مِنْ مَنْعِهَا مِنِ امْتِلَاكِ أَسْلِحَةٍ نَوَوِيَّةٍ إِذَا أَرَادَتْ بِلَادُهُ ذَلِكَ، لَكِنَّهُ أَوْضَحَ أَنَّهَا لَا تَسْعَى إِلَى هَذَا الْهَدَفِ.

إيران-تقيد-عمل-المفتشين-الدوليين/www.aljazeera.net/news/politics/2021/2/24/

알리 하메네이 라흐바르[1]는 이란이 원한다면 어느 누구도 이란이 핵 무기를 보유하는 것을 금지하지 못 할 것이라고 강조하면서, 이란은 우라늄 농축 농도를 60%까지 올릴 수 있다고 발표했으나, 이란은 이를 원치 않는다고 강조했다.

أَعْلَنَ الْمُرْشِدُ الْأَعْلَى لِلثَّوْرَةِ الْإِيرَانِيَّةِ علي خامنئي أَنَّ بِلَادَهُ قَدْ **تَرْفَعُ** نَقَاءَ تَخْصِيبِ الْيُورَانِيُوم إِلَى 60%، **مُشَدِّدًا** عَلَى **أَنَّهُ** لَنْ يَتَمَكَّنَ أَيُّ طَرْفٍ مِنْ مَنْعِهَا مِنِ امْتِلَاكِ أَسْلِحَةٍ نَوَوِيَّةٍ إِذَا أَرَادَتْ بِلَادُهُ ذَلِكَ، لَكِنَّهُ أَوْضَحَ أَنَّهَا لَا تَسْعَى إِلَى هَذَا الْهَدَفِ.

| مشددا | 상황 주체(라흐바르)가 남성이므로 남성형 분사가 상황어로 나왔다. [unit 115] |
|---|---|
| أنه | أن 절의 주어(أي)가 동사뒤에 있어서 비인칭 대명사가 나왔다. [unit 77] |

| 오르다, 상승하다 | اِرْتَفَعَ / يَرْتَفِعُ | 129-2 |
|---|---|---|

قَدْ ذَكَرَتْ شَرِكَةُ "سبيت" الْمُتَخَصِّصَةُ فِي الْبَيَانَاتِ عَلَى الْإِنْتَرْنَتِ أَنَّ مُعَدَّلَ الْبَحْثِ عَنْ تَسَاقُطِ الشَّعْرِ **ارْتَفَعَ** عَلَى مُحَرِّكِ بَحْثِ غوغل بِمُعَدَّلِ 8% خِلَالَ 12 شَهْرًا الْمَاضِيَةِ.

كورونا-كوفيد-19-تساقط-الشعر/www.aljazeera.net/news/healthmedicine/2021/3/4/

인터넷 데이터 전문 기업 스페이트는 구글 검색 엔진에서 탈모 검색 비율이 지난 12개월동안 8% 정도 올랐다고 언급했다.

قَدْ ذَكَرَتْ شَرِكَةُ "سبيت" الْمُتَخَصِّصَةُ فِي الْبَيَانَاتِ عَلَى الْإِنْتَرْنَتِ أَنَّ مُعَدَّلَ الْبَحْثِ عَنْ تَسَاقُطِ الشَّعْرِ **ارْتَفَعَ** عَلَى مُحَرِّكِ بَحْثِ غوغل بِمُعَدَّلِ 8% خِلَالَ 12 شَهْرًا الْمَاضِيةِ.

| الماضية | 숫자가 한정이라서 형용사도 한정이 되었다.[unit 84] 그리고 '11-19범위의 수+ 명사'에서는 1단위 수에만 관사를 넣는다(الاثني عشر). [unit 118] |
|---|---|

---

[1] 라흐바르란 이란의 국가원수를 의미하는 호칭이며, 이란 군 통수권도 갖는다.

STEP 5. MEDIA 기초어휘와 단문연습__ **Chapter 24. 주제 불문 빈출 기본어휘**

| 1 | 2 | 3 | 4 | 5 | 6 | 7 | 8 | 9 | 10 | 11 | 12 | 13 | 14 | 15 | 16 | 17 | 18 | 19 | 20 | 21 | 22 | 23 | **24** | 25 |

# Unit 129. 빈출 기초 동사_증감하다 류

| 증가하다, 상승하다, 오르다 | زَادَ / يَزِيدُ | 129-3 |

قَالَ بايدن فِي بيانٍ "نعلم أنه كلما زاد عدد الذين يتم تطعيمهم، زادت سرعة التغلب على الفيروس والعودة إلى أصدقائنا وأحبائنا، وإعادة اقتصادنا إلى مساره".

وصفه-بايدن-بالتطور-المشجع-الولايات/www.aljazeera.net/news/politics/2021/2/28

바이든 대통령은 성명에서 "우리는 예방접종을 받은 사람들의 수가 증가할수록 바이러스를 극복하고 친구들과 사랑하는 사람들에게 돌아가고 우리 경제가 다시 (정상)궤도로 돌아가는 속도가 올라간다는 것을 알고있다"라고 말했다.

قَالَ بايدن فِي بَيَانٍ "نَعْلَمُ **أَنَّهُ** كُلَّمَا زَادَ عَدَدُ **الَّذِينَ** يَتِمُّ تَطْعِيمُهُمْ، زَادَتْ سُرْعَةُ التَّغَلُّبِ عَلَى الْفَيْرُوسِ وَالْعَوْدَةِ إِلَى أَصْدِقَائِنَا وَأَحِبَّائِنَا، وَإِعَادَةِ اقْتِصَادِنَا إِلَى مَسَارِهِ".

| أنه | أَنَّ 절이 명사로 시작하지 않아서 비인칭 대명사가 접미되었다. [unit 77] |
| الذين | 관계 대명사가 그 자체로 명사로 사용되어 '~하는 사람들'을 의미한다. [unit 87] |

| 증가하다, 상승하다, 오르다 | اِزْدَادَ / يَزْدَادُ | 129-4 |

ازداد متوسط أعمار الناس 6 سنوات مما كان عليه في عام 2000، حيث بلغ متوسط العمر العالمي أكثر من 73 عاما في عام 2019، مقارنة بنحو 67 سنة في عام 2000.

الأسباب-العشرة-الأولى-للوفاة-في/www.aljazeera.net/news/healthmedicine/2020/12/10

사람들의 평균 수명이 2000년 평균수명보다 6년이 증가하여 세계평균수명이 2000년 67세와 비교해서 2019년에는 73세이상에 달했다.

اِزْدَادَ مُتَوَسِّطُ أَعْمَارِ النَّاسِ 6 سَنَوَاتٍ **مِمَّا** كَانَ عَلَيْهِ فِي عَامِ 2000، حَيْثُ بَلَغَ مُتَوَسِّطُ الْعُمْرِ الْعَالَمِيُّ أَكْثَرَ مِنْ 73 عَامًا فِي عَامِ 2019، مُقَارَنَةً بِنَحْوِ 67 سَنَةً فِي عَامِ 2000.

| مما | ما كان عليه في عام 2000 비교를 의미하는 من 과 관계사 ما 가 결합되었으며[unit 87], 는 '2000년에 그랬던 것'을 의미하여 문맥상 '2000년 평균수명'을 의미하게 된다. |

STEP 5. MEDIA 기초어휘와 단문연습__ **Chapter 24. 주제 불문 빈출 기본어휘**

| 1 | 2 | 3 | 4 | 5 | 6 | 7 | 8 | 9 | 10 | 11 | 12 | 13 | 14 | 15 | 16 | 17 | 18 | 19 | 20 | 21 | 22 | 23 | **24** | 25 |

# Unit 129. 빈출 기초 동사_증감하다 류

| 상승하다, 오르다 | صَعِدَ / يَصْعَدُ | 129-5 |
|---|---|---|

ارتَفع المؤشر نيكي 2.12% ليصل إلى 24 ألفا و839.84 نقطة، وهو أعلى مستوى إغلاق منذ نوفمبر/تشرين الثاني 1991، ليربح 8.1% في الجلسات الخمس الماضية. وصعد المؤشر توبكس الأوسع نطاقا 1.41% إلى 1681.90 نقطة، وهو مستوى لم يُسجل منذ أواخر فبراير/شباط الماضي.

www.aljazeera.net/ebusiness/2020/11/9/الدولار-يخسر-والليرة-تنتعش-كيف-تفاعلت

닛케이 지수는 2.12% 상승하여 1991년 11월이후 최고 마감 수준인 24,839.84 포인트에 달해 지난 다섯 거래장에서 8.1%의 수익을 냈다. 그리고 좀 더 광범위한 토픽스 지수는 1.41% 올라 1681.90 포인트가 되었으며 이는 지난 2월 말 이후 기록된 적 없는 수준이다.

اِرْتَفَعَ الْمُؤَشِّرُ نيكي 2.12% **لِيَصِلَ** إلى 24 أَلْفًا و839.84 نُقْطَةً، وَهُوَ **أَعْلَى** مُسْتَوَى إِغْلَاقٍ مُنْذُ نوفمبر/تشرين الثاني 1991، **لِيَرْبَحَ** 8.1% في الْجَلَسَاتِ الْخَمْسِ الْمَاضِيَةِ. وَصَعِدَ الْمُؤَشِّرُ توبكس الْأَوْسَعُ **نِطَاقًا** 1.41% إلى 1681.90 نُقْطَةً، وَهُوَ مُسْتَوَى **لَمْ يُسَجَّلْ** مُنْذُ أَوَاخِرِ فبراير/شباط الْمَاضِيِّ.

| ليصل / ليربح | 앞 문장에 대한 결과절을 이끄는 접속사 لـ 이다. |
|---|---|
| نطاقا | 우선급(الأوسع)의 의미를 구체화시키는 명시 목적어이다. [unit 119] |
| لم يسجل | 비한정 선행사(مستوى)를 수식해주는 관계절이다. [unit 87] |

| 폭증하다, 치솟다 | قَفَزَ / يَقْفِزُ | 129-6 |
|---|---|---|

قفزت عملة بتكوين أكثر من 12% أثناء التعاملات اليوم الاثنين إلى ذروة غير مسبوقة، وذلك بعد إعلان شركة تسلا استثمار نحو 1.5 مليار دولار في العملة المشفرة الشهر الماضي.

www.aljazeera.net/ebusiness/2021/2/8/بتكوين-تقفز-إلى-مستوى-قياسي-جديد

비트코인 화폐가 오늘 월요일 거래동안 12%이상 치솟아 유례없는 고점에 달했으며, 이는 테슬라가 지난 달 약 15억 달러를 암호화폐에 투자한다고 공지한 이후에 일어났다.

قَفَزَتْ عُمْلَةُ بتكوين أَكْثَرَ مِنْ 12% أَثْنَاءَ التَّعَامُلَاتِ الْيَوْمَ الْإِثْنَيْنِ إلى ذُرْوَةٍ غَيْرِ مَسْبُوقَةٍ، وَذَلِكَ بَعْدَ إِعْلَانِ شَرِكَةِ تسلا **اسْتِثْمَار** نَحْوِ 1.5 مِلْيَارِ دُولَارٍ في الْعُمْلَةِ الْمُشَفَّرَةِ الشَّهْرَ الْمَاضِيَ.

| استثمار | 타동사 동명사(إعلان)의 목적어가 목적격으로 나왔다. [unit 82] |
|---|---|

STEP 5. MEDIA 기초어휘와 단문연습__ Chapter 24. 주제 불문 빈출 기본어휘

| 1 | 2 | 3 | 4 | 5 | 6 | 7 | 8 | 9 | 10 | 11 | 12 | 13 | 14 | 15 | 16 | 17 | 18 | 19 | 20 | 21 | 22 | 23 | **24** | 25 |

# Unit 129. 빈출 기초 동사_증감하다 류

| 고조되다 | تَصَاعَدَ / يَتَصَاعَدُ | 129-7 |
|---|---|---|

تصاعد الخلاف في 10 أغسطس/آب الماضي حين أرسلت تركيا سفينة لاستكشاف الغاز الطبيعي في مياه البحر، وبلغ التوتر أوجه في أواخر الشهر نفسه عندما أجرى البلدان مناورات عسكرية متوازية.

www.aljazeera.net/news/2020/9/25/بومبيو-إلى-اليونان-في-زيارة-دعم-وتركيا

터키가 바다 속 천연자원을 탐사하기 위한 선박을 출항시킨 지난 8월 1일에 갈등이 고조되었고, 같은 달 말 양국이 맞불 군사훈련을 감행했을 때 긴장이 극에 달했다.

تَصَاعَدَ الْخِلَافُ في 10 أغسطس/آب الْمَاضِي **حِينَ** أَرْسَلَتْ تُرْكِيا سَفِينَةً لِاسْتِكْشَافِ الْغَازِ الطَّبِيعِيِّ في مِيَاهِ الْبَحْرِ، وَبَلَغَ التَّوَتُّرُ **أَوْجَهَ** في أَوَاخِرِ الشَّهْرِ **نَفْسِهِ** عِنْدَمَا أَجْرَى الْبَلَدَانِ مُنَاوَرَاتٍ عَسْكَرِيَّةً مُتَوَازِيَةً.

| حين | 시간의 관계부사가 사용되었다. [unit 88] |
|---|---|
| أوجه | وجه 어근의 우선급으로 최상의 문맥상 최상의 의미를 갖는다. [unit 89] |
| نفسه | 앞의 الشهر 와 동격을 이룬다. [unit 85] |

| 낮아지다, 감소하다 | تَرَاجَعَ / يَتَرَاجَعُ | 129-8 |
|---|---|---|

غروسي قال إن وتيرة وصول المفتشين إلى المواقع الإيرانية ستتراجع ولن يكون هناك مزيد من عمليات التفتيش المفاجئة، أضاف قائلا "ما اتفقنا عليه هو شيء قابل للتطبيق ومفيد لجسر الهوة بيننا وإنقاذ الموقف الآن".

www.aljazeera.net/news/politics/2021/2/22/الوكالة-الدولية-للطاقة-الذرية-تعلن-عن

그루시는 감독관들이 이란의 (핵설비) 장소에 도달하는 빈도가 줄어들 것이고 추가적인 불시 점검은 없을 것이라고 말했으며, "우리가 합의한 것은 실행 가능하고 우리 사이의 간극을 채워주고 지금 상황을 태가할 수 있는 유익한 것이다"고 덧붙여 말했다.

غروسي قَالَ إِنَّ وَتِيرَةَ وُصُولِ الْمُفَتِّشِينَ إِلَى الْمَوَاقِعِ الْإِيرَانِيَّةِ **سَتَتَرَاجَعُ** وَلَنْ يَكُونَ هُنَاكَ **مَزِيدٌ** مِنْ عَمَلِيَّاتِ التَّفْتِيشِ الْمُفَاجِئَةِ، أَضَافَ **قَائِلًا** "**مَا** اتَّفَقْنَا عَلَيْهِ هُوَ شَيْءٌ قَابِلٌ لِلتَّطْبِيقِ وَمُفِيدٌ لِجِسْرِ الْهُـوَّةِ بَيْنَنَا وَإِنْقَاذِ الْمَوْقِفِ الْآنَ".

| مزيد | 도치되어 뒤로 빠진 주어이므로[unit 54] 술어를 목적격으로 바꾸는 كان의 영향을 받지 않는다. [unit 69] |
|---|---|
| قائلا | 상황주체가 남성(غروسي)이므로 قائلا 으로 쓰인 상황어이다. [unit 115] |
| ما | 선행사를 포함하는 관계사로 쓰였다. [unit 87] |

# Unit 129. 빈출 기초 동사_증감하다 류

| 낮아지다, 하락하다 | اِنْخَفَضَ / يَنْخَفِضُ | 129-9 |
|---|---|---|

انخفضت قيمة البتكوين بنسبة أكثر من 20%، حيث وصل سعرها إلى 45 ألفا و150 دولارا، بعدما زحفت نحو 60 ألف دولار خلال تعاملات الأسبوع الماضي.

اقتصاديون-يفسرون-الأسباب-سقوط-مدوي/www.aljazeera.net/ebusiness/2021/2/23

비트코인은 지난 주 거래 동안 6만 달러에 육박한 이후, 가치가 20% 이상 하락하여 가격이 45,150 달러에 그쳤다.

اِنْخَفَضَتْ قِيمَةُ البتكوين بِنِسْبَةٍ أَكْثَرَ مِنْ 20%، **حَيْثُ** وَصَلَ سِعْرُهَا إِلَى 45 أَلْفًا وَ150 دولارا، بَعْدَمَا زَحَفَتْ نَحْوَ 60 أَلْفَ دُولَارٍ خِلَالَ تَعَامُلَاتِ الْأُسْبُوعِ الْمَاضِي.

| حيث | 장소 관계부사가 아닌 인과의 접속사로 쓰였다. [unit 88] |
|---|---|

| 추락하다, 폭락하다 | هَبَطَ / يَهْبُطُ | 129-10 |
|---|---|---|

هبطت العملة المحلية إلى أدنى مستوى لتتخطى للمرة الأولى 10 آلاف ليرة مقابل الدولار الواحد في السوق السوداء، فيما لا يزال السعر الرسمي للدولار 1510 ليرات.

جرى-بحادث-دهس-محتجين-كانوا-يقطعون/www.aljazeera.net/news/politics/2021/3/6/7

국내 화폐는 최저수준으로 폭락해서 암시장에서 1달러당 10,000 레바논 파운드를 처음으로 넘긴 와중에 공식 환율은 여전히 1510 레바논 파운드가 유지되고 있다.

هَبَطَتِ الْعُمْلَةُ الْمَحَلِيَّةُ إِلَى **أَدْنَى** مُسْتَوَى **لِتَتَخَطَّى** لِلْمَرَّةِ الْأُولَى 10 آلَافِ لِيرَةٍ مُقَابِلَ الدُّولَارِ الْوَاحِدِ فِي السُّوقِ **السَّوْدَاءِ**، فِيمَا لَا يَزَالُ السِّعْرُ الرَّسْمِيُّ لِلدُّولَارِ 1510 لِيرَاتٍ.

| أدنى | 우선급이 후 연결어를 취해 최상급을 의미한다. [unit 92] |
|---|---|
| لتتخطى | 접속사 لِ 가 앞 문장에 대한 결과절을 이끌고 있다. |
| السوداء السوق | سوق 는 남성과 여성 모두 가능하며, 본문에서는 여성으로 보고 있다. [unit 1] |

STEP 5. MEDIA 기초어휘와 단문연습__ **Chapter 24.** 주제 불문 빈출 기본어휘

| 1 | 2 | 3 | 4 | 5 | 6 | 7 | 8 | 9 | 10 | 11 | 12 | 13 | 14 | 15 | 16 | 17 | 18 | 19 | 20 | 21 | 22 | 23 | **24** | 25 |

# Unit 129. 빈출 기초 동사_증감하다 류

| ~을 지속하다, ~을 계속하다 | وَاصَلَ / يُوَاصِلُ ~ | 129-11 |

كَشَفَ الرَّئِيسُ الأَمِيرِكِيُّ الْمُنْتَخَبُ جو بايدن عَنْ مَلامِح خُطَّتِهِ لِإِنْعَاشِ الاقْتِصَادِ الأَمِيرِكِيِّ فِي

مُوَاجَهَةِ جَائِحَةِ كُورُونَا، **دَاعِيًا** إِدَارَةَ الرَّئِيسِ ترامب لِلتَّعَاوُنِ فِي نَقْلِ السُّلْطَةِ، فِي حِين

<mark>وَاصَلَ</mark> ترامب حِمْلَتَهُ لِلطَّعْنِ فِي نَتَائِجِ الْانْتِخَابَاتِ الَّتِي يُصِرُّ عَلَى **أَنَّهَا** مُزَوَّرَةٌ.

الانتخابات-خطة-بايدن/www.aljazeera.net/news/politics/2020/11/17

도널드 트럼프 대통령이 조작되었다고 우기는 대선 결과를 훼손하기 위한 선거운동을 계속하는 와중에 조 바이든 미국 대통령 당선인은 트럼프 행정부에 정권 이양에 협조할 것을 촉구하면서 코로나 사태에 맞서 미국 경제를 회복시키기 위한 계획의 큰 틀을 공개했다.

كَشَفَ الرَّئِيسُ الأَمِيرِكِيُّ الْمُنْتَخَبُ جو بايدن عَنْ مَلامِح خُطَّتِهِ لِإِنْعَاشِ الاقْتِصَادِ الأَمِيرِكِيِّ فِي

مُوَاجَهَةِ جَائِحَةِ كُورُونَا، **دَاعِيًا** إِدَارَةَ الرَّئِيسِ ترامب لِلتَّعَاوُنِ فِي نَقْلِ السُّلْطَةِ، فِي حِين

<mark>وَاصَلَ</mark> ترامب حِمْلَتَهُ لِلطَّعْنِ فِي نَتَائِجِ الْانْتِخَابَاتِ الَّتِي يُصِرُّ عَلَى **أَنَّهَا** مُزَوَّرَةٌ.

| داعيا | 트럼프가 상황주체인 상황어이며[unit 115], 분사의 목적어로 트럼프 행정부가 목적격으로 나오고 있다. 그리고 원래 دعا 동사가 촉구하는 내용을 쓸 때 사용하는 전치사 ل 도 للتعاون 로 나왔다. |
| أنها | 선행사(نتائج)를 관계절 안에서 받아주는 대명사이다. [unit 86] |

| 지속되다, 유지되다, 계속되다 | تَوَاصَلَ / يَتَوَاصَلُ | 129-12 |

<mark>تتواصل</mark> اللِّقَاءَاتُ فِي الدَّوْحَةِ وَسَطَ إِعْلَانٍ أَمِيرِكِيٍّ عَنْ مَسَاعٍ لِوَقْفٍ شَامِلٍ لِإِطْلَاقِ النَّارِ

بِأفغانستان، كَمَا دَعَتْ روسيا الْحُكُومَةَ الأَفْغَانِيَّةَ وَحَرَكَةَ طالبان لِلْاجْتِمَاعِ فِي موسكو.

مباحثات-بالدوحة-أميركا-تمهد-لخطة-سلام/www.aljazeera.net/news/politics/2021/3/10

미국이 아프가니스탄에서의 전면 휴전을 위한 노력을 발표하는 가운데 도하에서의 회견이 계속되고 있으며, 또한 러시아는 아프가니스탄 정부와 탈레반에게 모스크바 회담에 참석하라고 촉구했다.

<mark>تَتَوَاصَلُ</mark> اللِّقَاءَاتُ فِي الدَّوْحَةِ وَسَطَ إِعْلَانٍ أَمِيرِكِيٍّ عَنْ مَسَاعٍ لِوَقْفٍ شَامِلٍ لِإِطْلَاقِ النَّارِ

بِأفغانستان، كَمَا دَعَتْ روسيا الْحُكُومَةَ الأَفْغَانِيَّةَ وَحَرَكَةَ طالبان لِلْاجْتِمَاعِ فِي موسكو.

# Unit 129. 빈출 기초 동사_증감하다 류

| 계속해서 나오다, 계속해서 진행되다 | تَوَالَى / يَتَوَالَى | 129-13 |
|---|---|---|

تتوالى تصريحات من شخصيات بارزة في المعسكر الجمهوري **تدعو** ترامب للاعتراف

بالهزيمة، **وتؤكد أنه** لم تتضح أي أدلة على حدوث تزوير **يذكر**.

الانتخابات-خطة-بايدن/www.aljazeera.net/news/politics/2020/11/17

트럼프에게 패배를 승복할 것을 촉구하고, 언급되고 있는 위조 사건에 대한 어떠한 증거도
분명치 않다고 강조하는 공화당 진영 내 저명 인사들의 성명서들이 계속해서 나오고 있다.

تَتَوَالَى تَصْرِيحَاتٌ مِنْ شَخْصِيَّاتٍ بَارِزَةٍ فِي الْمُعَسْكَرِ الْجُمْهُورِيِّ **تَدْعُو** ترامب لِلْاِعْتِرَافِ

بِالْهَزِيمَةِ، **وَتُؤَكِّدُ أَنَّهُ** لَمْ تَتَّضِحْ أَيُّ أَدِلَّةٍ عَلَى حُدُوثِ تَزْوِيرٍ **يُذْكَرُ**.

| تدعو وتأكد | 비한정 선행사(تصريحات)를 수식해주는 관계절이다. [unit 87] |
|---|---|
| أنه | أن 뒤에 주어 대신 동사가 먼저 나와서 비인칭 대명사가 나왔다. [unit 77] |
| يذكر | 비한정 선행사(حدوث)를 수식해주는 관계절이며[unit 87], ذكر 동사의 미완료 수동형이다. [unit 57] |

| ~을 계속하다, 계속해서 ~을 하다 | اِسْتَمَرَّ / يَسْتَمِرُّ فِي ~ | 129-14 |
|---|---|---|

أضاف غروسي في مؤتمر صحفي مساء أمس الأحد بعد العودة من زيارة لطهران "أكدنا أولا أن

إيران ستستمر في تطبيق الاتفاق دون أي قيود كما تفعل حتى الآن".

الوكالة-الدولية-للطاقة-الذرية-تعلن-عن/www.aljazeera.net/news/politics/2021/2/22

그로시는 어제 일요일 저녁에 이란 방문에서 돌아온 뒤, "우리는 우선 이란이 지금까지 해오고
있는 것 처럼 어떠한 제약 없이 그 합의를 계속해서 시행할 것을 확인했다" 라고 덧붙였다.

أَضَافَ غْروسي فِي مُؤْتَمَرٍ صُحُفِيٍّ مَسَاءَ أَمْسِ الْأَحَدِ بَعْدَ الْعَوْدَةِ مِنْ زِيَارَةٍ لِطهران "أَكَّدْنَا أَوَّلًا أَنَّ

إيران سَتَسْتَمِرُّ فِي تَطْبِيقِ الْاِتِّفَاقِ دُونَ أَيِّ قُيُودٍ كَمَا تَفْعَلُ حَتَّى الْآنِ".

| 1 | 2 | 3 | 4 | 5 | 6 | 7 | 8 | 9 | 10 | 11 | 12 | 13 | 14 | 15 | 16 | 17 | 18 | 19 | 20 | 21 | 22 | 23 | **24** | 25 |

# Unit 129. 빈출 기초 동사_증감하다 류

| 여전히 ~하다 | مَا زَالَ / لَا يَزَالُ ~ | 129-15 |
|---|---|---|

في غضون ذلك، لا يزال الرئيس ترامب يطعن في نتائج الانتخابات، وقد وصفها بأنها الأكثر

**احتيالا** في التاريخ، وقال إنه لن يسمح للديمقراطيين واليساريين بسرقة الانتخابات.

الانتخابات-خطة-بايدن/www.aljazeera.net/news/politics/2020/11/17

그러는 와중에, 트럼프 대통령은 여전히 선거 결과를 훼손하고 있으며, 그는 선거 결과를 역사상 가장 큰 사기라고 묘사하였다. 그리고 그는 민주당원과 좌파들이 선거를 훔치도록 두지 않을 것이라고 말했다.

فِي غُضُونِ ذَلِكَ، لَا يَزَالُ الرَّئِيسُ ترامب **يَطْعَنُ** فِي نَتَائِجِ الْإِنْتِخَابَاتِ، وَقَدْ وَصَفَهَا بِأَنَّهَا **الْأَكْثَرُ**

احْتِيَالًا فِي التَّارِيخِ، وَقَالَ إِنَّهُ لَنْ يَسْمَحَ لِلدِّيمُقْرَاطِيِّينَ وَالْيَسَارِيِّينَ بِسِرِقَةِ الْإِنْتِخَابَاتِ.

| يطعن | ما زال 는 كان 의 자매어로서 뒤에 명사문을 이끄는데[unit 71], 명사문 술어에는 문장도 나올 수 있기 때문에 동사가 쓰일 수 있다[unit 97]. |
|---|---|
| الأكثر احتيالا | 파생형을 우선급으로 만들 때는 동명사가 우선급 뒤에서 목적격으로 나온다. [unit 118] |

| 계속해서 ~하다 | ظَلَّ / يَظَلُّ ~ | 129-16 |
|---|---|---|

قال غروسي إن الوكالة الدولية للطاقة الذرية ستواصل إجراءات التحقق وأنشطة التفتيش في

المنشآت النووية الإيرانية خلال فترة 3 أشهر، على أن يظل هذا الاتفاق قيد المتابعة

المستمرة.

الوكالة-الدولية-للطاقة-الذرية-تعلن-عن/www.aljazeera.net/news/politics/2021/2/22

그로시는 이 합의가 지속적으로 추적 관찰될 것이 유지된다는 전제하에, 국제 원자력 기구가 3개월 동안 이란 핵 시설에서의 조사와 검증 절차를 계속 할것이라고 말했다.

قَالَ غروسي إِنَّ الْوَكَالَةَ الدَّوْلِيَّةَ لِلطَّاقَةِ الذَّرِّيَّةِ سَتُوَاصِلُ إِجْرَاءَاتِ التَّحَقُّقِ وَأَنْشِطَةَ التَّفْتِيشِ فِي

الْمُنْشَآتِ النَّوَوِيَّةِ الْإِيرَانِيَّةِ خِلَالَ فَتْرَةِ 3 أَشْهُرٍ، عَلَى أَنْ **يَظَلَّ** هَذَا الْإِتِّفَاقُ **قَيْدَ** الْمُتَابَعَةِ

الْمُسْتَمِرَّةِ.

| قيد | ظل 는 كان 의 자매어로서 뒤에 명사문을 이끌며[unit 71], 이 문장에서는 술어에 전치사구가 나오는 구조이다. [unit 53] |
|---|---|

STEP 5. MEDIA 기초어휘와 단문연습__ **Chapter 24. 주제 불문 빈출 기본어휘**

| 1 | 2 | 3 | 4 | 5 | 6 | 7 | 8 | 9 | 10 | 11 | 12 | 13 | 14 | 15 | 16 | 17 | 18 | 19 | 20 | 21 | 22 | 23 | **24** | 25 |

# Unit 130. 빈출 기초 동사_시작/끝나다 류

| ~을 시작하다 | بَدَأَ / يَبْدَأُ ~ | 130-1 |
|---|---|---|

يَبْدَأُ القضاء الفرنسي اليوم الثلاثاء محاكمة 3 أشخاص بتهم الاعتداء على فتاة من أصول عربية والتحريض على عمل إرهابي، وذلك على خلفية فيلم استقصائي من إنتاج قناة الجزيرة بعنوان "جيل الكراهية"، كان قد كشف النقاب عن أنشطة اليمين المتطرف في فرنسا.

www.aljazeera.net/news/politics/2020/11/17/فرنسا-جيل-الكراهية

프랑스 사법부는 오늘 화요일 아랍계 여성을 폭행한 혐의와 테러행위를 선동한 혐의로 3명의 재판을 시작한다. 이 사건은 '혐오의 시대'란 제목의 알자지라 채널 제작 탐사보도 영화에 *기반을 두고 있으며* (탐사보도로 사건이 알려서 재판이 열리게 되었음), 이 영화는 프랑스 내 극우활동의 실체를 폭로했었다.

يَبْدَأُ الْقَضَاءُ الْفَرَنْسِيُّ الْيَوْمَ الثُّلَاثَاءَ مُحَاكَمَةَ 3 أَشْخَاصٍ بِتُهَمِ الِاعْتِدَاءِ عَلَى فَتَاةٍ مِنْ أُصُولٍ عَرَبِيَّةٍ وَالتَّحْرِيضِ عَلَى عَمَلٍ إِرْهَابِيٍّ، وَذَلِكَ عَلَى خَلْفِيَّةِ فِيلْمٍ اسْتِقْصَائِيٍّ مِنْ إِنْتَاجِ قَنَاةِ الْجَزِيرَةِ بِعُنْوَانِ "جِيلُ الْكَرَاهِيَّةِ"، **كَانَ قَدْ كَشَفَ** النِّقَابَ عَنْ أَنْشِطَةِ الْيَمِينِ الْمُتَطَرِّفِ فِي فَرَنْسَا.

| كان قد كشف | 과거 완료의 형태를 가져서 앞서 언급된 상황(재판)보다 이전에 발생한 상황(폭로)을 표현한다고 알 수 있다. [unit 106] |
|---|---|

| ~을 시작하다 | شَرَعَ / يَشْرَعُ فِي ~ | 130-2 |
|---|---|---|

شَرَعَت شركة "فايزر" الأمريكية لتصنيع الأدوية، فِي التوزيع الأولي للقاحها المضاد لفيروس كورونا في 4 ولايات بالولايات المتحدة.

mubasher.aljazeera.net/news/2020/11/17/4-في-كورونا-لقاح-بتوزيع-تشرع-فايزر

미국 제약회사 화이자는 미국 4개 주에서 코로나 백신 초기 배포를 시작했다.

شَرَعَتْ، شَرِكَةُ "فَايزر" الْأَمْرِيكِيَّةُ لِتَصْنِيعِ الْأَدْوِيَةِ، فِي التَّوْزِيعِ الْأَوَّلِيِّ لِلقَاحِهَا الْمُضَادِّ لِفَيْرُوسِ كُورُونَا فِي 4 وِلَايَاتٍ بِالْوِلَايَاتِ الْمُتَّحِدَةِ.

STEP 5. MEDIA 기초어휘와 단문연습__ **Chapter 24. 주제 불문 빈출 기본어휘**

| 1 | 2 | 3 | 4 | 5 | 6 | 7 | 8 | 9 | 10 | 11 | 12 | 13 | 14 | 15 | 16 | 17 | 18 | 19 | 20 | 21 | 22 | 23 | **24** | 25 |

# Unit 130. 빈출 기초 동사_시작/끝나다 류

| ~을 끝마치다, 끝내다 | اِخْتَتَمَ / يَخْتَتِمُ ~ | 130-3 |
|---|---|---|

اختتم الكعبي تصريحه بالتأكيد على أن هذه الاتفاقية تسلط الضوء على قدرة قطر للبترول الكبيرة على تلبية احتياجات شركاء وعملاء الشركة.

www.aljazeera.net/ebusiness/2021/2/22/25-1-لتوريد-اتفاقية-توقع-للبترول-قطر

알카으비는 이 협약은 파트너와 고객의 니즈를 충족시키는 카타르 페트롤리엄(Qatar Petroleum)[1]의 뛰어난 능력을 조명한다고 강조하며 그의 성명을 마쳤다.

اِخْتَتَمَ الكعبي تَصْرِيحَهُ بِالتَّأْكِيدِ عَلَى أَنَّ هَذِهِ الْاِتِّفَاقِيَّةَ تُسَلِّطُ الضَّوْءَ عَلَى قُدْرَةِ قطر للبترول الْكَبِيرَةِ عَلَى تَلْبِيَةِ احْتِيَاجَاتِ شُرَكَاءَ وَعُمَلَاءِ الشَّرِكَةِ.

| 시작되다 | اِنْطَلَقَ / يَنْطَلِقُ | 130-4 |
|---|---|---|

بعدها بحسب شهود عيان، تطورت الأحداث بوصول قوات مكافحة الشغب والتي يرتبط وجودها بذكرى سيئة مع المحتجين طوال الحراك الشعبي في البلاد وانطلق في أكتوبر/تشرين الأول 2019، مما عقد الموقف أكثر.

www.aljazeera.net/news/2021/2/27/بشعل-ذي-قار-في-الصراع-خفايا-العراق

그 후에 목격자들에 의하면 이라크 민중 운동 내내 시위자들과 안 좋은 기억이 있는 시위진압대가 투입되면서 그 사건은 악화되었으며, 그 운동은 2019년 10월에 시작되어 상황(이라크 정세)을 더 복잡하게 만들었다.

بَعْدَهَا بِحَسَبِ شُهُودِ عِيَانٍ، تَطَوَّرَتِ الْأَحْدَاثُ بِوُصُولِ قُوَّاتِ مُكَافَحَةِ الشَّغَبِ وَالَّتِي يَرْتَبِطُ وُجُودُهَا بِذِكْرَى سَيِّئَةٍ مَعَ الْمُحْتَجِّينَ طَوَالَ الْحَرَاكِ الشَّعْبِيِّ فِي الْبِلَادِ وَانْطَلَقَ فِي أكتوبر/تشرين الأول 2019، مِمَّا عَقَّدَ الْمَوْقِفَ أَكْثَرَ.

| وجودها | 접미대명사 ها 는 관계절에서 선행사(قوات)를 받아준다. [unit 86] |
|---|---|
| سيئة | ذكرى 의 ى 는 여성형이므로 형용사에 ة 가 붙는다. [unit 10] |

---

[1] 카타르 페트롤리엄(Qatar Petroleum)은 카타르 국영 석유 회사의 이름이다.

STEP 5. MEDIA 기초어휘와 단문연습__ Chapter 24. 주제 불문 빈출 기본어휘

| 1 | 2 | 3 | 4 | 5 | 6 | 7 | 8 | 9 | 10 | 11 | 12 | 13 | 14 | 15 | 16 | 17 | 18 | 19 | 20 | 21 | 22 | 23 | **24** | 25 |

# Unit 130. 빈출 기초 동사_시작/끝나다 류

| ~을 끝내다 | أَنْهَى / يُنْهِي ~ | 130-5 |

تمخضت قمة العلا التي عقدت في مدينة العلا بالسعودية في 5 يناير/كانون الثاني الماضي عن توقيع اتفاق مصالحة **أنهى** حصارا **فرضته** السعودية والإمارات والبحرين ومصر على قطر منذ يونيو/حزيران 2017.

www.aljazeera.net/news/politics/2021/2/24/من-رسالة-يتلقى-القطري-الخارجية-وزير

지난 1월 5일 사우디에있는 알울라시에서 개최된 알울라 정상회담은 2017년 6월부터 사우디, UAE, 바레인, 이집트가 카타르에 부과했던 봉쇄를 끝낸 화해 협정 서명(이라는 결과)을 낳았다.

تَمَخَّضَتْ قِمَّةُ العلا الَّتِي عُقِدَتْ في مَدِينَةِ العلا بِالسُّعُودِيَّةِ فِي 5 يناير/كانون الثاني الْمَاضِي عَنْ تَوْقِيعِ اتِّفَاقِ مُصَالَحَةٍ **أَنْهَى** حِصَارًا **فَرَضَتْهُ** السُّعُودِيَّةُ وَالْإِمَارَاتُ وَالْبَحْرَيْنِ وَمِصْرُ عَلَى قَطَرَ مُنْذُ يونيو/حزيران 2017.

| أنهى | 비한정 선행사(اتفاق)를 수식해주는 관계절이다. [unit 87] |
| فرضته | 비한정 선행사(حصارا)를 수식해주는 관계절이다. [unit 87] |

| 끝나다 | اِنْتَهَى / يَنْتَهِي | 130-6 |

في بريطانيا، سيكون بوسع جماهير أندية في الدوري الإنجليزي الممتاز لكرة القدم تنتمي لمناطق في لندن وليفربول حضور مباريات عندما تنتهي إجراءات الإغلاق العام لمكافحة انتشار فيروس كورونا في البلاد في الثاني من ديسمبر/كانون الأول المقبل.

www.aljazeera.net/news/2020/11/27/بسيطرة-تبشر-الصحة-منظمة-كورونا

영국에서, 오는 12월 2일 코로나 바이러스 확산 억제를 위한 봉쇄 조치가 끝날 때 런던과 리버풀에 소속된 EPL 클럽 팬들은 경기를 참관할 수 있을 것이다.

في بِرِيطَانِيا، سَيَكُونُ **بِوُسْعِ** جَمَاهِيرِ أَنْدِيَةٍ في الدَّوْرِيِّ الْإِنْجِلِيزِيِّ الْمُمْتَازِ لِكُرَةِ الْقَدَمِ **تَنْتَمِي** لِمَنَاطِقَ في لندن وَليفربول **حُضُورُ** مُبَارَيَاتٍ عِنْدَمَا **تَنْتَهِي** إِجْرَاءَاتُ الْإِغْلَاقِ الْعَامِّ لِمُكَافَحَةِ الْيَسَارِ فَيْرُوسِ كُورُونَا في الْبِلَادِ في النَّانِي مِنْ ديسمبر/كَانُون الْأَوَّلِ الْمُقْبِلِ.

| بوسع ... حضور | بوسع 가 술어이고 حضور 가 주어인 도치구문이다. [unit 53] |
| تنتمي | 비한정 선행사(أندية)를 수식해주는 관계절이다. [unit 87] |

STEP 5. MEDIA 기초어휘와 단문연습__ **Chapter 24. 주제 불문 빈출 기본어휘**

| 1 | 2 | 3 | 4 | 5 | 6 | 7 | 8 | 9 | 10 | 11 | 12 | 13 | 14 | 15 | 16 | 17 | 18 | 19 | 20 | 21 | 22 | 23 | **24** | 25 |

# Unit 131. 빈출 기초 동사_개최하다 류

| 개최하다, 열다 | عَقَدَ / يَعْقِدُ ~ | 131-1 |
|---|---|---|

نَشَرَ أَحَدُ النَّاشِطِينَ عَبْرَ حِسَابِهِ فِي تويتر مَقْطَعَ فِيدِيو يَظْهَرُ فِيهِ زَعِيمُ الْأَغْلَبِيَّةِ الْجُمْهُورِيَّةِ بِمَجْلِسِ شُيُوخِ وِلَايَةِ ميشيغان مايك شيركي، وَهُوَ فِي طَرِيقِهِ إِلَى واشنطن لِحُضُورِ اجْتِمَاعٍ يَعْقِدُهُ ترامب مَعَ قَادَةِ الْمُشَرِّعِينَ الْجُمْهُورِيِّينَ بِمَجْلِسَيْ نُوَّابٍ وَشُيُوخِ وِلَايَةِ ميشيغان، وَمِنْ بَيْنِهِمْ رَئِيسُ مَجْلِسِ النُّوَّابِ فِي الْوِلَايَةِ الْجُمْهُورِيِّ لي تشاتفيلد.

활동가들 중 한명이 그의 트위트 계정에 마이크 셔키 미시간 주 상원 원내대표가 등장하는 의원 비디오클립을 게재했는데, 그는 트럼프와 미시간주 상원 하원의 공화당원 지도부가 소집한 회의에 참석하기 위해 워싱턴으로 가는 중이었으며, 그 지도부 중에는 미시간 주 공화당원인 리 채트필드 하원의장도 포함되었다.

نَشَرَ أَحَدُ النَّاشِطِينَ عَبْرَ حِسَابِهِ فِي تويتر مَقْطَعَ فِيدِيو **يَظْهَرُ** فِيهِ زَعِيمُ الْأَغْلَبِيَّةِ الْجُمْهُورِيَّةِ بِمَجْلِسِ شُيُوخِ وِلَايَةِ ميشيغان مايك شيركي، وَهُوَ فِي طَرِيقِهِ إِلَى واشنطن لِحُضُورِ اجْتِمَاعٍ **يَعْقِدُهُ** ترامب مَعَ قَادَةِ الْمُشَرِّعِينَ الْجُمْهُورِيِّينَ بِمَجْلِسَيْ نُوَّابٍ وَشُيُوخِ وِلَايَةِ ميشيغان، وَمِنْ بَيْنِهِمْ رَئِيسُ مَجْلِسِ النُّوَّابِ فِي الْوِلَايَةِ الْجُمْهُورِيِّ لي تشاتفيلد.

| يظهر / يعقده | 각각 비한정 선행사(فيديو / اجتماع)를 수식하는 관계절이다. [unit 87] |
|---|---|

| 개최되다, 열리다 | اِنْعَقَدَ / يَنْعَقِدُ | 131-2 |
|---|---|---|

حَظِيَتْ يوبيكي بِاهْتِمَامٍ كَبِيرٍ فِي مَعْرِضِ الْإِلِكْتُرُونِيَّاتِ الِاسْتِهْلَاكِيَّةِ الْأَخِيرِ الَّذِي **انعقد** فِي لاس فيغاس فِي يناير/كانون الثاني الماضي الَّذِي **يعرض** التقنيات العالمية الجديدة.

유비키는 지난 1월 라스베가스에서 열린 CES(Consumer Electronics Show) 에서 큰 관심을 받았다. 이 CES는 새로운 세계적인 기술들을 선보이는 전시회이다.

حَظِيَتْ يوبيكي بِاهْتِمَامٍ كَبِيرٍ فِي **مَعْرِضِ** الْإِلِكْتُرُونِيَّاتِ الِاسْتِهْلَاكِيَّةِ الْأَخِيرِ **الَّذِي انْعَقَدَ** فِي لاس فيغاس فِي يَنَايِرَ/كانُونِ النَّانِي الْمَاضِي **الَّذِي يَعْرِضُ** التَّقْنِيَّاتِ الْعَالَمِيَّةَ الْجَدِيدَةَ.

| 해석 tip | 본문처럼 선행사(معرض)가 둘 이상의 관계절(انعقد/يعرض)의 수식을 받으면, 부자연스럽게 억지로 하나의 구로 수식해서 해석하는 것 보다 문장을 분리해서 설명해주는 것이 더 낫다. |
|---|---|

STEP 5. MEDIA 기초어휘와 단문연습__ Chapter 24. 주제 불문 빈출 기본어휘

| 1 | 2 | 3 | 4 | 5 | 6 | 7 | 8 | 9 | 10 | 11 | 12 | 13 | 14 | 15 | 16 | 17 | 18 | 19 | 20 | 21 | 22 | 23 | **24** | 25 |

# Unit 131. 빈출 기초 동사_개최하다 류

| ~을 개장하다, 개관하다, 개최하다 | اِفْتَتَحَ / يَفْتَتِحُ ~ | 131-3 |

افتتح رئيس الوزراء الياباني شينزو آبي اليوم الجمعة في أوساكا باليابان قمة مجموعة العشرين التي يتوقع أن تهيمن على مناقشاتها قضايا تتعلق بالتجارة والاقتصاد والتوترات الجيوسياسية والاحتباس الحراري.

www.aljazeera.net/news/politics/2019/6/28/على-وقع-التوترات-الاقتصادية

아베 신조 일본 총리는 오늘 금요일 일본 오사카에서 무역, 경제, 지정학적 긴장, 지구 온난화와 관련된 사안들을 집중적으로 다룰 것으로 예상되는 G20 정상회담을 개최하였다.

اِفْتَتَحَ رَئِيسُ الْوُزَرَاءِ الْيَابَانِيُّ شينزو آبي الْيَوْمَ الْجُمُعَةَ في أوساكا بِالْيَابَانِ قِمَّةَ مَجْمُوعَةِ الْعِشْرِينَ الَّتِي يُتَوَقَّعُ أَنْ تُهَيْمِنُ عَلَى مُنَاقَشَاتِهَا قَضَايَا **تَتَعَلَّقُ** بِالتَّجَارَةِ وَالْإِقْتِصَادِ وَالتَّوَتُّرَاتِ الْجِيوسِيَاسِيَّةِ وَالْإِحْتِبَاسِ الْحَرَارِيِّ.

| تتعلق | 비한정 선행사(قضايا)를 수식해주는 관계절이다. [unit 87] |

| ~을 주최하다 | اِسْتَضَافَ / يَسْتَضِيفُ ~ | 131-4 |

يقع الفندق في الشارع المؤدي إلى مطار مقديشو الدولي، وتوجد بالقرب منه نقطة تفتيش مهمتها تأمين المطار. وسبق أن استضاف الفندق مؤتمرات سياسية إلى جانب حملات انتخابية لعدد من المرشحين للانتخابات الرئاسية الصومالية.

www.aljazeera.net/news/politics/2021/1/31/انتحاري-يفجر-سيارة-مفخخة-في-فندق

그 호텔은 모가디슈 국제공항으로 가는 길에 위치해있으며, 그 근처에 공항 보안업무를 수행하는 검문소가 있다. 그리고 그 호텔은 소말리아 대통령 선거 후보자들의 선거 운동 이외에 정치 회견을 주최하기도 했었다.

يَقَعُ الْفُنْدُقُ في الشَّارِعِ الْمُؤَدِّي إِلَى مَطَارِ مقديشو الدُّوَلِيِّ، وَتُوجَدُ بِالْقُرْبِ مِنْهُ نُقْطَةُ تَفْتِيشٍ **مَهَمَّتُهَا** تَأْمِينُ الْمَطَارِ. وَسَبَقَ **أَنْ اسْتَضَافَ** الْفُنْدُقُ مُؤْتَمَرَاتٍ سِيَاسِيَّةً إِلَى جَانِبِ حَمَلَاتٍ انْتِخَابِيَّةٍ لِعَدَدٍ مِنَ الْمُرَشَّحِينَ لِلْإِنْتِخَابَاتِ الرِّئَاسِيَّةِ الصُّومَالِيَّةِ.

| مهمتها | 비한정 선행사(نقطة)를 수식해주는 명사문 관계절이다. [unit 87] |
| أن استضاف | سبق أن 뒤에는 접속법 미완료가 아닌 완료형 동사가 나온다. [unit 23] |

STEP 5. MEDIA 기초어휘와 단문연습__ **Chapter 24. 주제 불문 빈출 기본어휘**

| 1 | 2 | 3 | 4 | 5 | 6 | 7 | 8 | 9 | 10 | 11 | 12 | 13 | 14 | 15 | 16 | 17 | 18 | 19 | 20 | 21 | 22 | 23 | **24** | 25 |

# Unit 132. 빈출 기초 동사_취소하다 류

| ~을 취소하다 | أَلْغَى / يُلْغِي ~ | 132-1 |
|---|---|---|

يأتي ذلك بعد أن <mark>ألغى</mark> الرئيس الأميركي جو بايدن قرار سلفه دونالد ترامب الذي سُمي حظر المسلمين، في 20 يناير/كانون الثاني، أول يوم له في السلطة.

إدارة-بايدن/www.aljazeera.net/news/politics/2021/3/9

이는 조 바이든 미국 대통령이 도널드 트럼프 전 대통령이 무슬림 금지로 불리는 것을 결정한 것을 취소한 이후, 1월 20일 그의 취임 첫 날 진행되었다.

يَأْتِي ذَلِكَ بَعْدَ أَنْ **أَلْغَى** الرَّئِيسُ الْأَمِيرِكِيُّ جو بايدن قَرَارَ سَلَفِهِ دونالد ترامب **الَّذِي** سُمِّيَ **حَظَرَ** الْمُسْلِمِينَ، فِي 20 يناير/كانون الثاني، أَوَّلَ يَوْمٍ لَهُ فِي السُّلْطَةِ.

| أَلْغَى | أن 뒤의 내용이 확실한 과거를 의미할 경우 완료동사가 쓰일 수 있다. [unit 23] |
|---|---|
| الذي | 관계대명사가 자체로 명사로서 사용되는 경우이다. [unit 87] |
| حَظَرَ | سمى 동사가 수동태로 쓰여서 제 2 목적어가 그대로 목적격을 갖는다. [unit 103] |

| ~을 중단시키다, 멈추게하다 | أَوْقَفَ / يُوقِفُ ~ | 132-2 |
|---|---|---|

تسبب الانقلاب -الذي <mark>أوقف</mark> خطوات أولية نحو الديمقراطية بعد ما يقرب من 50 عاما من الحكم العسكري- في خروج مئات الآلاف للشوارع وتنديد الدول الغربية.

وصف-باليوم-الأكثر-دموية-قتلى-وجرحى-في/www.aljazeera.net/news/2021/2/28

약 50년간의 군사정권 이후 민주주의로 나아가는 초기 단계를 멈춰버린 쿠데타는 수십만명을 거리로 나오게 만들고 서방국가의 비난을 야기했다.

تَسَبَّبَ الْإِنْقِلَابُ -الَّذِي **أَوْقَفَ** خُطُوَاتٍ أَوَّلِيَّةً نَحْوَ الدِّيمُقْرَاطِيَّةِ بَعْدَ **مَا يَقْرُبُ مِنْ** 50 عَامًا مِنَ الْحُكْمِ الْعَسْكَرِيِّ- فِي خُرُوجِ مِئَاتِ الْآلَافِ لِلشَّوَارِعِ وَتَنْدِيدِ الدُّوَلِ الْغَرْبِيَّةِ.

| ما يقرب من | 관계사 ما 에 해당한다[unit 87]. 그리고 관계절의 의미가 '50에 가깝다'는 의미여서 일반적으로 '대략~' 정도로 해석된다. |
|---|---|

STEP 5. MEDIA 기초어휘와 단문연습___ **Chapter 24. 주제 불문 빈출 기본어휘**

| 1 | 2 | 3 | 4 | 5 | 6 | 7 | 8 | 9 | 10 | 11 | 12 | 13 | 14 | 15 | 16 | 17 | 18 | 19 | 20 | 21 | 22 | 23 | **24** | 25 |

# Unit 132. 빈출 기초 동사_취소하다 류

| ~을 재개하다 | إِسْتَأْنَفَ / يَسْتَأْنِفُ ~ | 132-3 |

استأنف الموظفون في الإدارات العامة ببعض الدول أعمالهم اليوم الثلاثاء بعد توقفها لحوالي
شهرين، ضمن إجراءات مكافحة فيروس كورونا المستجد المسبب لمرض كوفيد-19.

كورونا-جملة-قرارات-لتطبيع-الحياة/www.aljazeera.net/news/politics/2020/5/26

몇몇 국가들의 공무원들은 오늘 화요일 COVID-19 병을 유발하는 신총 코로나 바이러스에 대한
대응 조치를 취하는 가운데 약 2달 간 멈췄던 업무를 재개했다.

إِسْتَأْنَفَ الْمُوَظَّفُونَ فِي الْإِدَارَاتِ الْعَامَّةِ بِبَعْضِ الدُّوَلِ أَعْمَالَهُمُ الْيَوْمَ الثُّلَاثَاءِ بَعْدَ تَوَقُّفِهَا لِحَوَالَيْ
شَهْرَيْنِ، ضِمْنَ إِجْرَاءَاتِ مُكَافَحَةِ فَيْرُوسِ كُورُونَا الْمُسْتَجَدِّ الْمُسَبِّبِ لِمَرَضِ كوفيد-19.

| 다시 ~을 하다 | أَعَادَ / يُعِيدُ ~ | 132-4 |

أضاف "إذا كان المسؤولون الفرنسيون قلقين على مبيعاتهم الضخمة من الأسلحة إلى دول
الخليج العربي فمن الأفضل أن يعيدوا النظر في سياساتهم".

رفضت-دخول-طرف-جديد-إيران-تصعد-ضد/www.aljazeera.net/news/politics/2021/1/30

그(이란 외무부 대변인)는 "만약 프랑스 책임자들이 아랍 걸프 국가에 판매하는 막대한 무기
판매량을 걱정한다면 그들의 정책을 다시 고려해보는 것이 최선이다"라고 덧붙였다.

أَضَافَ "إِذَا كَانَ الْمَسْؤُولُونَ الْفَرَنْسِيُّونَ **قَلِقِينَ** عَلَى مَبِيعَاتِهِمِ الضَّخْمَةِ مِنَ الْأَسْلِحَةِ إِلَى دُوَلِ
الْخَلِيجِ الْعَرَبِيِّ فَمِنَ الْأَفْضَلِ أَنْ **يُعِيدُوا** النَّظَرَ فِي سِيَاسَاتِهِمْ".

| قلقين | 앞의 كان 의 영향을 받아 목적격이 되었다. [unit 69] |

# Unit 133. 빈출 기초 동사_인과 류

| ~을 초래하다, ~로 이끌다 | أَدَّى / يُؤَدِّي إِلَى ~ | 133-1 |

أَضَافَ في اجتِماعِ الحكومةِ أنَّ طهرانَ وواشنطنَ قادرتانِ على اتِّخاذِ القرارِ والإعلانِ عنِ العودةِ
إلى ظروفِ ما قَبلَ تَوَلِّي دونالد ترامب الرِّئاسَةَ في الوِلاياتِ المُتَّحِدةِ، مُؤَكِّدًا أنَّ هذه الخطوةَ
سَتُؤَدِّي إِلَى تسويةِ جزءٍ كبيرٍ من المشاكلِ والمَواضيعِ العالقةِ.

روحاني www.aljazeera.net/news/politics/2020/11/25

그(이란 대통령)는 정부 회의에서 이란과 미국은 트럼프가 미국 대통령직을 수행하기 이전 상황으로 돌아간다는 결정을 내리고 공표할 수 있다고 덧붙였으며, 이러한 진전이 정체된 문제들과 사안들의 큰 부분을 해결하도록 이끌어 갈 것이라고 강조했다.

أَضَافَ في اجتِماعِ الحُكومَةِ أنَّ طَهْرَانَ وَوَاشِنْطَنَ قَادِرَتانِ عَلَى اتِّخَاذِ الْقَرَارِ وَالْإعْلَانِ عَنِ الْعَوْدَةِ
إِلَى **ظُرُوفِ مَا قَبْلَ** تَوَلِّي دونالد ترامب **الرِّئَاسَةَ** في الْوِلايَاتِ الْمُتَّحِدَةِ، **مُؤَكِّدًا** أنَّ هَذِهِ الْخُطْوَةَ
سَتُؤَدِّي إِلَى تَسْوِيةِ جُزْءٍ كَبِيرٍ مِنَ الْمَشَاكِلِ وَالْمَوَاضِيعِ الْعَالِقَةِ.

| ظروف ما قبل | 선행사를 포함한 관계사 ما 가 부사구를 관계절로 받고 [unit 87] 이 관계사와 ظروف 가 서로 연결형을 구성하고있다. [unit 78] |
| الرئاسة | 타동사 동명사(تَوَلَّ)의 목적어라서 목적격으로 나왔다. [unit 82] |
| مؤكدا | 이란 대통령을 상황주체로 받는 상황어라서 남성 단수형이다. [unit 115] |

| ~을(부정적인 결과) 초래하다 | أَسْفَرَ / يُسْفِرُ عَنْ ~ | 133-2 |

تعرَّضت ناقلةُ نفطٍ يونانيةٌ لانفجارٍ في ميناءِ "الشقيق" السعوديِّ على البحرِ الأحمرِ مما أسفر
عن أضرارٍ ماديةٍ.

الرياض-تحدثت-عن-إحباط-هجوم-إرهابي/www.aljazeera.net/news/politics/2020/11/25

그리스 유조선은 홍해에 있는 사우디의 샤끼끄 항구에서 발생한 한 폭발에 노출되어 물적피해를 초래하였다.

تَعَرَّضَتْ نَاقِلَةُ نِفْطٍ يُونَانِيَّةٌ لِانْفِجَارٍ في مِينَاءِ "الشَّقِيقِ" السُّعُودِيِّ عَلَى الْبَحْرِ الْأَحْمَرِ مِمَّا أَسْفَرَ
عَنْ أَضْرَارٍ مَادِّيَّةٍ.

# Unit 133. 빈출 기초 동사_인과 류

| ~을 초래하다 | سَبَّبَ / يُسَبِّبُ ~ | 133-3 |
|---|---|---|

حذر من أن مصر تعد من أبرز الخاسرين في أزمة جنوح الناقلة، مستشهدًا بالأرقام الرسمية التي رصدتها الهيئة لخسائرها المادية من توقف القناة، إضافة إلى خسائر شركات الشحن التي قد تتجه نحو مسار رأس الرجاء الصالح بما يسبب خسائر على كل الأطراف.

لماذا-ترددت-مصر-في-طلب-مساعدة-دولية-لحل/www.aljazeera.net/news/politics/2021/3/29

그는 희망봉 해로로 향할 수 있는 해운사의 손해 이외에 기관이 운하 중단으로 인한 물적 피해를 모니터링한 공식적인 수치들을 언급하면서 이집트가 유조선이 기울어진 사건으로 가장 큰 피해를 입은 당사자 중 하나로 여겨지고 이로 인해 모든 당사자들에게 피해를 초래할거라고 경고했다.

حَذَّرَ مِنْ أَنَّ مِصْرَ تُعَدُّ **مِنْ أَبْرَزِ** الْخَاسِرِينَ فِي أَزْمَةِ جُنُوحِ النَّاقِلَةِ، **مُسْتَشْهِدًا** بِالْأَرْقَامِ الرَّسْمِيَّةِ الَّتِي رَصَدَتْهَا الْهَيْئَةُ لِخَسَائِرِهَا الْمَادِّيَّةِ مِنْ تَوَقُّفِ الْقَنَاةِ، إِضَافَةً إِلَى خَسَائِرِ شَرِكَاتِ الشَّحْنِ الَّتِي قَدْ تَتَّجِهُ نَحْوَ مَسَارِ رَأْسِ الرَّجَاءِ الصَّالِحِ بِمَا يُسَبِّبُ خَسَائِرَ عَلَى كُلِّ الْأَطْرَافِ.

| مِن | 전치사 مِنْ 은 '~한 것들 중 일부/하나' 를 의미하여 명사구처럼 쓰일 수 있다. |
|---|---|
| أبرز | 우선급이 후연결어를 취해서 최상급으로 해석된다. [unit 92] |
| مستشهدا | 상황주체가 حذر 의 주어와 동일해서 상황어도 남성단수 형태이다. [unit 115 ] |

| ~을 초래하다 | تَسَبَّبَ / يَتَسَبَّبُ فِي ~ | 133-4 |
|---|---|---|

أضاف المسؤول الإيراني أن "الأسلحة الفرنسية -إلى جانب أسلحة غربية أخرى- لا تتسبب في مذبحة لآلاف اليمنيين فحسب، بل هي أيضا السبب الرئيسي لعدم الاستقرار في المنطقة".

رفضت-دخول-طرف-جديد-إيران-تصعد-ضد/www.aljazeera.net/news/politics/2021/1/30

이란 책임자는 프랑스 무기들이(다른 서양식 무기는 차치하고) 수 천 명의 예멘인들의 도살장을 초래한 것뿐만 아니라 이는 이 지역이 안정화되지 않는 주된 원인이라고 덧붙였다.

أَضَافَ الْمَسْؤُولُ الْإِيرَانِيُّ أَنَّ "الْأَسْلِحَةَ الْفَرَنْسِيَّةَ -إِلَى جَانِبِ أَسْلِحَةٍ غَرْبِيَّةٍ أُخْرَى- لَا تَتَسَبَّبُ فِي مَذْبَحَةٍ لِآلَافِ الْيَمَنِيِّينَ فَحَسْبُ، بَلْ هِيَ أَيْضًا السَّبَبُ الرَّئِيسِيُّ لِعَدَمِ الْاسْتِقْرَارِ فِي الْمِنْطَقَةِ".

STEP 5. MEDIA 기초어휘와 단문연습___ Chapter 24. 주제 불문 빈출 기본어휘

| 1 | 2 | 3 | 4 | 5 | 6 | 7 | 8 | 9 | 10 | 11 | 12 | 13 | 14 | 15 | 16 | 17 | 18 | 19 | 20 | 21 | 22 | 23 | **24** | 25 |

# Unit 133. 빈출 기초 동사_인과 류

| ~에서 기인하다, ~에서 비롯되다 | نَجَمَ / يَنْجُمُ عَنْ ~ | 133-5 |

قال مراسل الجزيرة في الأردن حسن الشوبكي إن "مصادر من داخل المستشفى أكدت للجزيرة أن الحادثة نجمت عن نفاد الأكسجين في الخزان المركزي للمستشفى".

وسائل-إعلام-أردنية-وفاة-عدد-من-مرضى/www.aljazeera.net/news/politics/2021/3/13

하산 알슈바키 알자지라 요르단 특파원은 "병원 내부 소식통은 알자지라에게 그 사고는 병원 중앙 탱크의 산소 고갈에서 비롯된것으로 확인했다고"라고 말했다.

قَالَ مُرَاسِلُ الْجَزِيرَةِ فِي الْأُرْدُنِّ حسن الشوبكي إِنَّ "مَصَادِرَ مِنْ دَاخِلِ الْمُسْتَشْفَى أَكَّدَت لِلْجَزِيرَةِ أَنَّ الْحَادِثَةَ نَجَمَتْ عَنْ نَفَادِ الْأُكْسِجِينِ فِي الْخَزَّانِ الْمَرْكَزِيِّ لِلْمُسْتَشْفَى".

| ~에서 기인하다, ~에서 비롯되다 | نَتَجَ / يَنْتِجُ مِنْ أو عَنْ ~ | 133-6 |

قال الدفاع المدني السعودي "الشظايا تناثرت على عدة أحياء سكنية في مواقع متفرقة" بالرياض، موضحا "نتجت عن سقوط إحدى الشظايا أضرار مادية بأحد المنازل دون وقوع إصابات بشرية أو وفيات".

السعودية-سقوط-مقذوف-عسكري-في-جازان/www.aljazeera.net/news/politics/2021/3/2

사우디 민방위는 "파편들이 리야드 내 지역 곳곳의 여러 주거 지역에 흩뿌려졌다"라고 말하며, 파편 중 하나가 떨어져 인명 사고나 사망은 없이 집 한 채에 물적 피해가 발생했다고 발표했다.

قَالَ الدِّفَاعُ الْمَدَنِيُّ السُّعُودِيُّ "الشَّظَايَا تَنَاثَرَتْ عَلَى عِدَّةِ أَحْيَاءٍ سَكَنِيَّةٍ فِي مَوَاقِعَ مُتَفَرِّقَةٍ" بِالرِّيَاضِ، مُوضِحًا "نَتَجَتْ عَنْ سُقُوطِ إِحْدَى الشَّظَايَا أَضْرَارٌ مَادِّيَّةٌ بِأَحَدِ الْمَنَازِلِ دُونَ وُقُوعِ إِصَابَاتٍ بَشَرِيَّةٍ أَوْ وَفَيَاتٍ".

| أضرار | 주어가 문장구조에서 가장 마지막에 나오고 있다. نتج 동사의 어법에 집중해서 주어(أضرار)가 결과고 عن 뒤에가 (سقوط) 원인이라는 것만 놓치지 않으면 문맥을 놓치지 않을 것이다. |

STEP 5. MEDIA 기초어휘와 단문연습___ Chapter 24. 주제 불문 빈출 기본어휘

| 1 | 2 | 3 | 4 | 5 | 6 | 7 | 8 | 9 | 10 | 11 | 12 | 13 | 14 | 15 | 16 | 17 | 18 | 19 | 20 | 21 | 22 | 23 | **24** | 25 |

# Unit 134. 빈출 기초 동사_논의하다 류

| ~에 대해 논의하다 | نَاقَشَ / يُنَاقِشُ ~ | 134-1 |
|---|---|---|

عقد المنفي وعضوا المجلس الرئاسي عبد الله اللافي وموسى الكوني أول اجتماع مع رئيس حكومة الوحدة الوطنية عبد الحميد الدبيبة في العاصمة طرابلس، وناقشوا تشكيل الحكومة ومساعي نيلها الثقة من مجلس النواب.

مباحثات-بشأن-الحكومة-وكتابة-الدستور/www.aljazeera.net/news/2021/2/22

망명자와 대통령 협의회(presidential council) 회원인 압둘라 알라피 그리고 무사 알코니는 수도 트리폴리에서 압둘 하미드 알드베이바 통합 정부 총리와의 회담을 열고, 정부 구성과 정부가 하원으로부터 신뢰를 받기 위한 노력에 대해 논의했다.

عَقَدَ الْمَنْفِيُّ وَعُضْوَا الْمَجْلِسِ الرِّئَاسِيِّ عبد الله اللافي وَموسى الكوني أَوَّلَ اجْتِمَاعٍ مَعَ رَئِيسِ حُكُومَةِ الْوَحْدَةِ الْوَطَنِيَّةِ عبد الحميد الدبيبة فِي الْعَاصِمَةِ طرابلس، وَنَاقَشُوا تَشْكِيلَ الْحُكُومَةِ وَمَسَاعِيَ نِيلِهَا الثِّقَّةَ مِنْ مَجْلِسِ النُّوَّابِ.

| عضوا | عضوان 가 후 연결어를 가지면서 ن 이 탈락했다. [unit 78] |
|---|---|
| الثقة | 타동사 동명사(نيل)의 목적어로서 목적격이 나오고 있다. [unit 82] |

| ~와 논의하다, 협의하다 | تَشَاوَرَ / يَتَشَاوَرُ مَعَ ~ | 134-2 |
|---|---|---|

ينص مشروع القانون على ألا تنتهك الدولة المستفيدة القانون الدولي الإنساني أو حقوق الإنسان المعترف بها دوليا، وأن يتشاور البلد المتلقي مع الولايات المتحدة في ما يتعلق بالمهمة وخطة الطيران والغرض من استخدام الأسلحة.

الاتفاقية-الأمنية-العراقية-3/www.aljazeera.net/news/politics/2020/1/7

법 초안은 수혜국은 국제인도법 혹은 국제적으로 인정받는 인권을 침해하지 않으며, 주요 사안과 비행계획 및 무기사용목적과 관련해서 미국과 협의한다고 규정하고 있다.

يَنُصُّ مَشْرُوعُ الْقَانُونِ عَلَى أَلَّا تَنْتَهِكَ الدَّوْلَةُ الْمُسْتَفِيدَةُ الْقَانُونَ الدَّوْلِيَّ الْإِنْسَانِيَّ أَوْ حُقُوقَ الْإِنْسَانِ الْمُعْتَرَفِ بِهَا دُولِيًّا، وَأَنْ يَتَشَاوَرَ الْبَلَدُ الْمُتَلَقِّي مَعَ الْوِلَايَاتِ الْمُتَّحِدَةِ فِي مَا يَتَعَلَّقُ بِالْمَهَمَّةِ وَخُطَّةِ الطَّيَرَانِ وَالْغَرَضِ مِنِ اسْتِخْدَامِ الْأَسْلِحَةِ.

| أَلَّا | 접속사 أن 뒤에 لا 가 나오면 أَلَّا 로 합쳐진다. |
|---|---|
| المعروف بها | 비인칭 수동태로서 수동태의 성/수는 남성단수로 고정이고 실질적인 성/수는 전치사 ب 뒤에서 표현된다. [unit 25] |

# Unit 134. 빈출 기초 동사_논의하다 류

| ~에 대해 논의하다 | بَحَثَ / يَبْحَثُ ~ | 134-3 |

وَمِنْ جَانِبِهِ، قَالَ وَزِيرُ الْخَارِجِيَّةِ الْإِيرَانِيِّ مُحَمَّدٌ جَوَادٌ ظَرِيفٌ إِنَّهُ بَحَثَ هَاتِفِيًّا مَعَ نَظِيرِهِ الْأَذَرِيِّ جيهون بيراموف أَهَمِّيَّةَ وَقْفِ الْمَعَارِكِ فِي ناغورني قره باغ وَالتَّوَجُّهِ لِلْحِوَارِ مَعَ أرمينيا، وَأَبْدَى ظريف اسْتِعْدَادَ طهران لِلتَّوَسُّطِ بَيْنَ الطَّرَفَيْنِ الْمُتَحَارِبَيْنِ.

www.aljazeera.net/news/2020/9/27/نزاع-قره-باغ-أرمينيا-وأذربيجان-يعلنان

한편, 무함마드 자와드 자리프 이란 외무부 장관은 제이훈 바이라모프 아제르바이잔 외무부 장관과 나고르노-카라바흐에서의 교전 중단관 아르메니아와 대화를 지향하는 것에 대한 사안에 대해 논의했다고 말했으며, 그는 자리프 장관이 이란은 교전 양국간 중재를 할 준비가 되어있음을 보였다고 말했다.

وَمِنْ جَانِبِهِ، قَالَ وَزِيرُ الْخَارِجِيَّةِ الْإِيرَانِيُّ مُحَمَّدٌ جَوَادٌ ظَرِيفٌ إِنَّهُ بَحَثَ هَاتِفِيًّا مَعَ نَظِيرِهِ الْأَذَرِيِّ جيهون بيراموف أَهَمِّيَّةَ وَقْفِ الْمَعَارِكِ فِي ناغورني قره باغ وَالتَّوَجُّهِ لِلْحِوَارِ مَعَ أرمينيا، وَأَبْدَى ظريف اسْتِعْدَادَ طهران لِلتَّوَسُّطِ بَيْنَ الطَّرَفَيْنِ الْمُتَحَارِبَيْنِ.

| ~을 찾아보다 | بَحَثَ / يَبْحَثُ عَنْ ~ | 134-3 (+α) |

يَبْحَثُ الْبَرْلَمَانُ الْعِرَاقِيُّ عَنْ نَحْوِ أَرْبَعِمِائَةِ مِلْيَارِ دُولَارٍ مِنْ مَبِيعَاتِ النَّفْطِ فِي السَّنَوَاتِ الْعَشْرِ الْأَخِيرَةِ، يُعْتَقَدُ أَنَّهَا هُرِّبَتْ إِلَى الْخَارِجِ ضِمْنَ عَمَلِيَّاتِ غَسْلِ الْأَمْوَالِ، بَيْنَمَا يَقُولُ خَبِيرٌ اقْتِصَادِيٌّ إِنَّ النِّظَامَ الْمَصْرِفِيَّ الَّذِي وَصَفَهُ "بِالْمُتَخَلِّفِ" فِي الْعِرَاقِ يَسْمَحُ بِتَهْرِيبِ الْأَمْوَالِ.

www.aljazeera.net/news/politics/2020/8/16/بعد-صفقة-التطبيع-مواطن-إماراتي-يبحث-عن

이라크 의회는 최근 10년간의 석유 판매액인 약 4000억달러를 찾고 있으며, 이 돈은 자금 세탁작업의 일환으로 국외로 도난되었다고 간주되는 반면 한 경제 전문가는 그가 '후진적'이라고 표현하는 이라크의 은행 시스템이 이런 자금 밀반출을 가능케한다고 말한다.

يَبْحَثُ الْبَرْلَمَانُ الْعِرَاقِيُّ عَنْ نَحْوِ أَرْبَعِمِائَةِ مِلْيَارِ دُولَارٍ مِنْ مَبِيعَاتِ النَّفْطِ فِي السَّنَوَاتِ الْعَشْرِ الْأَخِيرَةِ، يُعْتَقَدُ أَنَّهَا هُرِّبَتْ إِلَى الْخَارِجِ ضِمْنَ عَمَلِيَّاتِ غَسْلِ الْأَمْوَالِ، بَيْنَمَا يَقُولُ خَبِيرٌ اقْتِصَادِيٌّ إِنَّ النِّظَامَ الْمَصْرِفِيَّ الَّذِي وَصَفَهُ "بِالْمُتَخَلِّفِ" فِي الْعِرَاقِ يَسْمَحُ بِتَهْرِيبِ الْأَمْوَالِ.

STEP 5. MEDIA 기초어휘와 단문연습__ Chapter 24. 주제 불문 빈출 기본어휘

| 1 | 2 | 3 | 4 | 5 | 6 | 7 | 8 | 9 | 10 | 11 | 12 | 13 | 14 | 15 | 16 | 17 | 18 | 19 | 20 | 21 | 22 | 23 | **24** | 25 |

# Unit 134. 빈출 기초 동사_논의하다 류

| ~와 협상하다 | فَاوَضَ / يُفَاوِضُ ~ | 134-4 |
|---|---|---|

منذ عقد من الزمن، فاوضت القاهرة أديس أبابا بشأن كيفية ملء السد وتشغيله، وقد انتهت آخر محاولة في هذا المسلسل الطويل من المشاورات الاثنين الماضي دون نتائج حاسمة.

10년전부터 이집트와 에티오피아는 댐을 채우고 운영하는 방법에 대해 협상을 해왔으나, 이 긴 일련의 회담들에서의 마지막 시도는 지난 월요일 결정적인 결과 없이 끝났다.

مُنْذُ عَقْدٍ مِنَ الزَّمَنِ، فَاوَضَتِ الْقَاهِرَةُ أَدِيسَ أَبَابَا بِشَأْنِ كَيْفِيَّةِ مَلْءِ السَّدِّ وَتَشْغِيلِهِ، وَقَدِ انْتَهَتْ آخِرُ مُحَاوَلَةٍ فِي هَذَا الْمُسَلْسَلِ الطَّوِيلِ مِنَ الْمُشَاوَرَاتِ الْإِثْنَيْنِ الْمَاضِي دُونَ نَتَائِجَ حَاسِمَةٍ.

| ~와 협상하다 | تَفَاوَضَ / يَتَفَاوَضُ مَعَ ~ | 134-5 |
|---|---|---|

من المزمع إقرار توقيت غلق إلزامي للحانات والمطاعم يستمر 7 أيام في حال بلغ معدل الإصابات 35 إصابة يومية لكل 100 ألف ساكن، وفق مشروع اتفاق تفاوضت حوله المستشارة مع حكام المقاطعات الألمانية الـ 16 اليوم الأربعاء.

총리가 독일 16개 주의 주지사들과 오늘 수요일에 협상한 협의안에 따라 일일 확진자 수가 10만명당 35명에 달할 경우 7일간 유지되는 바와 식당들의 강제 폐쇄 시기를 승인할 예정이다.

مِنَ الْمُزْمَعِ إِقْرَارُ تَوْقِيتِ غَلْقٍ إِلْزَامِيٍّ لِلْحَانَاتِ وَالْمَطَاعِمِ يَسْتَمِرُّ 7 أَيَّامٍ فِي حَالِ بَلَغَ مُعَدَّلُ الْإِصَابَاتِ 35 إِصَابَةً يَوْمِيَّةً لِكُلِّ 100 أَلْفِ سَاكِنٍ، وَفْقَ مَشْرُوعِ اتِّفَاقٍ تَفَاوَضَتْ حَوْلَهُ الْمُسْتَشَارَةُ مَعَ حُكَّامِ الْمُقَاطَعَاتِ الْأَلْمَانِيَّةِ الـ 16 الْيَوْمَ الْأَرْبِعَاءَ.

| إقرار | من ال~ أن يفعل  구조에서 أن يفعل 가 동명사로 사용된 구조이다. [unit 53] |
|---|---|
| يستمر | 비한정 선행사(غلق)를 수식하는 관계절이다. [unit 87] |
| تفاوضت | 비한정 선행사(مشروع)를 수식하는 관계절이며, حوله 의 대명사가 선행사를 받아주고 있다. [unit 87] |

STEP 5. MEDIA 기초어휘와 단문연습___ Chapter 24. 주제 불문 빈출 기본어휘

| 1 | 2 | 3 | 4 | 5 | 6 | 7 | 8 | 9 | 10 | 11 | 12 | 13 | 14 | 15 | 16 | 17 | 18 | 19 | 20 | 21 | 22 | 23 | **24** | 25 |

# Unit 135. 빈출 기초 동사_합의하다 류

| 협정을 체결하다 | أَبْرَمَ / يُبْرِمُ اتِّفَاقًا | 135-1 |
|---|---|---|

قالت الرئاسة الفرنسية، الخميس، إن باريس تريد إشرافا دوليا لتطبيق وقف إطلاق النار في صراع إقليم قره باغ، وسط مخاوفها من أن موسكو وأنقرة **قد** تبرمان اتفاقا لإبعاد القوى الغربية عن محادثات السلام المستقبلية.

www.aljazeera.net/news/politics/2020/11/20/قره-باغخوفا-من-الدور-التركي-فرنسا-تريد

프랑스 대통령은 목요일 프랑스는 러시아와 터키가 서구열강을 향후 평화회담에서 배제하기 위한 협정을 체결할 수 있다는 우려를 하는 가운데, 카라바흐 지역 분쟁의 휴전 이행을 위한 국제 감시를 원한다고 말했다.

قَالَتِ الرِّئَاسَةُ الْفَرَنْسِيَّةُ، الْخَمِيسَ، إِنَّ بَارِيسَ تُرِيدُ إِشْرَافًا دُوَلِيًّا لِتَطْبِيقِ وَقْفِ إِطْلَاقِ النَّارِ فِي صِرَاعِ إِقْلِيمِ قره باغ، وَسَطَ مَخَاوِفِهَا مِنْ أَنَّ مُوسْكُو وَأَنْقَرَةَ **قَدْ** تُبْرِمَانِ اتِّفَاقًا لِإِبْعَادِ الْقُوَى الْغَرْبِيَّةِ عَنْ مُحَادَثَاتِ السَّلَامِ الْمُسْتَقْبَلِيَّةِ.

| قد | قد 뒤에 미완료 직설법 동사가 나오면 불확실한 가능성을 의미한다. [unit 107] |
|---|---|

| 결정을 채택하다 | اتَّخَذَ / يَتَّخِذُ قَرَارًا | 135-2 |
|---|---|---|

أفادت تسريبات بأن الرئيس الأميركي جو بايدن قد يتخذ غدا قرارا مهما بشأن الاتفاق النووي الإيراني، في حين أصدر اجتماع وزاري أوروبي أميركي -اليوم الخميس- بيانا يؤكد على ضرورة منع طهران من امتلاك القنبلة الذرية.

www.aljazeera.net/news/politics/2021/2/18/بيان-أوروبي-أميركي-بشأن-نووي-إيران

미-유럽의 장관급 회의가 오늘 목요일 이란이 원자 폭탄을 보유하고 있는 것을 금지할 필요성을 강조하는 성명을 발표할 때, 타스리하트(뉴스 사이트)는 조 바이든 미 대통령은 내일 이란 핵 합의와 관련해서 중요한 결정을 내릴 수도 있다고 발표했다.

أَفَادَتْ تَسْرِيبَاتٌ بِأَنَّ الرَّئِيسَ الْأَمِيرِكِيَّ جو بايدن قَدْ يَتَّخِذُ غَدًا قَرَارًا مُهِمًّا بِشَأْنِ الْاتِّفَاقِ النَّوَوِيِّ الْإِيرَانِيِّ، فِي حِينِ أَصْدَرَ اجْتِمَاعٌ وِزَارِيٌّ أُورُوبِيٌّ أَمِيرِكِيٌّ -الْيَوْمَ الْخَمِيسَ- بَيَانًا يُؤَكِّدُ عَلَى ضَرُورَةِ مَنْعِ طَهْرَانَ مِنِ امْتِلَاكِ الْقُنْبُلَةِ الذَّرِّيَّةِ.

STEP 5. MEDIA 기초어휘와 단문연습__ Chapter 24. 주제 불문 빈출 기본어휘

| 1 | 2 | 3 | 4 | 5 | 6 | 7 | 8 | 9 | 10 | 11 | 12 | 13 | 14 | 15 | 16 | 17 | 18 | 19 | 20 | 21 | 22 | 23 | **24** | 25 |

# Unit 135. 빈출 기초 동사_합의하다 류

| ~에 서명하다 | وَقَّعَ / يُوَقِّعُ عَلَى ~ | 135-3 |
|---|---|---|

وقَّعت 15 دولة آسيوية في 15 نوفمبر/تشرين الثاني الجاري **على** اتفاقية الشراكة الاقتصادية الإقليمية الشاملة، وهي أكبر اتفاقية تجارية متعددة الأطراف في العالم.

www.aljazeera.net/ebusiness/2020/11/17/فوز-في-العالم-تجارية-اتفاقية-أكبر

11월 15일 아시아 15개국가는 역내 포괄적 경제 동반자 협정(RCEP)에 서명했으며, 이는 세계 최대의 다자간 무역협정이다.

وَقَّعَتْ **15 دَوْلَةً** آسْيَوِيَّةً في 15 نوفمبر/تِشْرِين الثَّانِي الْجَارِي **عَلَى** اتِّفَاقِيَّةِ الشَّرَاكَةِ الْاِقْتِصَادِيَّةِ الْإِقْلِيمِيَّةِ الشَّامِلَةِ، وَهِيَ **أَكْبَرُ** اتِّفَاقِيَّةٍ تِجَارِيَّةٍ مُتَعَدِّدَةِ الْأَطْرَافِ في الْعَالَمِ.

| 15 دولة | 숫자범위 11~99 뒤에는 비한정 목적격이 나온다. [unit 118] |
|---|---|
| أكبر اتفاقية | 우선급이 후 연결어를 가질 경우 최상급으로 해석된다. [unit 92] |
| متعددة الأطراف | 형용사가 후 연결어로 명사를 취할 경우 형용사는 탄원을 갖지 못하며, 후 연결어 명사는 항상 관사를 가진 소유격으로 나온다. [unit 83] |

| ~에 동의하다 | وَافَقَ / يُوَافِقُ عَلَى ~ | 135-4 |
|---|---|---|

وافق وزير الدفاع الأميركي لويد أوستن **على** طلب شرطة الكونغرس تمديد انتشار الحرس الوطني في محيط الكونغرس حتى 23 مايو/أيار المقبل.

www.aljazeera.net/news/politics/2021/3/10/في-الوطني-الحرس-انتشار-يمدد-البنتاغون

로이드 오스틴 미 국방부 장관은 오는 5월 23일까지 의회 주변에 주방위군 배치를 연장해달라는 의회 경찰의 요청에 동의했다.

وَافَقَ وَزِيرُ الدِّفَاعِ الْأَمِيرْكِيُّ لويد أوستن **عَلَى** طَلَبِ شُرْطَةِ الْكُونْغُرِسِ **تَمْدِيدَ** انْتِشَارِ الْحَرَسِ الْوَطَنِيِّ في مُحِيطِ الْكُونْغُرِسِ حَتَّى 23 مايو/أيار الْمُقْبِلِ.

| تمديد | 타동사 동명사(طلب)의 목적어라서 목적격을 갖는다. [unit 82] |
|---|---|

STEP 5. MEDIA 기초어휘와 단문연습__ Chapter 24. 주제 불문 빈출 기본어휘

| 1 | 2 | 3 | 4 | 5 | 6 | 7 | 8 | 9 | 10 | 11 | 12 | 13 | 14 | 15 | 16 | 17 | 18 | 19 | 20 | 21 | 22 | 23 | **24** | 25 |

# Unit 135. 빈출 기초 동사_합의하다 류

| ~에 동의하다 | اِتَّفَقَ / يَتَّفِقُ عَلَى ~ | 135-5 |
|---|---|---|

قال عضو منظمة حقوق الإنسان العراقية، فاضل الغراوي، إن "العراق **اتفق** مع عدد من الدول **على** إعادة الأطفال إلى بلدانهم الأصلية".

www.aljazeera.net/news/politics/2021/3/15/بات-لهذا-مستقبل-بلا-سجونه-في-يقبعون

이라크 인권위원회 회원인 파딜 알가라위는 "이라크는 다수의 국가와 아이들을 모국으로 돌려보내주는 것에 합의했다"라고 말했다.

قَالَ عُضْوُ مُنَظَّمَةِ حُقُوقِ الْإِنْسَانِ الْعِرَاقِيَّةِ، فاضل الغراوي، إنَّ "الْعِرَاقَ **اتَّفَقَ** مَعَ عَدَدٍ مِنَ الدُّوَلِ **عَلَى** إِعَادَةِ الْأَطْفَالِ إِلَى بُلْدَانِهِمِ الْأَصْلِيَّةِ".

| اتفق | 이라크는 남성으로 취급되는 국가이다. [unit 1] |
|---|---|

| ~을 승인하다, 비준하다 | صَدَّقَ / يُصَدِّقُ عَلَى ~ | 135-6 |
|---|---|---|

**صدّقت** الهيئة التنظيمية للأدوية والمنتجات الطبية في بريطانيا **على** البدء باستخدام لقاح أكسفورد-أسترازينيكاالمضاد لفيروس كورونا، لتصبح بريطانيا أول بلد يجيز العلاج به.

www.aljazeera.net/news/politics/2020/12/30/لقاح

영국 의약품 및 의료제품 규제기관(MHRA_Medicines and Healthcare products Regulatory Agency)는 옥스퍼드-아스트라제네카의 코로나 바이러스 백신 사용 시작을 승인하여, 영국은 치료를 허가해준 첫 국가가 되었다.

**صَدَّقَتِ** الْهَيْئَةُ التَّنْظِيمِيَّةُ لِلْأَدْوِيَةِ وَالْمُنْتَجَاتِ الطِّبِّيَّةِ في بريطانيا **عَلَى** الْبَدْءِ بِاسْتِخْدَامِ لِقَاحِ أكسفورد-أسترازينيكاالْمُضَادِّ لِفَيْرُوسِ كُورُونَا، **لِتُصْبِحَ** بريطانيا أَوَّلَ بَلَدٍ **يُجِيزُ** الْعِلَاجَ بِهِ.

| لتصبح | 여기서의 ل 는 앞 문장에 대한 결과절을 이끄는 접속사이다. |
|---|---|
| يجيز | 비한정 선행사(بلد)를 수식하는 관계절이다. [unit 87] |

180

STEP 5. MEDIA 기초어휘와 단문연습__ **Chapter 24. 주제 불문 빈출 기본어휘**

| 1 | 2 | 3 | 4 | 5 | 6 | 7 | 8 | 9 | 10 | 11 | 12 | 13 | 14 | 15 | 16 | 17 | 18 | 19 | 20 | 21 | 22 | 23 | **24** | 25 |

# Unit 135. 빈출 기초 동사_합의하다 류

| ~을 승인하다, 비준하다 | أَقَرَّ / يُقِرُّ ~ | 135-7 |
|---|---|---|

أَقر زعماء دول مجموعة العشرين، الأحد، خطة لتمديد تجميد مدفوعات خدمة الدين المستحقة على الدول الأكثر فقرا حتى منتصف عام 2021، واعتماد نهج مشترك للتعامل مع مشكلات الديون بعد ذلك الموعد، وسط دعوات للدول الغنية لخفض ديون الدول الفقيرة.

www.aljazeera.net/ebusiness/2020/11/23/قمة-العشرين-دعوات-للدول-الغنية-لخفض

부유한 국가들이 가난한 국가들의 부채를 경감해줘야 한다는 요청이 있는 가운데, G20 정상들은 일요일에 2021년 중순까지 최빈국이 신청 가능한 부채 상환 동결(기간)을 연장하는 계획과 그 (동결이 끝나는)시기 이후 부채 문제를 다루기 위한 공동 접근법 채택을 승인했다.

أَقَرَّ زُعَمَاءُ دُوَلِ مَجْمُوعَةِ الْعِشْرِينَ، الْأَحَدَ، خُطَّةً لِتَمْدِيدِ تَجْمِيدِ مَدْفُوعَاتِ خِدْمَةِ الدَّيْنِ الْمُسْتَحَقَّةِ عَلَى الدُّوَلِ الْأَكْثَرِ **فَقْرًا** حَتَّى مُنْتَصَفِ عَامِ 2021، وَاعْتِمَادِ نَهْجٍ مُشْتَرَكٍ لِلتَّعَامُلِ مَعَ مُشْكِلَاتِ الدُّيُونِ بَعْدَ ذَلِكَ الْمَوْعِدِ، وَسْطَ دَعَوَاتٍ لِلدُّوَلِ الْغَنِيَّةِ لِخَفْضِ دُيُونِ الدُّوَلِ الْفَقِيرَةِ.

| فقرا | 우선급(الْأَكْثَر)의 의미를 구체화하기 위해 명시목적어가 나왔다. [unit 119] |
|---|---|

| ~을 인정하다, 시인하다 | أَقَرَّ / يُقِرُّ بِ ~ | 135-7 (+α) |
|---|---|---|

أَقر الاتحاد الأوروبي بارتكاب أخطاء إستراتيجية في طلب اللقاحات المضادة لفيروس كورونا، ومددت الحكومة الفلسطينية الإغلاق الشامل لبعض المحافظات أسبوعا آخر، في حين سجلت الهند ارتفاعا قياسيا لانتشار العدوى.

www.aljazeera.net/news/politics/2021/3/14/بارتكاب-يقر-الأوروبي-الاتحاد-كورونا

유럽연합은 코로나 바이러스 백신 요청에 전략적 실수를 저질렀음을 인정했으며, 인도가 사상 최고수준의 감염 확산 증가를 기록한 와중에 팔레스타인 정부는 일부 주의 전면 통제를 한 주 더 연장했다.

أَقَرَّ الْاِتِّحَادُ الْأُورُوبِّيُّ بِارْتِكَابِ أَخْطَاءَ إِسْتِرَاتِيجِيَّةٍ فِي طَلَبِ اللِّقَاحَاتِ الْمُضَادَّةِ لِفَيْرُوسِ كُورُونَا، وَمَدَّدَتِ الْحُكُومَةُ الْفِلَسْطِينِيَّةُ الْإِغْلَاقَ الشَّامِلَ لِبَعْضِ الْمُحَافَظَاتِ أُسْبُوعًا آخَرَ، فِي حِينِ سَجَّلَتِ الْهِنْدُ ارْتِفَاعًا قِيَاسِيًّا لِانْتِشَارِ الْعَدْوَى.

# Unit 136. 빈출 기초 동사_사망/부상당하다

| 죽다, 사망하다 | مَاتَ / يَمُوتُ | 136-1 |
|---|---|---|

قال دوجاريك إننا "نخشى أن يكون للتصنيف تأثير سلبي في واردات المواد الغذائية وسلع أخرى أساسية في وقت **يموت** فيه مزيد من اليمنيين جوعا".

تصنيف-الحوثيين-منظمة-إرهابية-مشرعون/www.aljazeera.net/news/2021/1/11

두자릭(유엔 대변인)은 "우리는 더 많은 예멘인들이 굶어 죽고있는 이 와중에 그 분류(후티반군을 테러단체로 분류하는 것을 의미함)로인해 식료품과 다른 생필품들 수입에 악영향을 미칠까봐 두렵다"라고 말했다

قَالَ دوجاريك إنَّنا "نَخْشَى أَنْ يَكُونَ لِلتَّصْنِيفِ **تَأْثِيرٌ** سَلْبِيٌّ فِي وَارِدَاتِ الْمَوَادِّ الْغِذَائِيَّةِ وَسِلَعٍ أُخْرَى أَسَاسِيَّةٍ فِي وَقْتٍ **يَمُوتُ** فِيهِ مَزِيدٌ مِنَ الْيَمَنِيِّينَ **جُوعًا**".

| تأثير | 주어이므로[unit 54] كان 의 격변화 영향을 받지 않고 주격으로 유지된다. |
|---|---|
| يموت | 비한정 선행사(وقت)를 수식하는 관계절이며, 선행사는 فيه 로 나온다. [unit 87] |
| جوعا | 이유 목적어로 죽는 이유를 표현한다. [unit 117] |

| 죽다, 사망하다 (수동형) | تُوُفِّيَ / يُتَوَفَّى | 136-2 |
|---|---|---|

توفي الرئيس الأسبق محمد حسني مبارك في 25 فبراير/شباط الثاني 2020 عن عمر يناهز 92 عاما بعد صراع طويل مع المرض.

الأكسجين-أنواعه-واستخداماته/www.aljazeera.net/news/healthmedicine/2021/3/15

무함마드 호스니 무바락 전 대통령은 2020년 2월 25일 병마와 오랜 싸움 끝에 향년 92세의 나이로 사망하였다.

تُوُفِّيَ الرَّئِيسُ **الأَسْبَقُ** محمد حسني مبارك فِي 25 فبراير/شباط الثاني 2020 عَنْ عُمْرٍ يُنَاهِزُ 92 عَامًا بَعْدَ صِرَاعٍ طَوِيلٍ مَعَ الْمَرَضِ.

| الأسبق | 보통 전임자를 쓸 때 سابق 혹은 이의 우선급 형태인 أسبق 를 사용한다. 이의 차이점은 سابق 는 바로 직전 전임자를 의미하고 أسبق 는 직전 전임자의 이전 전임자들을 표현할 때 사용된다. 현재 이집트 대통령은 압델 파타 엘시시(13대)이며, 호스니 무바락은 이집트의 11대 대통령이라서 سابق 가 아닌 أسبق 가 쓰였다. |
|---|---|

# Unit 136. 빈출 기초 동사_사망/부상당하다

| ~을 죽이다 | قَتَلَ / يَقْتُلُ ~ | 136-3 |
|---|---|---|

قَالَ الْعُضْوُ فِي الْمَجْلِسِ الْمَحَلِّيِّ فِي إِقْلِيمِ ننكرهار سهراب قادري إِنَّ ضَرْبَةً **نَفَّذَتْهَا** طَائِرَاتٌ مُسَيَّرَةٌ **قَتَلَتْ** ثَلَاثِينَ مُزَارِعًا فِي حَقْلٍ لِلصَّنَوْبَرِ، وَأَصَابَتْ **مَا لَا يَقِلُّ عَنْ** أَرْبَعِينَ آخَرِينَ.

أفغانستان-تفجير-غارة-جوية/2019/9/19/www.aljazeera.net/news/politics

낭가르하르주의 지역 의회 의원인 사흐랍 까드리는 드론이 가한 공격이 소나무 농지에서 농부 30명을 죽이고 그 외 40명 이상에 부상을 입혔다고 말했다.

قَالَ الْعُضْوُ فِي الْمَجْلِسِ الْمَحَلِّيِّ فِي إِقْلِيمِ ننكرهار سهراب قادري إِنَّ ضَرْبَةً **نَفَّذَتْهَا** طَائِرَاتٌ مُسَيَّرَةٌ **قَتَلَتْ** ثَلَاثِينَ مُزَارِعًا فِي حَقْلٍ لِلصَّنَوْبَرِ، وَأَصَابَتْ **مَا لَا يَقِلُّ عَنْ** أَرْبَعِينَ آخَرِينَ.

| نفذتها | 비한정 선행사(ضربة)를 수식해는 관계절이다. [unit 87] |
|---|---|
| ما لا يقل عن | ما 는 관계사이며 [unit 87] "قَلَّ عَنْ ~"은 "~보다 적다"를 의미한다. 그래서 "~보다 적지 않은 것" 이라고 직역되어 "~이상"이라고 해석된다. |

| 사망하다 (수동형) | قُتِلَ / يُقْتَلُ | 136-4 |
|---|---|---|

**قُتِلَ** 16 عَسْكَرِيًّا عَلَى الْأَقَلِّ وَالْعَدِيدِ مِنَ الْمَدَنِيِّينَ وَجُرِحَ الْعَشَرَاتُ فِي الْمُوَاجَهَاتِ الدَّائِرَةِ بَيْنَ قُوَّاتِ أذربيجان وَأرمينيا فِي إِقْلِيمِ ناغورني قره باغ **الْمُتَنَازِع عَلَيْهِ**، فِي حِينِ حَثَّتْ وَاشِنْطُنُ الطَّرَفَيْنِ عَلَى وَقْفِ الْأَعْمَالِ الْعَدَائِيَّةِ فَوْرًا.

نزاع-قره-باغ-أرمينيا-وأذربيجان-يعلنان/2020/9/27/www.aljazeera.net/news

미국이 아제르바이잔군과 아르메니아군에게 당장 적대 행위를 중단할 것을 촉구하는 와중에, 양측간의 나고르노-카라바흐 분쟁지역에서 벌어지고 있는 교전에서 최소 군인 16명과 다수의 민간인이 사망하고 수십명이 다쳤다.

**قُتِلَ** 16 عَسْكَرِيًّا عَلَى الْأَقَلِّ وَالْعَدِيدِ مِنَ الْمَدَنِيِّينَ وَجُرِحَ الْعَشَرَاتُ فِي الْمُوَاجَهَاتِ الدَّائِرَةِ بَيْنَ قُوَّاتِ أذربيجان وَأرمينيا فِي إِقْلِيمِ ناغورني قره باغ **الْمُتَنَازِع عَلَيْهِ**، فِي حِينِ حَثَّتْ وَاشِنْطُنُ الطَّرَفَيْنِ عَلَى وَقْفِ الْأَعْمَالِ الْعَدَائِيَّةِ فَوْرًا.

| المتنازع عليه | 비인칭 수동분사이며, عليه 의 ه 가 피수식명사(إقليم)를 받아준다. [unit 25] |
|---|---|

STEP 5. MEDIA 기초어휘와 단문연습___ **Chapter 24. 주제 불문 빈출 기본어휘**

| 1 | 2 | 3 | 4 | 5 | 6 | 7 | 8 | 9 | 10 | 11 | 12 | 13 | 14 | 15 | 16 | 17 | 18 | 19 | 20 | 21 | 22 | 23 | **24** | 25 |

# Unit 136. 빈출 기초 동사_사망/부상당하다

| ~의 목숨을 앗아가다 | أَوْدَى / يُودِي بِحَيَاةِ ~ | 136-5 |

أَوْدَى فيروس كورونا المستجدّ بحياة ما لا يقل عن 65272 شخصا وبلغ مجموع الإصابات أزيد من مليون و200 ألف، في حين تواصل مختلف دول العالم فرض إجراءاتها الصارمة في محاولة لاحتواء الفيروس الذي ظهر لأول مرة في مدينة ووهان الصينية في ديسمبر/كانون الأول الماضي.

كوفيد-وباء-كورونا-2/5/4/2020/politics/news/net.aljazeera.www

신종 코로나 바이러스는 65,272명 이상의 목숨을 앗아갔으며, 총 감염자 수는 120만명 이상인 상태에서, 세계 여러 국가들은 지난 12월 중국 우한시에서 처음으로 발생한 바이러스의 확산 방지를 위한 시도 차원에서 계속해서 강경 조치들을 취하고 있다.

أَوْدَى فَيْرُوسُ كورونا الْمُسْتَجَدُّ بِحَيَاةِ **مَا لَا يَقِلُّ عَنْ** 65272 **شَخْصًا** وَبَلَغَ مَجْمُوعُ الْإِصَابَاتِ **أَزْيَدَ** مِنْ مِلْيُونٍ وَ200 أَلْفٍ، في حِينِ تُوَاصِلُ مُخْتَلِفُ دُوَلِ الْعَالَمِ فَرْضَ إِجْرَاءَاتِهَا الصَّارِمَةِ في مُحَاوَلَةٍ لِاحْتِوَاءِ الْفَيْرُوسِ الَّذِي ظَهَرَ لِأَوَّلِ مَرَّةٍ في مَدِينَةِ ووهان الصِّينِيَّةِ في ديسمبر/كانون الأول الْمَاضِيِّ.

| ما لا يقل عن | ما 는 관계사이며 [unit 87] "~ قَلَّ عَنْ"은 "~보다 적다"를 의미한다. 그래서 "~보다 적지 않은 것" 이라고 직역되어 "~이상"이라고 해석된다. |
| شخصا | 마지막 숫자가 70이라서 (خمسة وستين ألفا ومئتين واثنين **وسبعين**) 비한정 명사가 명시목적어로 나온다. [unit 118] |
| أزيد | "ز ي د" 어근의 우선급이다. [unit 89] |

STEP 5. MEDIA 기초어휘와 단문연습___ Chapter 24. 주제 불문 빈출 기본어휘

| 1 | 2 | 3 | 4 | 5 | 6 | 7 | 8 | 9 | 10 | 11 | 12 | 13 | 14 | 15 | 16 | 17 | 18 | 19 | 20 | 21 | 22 | 23 | **24** | 25 |

# Unit 136. 빈출 기초 동사_사망/부상당하다

| 다치다, 부상을 입다 (수동형) | أُصيبَ / يُصَابُ | 136-6 |
|---|---|---|

أمس الأحد، قتل 4 جنود في الجيش اليمني وأُصيب 8 آخرون جراء قصف حوثي بالصواريخ
على محافظة تعز (جنوب غرب)، وفق مصدر عسكري.

استمرار-الاشتباكات-بعدة-محافظات/www.aljazeera.net/news/politics/2021/3/15

어제 일요일 군 소식통에 의하면, 후티반군이 타이즈(남서부)주에 발사한 미사일 폭격으로인해 예멘 군대에서 4명의 군인이 사망하고 8명의 민간인이 사망하였다.

أَمْسِ الْأَحَدَ، قُتِلَ 4 جُنُودٍ في الْجَيْشِ الْيَمَنِيِّ وأُصِيبَ 8 آخَرُونَ جَرَّاءَ قَصْفٍ حُوثِيٍّ بِالصَّوَارِيخِ
عَلَى مُحَافَظَةِ تعز (جَنُوبَ غَرْبٍ)، وَفْقَ مَصْدَرٍ عَسْكَرِيٍّ.

| 다치다, 상처를 입다 (수동형) | جُرِحَ / يُجْرَحُ | 136-7 |
|---|---|---|

قالت سلطات الإدارة الأرمينية الانفصالية المسماة جمهورية "ناغورني قره باغ" إن 16 عنصرا
من قواتها قتلوا وجُرح أكثر من 100 جراء قصف جوي ومدفعي للقوات الأذرية في صباح يوم
الأحد على مناطق في الإقليم المتنازع عليه.

نزاع-قره-باغ-أرمينيا-وأذربيجان-يعلنان/www.aljazeera.net/news/2020/9/27

나고르노 카라바흐 공화국으로 불리는 아르메니아 분리주의 행정 당국은 아제르바이잔군이 일요일 오전 분쟁지역에 있는 장소들에 가한 공중 폭격과 대포 폭격으로 인해 자국 군인 16명이 사망하였고, 100명 이상이 부상을 입었다고 말했다.

قَالَتْ سُلْطَاتُ الْإِدَارَةِ الْأَرْمِينِيَّةِ الْإِنْفِصَالِيَّةِ الْمُسَمَّاةُ جُمْهُورِيَّةَ "ناغورني قره باغ" إِنَّ 16 عُنْصُرًا
مِنْ قُوَّاتِهَا قُتِلُوا وَجُرِحَ أَكْثَرُ مِنْ 100 جَرَّاءَ قَصْفٍ جَوِّيٍّ وَمِدْفَعِيٍّ لِلْقُوَّاتِ الْأَذَرِيَّةِ في صَبَاحِ يَوْمِ
الْأَحَدِ عَلَى مَنَاطِقَ في الْإِقْلِيمِ الْمُتَنَازَعِ عَلَيْهِ.

| مسماة | (...~را)를 ...라고 부르다] 의 수동분사 (مُسَمًّى)에 ة 가 접미된 형태이다. 제 1 목적어는 의미상 주어로서 피수식 명사로 나오고 있으며, 제 2 목적어(جمهورية)는 수동형이 되어도 목적격으로 남아있다. [unit 24] |
|---|---|
| مناطق | 2격 명사라서 탄원이 없는 a 모음을 갖는다. [unit 6] |
| المتنازع عليه | 비인칭 수동분사 형태이며, الإقليم 을 수식해주고 있다. [unit 25] |

STEP 5. MEDIA 기초어휘와 단문연습__ Chapter 24. 주제 불문 빈출 기본어휘

| 1 | 2 | 3 | 4 | 5 | 6 | 7 | 8 | 9 | 10 | 11 | 12 | 13 | 14 | 15 | 16 | 17 | 18 | 19 | 20 | 21 | 22 | 23 | **24** | 25 |

# Unit 137. 빈출 기초 동사_취임/퇴임하다 류

| 취임하다 | تَوَلَّى / يَتَوَلَّى الْمَنْصِبَ | 137-1 |

قال جون كارلين نائب المدعي العام الذي تولى منصبه في 21 يناير/كانون الثاني الماضي،

"كانت الإحاطة الأولى التي تلقيتها في وظيفتي الجديدة تتعلق بالجهود المبذولة لتقديم

مرتكبي هجوم 6 يناير/كانون الثاني إلى العدالة".

اتهامات-لأكثر-من-300-شخص-لدورهم-في-أعمال/www.aljazeera.net/news/politics/2021/2/27

지난 1월 21일 취임한 존 카를린 법무 차관(Deputy Attorney General)은 "내가 새로운
직책에서 받은 첫 번째 브리핑은 1월 6일 공격을 감행한 자들을 법정에 세우려는 노력과
관련있다"라고 말했다.

قَالَ جون كارلين نَائِبُ الْمُدَّعِي الْعَامِّ الَّذِي تَوَلَّى مَنْصِبَهُ في 21 يَنَايِرَ/كَانُونَ الثَّانِي الْمَاضِي،

"كَانَتِ الْإِحَاطَةُ الْأُولَى الَّتِي تَلَقَّيْتُهَا في وَظِيفَتِي الْجَدِيدَةِ تَتَعَلَّقُ بِالْجُهُودِ الْمَبْذُولَةِ لِتَقْدِيمِ مُرْتَكِبِي

هُجُومِ 6 يَنَايِرَ/كَانُونِ الثَّانِي إِلَى الْعَدَالَةِ".

| مرتكبي | 규칙 복수의 첨가된 ن 이 후 연결어(هجوم)를 가지면서 탈락했다. [unit 78] |

| ~을 ...로 임명하다 | عَيَّنَ / يُعَيِّنُ ~ ... | 137-2 |

وفي السياق، أكد مسؤول في الخارجية الأميركية فجر اليوم الجمعة أن إدارة بايدن عينت

روبرت مالي -مستشار السياسة الخارجية السابق في إدارة باراك أوباما- مبعوثا خاصا للشأن

الإيراني.

نتنياهو-يحذر-واشنطن-من-العودة-للاتفاق/www.aljazeera.net/news/politics/2021/1/29

이에 따라, 오늘 금요일 새벽에 미 국무부의 한 책임자는 바이든 행정부가 오바마 행정부의
전임 대외정책 고문이었던 로버트 말리를 이란 문제에 대한 특사로 임명했다고 강조했다.

وَفِي السِّيَاقِ، أَكَّدَ مَسْؤُولٌ في الْخَارِجِيَّةِ الْأَمِيرْكِيَّةِ فَجْرَ الْيَوْمِ الْجُمُعَةِ أَنَّ إِدَارَةَ بايدن عَيَّنَتْ

روبرت مالي -مُسْتَشَارَ السِّيَاسَةِ الْخَارِجِيَّةِ السَّابِقَ في إِدَارَةِ باراك أوباما- مَبْعُوثًا خَاصًّا لِلشَّأْنِ

الْإِيرَانِيِّ.

| مبعوثا | 동사 عين 는 복수 목적어를 취하는 동사이며 روبرت 가 제 1 목적어(~을)이고 مبعوث 가 제 2 목적어(...로)이다. [unit 100] |

186

# Unit 137. 빈출 기초 동사_취임/퇴임하다 류

| ~에서 사임하다 | تَنَحَّى / يَتَنَحَّى عَنْ ~ | 137-3 |
|---|---|---|

أعلنت شركة أمازون أن مؤسسها الملياردير الأميركي جيف بيزوس <u>سيتنحّى عن</u> منصب المدير التنفيذي ليصبح رئيس مجلس الإدارة، وقد عين رئيس قسم الحوسبة السحابية خلفًا له.

www.aljazeera.net/news/scienceandtechnology/2021/2/3/أغنى-رجل-في-العالم-يتخلى-عن-عرشه-بيزوس

아마존 회사는 미국 억만장자인 아마존 창업자 제프 베조스가 CEO 자리에서 사임하고 이사회 의장이 될 것이며, 그는 클라우드 컴퓨팅 부서장을 자신의 후임자로 임명했다고 발표했다.

أَعْلَنَتْ شَرِكَةُ أمازون أَنَّ مُؤَسِّسَهَا الْمِلْيَارْدِيرَ الْأَمِيرْكِيَّ جيف بيزوس <u>سَيَتَنَحَّى عَنْ</u> مَنْصِبِ الْمُدِيرِ التَّنْفِيذِيِّ <u>لِيُصْبِحَ</u> رَئِيسَ مَجْلِسِ الْإِدَارَةِ، وَقَدْ عَيَّنَ رَئِيسَ قِسْمِ الْحَوْسَبَةِ السَّحَابِيَّةِ <u>خَلْفًا</u> لَهُ.

| ليصبح | 접속사 ل 는 결과절을 이끌때도 사용된다. |
|---|---|
| خلفا | 동사 عين 의 제 2 목적어이다. [unit 100] |

| 사임하다 | اِسْتَقَالَ / يَسْتَقِيلُ | 137-4 |
|---|---|---|

ندد وزير الخارجية الأميركي أنتوني بلينكن بما سماها أعمال تطهير عرقي وقعت في إقليم تيغراي الإثيوبي، فيما <u>استقال</u> دبلوماسي إثيوبي في واشنطن احتجاجا على "الإبادة الجماعية" التي ارتكبتها بلاده في الإقليم.

www.aljazeera.net/news/politics/2021/3/11/إقليم-تيغراي-بلينكن-يندد-بالتطهير

토니 블링컨 미 국무부 장관은 에티오피아 티그라이 지역에서 벌어진 인종 청소라 불리는 행위를 규탄했으며, 이에 워싱턴에 근무하는 에티오피아 외교관은 이 지역에서 자국이 자행한 집단 학살에 항의하기 위해 사임하였다.

نَدَّدَ وَزِيرُ الْخَارِجِيَّةِ الْأَمِيرْكِيُّ أنتوني بلينكن <u>بِمَا سَمَّاهَا</u> أَعْمَالَ تَطْهِيرٍ عِرْقِيٍّ وَقَعَتْ فِي إِقْلِيمِ تيغراي الْإِثْيُوبِيِّ، فِيمَا <u>اِسْتَقَالَ</u> دِبْلُومَاسِيٌّ إِثْيُوبِيٌّ فِي واشنطن <u>اِحْتِجَاجًا</u> عَلَى "الْإِبَادَةِ الْجَمَاعِيَّةِ" الَّتِي ارْتَكَبَتْهَا بِلَادُهُ فِي الْإِقْلِيمِ.

| بما سماها | ما 는 관계사이며 [unit 87], ها 는 سمى 동사의 제 1 목적어이고 أعمال 가 제 2 목적어이다. [unit 102] |
|---|---|
| احتجاجا | 이유를 나타내기위해 동명사가 목적격으로 나왔다. [unit 117] |

| 1 | 2 | 3 | 4 | 5 | 6 | 7 | 8 | 9 | 10 | 11 | 12 | 13 | 14 | 15 | 16 | 17 | 18 | 19 | 20 | 21 | 22 | 23 | **24** | 25 |

# Unit 137. 빈출 기초 동사_취임/퇴임하다 류

| ~을 경질하다, 면직하다 | أَقَالَ / يُقِيلُ ~ (مِنْ مَنْصِبِهِ) | 137-5 |

أَقَالَتِ السُّلُطَاتُ التَّنْزَانِيَّةُ نَائِبَ وزير التعدين قبل أن يتسلم منصبه، لفشله في قراءة نص اليمين في حفل حضره رئيس الدولة جون بومبيه ماغوفولي.

عجز -عن-قراءة-اليمين-إقالة-نائب-وزير/www.aljazeera.net/news/politics/2020/12/10

탄자니아 당국은 존 폼베 마구풀리 탄자니아 대통령이 참관한 행사에서 선서문 낭독을 제대로 하지 못했다는 이유로 광물부 차관이 직위를 받기도 전에 그를 면직했다.

أَقَالَتِ السُّلُطَاتُ التَّنْزَانِيَّةُ نَائِبَ وَزِيرِ التَّعْدِينِ قَبْلَ أَنْ يَتَسَلَّمَ مَنْصِبَهُ، لِفَشَلِهِ فِي قِرَاءَةِ نَصِّ الْيَمِينِ فِي حَفْلٍ **حَضَرَهُ** رَئِيسُ الدَّوْلَةِ جون بومبيه ماغوفولي.

| حضره | 비한정 선행사(حفل)를 수식해주는 관계절이다. [unit 87] |

| 은퇴하다, 퇴직하다 | تَقَاعَدَ / يَتَقَاعَدُ | 137-6 |

ذكرت مجموعة علي بابا الصينية العملاقة للتجارة الإلكترونية اليوم الأحد أن مؤسس المجموعة ورئيسها التنفيذي جاك ما سيعلن غدا الاثنين الإجراءات المقررة لخلافته، لكنه لن يتقاعد فورا من عمله.

صحيفة-مؤسس-علي-بابا-لن-يتقاعد/www.aljazeera.net/ebusiness/2018/9/9

오늘 일요일 중국 전자 상거래 대기업 알리바바 그룹은 그룹 창업자이자 최고경영자 마윈(Jack Ma)은 내일 월요일 그의 후계에 대해 계획된 일정을 발표할 것이지만 그가 곧바로 일선에서 은퇴하진 않을 것이라고 언급했다.

ذَكَرَتْ مَجْمُوعَةُ علي بابا الصِّينِيَّةُ الْعِمْلَاقَةُ لِلتِّجَارَةِ الْإِلِكْتُرُونِيَّةِ الْيَوْمَ الْأَحَدَ أَنَّ مُؤَسِّسَ الْمَجْمُوعَةِ وَرَئِيسَهَا التَّنْفِيذِيَّ جاك ما سَيُعْلِنُ غَدًا الْإِثْنَيْنِ الْإِجْرَاءَاتِ الْمُقَرَّرَةَ لِخِلَافَتِهِ، لَكِنَّهُ لَنْ يَتَقَاعَدَ فَوْرًا مِنْ عَمَلِهِ.

STEP 5. MEDIA 기초어휘와 단문연습___ **Chapter 24. 주제 불문 빈출 기본어휘**

| 1 | 2 | 3 | 4 | 5 | 6 | 7 | 8 | 9 | 10 | 11 | 12 | 13 | 14 | 15 | 16 | 17 | 18 | 19 | 20 | 21 | 22 | 23 | **24** | 25 |

# Unit 138. 빈출 기초 동사_기타

| ~에 노출되다<br>(**부정적인 상황**에 놓이게 될 때 사용된다.) | تَعَرَّضَ / يَتَعَرَّضُ لِ ~ | 138-1 |

تعرضت عاصمة إقليم ناغورني قره باغ لِلقصف مرة أخرى في أولى الضربات التي تطال المدينة منذ دخول اتفاق وقف إطلاق النار حيز التنفيذ السبت الماضي.

www.aljazeera.net/news/politics/2020/10/16/رغم-الهدنة-معارك-قره-باغ-متواصلة

지난 토요일 휴전협정이 발효된 이후 나고르노카라바흐 지역의 중심도시까지 피해를 준 첫 공격에 다시 한 번 이 도시는 폭격에 노출되었다.

تَعَرَّضَتْ عَاصِمَةُ إِقْلِيمِ ناغورني قره باغ لِلْقَصْفِ مَرَّةً أُخْرَى في أولى الضَّرَبَاتِ الَّتِي تَطَالُ الْمَدِينَةَ مُنْذُ دُخُولِ اتِّفَاقِ وَقْفِ إِطْلَاقِ النَّارِ **حَيِّزَ** التَّنْفِيذِ السَّبْتَ الْمَاضِيَ.

| حيز | 이 단어는 앞의 دخول 동명사의 목적어라서 목적격을 갖는다. [unit 82] |

| 노력을 기울이다 | بَذَلَ / يَبْذُلُ جُهُودًا | 138-2 |

لا يمكن ضمان السلامة بشكل كامل حتى الآن، بيد أن قطاع السياحة يبذل جهودا حثيثة لتحقيق انتعاش ناجح على أمل أن تكون تدابير السلامة المعمول بها حاليا كافية للتحكم في انتشار الوباء والتشجيع على السفر في الوقت نفسه.

www.aljazeera.net/news/lifestyle/2020/8/28/إليك-التغيرات-المتوقعة-في-المستقبل

아직 완전히 안전 보장이 되지 않지만, 현재 시행되고 있는 안전 조치들이 전염병 확산을 컨트롤하고 동시에 여행을 촉진시키는데 충분하길 바라면서 관광부문은 성공적인 회복을 달성하기 위해 신속한 노력을 기울이고 있다.

لَ:ـ يُمْكِنُ ضَمَانُ السَّلَامَةِ بِشَكْلٍ كَامِلٍ حَتَّى الْآنِ، بَيْدَ أَنَّ قِطَاعَ السِّيَاحَةِ **يَبْذُلُ جُهُودًا** حَثِيثَةً لِتَحْقِيقِ انْتِعَاشٍ نَاجِحٍ عَلَى أَمَلِ أَنْ تَكُونَ تَدَابِيرُ السَّلَامَةِ **الْمَعْمُولُ بِهَا** حَالِيًا **كَافِيَةً** لِلتَّحَكُّمِ في انْتِشَارِ الْوَبَاءِ وَالتَّشْجِيعِ عَلَى السَّفَرِ في الْوَقْتِ **نَفْسِهِ**.

| كافية | 명사문의 술어이며 تكون 의 영향으로 목적격으로 변했다. [unit 69] |
| المعمول بها | 비인칭 수동분사이며 تدابير 를 수식한다. [unit 25] |
| نفسه | 앞의 명사의 동일성을 강조하는 대용어이다. [unit 85] |

STEP 5. MEDIA 기초어휘와 단문연습__ Chapter 24. 주제 불문 빈출 기본어휘

| 1 | 2 | 3 | 4 | 5 | 6 | 7 | 8 | 9 | 10 | 11 | 12 | 13 | 14 | 15 | 16 | 17 | 18 | 19 | 20 | 21 | 22 | 23 | **24** | 25 |

# Unit 138. 빈출 기초 동사_기타

| ~을 목도하다, ~이 발생하다 | شَهِدَ / يَشْهَدُ ~ | 138-3 |

**يعتزم** الأردن فتح قنصلية في مدينة العيون بالصحراء الغربية، في خطوة **تعكس** تأييدا من جانب عمّان للرباط في سياق التوتر، الذي **تشهده** المنطقة؛ بسبب أزمة الكركرات.

دعما-لموقف-المغرب-الأردن-يعتزم-فتح/www.aljazeera.net/news/2020/11/20

요르단은 모로코가 게르게라트 사태로 인해 직면하고 있는 긴장상태에서 요르단은 모로코를 지지한다는 것을 반영하는 조치 차원에서 서사하라에 위치한 엘아이운 도시에 영사관을 열고자 한다.

يَعْتَزِمُ الْأُرْدُنُّ فَتْحَ قُنْصُلِيَّةٍ فِي مَدِينَةِ الْعُيُونِ بِالصَّحْرَاءِ الْغَرْبِيَّةِ، فِي خُطْوَةٍ تَعْكِسُ تَأْيِيدًا مِنْ جَانِبِ عَمَّانَ لِلرِّبَاطِ فِي سِيَاقِ التَّوَتُّرِ، الَّذِي تَشْهَدُهُ الْمِنْطَقَةُ؛ بِسَبَبِ أَزْمَةِ الْكَرْكَرَاتِ.

| يعتزم | 요르단은 남성 국가라 주어표지어에 남성형이 나왔다. [unit 1] |
| تعكس | 비한정 선행사(خطوة)를 수식해주는 관계절이다. [unit 87] |

| ~을 ...에게 부과하다 | فَرَضَ / يَفْرِضُ ~ عَلَى ... | 138-4 |

**فرضت** الولايات المتحدة قبل أيام عقوبات **على** اثنين من قادة جماعة الحوثي، مشيرة إلى دورهما في الهجمات على السعودية وعلى سفن في البحر الأحمر.

واشنطن-ترفض-التعليق-جماعة-الحوثي-تؤكد/www.aljazeera.net/news/politics/2021/3/4

미국은 얼마 전 사우디아라비아와 홍해에 있던 선박에 대한 공격에서의 후티 반군 지도자 중 2명의 역할을 지적하며 이 두명에게 제재를 가했다.

فَرَضَتِ الْوِلَايَاتُ الْمُتَّحِدَةُ قَبْلَ أَيَّامٍ عُقُوبَاتٍ عَلَى اثْنَيْنِ مِنْ قَادَةِ جَمَاعَةِ الْحُوثِيِّ، **مُشِيرَةً** إِلَى دَوْرِهِمَا فِي الْهَجَمَاتِ عَلَى السُّعُودِيَّةِ وَعَلَى سُفُنٍ فِي الْبَحْرِ الْأَحْمَرِ.

| مشيرة | 상황 주체가 여성단수(الولايات المتحدة)로 취급되므로 상황어도 여성형이다. [unit 115] |

# Unit 138. 빈출 기초 동사_기타

| 더 이상 ~(목적격 명사)이 아니다 | لَمْ يَعُدْ ~ | 138-5 |

قَال القَائِد العَام للحرس الثَّوري الإيراني حسين سلامي إن الهجوم العسكري لَمْ يَعد خِيارا على طاولة الولايات المتحدة، وإن واشنطن يئست من نجاح هذا الخيار.

روحاني/www.aljazeera.net/news/politics/2020/11/25

후세인 살라미 이란 혁명수비대 총사령관은 군사 공격은 더 이상 미국의 테이블 위 선택지가 아니라고 말했으며 미국은 이 선택지의 성공을 포기했다고 말했다.

قَالَ الْقَائِدُ الْعَامُّ لِلْحِرْسِ الثَّوْرِيِّ الْإِيرَانِيِّ حسين سلامي إِنَّ الْهُجُومَ الْعَسْكَرِيَّ لَمْ يَعُدْ خِيَارًا عَلَى طَاوِلَةِ الْوِلَايَاتِ الْمُتَّحِدَةِ، وَإِنَّ وَاشِنْطَنَ يَئِسَتْ مِنْ نَجَاحِ هَذَا الْخِيَارِ.

| 더 이상 ~(동사)이 아니다 | لَمْ يَعُدْ ~ | 138-5 (+α) |

أضاف "إنه شخص يتمتع بالحكمة والحصافة. قال لي إنه لم يعد يستقبل منذ 10 سنوات الزوار الذين لديهم أهداف سياسية أو ثقافية بل يستقبل فقط الذين لديهم دوافع دينية".

شاهد-البابا-يكشف-كو اليس-لقائه-مع/www.aljazeera.net/news/2021/3/9

그(프란치스코    교황_이하A)는 "그(시아파    지도자_이하B)야말로 지혜와 신중함을 가진 사람이다"고 덧붙였으며, 그(B)는 나(A)에게 "자신(B)은 10년 전부터 더 이상 정치나 문화적인 목표를 가진 방문객들에게는 영접하지 않았지만, 오직 종교적인 동기를 가진 사람들만을 영접한다."고 말했다.

أَضَافَ "إِنَّهُ شَخْصٌ يَتَمَتَّعُ بِالْحِكْمَةِ وَالْحَصَافَةِ. قَالَ لِي إِنَّهُ لَمْ يَعُدْ يَسْتَقْبِلُ مُنْذُ 10 سَنَوَاتٍ الزُّوَّارَ الَّذِينَ لَدَيْهِمْ أَهْدَافٌ سِيَاسِيَّةٌ أَوْ ثَقَافِيَّةٌ بَلْ يَسْتَقْبِلُ فَقَطِ **الَّذِينَ** لَدَيْهِمْ دَوَافِعُ دِينِيَّةٌ".

| الذين | 관계 대명사 자체가 명사로 사용되고 있다. [unit 87] |

STEP 5. MEDIA 기초어휘와 단문연습__ **Chapter 24. 주제 불문 빈출 기본어휘**

| 1 | 2 | 3 | 4 | 5 | 6 | 7 | 8 | 9 | 10 | 11 | 12 | 13 | 14 | 15 | 16 | 17 | 18 | 19 | 20 | 21 | 22 | 23 | **24** | 25 |

# Unit 138. 빈출 기초 동사_기타

| ~을 불러일으키다, 촉발하다, 야기하다 | أَثَارَ / يُثِيرُ ~ | 138-6 |

أَثَارَت زيارة الممثلة الخاصة للأمين العام للأمم المتحدة بالعراق هينيس بلاسخارت إلى إيران موجة جدل واسعة بين الأوساط العراقية بشأن أهداف هذه الزيارة وأسباب مناقشة الشأن الداخلي العراقي في دولة أخرى.

www.aljazeera.net/news/politics/2021/3/1/رحلة-جديدة-للنازحين-والوجهة-غير

유엔 사무총장 이라크 특사 헤이니스 블라샤르트가 이란을 방문한 것은 방문의 목적과 이라크 내정을 다른 나라에서 논의하는 이유에 대해 이라크 각계에서 큰 논란을 야기했다.

أَثَارَت زِيَارَةُ الْمُمَثَّلَةُ الْخَاصَّةُ لِلْأَمِينِ الْعَامِّ لِلْأُمَمِ الْمُتَّحِدَةِ بِالْعِرَاقِ هينيس بلاسخارت **إِلَى** إِيرَانَ مَوْجَةَ جَدَلٍ وَاسِعَةٍ بَيْنَ الْأَوْسَاطِ الْعِرَاقِيَّةِ بِشَأْنِ أَهْدَافِ هَذِهِ الزِّيَارَةِ وَأَسْبَابِ مُنَاقَشَةِ الشَّأْنِ الدَّاخِلِيِّ الْعِرَاقِيِّ فِي دَوْلَةٍ أُخْرَى.

| إِلَى | 타동사 동명사는 목적어를 쓸 때 ل 를 쓰거나 전치사 없이 목적격으로 나와야 하지만 동명사가 방향성을 지니면 예외적으로 إِلَى 가 사용될 수 있다. [unit 82] |

| ~을 환영하다 | رَحَّبَ / يُرَحِّبُ بِ~ | 138-7 |

رَحَّب البيان بِعودة العمل الخليجي المشترك إلى مساره الطبيعي وتعزيز وحدة الصف والتماسك بين الدول الأعضاء والحفاظ على الأمن والاستقرار في المنطقة، مشددا على عدم المساس بأمن أي دولة أو استهداف أمنها والمساس بلحمتها الوطنية.

www.aljazeera.net/news/politics/2021/1/6/2-القمة-الخليجية

그 성명은 어떠한 국가의 안보를 침해하거나 겨냥하지 않고 국가적 유대를 침해하지 않을 것을 강조하면서, 걸프공동행동이 정상궤도로 돌아오고 전선 통합과 회원국들간 결속이 강화되고 걸프지역의 안보와 안정을 보호하는 것을 환영했다.

رَحَّبَ الْبَيَانُ بِعَوْدَةِ الْعَمَلِ الْخَلِيجِيِّ الْمُشْتَرَكِ إِلَى مَسَارِهِ الطَّبِيعِيِّ وَتَعْزِيزِ وَحْدَةِ الصَّفِّ وَالتَّمَاسُكِ بَيْنَ **الدُّوَلِ الْأَعْضَاءِ** وَالْحِفَاظِ عَلَى الْأَمْنِ وَالْاِسْتِقْرَارِ فِي الْمِنْطَقَةِ، **مُشَدِّدًا** عَلَى عَدَمِ الْمَسَاسِ بِأَمْنِ أَيِّ دَوْلَةٍ أَوِ اسْتِهْدَافِ أَمْنِهَا وَالْمِسَاسِ بِلُحْمَتِهَا الْوَطَنِيَّةِ.

| الدول الأعضاء | 두 명사가 대등한 관계(회원=국가)를 가지는 대용어 관계이다. [unit 85] |
| مشددا | 상황 주체가 남성 단수(البيان)이므로 상황어도 남성 단수이다. [unit 115] |

# Unit 138. 빈출 기초 동사_기타

| ~을 포함하다 | شَمِلَ / يَشْمَلُ ~ | 138-8 |
|---|---|---|

قَالَتِ الْخَارِجِيَّةُ الْأَمِيرِكِيَّةُ فِي بَيَانٍ إِنَّ زِيَارَةَ بومبيو إِلَى الْيُونَانِ تَنْدَرِجُ فِي إِطَارِ جَوْلَةٍ أُورُوبِّيَّةٍ **تَشْمَلُ** أَيْضًا إِيطَالِيَا وَالْفَاتِيكَانَ وَكُرُوَاتِيَا.

www.aljazeera.net/news/2020/9/25/زيارة-دعم-وتركيا-بومبيو-إلى-اليونان-في

미 국무부는 성명을 통해 폼페이오 장관의 그리스 방문은 이탈리아와 바티칸 그리고 크로아티아를 포함하는 유럽 순방의 틀에 포함된다고 밝혔다.

قَالَتِ الْخَارِجِيَّةُ الْأَمِيرِكِيَّةُ فِي بَيَانٍ إِنَّ **زِيَارَةَ** بومبيو إِلَى الْيُونَانِ تَنْدَرِجُ فِي إِطَارِ جَوْلَةٍ أُورُوبِّيَّةٍ **تَشْمَلُ** أَيْضًا إِيطَالِيَا وَالْفَاتِيكَانَ وَكُرُوَاتِيَا.

| زيارة | إِنَّ 뒤의 명사문 주어는 목적격으로 받는다. [unit 74] |
|---|---|
| تشمل | 비한정 선행사(جولة)를 관계절(تشمل)이 수식해주고 있고, 관계절 동사의 주어표지어가(تَشْمَل) 선행사를 받아주고 있다. [unit 87] |

| ~을 거부하다, 반대하다 | رَفَضَ / يَرْفُضُ ~ | 138-9 |
|---|---|---|

فِي الْمُقَابِلِ، **رَفَضَ** وَزِيرُ الْخَارِجِيَّةِ الْإِسْرَائِيلِيُّ غابي أشكنازي قَرَارَ الْمَحْكَمَةِ الْجِنَائِيَّةِ الدُّوَلِيَّةِ **التَّحْقِيقَ** فِي جَرَائِمِ حَرْبٍ بِالْأَرَاضِي الْفَلَسْطِينِيَّةِ، وَاصِفًا ذَلِكَ بِأَنَّهُ "إِفْلَاسٌ أَخْلَاقِيٌّ وَقَانُونِيٌّ".

www.aljazeera.net/news/politics/2021/3/3/تحقيق-فتح-تعتزم-الدولية-الجنائية

반면, 가비 아슈케나지 이스라엘 외무장관은 팔레스타인 땅에서 벌어진 전쟁범죄에 대해 국제형사재판소(ICC)가 조사하기로 결정한 것을 반대했으며, 이 조사를 "도덕적, 법적 파탄"이라고 표현했다.

فِي الْمُقَابِلِ، **رَفَضَ** وَزِيرُ الْخَارِجِيَّةِ الْإِسْرَائِيلِيُّ غابي أشكنازي قَرَارَ الْمَحْكَمَةِ الْجِنَائِيَّةِ الدُّوَلِيَّةِ **التَّحْقِيقَ** فِي جَرَائِمِ حَرْبٍ بِالْأَرَاضِي الْفَلَسْطِينِيَّةِ، **وَاصِفًا** ذَلِكَ بِأَنَّهُ "إِفْلَاسٌ أَخْلَاقِيٌّ وَقَانُونِيٌّ".

| التحقيق | 타동사 동명사(قرار)의 의미상 목적어가 목적격으로 나왔다. [unit 82] |
|---|---|
| واصفا | *해석TIP _ 원래의 상황어 문법에 따라 위 문장을 해석하면 '~라고 표현하면서 결정을 반대했다' 로 하는 것이 원칙적으로는 맞다[unit 115]. 하지만 문장을 순차적으로 이해 및 해석해야 할 때, 앞에서부터 끊이지 않고 쭉 이어나가는 것도 중요하다. 그래서 두 문장간에 해석 순서를 바꾸더라도 의미 전달에 크게 하자가 발생하지 않는다면 적절하게 두 문장을 이어서 해석하는 것이 직독직해를 할 때 더 수월하게 이해할 수 있다. |

STEP 5. MEDIA 기초어휘와 단문연습___ Chapter 24. 주제 불문 빈출 기본어휘

| 1 | 2 | 3 | 4 | 5 | 6 | 7 | 8 | 9 | 10 | 11 | 12 | 13 | 14 | 15 | 16 | 17 | 18 | 19 | 20 | 21 | 22 | 23 | **24** | 25 |

# Unit 138. 빈출 기초 동사_기타

| ~을 차지하다 | اِحْتَلَّ / يَحْتَلُّ ~ | 138-10 |
|---|---|---|

تحتل الولايات المتحدة المركز الأول عالميا في عدد الإصابات والوفيات، حيث وصل عدد الوفيات جراء كورونا إلى 132 ألف وفاة، بينما بلغ عدد الإصابات منذ تفشي المرض 3 ملايين و97 ألفا.

www.aljazeera.net/news/miscellaneous/2020/7/13/كان-يظن-أن-كورونا-خدعة-ثلاثيني-أميركي

미국은 세계적으로 확진자와 사망자의 수에서 1등을 차지해서 코로나로 인한 사망자 수는 13만2천명인 가운데 확진자 수는 병(코로나)이 확산된 이후로 309만7천명에 달했다.

تَحْتَلُّ الْوِلَايَاتُ الْمُتَّحِدَةُ الْمَرْكَزَ الْأَوَّلَ عَالَمِيًّا فِي عَدَدِ الْإِصَابَاتِ وَالْوَفَيَاتِ، حَيْثُ وَصَلَ عَدَدُ الْوَفَيَاتِ جَرَّاءَ كُورُونَا إِلَى 132 أَلْفَ وَفَاةٍ، بَيْنَمَا بَلَغَ عَدَدُ الْإِصَابَاتِ مُنْذُ تَفَشِّي الْمَرَضِ 3 مَلَايِينَ و97 أَلْفًا.

| حيث | 이 문장에서 حيث 는 인과의 의미로 쓰였다. [unit 88] |
|---|---|

| 허락하다 | سَمَحَ / يَسْمَحُ لِ~ بِ... | 138-11 |
|---|---|---|

كان رئيس الوزراء الإسرائيلي، بنيامين نتنياهو، أعلن أمس مجددا أن إسرائيل لن تسمح لإيران بامتلاك أسلحة نووية، وقبل ذلك حذر السفير الإسرائيلي السابق لدى الأمم المتحدة، رئيس الفرع الدولي لحزب الليكود، داني دانون، من أن تل أبيب ستنظر في مجموعة من القرارات الصعبة تجاه إيران، إذا اختار الرئيس الأميركي العودة إلى الاتفاق النووي.

www.aljazeera.net/news/politics/2021/2/25/إسرائيل-تتهم-إيران-بتدمير-الرقابة

벤야민 네타냐후 이스라엘 총리는 어제 다시 이스라엘은 이란이 핵무기를 갖는 것을 허락하지 않을 것이라고 밝혔으며, 이 이전에 대니 대논 전임 주 유엔 이스라엘 대사이자 리쿠드 정당의 국제지부장은 만약 미국 대통령이 핵 합의로 복귀한다는 선택을 하면, 이스라엘은 이란에 대한 일련의 어려운 결정을 고려할 것이라고 경고한 바 있다.

كَانَ رَئِيسُ الْوُزَرَاءِ الْإِسْرَائِيلِيُّ، بنيامين نتنياهو، أَعْلَنَ أَمْسِ مُجَدَّدًا أَنَّ إِسْرَائِيلَ لَنْ تَسْمَحَ لِإِيرَانَ بِامْتِلَاكِ أَسْلِحَةٍ نَوَوِيَّةٍ، وَقَبْلَ ذَلِكَ حَذَّرَ السَّفِيرُ الْإِسْرَائِيلِيُّ السَّابِقُ لَدَى الْأُمَمِ الْمُتَّحِدَةِ، رَئِيسُ الْفَرْعِ الدُّوَلِيِّ لِحِزْبِ الليكود، داني دانون، مِنْ أَنَّ تل أبيب سَتَنْظُرُ فِي مَجْمُوعَةٍ مِنَ الْقَرَارَاتِ الصَّعْبَةِ تُجَاهَ إِيرَانَ، إِذَا اخْتَارَ الرَّئِيسُ الْأَمِيرِكِيُّ الْعَوْدَةَ إِلَى الْاتِّفَاقِ النَّوَوِيِّ.

# Unit 138. 빈출 기초 동사_기타

| ~을 예상하다 | تَوَقَّعَ / يَتَوَقَّعُ ~ | 138-12 |

توقع الصندوق نمو حجم الاقتصاد الأميركي بنسبة 3.9% عام 2021. لكن ذلك لن يكون كافيا لتعويض الركود الحاصل جراء جائحة فيروس كورونا هذا العام.

الاقتصاد-الأميركي-يواجه-مخاطر-كبيرة/www.aljazeera.net/ebusiness/2020/7/18

국제통화기금(IMF)는 미국의 경제 규모 성장을 2021년도 3.9% 로 예상했지만, 이는 올 해 코로나 바이러스 전염병으로 인해 발생한 침체를 만회하기에 충분치 않을 것이다.

تَوَقَّعُ الصُّنْدُوقُ نُمُوَّ حَجْمِ الْاقْتِصَادِ الْأَمِيرِكِيِّ بِنِسْبَةِ 3.9% عَامَ 2021. لَكِنَّ ذَلِكَ لَنْ يَكُونَ كَافِيًا لِتَعْوِيضِ الرُّكُودِ الْحَاصِلِ جَرَّاءَ جَائِحَةِ فَيْرُوسِ كُورُونَا هَذَا الْعَامَ.

| ~을 준수하다 | اِلْتَزَمَ / يَلْتَزِمُ بِ ~ | 138-13 |

كان روحاني قد قال أمس الأربعاء، "إذا كانت هناك إرادة جدية لرفع العقوبات، فستراجع إيران عن خطوات خفض التزاماتها النووية.. وإذا التزمت جميع الأطراف بتعهداتها في الاتفاق النووي، فسنفعل ذلك".

بلينكن-الولايات-المتحدة-لا-تزال-بعيدة/www.aljazeera.net/news/politics/2021/3/4

로하니(이란 대통령)는 어제 수요일에 "만약 제재 철폐를 진정으로 바란다면 이란은 핵(합의) 이행 축소 행보를 무를 것이며, 만약 모든 당사자가 핵 합의 약속을 준수한다면 우리도 그렇게 할 것이다"라고 말했다.

كَانَ روحاني قَدْ قَالَ أَمْسِ الْأَرْبِعَاءِ، "إِذَا كَانَتْ هُنَاكَ **إِرَادَةٌ** جِدِّيَّةٌ لِرَفْعِ الْعُقُوبَاتِ، فَسَتَتَرَاجَعُ إِيرَانُ عَنْ خُطَوَاتِ خَفْضِ الْتِزَامَاتِهَا النَّوَوِيَّةِ.. وَإِذَا **الْتَزَمَتْ** جَمِيعُ الْأَطْرَافِ بِتَعَهُّدَاتِهَا فِي الْاتِّفَاقِ النَّوَوِيِّ، فَسَنَفْعَلُ ذَلِكَ".

| إرادة | 도치된 주어이므로[unit 54] كان 의 영향을 받지 않아 주격으로 유지된다.

# Unit 138. 빈출 기초 동사_기타

| ~를 저지르다, 자행하다 | اِرْتَكَبَ / يَرْتَكِبُ ~ | 138-14 |
|---|---|---|

في ديسمبر/كانون الأول 2019 قالت بنسودا إن "جرائم حرب ارتكبت أو ترتكب في الضفة الغربية، لا سيما القدس الشرقية وقطاع غزة".

الجنائية-الدولية-تعتزم-فتح-تحقيق/www.aljazeera.net/news/politics/2021/3/3

2019년 12월에 벤수다(국제형사재판소 검사장)는 "서안지구(West Bank) 특히 동 예루살렘과 가자지구에서 전쟁 범죄가 자행됐거나 벌어지고 있다"고 말했다.

في ديسمبر/كانُون الْأوَّلِ 2019 قَالَتْ بنسودا إنَّ "جَرَائِمَ حَرْبٍ ارْتُكِبَتْ أَوْ تُرْتَكَبُ في الضِّفَّةِ الْغَرْبِيَّةِ، لَا سِيَّمَا **الْقُدْس** الشَّرْقِيَّةِ وَقِطَاعِ غَزَّةَ".

| القدس | لا سيما 앞의 الضفة العربية 와 동격을 가져서 소유격을 갖는다. |
|---|---|

| 시선을 ~로 돌리다 | لَفَتَ / يَلْفِتُ (النَّظَرَ) إِلَى ~ | 138-15 |
|---|---|---|

لفت المتحدث إلى أن من أولويات الإدارة الأميركية الانخراط في دبلوماسية فاعلة لدعم الوصول إلى وقف لإطلاق النار.

واشنطن-تبحث-أفكارا-لتسريع-المسار/www.aljazeera.net/news/politics/2021/3/9

(미 국무부)대변인은 미 행정부의 최 우선 과제 중 하나는 휴전에 도달하는 것을 지원하기 위한 효과적인 외교에 참여하는 것이라고 시선을 돌렸다.

لَفَتَ الْمُتَحَدِّثُ إِلَى أَنَّ مِنْ أَوْلَوِيَّاتِ الْإِدَارَةِ الْأَمِيرْكِيَّةِ **الْأَنْخِرَاط** في دِبْلُومَاسِيَّةٍ فَاعِلَةٍ لِدَعْمِ الْوُصُولِ إِلَى وَقْفٍ لِإِطْلَاقِ النَّارِ.

| الانخراط | أن 절의 도치된 주어[unit 53]이기 때문에 목적격을 갖는다. [unit 74] |
|---|---|

# Unit 138. 빈출 기초 동사_기타

| 진행되다, 시행되다 | جَرَى / يَجْرِي | 138-16 |

كشف وزير الخارجية الأميركي أنتوني بلينكن، أن بلاده تتابع عن كثبٍ التطورات الأخيرة بمنطقة شرقي المتوسط، والمبادرات التركية الأوروبية التي جرت مؤخرا لحل الأزمات والنزاعات بتلك المنطقة.

www.aljazeera.net/news/2021/3/12/شرق-المتوسط-انتهاء-مناورات-تقودها

토니 블링컨 미 국무장관은 미국이 지중해 동부지역의 최신 동향과 최근 이 지역 사태와 분쟁들을 해결하기 위해 진행된 터키-유럽 이니셔티브를 긴밀히 예의주시하고 있다고 밝혔다.

كَشَفَ وَزِيرُ الْخَارِجِيَّةِ الْأَمِيرْكِيُّ أنتوني بلينكن، أَنَّ بِلَادَهُ تُتَابِعُ عَنْ كَثَبٍ التَّطَوُّرَاتِ الْأَخِيرَةِ بِمِنْطَقَةِ شَرْقِيِّ الْمُتَوَسِّطِ، وَالْمُبَادَرَاتِ التُّرْكِيَّةِ الْأُورُوبِيَّةِ الَّتِي جَرَتْ مُؤَخَّرًا لِحَلِّ الْأَزَمَاتِ وَالنِّزَاعَاتِ بِتِلْكَ الْمِنْطَقَةِ.

| ~을 진행하다, ~을 시행하다 | أَجْرَى / يُجْرِي ~ | 138-17 |

شهدت العاصمة القطرية الثلاثاء لقاءات أجرتها مبعوثة الأمم المتحدة إلى أفغانستان ديبورا لايونز مع وفد حركة طالبان، حيث بحثت معه تسريع المفاوضات المباشرة للتوصل لتسوية في أفغانستان، كما ستعقد مباحثات مع وفد الحكومة الأفغانية.

www.aljazeera.net/news/politics/2021/3/10/مباحثات-بالدوحة-أميركا-تمهد-لخطة-سلام

화요일 카타르 수도에서 아프가니스탄 유엔 특사 다이부라 라윤즈이 텔레반 대표단과 진행한 회담이 있었다. 그들은 이 회담에서 아프가니스탄에서의 문제 해결에 도달하기 위한 직접 회담에 속도를 내는 것에 대해 논의하였으며, 또한 유엔 특사는 아프간 정부 대표단과의 회담도 진행할 것이다.

**شَهِدَتِ** الْعَاصِمَةُ الْقَطَرِيَّةُ الثُّلَاثَاءَ لِقَاءَاتٍ أَجْرَتْهَا مَبْعُوثَةُ الْأُمَمِ الْمُتَّحِدَةِ إِلَى أفغانستان ديبورا لايونز مَعَ وَفْدِ حَرَكَةِ طالبان، حَيْثُ بَحَثَتْ مَعَهُ تَسْرِيعَ الْمُفَاوَضَاتِ الْمُبَاشِرَةِ لِلتَّوَصُّلِ لِتَسْوِيَةٍ في أفغانستان، كَمَا سَتَعْقِدُ مُبَاحَثَاتٍ مَعَ وَفْدِ الْحُكُنومَةِ الْأَفْغَانِيَّةِ.

| شهدت | *해석 tip _ 이 문장을 직역하면 "수도가 회담을 목격했다" 이지만, 한국어로는 이런 물주구문이 어색하기 때문에 "수도에서 회담이 있었다"로 하는게 더 자연스럽다. |

# Unit 138. 빈출 기초 동사_기타

| ~을 밝히다, 공개하다 | كَشَفَ / يَكْشِفُ عَنْ ~ | 138-18 |
|---|---|---|

أشار إلى أن وزير الداخلية الليبي كان قد **كشف** الشهر الماضي **عن** عملية أمنية في غرب البلاد **تهدف** إلى القضاء على المليشيات المسلحة.

www.aljazeera.net/news/2021/2/22/الدستور-وكتابة-الحكومة-بشأن-مباحثات.

그는 리비아 내무부 장관이 지난달 리비아 서쪽에서 무장 민병대 소탕을 목표로 한 안보 작전을 공개한 바 있다고 지적했다.

أَشَارَ إِلَى أَنَّ وَزِيرَ الدَّاخِلِيَّةِ اللِّيبِيَّ كَانَ قَدْ **كَشَفَ** الشَّهْرَ الْمَاضِيَ **عَنْ** عَمَلِيَّةٍ أَمْنِيَّةٍ فِي غَرْبِ الْبِلَادِ **تَهْدُفُ** إِلَى الْقَضَاءِ عَلَى الْمِلِيشِيَاتِ الْمُسَلَّحَةِ.

| تهدف | 비한정 선행사(عملية أمنية)를 수식하는 관계절이다. [unit 87] |
|---|---|

| ~하려 노력하다, 애쓰다 | سَعَى / يَسْعَى إِلَى | 138-19 |
|---|---|---|

أشار الشيخ في حديث للجزيرة نت إلى مغزى مكان بناء تلك الناقلات، موضحا أن الصين **لديها** **خطة** لأن تكون أكبر مستهلك للطاقة النظيفة في العالم، لذلك **سعت** دولة قطر **إلى** أن تكون متواجدة وبقوة في هذا السوق المستقبلي، **باعتبارها** أكبر مصدر للغاز المسال في العالم.

www.aljazeera.net/ebusiness/2020/4/26/أسطول-أكبر-لبناء-عقدا-توقع-للبترول-قطر.

알-셰이크는 알자지라와의 인터뷰에서 중국은 청정 에너지에 대한 세계 최대 수요자가 되기 위한 계획이 있기 때문에, 카타르는 세계 최대 액화 가스 원산지로서 이 미래 시장에서 살아남기 위해 노력했다고 밝히면서, 저 운반선 건조 장소의 중요성을 지적했다.

أَشَارَ الشَّيْخُ فِي حَدِيثٍ لِلْجَزِيرَةِ نِتْ إِلَى مَغْزَى مَكَانِ بِنَاءِ تِلْكَ النَّاقِلَاتِ، مُوَضِّحًا أَنَّ الصِّينَ **لَدَيْهَا** **خُطَّةٌ** لِأَنْ تَكُونَ أَكْبَرَ مُسْتَهْلِكٍ لِلطَّاقَةِ النَّظِيفَةِ فِي الْعَالَمِ، لِذَلِكَ **سَعَتْ** دَوْلَةُ قَطَرَ **إِلَى** أَنْ تَكُونَ مُتَوَاجِدَةً وَبِقُوَّةٍ فِي هَذَا السُّوقِ الْمُسْتَقْبَلِيِّ، بِاعْتِبَارِهَا أَكْبَرَ مَصْدَرٍ لِلْغَازِ الْمُسَالِ فِي الْعَالَمِ.

| لديها خطة | 복문의 술어로 나온 문장이며, 복문의 주어는 الصين 이다. [unit 98] |
|---|---|
| باعتبارها ~ | 이 표현은 '~로서'로 해석되며 < ~ >에 해당하는 명사는 목적격으로 나온다. 그리고 , باعتبار 뒤의 대명사는 문맥상 카타르를 가리키는 대명사이므로 여성형으로 나와있다. |

STEP 5. MEDIA 기초어휘와 단문연습__ Chapter 24. 주제 불문 빈출 기본어휘

| 1 | 2 | 3 | 4 | 5 | 6 | 7 | 8 | 9 | 10 | 11 | 12 | 13 | 14 | 15 | 16 | 17 | 18 | 19 | 20 | 21 | 22 | 23 | **24** | 25 |

# Unit 138. 빈출 기초 동사_기타

| ~을 기록하다 | سَجَّلَ / يُسَجِّلُ ~ | 138-20 |

في بريطانيا، أعلن مطار هيثرو في لندن أنه سجل العام الماضي خسائر قدرها ملياري جنيه إسترليني بسبب الوباء و "تأثيره المدمر على الطيران".

www.aljazeera.net/news/politics/2021/2/24/كورونا-الوفيات-تجاوز-عالميا

영국에서는 런던 히드로 공항이 전염병과 이것이 항공업계에 미친 파괴적인 여파로 인해 작년 20억 파운드에 달하는 손실을 입었다고 발표했다.

فِي بْرِيطَانِيَا، أَعْلَنَ مَطَارُ هِيثْرو فِي لندن أَنَّهُ سَجَّلَ الْعَامَ الْمَاضِيَ خَسَائِرَ **قَدْرُهَا** مِلْيَارَيْ جُنَيْهٍ إِسْتَرْلِينِيٍّ بِسَبَبِ الْوَبَاءِ وَ "تَأْثِيرِهِ الْمُدَمِّرِ عَلَى الطَّيَرَانِ".

| قدرها | 비한정 선행사를 수식해주는 명사문 관계절이다. [unit 87] |

| ~하도록 돕다 | سَاعَدَ / يُسَاعِدُ عَلَى ~ | 138-21 |

أضافت الشركة أنه نظرا لـ"تعديل المزيد من الشركات سياسات العمل من المنزل واعتماد خطط سفر مخفضة استجابة لتفشي فيروس كورونا، فإننا نساعد على ضمان استمرار قدرة جميع الفرق الموزعة عالميًا على الالتقاء بشكل موثوق وجها لوجه، حتى إذا لم يكن الموظفون في الموقع ذاته".

www.aljazeera.net/news/scienceandtechnology/2020/3/12/غوغل-تطلق-عروضا-لمساعدة-الطلاب

회사(구글)는 "더 많은 회사가 코로나 바이러스 확산에 대응하기 위해 재택근무 정책을 수정하고 축소된 출장계획을 채택하고 있는 것을 고려하여, 우리는 전 세계로 흩어진 모든 팀들이 비록 같은 공간에 있지 않더라도 안전하게 대면하여 만나는 것을 계속 보장하는 것을 돕는다"고 덧붙였다.

أَضَافَتِ الشَّرِكَةُ **أَنَّهُ** نَظَرًا لِـ"تَعْدِيلِ الْمَزِيدِ مِنَ الشَّرِكَاتِ **سِيَاسَاتِ** الْعَمَلِ مِنَ الْمَنْزِلِ وَاعْتِمَادِ خُطَطِ سَفَرٍ مُخَفَّضَةٍ **اسْتِجَابَةً** لِتَفَشِّي فَيْرُوسِ كورونا، فَإِنَّنَا نُسَاعِدُ عَلَى ضَمَانِ اسْتِمْرَارِ قُدْرَةِ جَمِيعِ الْفِرَقِ الْمُوَزَّعَةِ عَالَمِيًّا عَلَى الْإِلْتِقَاءِ بِشَكْلٍ مَوْثُوقٍ وَجْهًا لِوَجْهٍ، **حَتَّى إِذَا** لَمْ يَكُنِ الْمُوَظَّفُونَ فِي الْمَوْقِعِ **ذَاتِهِ**".

| أنه | أن 절에 부사구가 먼저 나오면서 비인칭 대명사가 나왔다. [unit 77] |
| سياسات | 타동사 동명사(تعديل)의 목적어가 목적격으로 나왔다. [unit 82] |
| استجابة | 이유 목적어로서 동명사가 목적격으로 나왔다. [unit 117] |
| حتى إذا | 조건 양보사로 '비록 ~하더라도'로 해석된다. [unit 120] |
| ذاته | 동일성을 강조하는 명사로서 앞의 단어(الموقع)와 동격을 이룬다. [unit 85] |

STEP 5. MEDIA 기초어휘와 단문연습__ **Chapter 24. 주제 불문 빈출 기본어휘**

| 1 | 2 | 3 | 4 | 5 | 6 | 7 | 8 | 9 | 10 | 11 | 12 | 13 | 14 | 15 | 16 | 17 | 18 | 19 | 20 | 21 | 22 | 23 | **24** | 25 |

# Unit 138. 빈출 기초 동사_기타

| ~에 투자하다 | اِسْتَثْمَرَ / يَسْتَثْمِرُ فِي ~ | 138-22 |
|---|---|---|

تستثمر الهيئة الملكية أيضا **في** مشاريع ترمي إلى تحسين جودة الحياة بالعاصمة عن طريق زيادة المساحات الخضراء والمناطق الترفيهية، ونشر ألف قطعة فنية في أرجاء المدينة.

www.aljazeera.net/ebusiness/2021/1/29/لتطوير-دولار-مليار-220-استثمار-السعودية

왕립 위원회는 녹지와 휴양 지역의 증가 그리고 도시 곳곳에 1000점의 예술품을 배치하는 것을 통해 수도에서의 삶의 질을 개선시키기 위한 프로젝트들에도 투자한다.

تَسْتَثْمِرُ الْهَيْئَةُ الْمَلَكِيَّةُ أَيْضًا **فِي** مَشَارِيعَ **تَرْمِي** إِلَى تَحْسِينِ جَوْدَةِ الْحَيَاةِ بِالْعَاصِمَةِ عَنْ طَرِيقِ زِيَادَةِ الْمِسَاحَاتِ الْخَضْرَاءِ وَالْمَنَاطِقِ التَّرْفِيهِيَّةِ، وَنَشْرِ أَلْفِ قُطْعَةٍ فَنِّيَّةٍ فِي أَرْجَاءِ الْمَدِينَةِ.

| ترمي | 비한정 선행사(مشاريع)를 수식해주는 관계절이다. [unit 87] |
|---|---|

<br>

| ~을 경고하다 | حَذَّرَ / يُحَذِّرُ مِنْ ~ | 138-23 |
|---|---|---|

سبق أن **حذر** باشاغا **من** أن المتطرفين استعادوا موطئ قدم لهم في مدينة سرت خلال محاولة اللواء المتقاعد خليفة حفتر الاستيلاء على العاصمة طرابلس عام 2019.

www.aljazeera.net/news/2021/2/22/الدستور-وكتابة-الحكومة-بشأن-مباحثات

바샤가는 칼리파 하트파르 퇴역 소장이 2019년 수도 트리폴리를 장악하려고 하는 동안 극단주의자들은 시르테에 있는 그들의 거점을 탈환했다고 경고한 바 있다.

سَبَقَ أَنْ **حَذَّرَ** باشاغا **مِنْ** أَنَّ الْمُتَطَرِّفِينَ اسْتَعَادُوا مَوْطِئَ قَدَمٍ لَهُمْ فِي مَدِينَةِ سرت خِلَالَ مُحَاوَلَةِ اللِّوَاءِ الْمُتَقَاعِدِ خليفة حفتر **الْاِسْتِيلَاءِ** عَلَى الْعَاصِمَةِ طرابلس عَامَ 2019.

| حذر | 비인칭 동사 سبق أن 뒤에는 미완료 접속법이 아닌 완료형이 나온다. [unit 23] |
|---|---|
| الاستيلاء | 타동사 동명사(محاولة)의 의미상 목적어가 목적격으로 나왔다. [unit 82] |

STEP 5. MEDIA 기초어휘와 단문연습__ Chapter 24. 주제 불문 빈출 기본어휘

| 1 | 2 | 3 | 4 | 5 | 6 | 7 | 8 | 9 | 10 | 11 | 12 | 13 | 14 | 15 | 16 | 17 | 18 | 19 | 20 | 21 | 22 | 23 | **24** | 25 |

# Unit 138. 빈출 기초 동사_기타

| ~을 장악하다 | سَيْطَرَ / يُسَيْطِرُ عَلَى ~ | 138-24 |
|---|---|---|

قَالَت أذربيجان إنها سيطرت عَلَى ما يبلغ 7 قرى، غير أن سلطات الإقليم نفت ذلك. وقالت

سلطات باكو إنها سيطرت على جبل موروفداغ، وهو منطقة إستراتيجية بين أرمينيا والإقليم.

www.aljazeera.net/news/2020/9/27/نزاع-قره-باغ-أرمينيا-وأذربيجان-يعلنان

아제르바이잔은 7개에 달하는 마을을 점령했다고 밝혔지만, 아르차흐 공화국(=나고르노-카라바흐 공화국)은 이를 부인했다. 그리고 아르메니아 당국은 아르메니아와 나고르노-카라바흐 지역 사이의 전략적 요충지인 Murovdag 산을 점령했다고 발표했다.

**원문 문맥상 الإقليم 은 나고르노-카라바흐 지역을 의미하며, باكو 는 아르메니아의 수도이다.

قَالَتْ أذربيجان إِنَّهَا سَيْطَرَتْ عَلَى مَا يَبْلُغُ 7 قُرًى، غَيْرَ أَنَّ سُلْطَاتِ الْإِقْلِيمِ نَفَتْ ذَلِكَ. وَقَالَتْ

سُلْطَاتُ باكو إِنَّهَا سَيْطَرَتْ عَلَى جَبَلِ موروفداغ، وَهُوَ مِنْطَقَةٌ إِسْتِرَاتِيجِيَّةٌ بَيْنَ أرمينيا وَالْإِقْلِيمِ.

| مَا | 관계사에 해당한다 [unit 87] |
|---|---|

---

| ~을 퍼붓다 | شَنَّ / يَشُنُّ ~ | 138-25 |
|---|---|---|

ذكر مكتب الادعاء العام في أذربيجان أن 5 من عائلة واحدة قتلوا في القصف الذي شنته

القوات الأرمينية.

www.aljazeera.net/news/2020/9/27/نزاع-قره-باغ-أرمينيا-وأذربيجان-يعلنان

아제르바이잔 검찰청은 아르메니아군이 퍼부운 폭격속에 일가족 5명이 사망하였다고 언급했다.

ذَكَرَ مَكْتَبُ الْإِدِّعَاءِ الْعَامِّ في أذربيجان أَنَّ 5 مِنْ عَائِلَةٍ وَاحِدَةٍ قُتِلُوا في الْقَصْفِ الَّذِي شَنَّتْهُ

الْقُوَّاتُ الْأَرْمِينِيَّةُ.

STEP 5. MEDIA 기초어휘와 단문연습___ **Chapter 24. 주제 불문 빈출 기본어휘**

| 1 | 2 | 3 | 4 | 5 | 6 | 7 | 8 | 9 | 10 | 11 | 12 | 13 | 14 | 15 | 16 | 17 | 18 | 19 | 20 | 21 | 22 | 23 | **24** | 25 |

# Unit 138. 빈출 기초 동사_기타

| ~을 부수다 | دَمَّرَ / يُدَمِّرُ ~ | 138-26 |
|---|---|---|

أَعلَن الجانبان سقوط ضحايا من المدنيين والعسكريين، وقال المتحدث باسم وزارة الدفاع الأرمينية إن قوات الإقليم "قتلت نحو 200 جندي أذري، ودمرت 30 مربض مدفعية للعدو و20 طائرة مسيرة".

نزاع-قره-باغ-أرمينيا-وأذربيجان-يعلنان/www.aljazeera.net/news/2020/9/27

양측은 민간인과 군인들 희생자가 발생했다고 알렸으며, 아르메니아 국방부 대변인은 국군이 아제르바이잔 군인 약 200여명을 사살했으며, 30개의 적군 발사대와 20개의 드론을 파괴했다고 말했다.

أَعْلَنَ الْجَانِبَانِ سُقُوطَ ضَحَايَا مِنَ الْمَدَنِيِّينَ وَالْعَسْكَرِيِّينَ، وَقَالَ الْمُتَحَدِّثُ بِاسْمِ وِزَارَةِ الدِّفَاعِ الْأَرْمِينِيَّةِ إِنَّ قُوَّاتِ الْإِقْلِيمِ "قَتَلَتْ نَحْوَ 200 جُنْدِيٍّ أَذْرِيٍّ، وَدَمَّرَتْ 30 **مَرِيض مِدْفَعِيٍّ** لِلْعَدُوِّ وَ20 طَائِرَةً مُسَيَّرَةً".

| مربض مدفعي | **[문법오류]** 숫자 범위 11~99 사이의 수 뒤에는 단수 명사가 명시 목적어로 나와야 하기 때문에 مَرِيضًا مِدْفَعِيًّا 이 올바른 표현이다. [unit 118] |
|---|---|

| 폭발하다 | اِنْفَجَرَ / يَنْفَجِرُ | 138-27 |
|---|---|---|

قالت وزارة الدفاع في بيان إن سيارة مفخخة **انفجرت** قبل أن تصل إلى هدفها. ولم تذكر أي بيانات حول الخسائر البشرية والمادية التي خلفها الهجوم.

www.aljazeera.net/news/politics/2020/12/20/302-اا

국방부는 성명에서 폭탄 차량은 표적에 도착하기 전에 폭발했다고 말했으며, 그 공격이 남긴 인명피해와 재산상의 피해에 대해 어떠한 정보도 언급하지 않았다.

قَالَتْ وِزَارَةُ الدِّفَاعِ فِي بَيَانٍ إِنَّ سَيَّارَةً مُفَخَّخَةً **انْفَجَرَتْ** قَبْلَ أَنْ تَصِلَ إِلَى هَدَفِهَا. وَلَمْ تَذْكُرْ أَيَّ بَيَانَاتٍ حَوْلَ **الْخَسَائِرِ** الْبَشَرِيَّةِ وَالْمَادِّيَّةِ الَّتِي خَلَّفَهَا الْهُجُومُ.

| الخسائر | 이 단어는 이격명사에 해당하는 불규칙 복수 명사이지만 한정이 되어 다시 3개의 격을 모두 표기할 수 있다. [unit 6] |
|---|---|

STEP 5. MEDIA 기초어휘와 단문연습___ Chapter 24. 주제 불문 빈출 기본어휘

| 1 | 2 | 3 | 4 | 5 | 6 | 7 | 8 | 9 | 10 | 11 | 12 | 13 | 14 | 15 | 16 | 17 | 18 | 19 | 20 | 21 | 22 | 23 | **24** | 25 |

# Unit 139. 문장 연결 표현

| ~인 와중에 | فِيمَا | 139-1 |
|---|---|---|

يتوجه وزير الخارجية الأميركي مايك بومبيو الأسبوع المقبل إلى اليونان في زيارة يعرب خلالها عن دعم بلاده لأثينا في نزاعها الحدودي مع أنقرة، فيما دعا مجلس الأمن القومي التركي إلى احترام حقوق تركيا والقبارصة الأتراك في شرق المتوسط.

بومبيو-إلى-اليونان-في-زيارة-دعم-وتركيا/www.aljazeera.net/news/2020/9/25

미 국무부 장관 마이크 폼페이오는 다음주 그리스와 터키 간 국경 분쟁에서 미국은 그리스를 지지한다는 표명하는 방문을 위해 그리스로 향할 것인 한 편, 터키국가안보위원회는 동 지중해에서의 터키와 키프로스의 권리에 대한 존중을 촉구했다.

يَتَوَجَّهُ وَزِيرُ الْخَارِجِيَّةِ الْأَمْرِيكِيُّ مايك بومبيو الْأُسْبُوعَ الْمُقْبِلَ إلَى الْيُونَانِ في زِيَارَةٍ **يُعْرِبُ** خِلَالَهَا عَنْ دَعْمِ بِلَادِهِ **لِأَثِينَا** في نِزَاعِهَا الْحُدُودِيِّ مَعَ أَنْقَرَةَ، فِيمَا دَعَا مَجْلِسُ الْأَمْنِ الْقَوْمِيُّ التُّرْكِيُّ إِلَى احْتِرَامِ حُقُوقِ تُرْكِيَا وَالْقَبَارِصَةِ الْأَتْرَاكِ في شَرْقِ الْمُتَوَسِّطِ.

| يعرب | 비한정 선행사(زيارة)를 수식하는 관계절이다. [unit 87] |
|---|---|
| لأثينا | 타동사 동명사(دعم)의 의미상 목적어가 لِ 의 도움을 받아 나왔다. [unit 82] |

| 이는 ~이다 | وَذَلِكَ ~ | 139-2 |
|---|---|---|

في غضون ذلك، أكد مجلس الأمن القومي التركي دعمه الحوار في سبيل التقاسم العادل للموارد الطبيعية في شرق البحر المتوسط، وذلك خلال اجتماعه أمس الخميس برئاسة الرئيس رجب طيب أردوغان.

بومبيو-إلى-اليونان-في-زيارة-دعم-وتركيا/www.aljazeera.net/news/2020/9/25

그러는 와중에, 터키국가안정보장회의는 동 지중해에 있는 천연자원의 공정한 분배를 위한 대화를 지지한다고 강조했으며, 이는 어제 목요일 레젭 따입 에르도안 대통령이 주재한 회의에서 나왔다.

في غُضُونِ ذَلِكَ، أَكَّدَ مَجْلِسُ الْأَمْنِ الْقَوْمِيُّ التُّرْكِيُّ دَعْمَهُ **الْحِوَارَ** في سَبِيلِ التَّقَاسُمِ الْعَادِلِ لِلْمَوَارِدِ الطَّبِيعِيَّةِ في شَرْقِ الْبَحْرِ الْمُتَوَسِّطِ، وَذَلِكَ خِلَالَ اجْتِمَاعِهِ أَمْسِ الْخَمِيسِ بِرِئَاسَةِ الرَّئِيسِ رجب طيب أردوغان.

| دعمه الحوار | 타동사 동명사(دعم)의 의미상 목적어가 목적격으로 나왔다. [unit 82] |
|---|---|

# Unit 139. 문장 연결 표현

| ~인 반면 | بَيْنَمَا | 139-3 |
|---|---|---|

تتباين الآراء بشأن أهمية هذه الاتفاقية، إذ يراها البعض غير طموحة وتكتسي بعدا رمزيا إلى

حد كبير، **بينما** يعتقد آخرون أنها حجر أساس مهم في نظام عالمي جديد باتت الصين تحتل

فيه صدارة آسيا.

أكبر -اتفاقية -تجارية -في -العالم -فوز /www.aljazeera.net/ebusiness/2020/11/17

이 협정이 중요한가에 대해서 의견들이 다양한데, 일부는 이것이 야심적이지 않고 커다랗게
상징적인 차원을 가질 뿐(허울만 좋을 뿐)이라고 보는 반면, 다른 사람들은 이것이 중국이
아시아의 중심부를 차지하게 된 새로운 세계 질서에서 중요한 초석이라고 생각한다.

تَتَبَايَنُ الْآرَاءُ بِشَأْنِ أَهَمِّيَّةِ هَذِهِ الْاِتِّفَاقِيَّةِ، إِذْ **يَرَاهَا** الْبَعْضُ غَيْرَ طَمُوحَةٍ وَتَكْتَسِي بُعْدًا رَمْزِيًّا إِلَى

حَدٍّ كَبِيرٍ، **بَيْنَمَا** يَعْتَقِدُ آخَرُونَ أَنَّهَا حَجْرُ أَسَاسٍ مُهِمٌّ فِي نِظَامٍ عَالَمِيٍّ جَدِيدٍ **بَاتَتِ** الصِّينُ تَحْتَلُّ

**فِيهِ** صَدَارَةَ آسِيَا.

| يراه ~غير | رأى 동사가 목적어 2개(ها, غير)를 취하고 있다. [unit 99] |
|---|---|
| بات | كان 의 자매어로서 뒤에 명사문을 이끄며[unit 70], 명사문의 술어가 문장이 나오고 있다. [unit 97] |
| فيه | 비한정 선행사(نظام)를 관계절에서 받아주는 대명사이다. [unit 87] |

| 이는 ~이다 | ~ ٱلْأَمْرُ الَّذِي | 139-4 |
|---|---|---|

أدى الحصار الذي فرض على قطر إلى تعزيز الاقتصاد القطري على أكثر من صعيد، **الأمر الذي**

يعد تطورا إيجابيا للتكامل الإقليمي.

بروكينغز -حصار -قطر -ساهم -في -تعزيز /www.aljazeera.net/ebusiness/2021/1/21

카타르에 가해진 봉쇄는 카타르의 경제를 한 단계 이상 강화시켰으며, 이는 역내 통합을 위한
긍정적인 발전으로 여겨진다.

أَدَّى الْحِصَارُ الَّذِي فُرِضَ عَلَى قَطَرَ إِلَى تَعْزِيزِ الْاِقْتِصَادِ الْقَطَرِيِّ عَلَى أَكْثَرَ مِنْ صَعِيدٍ، **الْأَمْرُ الَّذِي**

يُعَدُّ **تَطَوُّرًا** إِيجَابِيًّا لِلتَّكَامُلِ الْإِقْلِيمِيِّ.

| تطورا | يعد 동사 수동형의 제 2 목적어라서 목적격이다. [unit 103] |
|---|---|

STEP 5. MEDIA 기초어휘와 단문연습__ Chapter 24. 주제 불문 빈출 기본어휘

| 1 | 2 | 3 | 4 | 5 | 6 | 7 | 8 | 9 | 10 | 11 | 12 | 13 | 14 | 15 | 16 | 17 | 18 | 19 | 20 | 21 | 22 | 23 | **24** | 25 |

# Unit 139. 문장 연결 표현

| 이로 인해 ~하다 | مِمَّا ~ | 139-5 |
|---|---|---|

يدور خلاف بين تركيا واليونان وقبرص من جهة ثانية بشأن موارد النفط والغاز في شرق البحر المتوسط، مما يثير مخاوف من اندلاع نزاع أكثر حدة.

동 지중해의 석유와 가스자원에 대한 터키와 그리스, 키프로스 사이에 갈등이 계속되고 있으며, 이로 인해 더 첨예한 분쟁이 발생할 공포를 유발하고 있다.

يَدُورُ خِلَافٌ بَيْنَ تُرْكِيَا مِنْ جِهَةٍ وَالْيُونَانِ وَقُبْرُصَ مِنْ جِهَةٍ ثَانِيَةٍ بِشَأْنِ مَوَارِدِ النَّفْطِ وَالْغَازِ في شَرْقِ الْبَحْرِ الْمُتَوَسِّطِ، مِمَّا يُثِيرُ مَخَاوِفَ مِنِ انْدِلَاعِ نِزَاعٍ أَكْثَرَ حِدَّةً.

| حدة | 우선급의 의미가 불분명하여 명시 목적어로서 의미를 구체화하고 있다. [unit 119] |
|---|---|

---

| مما 는 ما 의 역할에 따라 해석을 달리 해야한다. 위에서 사용된 ما 는 앞 문장 전체를 받아주는 역할을 하였지만, 아래 문장에서는 관계사 ما 로 사용되었다. | 139-5 (+α) |
|---|---|

من جهتها، قالت كبيرة المستشارين في رئاسة الجمهورية التركية غولنور آيبت إن قضية شرقي المتوسط تعاظمت لتشمل البحر المتوسط بأسره، ومما ساهم في ذلك محاولة اليونان وقبرص الرومية التعامل مع القضية بـ"نهج متطرف".

한 편, 터키 공화국 대통령실 수석 고문인 골라누르 아이바트는 동 지중해 사안은 고조되어 지중해 전체를 포함하게 되었으며, 이에 기여한 것 중에는 그리스와 키프로스가 이 사안을 "극단적인 방법"으로 처리하려는 시도가 있다고 말했다.

مِنْ جِهَتِهَا، قَالَتْ كَبِيرَةُ الْمُسْتَشَارِينَ في رِئَاسَةِ الْجُمْهُورِيَّةِ التُّرْكِيَّةِ غُولْنُور آيبت إِنَّ قَضِيَّةَ شَرْقِيِّ الْمُتَوَسِّطِ تَعَاظَمَتْ لِتَشْمَلَ الْبَحْرَ الْمُتَوَسِّطَ بِأَسْرِهِ، وَمِمَّا سَاهَمَ في ذَلِكَ **مُحَاوَلَةُ** الْيُونَانِ وَقُبْرُصَ الرُّومِيَّةِ **التَّعَامُلُ** مَعَ الْقَضِيَّةِ بِـ"نَهْجٍ مُتَطَرِّفٌ".

| محاولة | محاولة 가 مما ساهم في ذلك 문장에서 محاولة في ذلك 가 술어이고, 도치된 주어이다. [unit 53] |
|---|---|
| التعامل | 타동사 동명사(محاولة)의 의미상 목적어로서 목적격으로 나왔다. [unit 82] |

STEP 5. MEDIA 기초어휘와 단문연습___ Chapter 24. 주제 불문 빈출 기본어휘

| 1 | 2 | 3 | 4 | 5 | 6 | 7 | 8 | 9 | 10 | 11 | 12 | 13 | 14 | 15 | 16 | 17 | 18 | 19 | 20 | 21 | 22 | 23 | **24** | 25 |

# Unit 140. 문단 연결 표현

| 한 편, | بِدَوْرِه، | 140-1 |
|---|---|---|

بدوره، أعرب مسؤول السياسة الخارجية والأمن بالاتحاد الأوروبي جوزيب بوريل عن صدمته وتأثره جرّاء هذه الهجمات، واصفًا -في تغريدة- الاعتداء بأنّه عمل جبان وعنيف وحاقد.

한 편, 조제프 보렐 EU외교안보정책 대표는 트위터에서 그 공격을 비겁하고 폭력적이고 악의적인 행동이라고 묘사하면서 이 공격들로 인한 충격과 파급력을 표명했다.

بِدَوْرِه، أَعْرَبَ مَسْؤُولُ السِّيَاسَةِ الْخَارِجِيَّةِ وَالْأَمْنِ بِالْإِتِّحَادِ الْأُورُوبِّيِّ جوزيب بوريل عَنْ صَدْمَتِهِ وَتَأَثُّرِهِ جَرَّاءَ هَذِهِ الْهَجَمَاتِ، وَاصِفًا -فِي تَغْرِيدَةِ- **الْإِعْتِدَاءَ** بِأَنَّهُ عَمَلٌ جَبَانٌ وَعَنِيفٌ وَحَاقِدٌ.

| الاعتداء | 능동 분사인 واصفا 의 목적어가 목적격으로 나왔다. [unit 24] |
|---|---|

| 한 편, | فِي غُضُونِ ذَلِكَ، | 140-2 |
|---|---|---|

في غضون ذلك، بحث وزير الخارجية القطري الشيخ محمد بن عبد الرحمن آل ثاني مع المبعوث الأميركي للسلام في أفغانستان زلماي خليل زاد في الدوحة آخر التطورات في المنطقة، ولا سيما الجهود المبذولة من أجل التوصل إلى تسوية في أفغانستان.

한 편, 카타르 외무 장관 알쉐이크 무함마드 빈 압둘 라흐만 알 싸니는 도하에서 아프가니스탄 평화 미 특사 잘마이 칼릴 자드와 그 지역에서의 최신 진행양상 특히 아프가니스탄에서의 문제해결을 위해 기울여지는 노력들에 대해 논의했다.

فِي غُضُونِ ذَلِكَ، بَحَثَ وَزِيرُ الْخَارِجِيَّةِ الْقَطَرِيُّ الشيخ محمد بن عبد الرحمن آل ثاني مَعَ الْمَبْعُوثِ الْأَمِيرْكِيِّ لِلسَّلَامِ فِي أَفْغَانِسْتَانَ زلماي خليل زاد فِي الدَّوْحَةِ آخِرَ التَّطَوُّرَاتِ فِي الْمِنْطَقَةِ، وَلَا سِيَّمَا الْجُهُودَ الْمَبْذُولَةَ مِنْ أَجْلِ التَّوَصُّلِ إِلَى تَسْوِيَةٍ فِي أَفْغَانِسْتَانَ.

STEP 5. MEDIA 기초어휘와 단문연습___ **Chapter 24. 주제 불문 빈출 기본어휘**

| 1 | 2 | 3 | 4 | 5 | 6 | 7 | 8 | 9 | 10 | 11 | 12 | 13 | 14 | 15 | 16 | 17 | 18 | 19 | 20 | 21 | 22 | 23 | **24** | 25 |

# Unit 140. 문단 연결 표현

| 이는 진행되었다 | جَاءَ هَذَا (ذَلِكَ) | 140-3 |
|---|---|---|

جَاءَ هذا الإخطار غير الرسمي، والذي أرسل إلى الكونغرس في ساعة متأخرة من مساء الخميس، بعد أن أبلغت إدارة الرئيس دونالد ترامب الكونغرس بأنها تعتزم بيع طائرات مسيرة مسلحة متطورة للإمارات.

www.aljazeera.net/news/2020/11/7/واشنطن-تخطط-لبيع-معدات-دفاعية

목요일 밤 늦은 시간에 의회에 송부된 이 비공식 서한은 트럼프 행정부가 UAE에 첨단 무장 드론을 판매하려 한다고 의회에 발표한 이후에 발행되었다.

جَاءَ هذا الإخْطَارُ غَيْرُ الرَّسْمِيِّ، وَالَّذِي أُرْسِلَ إِلَى الْكُونْغُرِسِ فِي سَاعَةٍ مُتَأَخِّرَةٍ مِنْ مَسَاءِ الْخَمِيسِ، **بَعْدَ أَنْ أَبْلَغَتْ** إِدَارَةُ الرَّئِيسِ دونالد ترامب الْكُونْغُرِسَ بِأَنَّهَا تَعْتَزِمُ بَيْعَ طَائِرَاتٍ مُسَيَّرَةٍ مُسَلَّحَةٍ مُتَطَوِّرَةٍ لِلْإِمَارَاتِ.

| بعد أن أبلغت | 주절의 시상이 완료이기 때문에 بَعْدَ أَنْ 뒤에도 완료형이 나온다. [unit 23] |
|---|---|

| 이는 진행되었다. | يَأْتِي هَذَا (ذَلِكَ) | 140-4 |
|---|---|---|

يَأْتِي ذلك بالتزامن مع إعلان أرمينيا عن مقتل 49 من جنودها منهم عقيد في القوات الأرمينية كان قائدا لإحدى الوحدات العسكرية.

www.aljazeera.net/news/politics/2020/10/16/رغم-الهدنة-معارك-قره-باغ-متواصلة

이는 아르메니아가 자국 군인들 중 한 개 군부대 지휘자였던 한 대령을 포함한 49명의 사망을 공개한 것과 맞물려 진행되었다.

يَأْتِي ذلك بِالتَّزَامُنِ مَعَ إِعْلَانِ أَرْمِينِيَا عَنْ مَقْتَلِ 49 مِنْ جُنُودِهَا **مِنْهُمْ عَقِيدٌ** فِي الْقُوَّاتِ الْأَرْمِينِيَّةِ **كَانَ** قَائِدًا لِإِحْدَى الْوَحَدَاتِ الْعَسْكَرِيَّةِ.

| منهم عقيد | 비한정 선행사(جنودها من 49)를 수식하는 관계절이다. [unit 87] 이 관계절에는 도치된 명사문이 나오고 있다. [unit 54] |
|---|---|
| كان | 비한정 선행사(عقيد)가 를 수식하는 관계절이다. [unit 87] |

# Unit 140. 문단 연결 표현

| 한 편, | مِنْ جِهَتِهِ(هَا) | 140-5 |
|---|---|---|

مِنْ جهتها قالت كامالا هاريس نائبة الرئيس المنتخب إنها وبايدن سيركزان على إعادة بناء

اقتصاد البلاد مع الحفاظ على حياة الناس.

www.aljazeera.net/news/politics/2020/11/17/الانتخابات-خطة-بايدن

한 편, 카멜라 해리스 부통령 당선인은 자신과 바이든은 국민들의 생명을 지키면서 국가의
경제 재건에 집중할 것이라고 말했다.

مِنْ جهتها قَالَتْ كامالا هاريس نَائِبَةُ الرَّئِيسِ الْمُنْتَخَبِ إِنَّهَا وَبايدن سَيَرَكِّزَانِ عَلَى إِعَادَةِ بِنَاءِ

اقْتِصَادِ الْبِلَادِ مَعَ الْحِفَاظِ عَلَى حَيَاةِ النَّاسِ.

| 다른 한 편, | مِنْ جِهَةٍ أُخْرَى، | 140-6 |
|---|---|---|

مِنْ جهة أخرى، قالت إدارة الأغذية والأدوية الأميركية إن لقاح "جونسون أند جونسون" ضد

فيروس كورونا آمن وفعال بجرعة واحدة فقط، مؤكدة أنه عالي الفعالية ضد النسختين

المتحورتين اللتين ظهرتا في بريطانيا وجنوب أفريقيا.

www.aljazeera.net/news/politics/2021/2/24/كورونا-الوفيات-تجاوز-عالميا

다른 한편, 미국 식품의약국(FDA) 는 '존슨앤존슨'의 코로나 백신은 영국과 남아프리카에서
발생한 두 변종에 대한 효율이 높다고 강조하면서, '존슨앤존슨'의 코로나 백신은 단 1회
접종만으로 안전하고 효과적이라고 말했다.

مِنْ جهةٍ أُخْرَى، قَالَتْ إِدَارَةُ الْأَغْذِيَةِ وَالْأَدْوِيَةِ الْأَمِيرِكِيَّةِ إِنَّ لِقَاحَ "جونسون أند جونسون" ضِدَّ

فَيْرُوسِ كورونا آمِنٌ وَفَعَّالٌ بِجُرْعَةٍ وَاحِدَةٍ فَقَطْ، مُؤَكَّدَةً أَنَّهُ عَالِي الْفَعَّالِيَّةِ ضِدَّ النُّسْخَتَيْنِ

الْمُتَحَوِّرَتَيْنِ اللَّتَيْنِ ظَهَرَتَا فِي بِرِيطَانِيَا وَجَنُوبِ أَفْرِيقِيَا.

| مؤكدة | 상황주체가 여성단수(الأميركية والأدوية الأغذية إدارة)이기 때문에 상황어에도 ة 가 접미되었다. [unit 115] |
|---|---|
| عالي الفعالية | عال 는 만꾸스 명사이면서 후 연결어 명사(الفعالية)를 가지므로 어미에 ي 가 추가되었고. [unit 11] الفعالية عالي 는 형용사 연결형 구조이다. [unit 83] |

| 1 | 2 | 3 | 4 | 5 | 6 | 7 | 8 | 9 | 10 | 11 | 12 | 13 | 14 | 15 | 16 | 17 | 18 | 19 | 20 | 21 | 22 | 23 | **24** | 25 |

# Unit 140. 문단 연결 표현

| 한 편, | مِنْ نَاحِيَتِهِ(هَا) | 140-7 |
|---|---|---|

من ناحيتها، أقرت شركة الأدوية أسترازينيكا بوجود صعوبات جديدة طرأت في أوروبا على إنتاج الجرعات الموعودة للاتحاد الأوروبي، مشيرة إلى أنها ستلجأ إلى مواقع إنتاج في الخارج للوفاء بوعودها بتسليم اللقاحات إلى الاتحاد الأوروبي في النصف الثاني من العام.

كورونا-الوفيات-تجاوز-عالميا/www.aljazeera.net/news/politics/2021/2/24

한 편, 아스트라제네카 제약회사는 올 하반기에 EU에 백신을 제공하겠다는 약속을 지키기 위해 해외 생산 기지를 찾아볼 것이라고 지적하면서, EU에 제공하기로 약속된 용량을 생산하는 데 새로운 어려움이 유럽에서 발생했다고 인정했다.

مِنْ نَاحِيَتِهَا، أَقَرَّتْ شَرِكَةُ الْأَدْوِيَةِ أسترازينيكا بِوُجُودِ صُعُوبَاتٍ جَدِيدَةٍ **طَرَأَتْ** فِي أُورُوبَّا عَلَى إِنْتَاجِ الْجُرْعَاتِ الْمَوْعُودَةِ لِلْاِتِّحَادِ الْأُورُوبِيِّ، **مُشِيرَةً** إِلَى أَنَّهَا سَتَلْجَأُ إِلَى مَوَاقِعِ إِنْتَاجٍ فِي الْخَارِجِ لِلْوَفَاءِ بِوُعُودِهَا بِتَسْلِيمِ اللَّقَاحَاتِ إِلَى الْاِتِّحَادِ الْأُورُوبِيِّ فِي النِّصْفِ الثَّانِي مِنَ الْعَامِ.

| طَرَأَت | 비한정 선행사(صعوبات)를 수식하는 관계절이다. [unit 87] |
|---|---|
| مشيرة | 상황주체가 여성단수(شركة الأدوية)이므로 상황어에 ة 가 접미되었다. [unit 115] |

| 다른 한 편, | مِنْ نَاحِيَةٍ أُخْرَى | 140-8 |
|---|---|---|

من ناحية أخرى، يعتبر الإيرانيون من الرواد في شراء العقارات وتأسيس شركات منذ عدة سنوات، وأظهرت بيانات حديثة لهيئة الإحصاء التركية، أن الإيرانيين اشتروا 7198 منزلا خلال العام الماضي، واحتلوا المركز الأول لشراء العقارات في تركيا لعام 2020.

خروج-100-مليار-دولار-من-إيران-من-الرابح/www.aljazeera.net/ebusiness/2021/2/28

다른 한편, 이란인들은 수년 전 부터 부동산 매입과 회사 설립을 이끄는 사람들 중 한 무리로 여겨지며, 터키 통계청의 최신 데이터는 이란인들이 작년에 집 7198 채를 매입하고 2020년 터키 부동산 매입 1위를 차지했다는 것을 보여줬다.

مِنْ نَاحِيَةٍ أُخْرَى، يُعْتَبَرُ الْإِيرَانِيُّونَ **مِنْ** الرُّوَّادِ فِي شِرَاءِ الْعَقَارَاتِ وَتَأْسِيسِ شَرِكَاتٍ مُنْذُ عِدَّةِ سَنَوَاتٍ، وَأَظْهَرَتْ بَيَانَاتٌ حَدِيثَةٌ لِهَيْئَةِ الْإِحْصَاءِ التُّرْكِيَّةِ، أَنَّ الْإِيرَانِيِّينَ اشْتَرَوْا 7198 **مَنْزِلًا** خِلَالَ الْعَامِ الْمَاضِي، وَاحْتَلُّوا الْمَرْكَزَ الْأَوَّلَ لِشِرَاءِ الْعَقَارَاتِ فِي تُرْكِيَا لِعَامِ 2020.

| مِنْ | 전치사 مِنْ 만으로 어느 무리의 일부를 표현하여 명사처럼 쓰일 수 있다. |
|---|---|
| منزلا | 7198 의 가장 마지막 숫자는 90이므로(سَبْعَةُ آلَافٍ وَمِئَةً وَثَمَانِيَةً **وَتِسْعِينَ**) 단수명사가 명시 목적어로 나온다. [unit 118] |

# Unit 141. 정치기사 주요 명사

| 대통령 | رَئِيسٌ ج رُؤَسَاءُ |
|---|---|
| 부통령 | نَائِبُ الرَّئِيسِ |

| 왕 | مَلِكٌ ج مُلُوكٌ |
|---|---|
| 군주 | عَاهِلٌ ج عَوَاهِلُ |
| 왕자 | أَمِيرٌ ج أُمَرَاءُ |
| 왕세자 | وَلِيُّ الْعَهْدِ |
| 술탄 | سُلْطَانٌ ج سَلَاطِينُ |

| 장관 | وَزِيرٌ ج وُزَرَاءُ |
|---|---|
| 외교부(국무부) 장관 | وَزِيرُ الْخَارِجِيَّةِ |
| 내무부 장관 | وَزِيرُ الدَّاخِلِيَّةِ |
| 국방부 장관 | وَزِيرُ الدِّفَاعِ |
| 법무부 장관 | وَزِيرُ الْعَدْلِ |
| 총리 | رَئِيسُ الْوُزَرَاءِ |

| 위원회 | لَجْنَةٌ ج لِجَانٌ<br>مَجْلِسٌ ج مَجَالِسُ |
|---|---|
| 걸프협력회의<br>(Gulf Cooperation Council) | مَجْلِسُ التَّعَاوُنِ الْخَلِيجِيِّ |
| 국제올림픽 위원회<br>(International Olympic Committee) | اَللَّجْنَةُ الْأُولِمْبِيَّةُ الدُّوَلِيَّةُ |
| 선거관리위원회 | اَللَّجْنَةُ الْمُشْرِفَةُ عَلَى الْإِنْتِخَابَاتِ |

STEP 5. MEDIA 기초어휘와 단문연습___ Chapter 25. 주제별 기본어휘

| 1 | 2 | 3 | 4 | 5 | 6 | 7 | 8 | 9 | 10 | 11 | 12 | 13 | 14 | 15 | 16 | 17 | 18 | 19 | 20 | 21 | 22 | 23 | 24 | **25** |

# Unit 141. 정치기사 주요 명사

| 유엔 | اَلْأُمَمُ الْمُتَّحِدَةُ |
|---|---|
| 안전보장이사회 (=안보리) | مَجْلِسُ الْأَمْنِ |
| 안보리 결의안 | قَرَارُ مَجْلِسِ الْأَمْنِ |
| 유엔 총회 | اَلْجَمْعِيَّةُ الْعَامَّةُ لِلْأُمَمِ الْمُتَّحِدَةِ |
| 신탁 통치 | اَلْوِصَايَةُ الدَّوْلِيَّةُ |
| 유엔 사무총장 | اَلْأَمِينُ الْعَامُ لِلْأُمَمِ الْمُتَّحِدَةِ |
| 거부권 (비토_VITO) | حَقُّ النَّقْضِ / اَلْفِيتُو |
| 헌장 | مِيثَاقٌ ج مَوَاثِيقُ |

| 단체 | جَمْعِيَّةٌ ج ات<br>جَمَاعَةٌ ج ات |
|---|---|
| 자선단체 | جَمْعِيَّةٌ خَيْرِيَّةٌ |
| 그린피스 | جَمَاعَةُ السَّلَامِ الْأَخْضَرِ |

| 국가 | دَوْلَةٌ ج دُوَلٌ<br>بَلَدٌ ج بُلْدَانٌ، بِلَادٌ |
|---|---|
| 선진국 | دَوْلَةٌ مُتَقَدِّمَةٌ |
| 개발도상국 | دَوْلَةٌ نَامِيَةٌ |
| 후진국 | دَوْلَةٌ مُتَخَلِّفَةٌ |
| 신흥 국가 | دَوْلَةٌ نَاهِضَةٌ |
| 저개발 국가 | دَوْلَةٌ تَحْتَ النَّامِيَةِ |
| 최빈국 | اَلدَّوْلَةُ الْأَكْثَرُ فَقْرًا |
| 이웃국가 | دَوْلَةٌ مُجَاوِرَةٌ |
| 복지국가 | دَوْلَةٌ الرَّفَاهِيَّةِ |

STEP 5. MEDIA 기초어휘와 단문연습___ Chapter 25. 주제별 기본어휘

| 1 | 2 | 3 | 4 | 5 | 6 | 7 | 8 | 9 | 10 | 11 | 12 | 13 | 14 | 15 | 16 | 17 | 18 | 19 | 20 | 21 | 22 | 23 | 24 | **25** |

# Unit 141. 정치기사 주요 명사

| 기구 | مُنَظَّمَةٌ ج ات<br>هَيْئَةٌ ج ات<br>وَكَالَة ج ات |
|---|---|
| 비 정부 기구<br>(**N**on-**G**overnmental **O**rganization) | مُنَظَّمَةٌ غَيْرُ حُكُومِيَّةٍ |
| 세계의 의사들<br>(doctors of the world; **M**edecins **d**u **M**onde) | مُنَظَّمَةُ أَطِبَّاءِ الْعَالَمِ الْخَيْرِيَّةُ |
| 국경없는 의사회<br>(**D**octors **W**ithout **B**orders) | مُنَظَّمَةُ أَطِبَّاءَ بِلَا حُدُودٍ |
| 경제협력 개발기구<br>(**O**rganization for **E**conomic **C**ooperation and **D**evelopment) | مُنَظَّمَةُ التَّعَاوُنِ الْإِقْتِصَادِيِّ وَالتَّنْمِيَةِ |
| 세계무역기구<br>(**W**orld **T**rade **O**rganization) | مُنَظَّمَةُ التِّجَارَةِ الْعَالَمِيَّةُ |
| 세계보건기구<br>(**W**orld **H**ealth **O**rganization) | مُنَظَّمَةُ الصِّحَّةِ الْعَالَمِيَّةُ |
| 이슬람협력기구<br>(**O**rganization of **I**slamic **C**ooperation) | مُنَظَّمَةُ التَّعَاوُنِ الْإِسْلَامِيِّ |
| 국제노동기구<br>(**I**nternational **L**abor **O**rganization) | مُنَظَّمَةُ الْعَمَلِ الدَّوْلِيَّةُ |
| 국제에너지 기구<br>(**I**nternational **E**nergy **A**gency) | وَكَالَةُ الطَّاقَةِ الدَّوْلِيَّةُ |
| 국제원자력 기구<br>(**I**nternational **A**tomic **E**nergy **A**gency) | اَلْوَكَالَةُ الدَّوْلِيَّةُ لِلطَّاقَةِ الذَّرِّيَةِ |
| 국제사면위원회<br>(**A**mnesty **I**nternational) | مُنَظَّمَةُ الْعَفْوِ الدُّوَلِيَّةُ |
| 국제인권감시기구<br>(**H**uman **R**ights **W**atch) | مُرَاقَبَةُ حُقُوقِ الْإِنْسَانِ |
| 북대서양조약기구<br>(**N**orth **A**tlantic **T**reaty **O**rganization) | مُنَظَّمَةُ حِلْفِ شَمَالِ الْأَطْلَسِيِّ (نَاتُو) |
| 석유 수출국 기구<br>(**O**rganization of the **P**etroleum **E**xporting **C**ountries) | مُنَظَّمَةُ الْبُلْدَانِ الْمُصَدِّرَةِ لِلنِّفْطِ(أوبك) |

| 1 | 2 | 3 | 4 | 5 | 6 | 7 | 8 | 9 | 10 | 11 | 12 | 13 | 14 | 15 | 16 | 17 | 18 | 19 | 20 | 21 | 22 | 23 | 24 | **25** |

# Unit 141. 정치기사 주요 명사

| 정당 | حِزْبٌ ج أَحْزَابٌ |
|---|---|
| 여당 | حِزْبٌ حَاكِمٌ |
| 야당 | حِزْبٌ مُعَارِضٌ |
| 보수당 | حِزْبُ الْمُحَافِظِينَ |
| 진보당 | حِزْبٌ تَقَدُّمِيٌّ |
| 공화당 | حِزْبُ الْجُمْهُورِيَّةِ |
| 민주당 | حِزْبُ الدِّيمُقْرَاطِيَّةِ |

| 회의, 회담 | مُؤْتَمَرٌ ج ات<br>إِجْتِمَاعٌ ج ات<br>مُحَادَثَةٌ ج ات<br>مُشَاوَرَةٌ ج ات |
|---|---|
| 정상회담 | مُؤْتَمَرُ الْقِمَّةِ |
| 각료회의 | إِجْتِمَاعُ مَجْلِسِ الْوُزَرَاءِ |
| G20정상회의 | مُؤْتَمَرُ قِمَّةِ مَجْمُوعَةِ الْعِشْرِينَ |
| G20 | مَجْمُوعَةُ الْعِشْرِينَ |
| G8 | مَجْمُوعَةُ الثَّمَانِي |
| 기자회견 | مُؤْتَمَرٌ صُحُفِيٌّ |
| 양자회담 | مُحَادَثَةٌ ثُنَائِيَّةٌ |
| 삼자회담 | مُحَادَثَةٌ ثُلَاثِيَّةٌ |
| 6자회담 | مُحَادَثَةٌ سُدَاسِيَّةٌ |
| 화해회담 | مُحَادَثَةُ الْمُصَالَحَةِ |

STEP 5. MEDIA 기초어휘와 단문연습__ Chapter 25. 주제별 기본어휘

| 1 | 2 | 3 | 4 | 5 | 6 | 7 | 8 | 9 | 10 | 11 | 12 | 13 | 14 | 15 | 16 | 17 | 18 | 19 | 20 | 21 | 22 | 23 | 24 | **25** |

# Unit 141. 정치기사 주요 명사

| 국회 | بَرْلَمَانٌ<br>مَجْلِسُ الشَّعْبِ<br>مَجْلِسٌ نِيَابِيٌّ<br>كُونْغِرِسٌ |
|---|---|
| 정치인 | سِيَاسِيٌّ ج ون، سَاسَةٌ |
| 국회의원 | بَرْلَمَانِيٌّ ج ون |
| | نَائِبُ مَجْلِسِ الشَّعْبِ |
| 우파 | يَمِينِيٌّ ج ون |
| 좌파 | يَسَارِيٌّ ج ون |


| 3권 분립 | اِسْتِقْلَالُ السُّلَطَاتِ<br>اَلْفَصْلُ بَيْنَ السُّلَطَاتِ |
|---|---|
| 행정부 | اَلسُّلْطَةُ التَّنْفِيذِيَّةُ |
| 사법부 | اَلسُّلْطَةُ الْقَضَائِيَّةُ |
| 입법부 | اَلسُّلْطَةُ التَّشْرِيعِيَّةُ |


| 조약 | مُعَاهَدَةٌ ج ات |
|---|---|
| 협약 | اِتِّفَاقِيَّةٌ ج ات |
| 의정서, 프로토콜 | بُلُوتُوكُولٌ ج ات |
| 양해각서(MOU) | مُذَكِّرَةُ التَّفَاهُمِ |


| 정치, 정책 | سِيَاسَةٌ ج ات |
|---|---|
| 타당성 조사 | دِرَاسَةُ الْجَدْوَى |

STEP 5. MEDIA 기초어휘와 단문연습___ Chapter 25. 주제별 기본어휘

| 1 | 2 | 3 | 4 | 5 | 6 | 7 | 8 | 9 | 10 | 11 | 12 | 13 | 14 | 15 | 16 | 17 | 18 | 19 | 20 | 21 | 22 | 23 | 24 | **25** |

# Unit 141. 정치기사 주요 명사

| 선거 | اِنْتِخَابٌ ج ات |
|---|---|
| 보궐 선거 | اِنْتِخَابَاتٌ فَرْعِيَّةٌ |
| 조기 선거 | اِنْتِخَابَاتٌ مُبَكِّرَةٌ |
| 대통령 선거 | اِنْتِخَابَاتٌ رِئَاسِيَّةٌ |
| 국회의원 선거 | اِنْتِخَابَاتٌ بَرْلَمَانِيَّةٌ |
| | اِنْتِخَابَاتٌ نِيَابِيَّةٌ |
| 지방 선거 | اِنْتِخَابَاتٌ إِقْلِيمِيَّةٌ |
| 선거구 | دَائِرَةٌ ج دَوَائِرُ انْتِخَابِيَّةٌ |
| 유권자 | نَاخِبٌ ج ون |

| 여론 | اَلرَّأْيُ الْعَامُّ |
|---|---|
| 여론조사 | اِسْتِطْلَاعُ الرَّأْي |
| 설문조사 | اِسْتِبْيَانٌ |
| 캠페인 | حَمْلَةٌ ج حَمَلَاتٌ |
| 슬로건 | شِعَارٌ ج ات، أَشْعِرَةٌ |

| 투표 | اِقْتِرَاعٌ<br>تَصْوِيتٌ |
|---|---|
| 투표함 | صُنْدُوقُ الْاِقْتِرَاعِ |
| 투표소 | مَرْكَزُ الْاِقْتِرَاعِ |

| 검표 | فَرْزُ الْأَصْوَاتِ |
|---|---|
| 수기 검표 | فَرْزٌ يَدَوِيٌّ |

STEP 5. MEDIA 기초어휘와 단문연습__ Chapter 25. 주제별 기본어휘

| 1 | 2 | 3 | 4 | 5 | 6 | 7 | 8 | 9 | 10 | 11 | 12 | 13 | 14 | 15 | 16 | 17 | 18 | 19 | 20 | 21 | 22 | 23 | 24 | **25** |

# Unit 141. 정치기사 주요 명사

| 시위 | مُظَاهَرَةٌ ج ات |
|---|---|
| 평화 시위 | مُظَاهَرَةٌ سِلْمِيَّةٌ |
| 시위자 | مُتَظَاهِرٌ ج ون |
| 단식 투쟁 | إِضْرَابٌ عَنِ الطَّعَامِ |
| 농성 | اِعْتِصَامٌ |

| 파업 | إِضْرَابٌ |
|---|---|
| 총 파업 | إِضْرَابٌ عَامٌّ |
| 노동 조합 | نِقَابَةٌ ج ات (الْعُمَّالِ) |

| 폭동 | شَغَبٌ |
|---|---|
| 소요 | اِضْطِرَابَاتٌ |
| 최루탄 | قُنْبُلَةٌ مُسَيِّلَةٌ لِلدُّمُوع |
| 최루가스 | غَازٌ مُسَيِّلٌ لِلدُّمُوع |
| 곤봉 | هِرَاوَةٌ ج ات الشُّرْطَةِ |
| 화염병 | قُنْبُلَةٌ ج قَنَابِلُ حَارِقَةٌ |
| | زُجَاجَةٌ ج ات حَارِقَةٌ |

STEP 5. MEDIA 기초어휘와 단문연습___ **Chapter 25. 주제별 기본어휘**

| 1 | 2 | 3 | 4 | 5 | 6 | 7 | 8 | 9 | 10 | 11 | 12 | 13 | 14 | 15 | 16 | 17 | 18 | 19 | 20 | 21 | 22 | 23 | 24 | **25** |

# Unit 142. 정치기사_원문

## اليمن.. المبعوث الأميركي يختتم جولته بالمنطقة والسعودية تؤكد حرصها على حل الأزمة

اختتم المبعوث الأميركي لليمن تيموثي ليندركينغ الأربعاء جولته في الرياض ومسقط. وفي حين أكدت السلطات السعودية حرصها على تحقيق السلام في اليمن، كشف تقرير أممي أن محافظة الحديدة فقدت حوالي 3 آلاف مدني خلال 6 سنوات.

وقال المتحدث باسم الخارجية الأميركية نيد برايس إن المبعوث ليندركينغ عاد من زيارته الثالثة إلى المنطقة بعد اجتماعات مثمرة مع كبار المسؤولين في السعودية وسلطنة عمان بالتنسيق مع المبعوث الدولي إلى اليمن مارتن غريفيث.

وأشار برايس إلى أن مناقشات ليندركينغ ركزت على الجهود الدولية لوقف دائم لإطلاق النار وإبرام اتفاقية سلام شاملة، بالإضافة إلى معالجة الأزمة الإنسانية المتفاقمة في اليمن.

والتقى ليندركينغ الأربعاء وزير الخارجية اليمني أحمد عوض بن مبارك، حيث بحثا الأوضاع الميدانية وتطورات الجهود المبذولة لإحلال السلام.

وشدد وزير الخارجية اليمني على أن الاستعداد للسلام يتطلب من الحوثيين التخلي عن العنف واحترام حياة الناس، مشيرا إلى ما وصفها بجرائم الحوثيين وانتهاكاتهم، في الوقت الذي يبذل المجتمع الدولي جهودا لوقف إطلاق النار والتخفيف من الأزمة الإنسانية.

من جانبه، أكد المبعوث الأميركي ضرورة إيقاف العمليات العسكرية في مأرب من أجل التقدم نحو الحل السياسي وإنهاء الحرب ومعالجة تبعات الأزمة الإنسانية في اليمن.

ويشار إلى أن المبعوث الأميركي أجرى لقاءات في عمان خلال وقت سابق، في إطار مساعي الحل السلمي للأزمة اليمنية.

www.aljazeera.net/news/politics/2021/3/31/الأزمة-اليمنية-لحل-بالسعودية-مساع

STEP 5. MEDIA 기초어휘와 단문연습___ Chapter 25. 주제별 기본어휘

| 1 | 2 | 3 | 4 | 5 | 6 | 7 | 8 | 9 | 10 | 11 | 12 | 13 | 14 | 15 | 16 | 17 | 18 | 19 | 20 | 21 | 22 | 23 | 24 | **25** |

# Unit 142. 정치기사_모음+해석

اَلْيَمَنُ.. اَلْمَبْعُوثُ الْأَمِيرْكِيُّ يَخْتَتِمُ جَوْلَتَهُ بِالْمِنْطَقَةِ وَالسُّعُودِيَّةُ تُؤَكِّدُ

حِرْصَهَا عَلَى حَلِّ الْأَزْمَةِ

예멘...미 특사는 중동 순방을 마치고 사우디는 사태 해결을 위한 사우디의 노력을 강조하다

اِخْتَتَمَ الْمَبْعُوثُ الْأَمِيرْكِيُّ لِلْيَمَنِ تيموثي ليندركينغ جَوْلَتَهُ الْأَرْبِعَاءَ فِي الرِّيَاضِ وَمُسْقَطَ. وَفِي حِينِ أَكَّدَتِ السُّلْطَاتُ السُّعُودِيَّةُ حِرْصَهَا عَلَى تَحْقِيقِ السَّلَامِ فِي الْيَمَنِ، كَشَفَ تَقْرِيرٌ أُمَمِيٌّ أَنَّ مُحَافَظَةَ الْحُدَيْدَةِ فَقَدَتْ حَوَالَيْ 3 آلَافِ مَدَنِيٍّ خِلَالَ 6 سَنَوَاتٍ.

티머시 렌더킹 미국의 예멘 특사는 수요일에 리야드와 모스까뜨에서 순방을 마쳤다. 그리고 사우디 당국은 예멘에서의 평화 달성을 위한 사우디의 노력을 강조한 와중에, 유엔 보고서는 호데이다 주에서 지난 6년간 약 3천명의 민간인이 사망했다고 밝혔다.

وَقَالَ الْمُتَحَدِّثُ بِاسْمِ الْخَارِجِيَّةِ الْأَمِيرْكِيَّةِ نيد برايس إِنَّ الْمَبْعُوثَ ليندركينغ عَادَ مِنْ زِيَارَتِهِ الثَّالِثَةِ **إِلَى الْمِنْطَقَةِ**[1] بَعْدَ اجْتِمَاعَاتٍ مُثْمِرَةٍ مَعَ كِبَارِ الْمَسْؤُولِينَ فِي السُّعُودِيَّةِ وَسَلْطَنَةِ عُمَانَ بِالتَّنْسِيقِ مَعَ الْمَبْعُوثِ الدُّوَلِيِّ إِلَى الْيَمَنِ مارتن غريفيث.

미 국무부 대변인 네드 프라이스는 렌더킹 특사는 마틴 그린피스 유엔 예멘 특사와 공조하여 사우디와 오만 술탄국에서 고위 관료와의 유의미한 회담들 이후 이 지역으로의 그의 3번 째 방문을 마치고 돌아왔다고 말했다.

وَأَشَارَ برايس إِلَى أَنَّ مُنَاقَشَاتِ ليندركينغ رَكَّزَتْ عَلَى الْجُهُودِ الدُّوَلِيَّةِ لِوَقْفٍ دَائِمٍ لِإِطْلَاقِ النَّارِ وَإِبْرَامِ اتِّفَاقِيَّةِ سَلَامٍ شَامِلَةٍ، بِالْإِضَافَةِ إِلَى مُعَالَجَةِ الْأَزْمَةِ الْإِنْسَانِيَّةِ الْمُتَفَاقِمَةِ فِي الْيَمَنِ.

프라이스는 렌더킹 회담이 예멘에서의 악화되는 인도적 위기 대응 이외에도, 항구적인 휴전과 포괄적인 평화 협정 체결을 위한 국제적인 노력에 집중했다고 지적했다.

---

[1] إِلَى المِنْطَقَة : 타동사 동명사 목적어이기 때문에 목적어는 목적격이 되거나 전치사 لِ 가 나와야 하지만 동명사가 방향성을 지니면 예외적으로 إِلَى 를 쓸 수 있다. [unit 82]

STEP 5. MEDIA 기초어휘와 단문연습__ Chapter 25. 주제별 기본어휘

| 1 | 2 | 3 | 4 | 5 | 6 | 7 | 8 | 9 | 10 | 11 | 12 | 13 | 14 | 15 | 16 | 17 | 18 | 19 | 20 | 21 | 22 | 23 | 24 | **25** |

# Unit 142. 정치기사_모음+해석

وَالْتَقَى ليندركينغ الْأَرْبِعَاءَ وَزِيرَ الْخَارِجِيَّةِ الْيَمَنِيَّ أحمد عوض بن مبارك، **حَيْثُ**[1] بَحَثَا الْأَوْضَاعَ الْمَيْدَانِيَّةَ وَتَطَوُّرَاتِ الْجُهُودِ الْمَبْذُولَةِ لِإِحْلَالِ السَّلَامِ.

렌터킹은 수요일 아흐마드 우드 빈 무바라 예멘 외무 장관을 만났으며, 그 회담에서 그 둘은 현장 상황과 평화를 달성하기위해 기울여지는 노력들의 동향에대해 논의했다.

وَشَدَّدَ وَزِيرُ الْخَارِجِيَّةِ الْيَمَنِيُّ عَلَى أَنَّ الْاِسْتِعْدَادَ لِلسَّلَامِ يَتَطَلَّبُ مِنَ الْحُوثِيِّينَ التَّخَلِّيَ عَنِ الْعُنْفِ وَاحْتِرَامِ حَيَاةِ النَّاسِ، **مُشِيرًا**[2] إِلَى **مَا وَصَفَهَا**[3] بِجَرَائِمِ الْحُوثِيِّينَ وَانْتِهَاكَاتِهِمْ، فِي الْوَقْتِ **الَّذِي**[4] يَبْذُلُ الْمُجْتَمَعُ الدَّوَلِيُّ جُهُودًا لِوَقْفِ إِطْلَاقِ النَّارِ وَالتَّخْفِيفِ مِنَ الْأَزْمَةِ الْإِنْسَانِيَّةِ.

예멘 외무 장관은 국제 사회가 휴전과 인도적 위기의 경감을 위해 노력을 기울이는 와중에, 그가 후티반군의 범죄와 위반이라고 표현한 것을 지적하며, 평화를 위한 준비는 후티반군이 폭력을 포기하고 사람들의 삶을 존중하는 것이 요구된다고 강조했다..

مِنْ جَانِبِهِ، أَكَّدَ الْمَبْعُوثُ الْأَمِيرِكِيُّ ضَرُورَةَ إِيقَافِ الْعَمَلِيَّاتِ الْعَسْكَرِيَّةِ فِي مَأْرِبَ مِنْ أَجْلِ التَّقَدُّمِ نَحْوَ الْحَلِّ السِّيَاسِيِّ وَإِنْهَاءِ الْحَرْبِ وَمُعَالَجَةِ تَبَعَاتِ الْأَزْمَةِ الْإِنْسَانِيَّةِ فِي الْيَمَنِ.

한 편, 미 특사는 정치적인 해결로 발전하고 전쟁을 끝내고 예멘에서 인도적 위기의 여파에 대응하기 위해선 마으립에서의 군사 작전을 중단해야 한다고 강조했다.

وَيُشَارُ إِلَى أَنَّ الْمَبْعُوثَ الْأَمِيرِكِيَّ أَجْرَى لِقَاءَاتٍ فِي عُمَانَ خِلَالَ وَقْتٍ سَابِقٍ، فِي إِطَارِ مَسَاعِي الْحَلِّ السِّلْمِيِّ لِلْأَزْمَةِ الْيَمَنِيَّةِ.

그리고 미 특사는 오만에서 이전에 예멘 사태의 평화적 해결 노력의 일환으로 여러 회담을 진행한 바 있는 것이 지적된다.

---

[1] حيث : 만난 상황에 대한 관계 부사절을 이끈다. [unit 88]

[2] مشيرا : 상황주체가 남성(예멘 외무 장관)이므로 상황어도 남성이다. [unit 115]

[3] ما وصفها : ما 는 관계사로 쓰였으며[unit 87], ها 는 의미상 جرائم 에 해당하여 여성형으로 나왔다.

[4] الذي : **[문법 오류]** 관계절에 선행사(الوقت)가 누락되었다. [unit 87] 이 경우 [125-3] 문장에서 처럼 관계절에 فيه 가 나와야 올바른 문장이 된다.

STEP 5. MEDIA 기초어휘와 단문연습___ Chapter 25. 주제별 기본어휘

| 1 | 2 | 3 | 4 | 5 | 6 | 7 | 8 | 9 | 10 | 11 | 12 | 13 | 14 | 15 | 16 | 17 | 18 | 19 | 20 | 21 | 22 | 23 | 24 | **25** |

# Unit 143. 경제기사 주요 명사

| 회사, 기업 | شَرِكَةٌ ج ات |
|---|---|
| 상장 기업 | شَرِكَةٌ مُدْرَجَةٌ فِي أَسْوَاقِ الْبُورْصَةِ |
| 가족 기업 | شَرِكَةٌ عَائِلِيَّةٌ |
| 거대 기업, 대기업 | شَرِكَةٌ عِمْلَاقَةٌ |
| 주식 회사 | شَرِكَةٌ مُسَاهَمَةٌ |
| 중소기업 | شَرِكَةٌ صَغِيرَةٌ وَمُتَوَسِّطَةُ الْحَجْمِ |
| 다국적 기업 | شَرِكَةٌ مُتَعَدِّدَةُ الْجِنْسِيَّاتِ |
| 벤처기업 | شَرِكَةٌ مُغَامِرَةٌ |
| 스타트업 | شَرِكَةٌ نَاشِئَةٌ |
| 부실기업 | شَرِكَةٌ مُتَعَثِّرَةٌ |

| 투자 | إِسْتِثْمَارٌ ج ات |
|---|---|
| 투자 유치 | جَذْبُ الْإِسْتِثْمَارَاتِ |
| | إِسْتِقْطَابُ الْإِسْتِثْمَارَاتِ |
| 장기 투자 | إِسْتِثْمَارٌ طَوِيلُ الْأَجَلِ |

| 세금 | ضَرِيبَةٌ ج ضَرَائِبُ |
|---|---|
| 세금 인상 | رَفْعُ الضَّرَائِبِ |
| 세금 인하 | تَخْفِيضُ الضَّرَائِبِ |
| 세금 면제 | إِعْفَاءٌ مِنَ الضَّرِيبَةِ |
| 면세품 | بَضَائِعُ مُعْفَاةٌ مِنَ الضَّرَائِبِ |
| 부가세 | ضَرِيبَةُ الْقِيمَةِ الْمُضَافَةِ |
| 탈세 | تَهَرُّبٌ ضَرِيبِيٌّ |

STEP 5. MEDIA 기초어휘와 단문연습___ Chapter 25. 주제별 기본어휘

| 1 | 2 | 3 | 4 | 5 | 6 | 7 | 8 | 9 | 10 | 11 | 12 | 13 | 14 | 15 | 16 | 17 | 18 | 19 | 20 | 21 | 22 | 23 | 24 | **25** |

# Unit 143. 경제기사 주요 명사

| 예산 | مِيزَانِيَّةٌ<br>مُوَازَنَةٌ<br>إِمْكَانَاتٌ مَادِّيَّةٌ |
|---|---|
| 공공 예산 | مِيزَانِيَّةٌ عَامَّةٌ |
| ~에 할당된 예산 | مِيزَانِيَّةٌ مُخَصَّصَةٌ لِ~ |

| 금리 | سِعْرُ الْفَائِدَةِ<br>نِسْبَةُ الْفَائِدَةِ |
|---|---|
| 금리 인상 | رَفْعُ سِعْرِ الْفَائِدَةِ |
| 금리 인하 | خَفْضُ سِعْرِ الْفَائِدَةِ |
| 고정금리 | سِعْرُ الْفَائِدَةِ الثَّابِتَةِ |
| 변동금리 | سِعْرُ الْفَائِدَةِ الْمُتَقَلِّبَةِ |
| 기준금리 | سِعْرُ الْفَائِدَةِ الْأَسَاسِيَّةِ |
| 환율 | سِعْرُ الصَّرْفِ |

| 물가 | أَسْعَارٌ |
|---|---|
| 물가 상승 | اِرْتِفَاعُ الْأَسْعَارِ |
| 물가 하락 | اِنْخِفَاضُ الْأَسْعَارِ |
| 물가 안정 | اِسْتِقْرَارُ الْأَسْعَارِ |

| 인플레이션 | تَضَخُّمٌ |
|---|---|
| 인플레이션율 | مُعَدَّلُ التَّضَخُّمِ |
| 스태그플레이션 | رُكُودٌ تَضَخُّمِيٌّ |

| 1 | 2 | 3 | 4 | 5 | 6 | 7 | 8 | 9 | 10 | 11 | 12 | 13 | 14 | 15 | 16 | 17 | 18 | 19 | 20 | 21 | 22 | 23 | 24 | **25** |

# Unit 143. 경제기사 주요 명사

| 경제 공황 (=침체) | زُكُودٌ<br>كَسَادٌ |
|---|---|
| 경제대공황 | اَلْكَسَادُ الْإِقْتِصَادِيُّ الْكَبِيرُ |

| 주식 | سَهْمٌ ج أَسْهُمٌ |
|---|---|
| 배당금 | رِبْحُ السَّهْمِ |
| 주가 변동성 | تَقَلُّبَاتُ الْأَسْهُمِ |
| 주주 | حَامِلُ السَّهْمِ |
| | مُسَاهِمٌ |

| 자금 | مَالٌ ج أَمْوَالٌ |
|---|---|
| 자금 조달 | تَمْوِيلٌ |
| 자금 세탁 | غَسِيلُ الْأَمْوَالِ |
| | غَسْلُ الْأَمْوَالِ |
| | تَبْيِيضُ الْأَمْوَالِ |
| 자금난 | ضَائِقَةٌ مَالِيَّةٌ |
| 자본금 | رَأْسُ الْمَالِ ج رُؤُوسُ الْأَمْوَالِ |

| 지수, 지표 | مُؤَشِّرٌ ج ات |
|---|---|
| 코스피 지수 | مُؤَشِّرُ كُوسِي |
| 다우존스 지수 | مُؤَشِّرُ داو جونز |

# Unit 143. 경제기사 주요 명사

| 제품, 상품, 물품 | مُنْتَجٌ ج ات<br>بِضَاعَةٌ ج بَضَائِعُ<br>سِلْعَةٌ ج سِلَعٌ |
|---|---|
| 국산품 | مُنْتَجٌ مَحَلِّيٌّ |
| 외제품 | مُنْتَجٌ خَارِجِيٌّ |
| 농산품 | مَوَادٌّ زِرَاعِيَّةٌ |
| 공산품 | مَوَادٌّ صِنَاعِيَّةٌ |
| 수출품 | صَادِرَاتٌ |
| 수입품 | وَارِدَاتٌ |

| 공급 | عَرْضٌ |
|---|---|
| 수요 | طَلَبٌ |

| 흑자 | فَائِضٌ ج فَوَائِضُ |
|---|---|
| 적자 | عَجْزٌ ج أَعْجَازٌ |

| 관세 | رُسُومٌ جُمْرُكِيَّةٌ<br>جُمْرُكٌ ج جَمَارِكُ |
|---|---|
| 관세 장벽 | اَلْحَوَاجِزُ الْجُمْرُكِيَّةُ |
| 비관세 장벽 | اَلْحَوَاجِزُ غَيْرُ الْجُمْرُكِيَّةِ |

STEP 5. MEDIA 기초어휘와 단문연습___ **Chapter 25.** 주제별 기본어휘

| 1 | 2 | 3 | 4 | 5 | 6 | 7 | 8 | 9 | 10 | 11 | 12 | 13 | 14 | 15 | 16 | 17 | 18 | 19 | 20 | 21 | 22 | 23 | 24 | **25** |

# Unit 144. 경제기사_원문

## توقعات بارتفاع أسعار النفط إلى أكثر من 60 دولارا للبرميل

تتوقع شركة النقل البحري "يورو ناف" البلجيكية ارتفاع سعر النفط إلى أكثر من 60 دولارا للبرميل مع قرار المملكة السعودية خفض إنتاجها بمقدار مليون برميل يوميا طوال الشهرين المقبلين، وتحسن هامش أرباح شركات التكرير وتراجع قيمة الدولار أمام العملات الرئيسية الأخرى.

ونقلت وكالة "بلومبيرغ" عن روستن إدواردز رئيس إدارة مشتريات الوقود في شركة "يورو ناف" القول إن 60 دولارا للبرميل كسعر مستهدف يبدو جيدا في ضوء الأوضاع الراهنة، مضيفا أن هناك زخما في حركة التجارة العالمية إلى جانب تأثير خفض الإنتاج السعودي.

ولم يحدد إدواردز توقيت وصول النفط إلى هذا السعر المنتظر، في حين يبلغ سعر خام برنت القياسي لنفط بحر الشمال حاليا 55 دولارا للبرميل، وسعر خام غرب تكساس الوسيط وهو الخام القياسي للنفط الأميركي حوالي 52 دولارا.

كما توقع أن يتجاوز سعر النفط بالسوق العالمي مستوى 60 دولارا للبرميل، لكن إدواردز قال: لكي يحدث ذلك فإنه يجب استمرار ضعف الدولار لاستمرار دعم السوق، وأن تبقي منظمة البلدان المصدرة للبترول "أوبك" على مستويات إنتاجها، وأن يستمر تحسن أرباح شركات التكرير لاستمرار تحسن الطلب على الخام.

وكانت العربية السعودية قد أعلنت الأسبوع الماضي عزمها بخفض إنتاجها من النفط خلال فبراير/شباط ومارس/آذار المقبلين بمقدار مليون برميل يوميا بشكل طوعي ومنفرد بهدف تعزيز أسعار النفط في الأسواق العالمية، في حين وافقت دول تجمع "أوبك بلس" على استمرار مستويات الإنتاج الراهنة خلال الشهرين المقبلين مع السماح بزيادة طفيفة لإنتاج كل من روسيا وكازاخستان.

www.aljazeera.net/ebusiness/2021/1/11/توقعات-بارتفاع-أسعار-النفط-إلى-أكثر-من

# Unit 144. 경제기사_모음+해석

## تَوَقُّعَاتٌ بِارْتِفَاعِ أَسْعَارِ النَّفْطِ إِلَى أَكْثَرَ مِنْ 60 دُولَارًا لِلْبَرْمِيلِ

**배럴당 60달러 이상으로 유가 상승이 예상됨**

تَتَوَقَّعُ شَرِكَةُ النَّقْلِ الْبَحْرِيِّ "يورو ناف" الْبَلْجِيكِيَّةُ ارْتِفَاعَ سِعْرِ النَّفْطِ إِلَى أَكْثَرَ مِنْ 60 دُولَارًا لِلْبَرْمِيلِ مَعَ قَرَارِ الْمَمْلَكَةِ السُّعُودِيَّةِ **خَفْضَ**[1] إِنْتَاجِهَا بِمِقْدَارِ مِلْيُونِ بَرْمِيلٍ يَوْمِيًّا طَوَالَ الشَّهْرَيْنِ الْمُقْبِلَيْنِ، وَتَحَسُّنِ هَامِشِ أَرْبَاحِ شَرِكَاتِ التَّكْرِيرِ وَتَرَاجُعِ قِيمَةِ الدُّولَارِ أَمَامَ الْعُمْلَاتِ الرَّئِيسِيَّةِ الْأُخْرَى.

벨기에 해운회사 유로나브(EURO NAVE)는 사우디가 향후 2달 간 매일 100만 배럴 정도 감산 하기로 결정하고 정유사의 이익 마진이 개선되고 다른 주요 화폐 대비 달러 가치가 하락한 점을 바탕으로 배럴당 60달러 이상으로 유가가 오를 것이라고 예상한다.

وَنَقَلَتْ وَكَالَةُ "بلومبيرغ" عَنْ روستن إدواردز رَئِيسِ إِدَارَةِ مُشْتَرَيَاتِ الْوَقُودِ فِي شَرِكَةِ "يورو ناف" الْقَوْلَ إِنَّ 60 دُولَارًا لِلْبَرْمِيلِ كَسِعْرٍ مُسْتَهْدَفٍ يَبْدُو جَيِّدًا فِي ضَوْءِ الْأَوْضَاعِ الرَّاهِنَةِ، مُضِيفًا أَنَّ هُنَاكَ **زَخْمًا**[2] فِي حَرِكَةِ التِّجَارَةِ الْعَالَمِيَّةِ إِلَى جَانِبِ تَأْثِيرِ خَفْضِ الْإِنْتَاجِ السُّعُودِيِّ.

블룸버그 통신은 유로나브 연료구매팀장 로스틴 이드와리즈가 목표금액으로서 배럴당 60달러는 현재 상황을 비춰보면 좋아 보인다고 말했다고 전하며, 사우디 감산의 영향 이외에 세계 무역 움직임에 동력이 있다고 덧붙였다.

وَلَمْ يُحَدِّدْ إدواردز تَوْقِيتَ وُصُولِ النَّفْطِ إِلَى هَذَا السِّعْرِ الْمُنْتَظَرِ، فِي حِينِ يَبْلُغُ سِعْرُ خَامِ برنت الْقِيَاسِيُّ لِنِفْطِ بَحْرِ الشَّمَالِ حَالِيًا 55 دُولَارًا لِلْبَرْمِيلِ، وَسِعْرُ خَامِ غَرْبِ تكساس الْوَسِيطِ وَهُوَ الْخَامُ الْقِيَاسِيُّ لِلنَّفْطِ الْأَمِيرْكِيِّ حَوَالَيْ 52 دُولَارًا.

북해 원유의 기준이 되는 브렌트 유가가 현재 배럴당 55달러에 달하고, 미국 원유의 기준이 되는 서부 텍사스사 중질유의 가격이 약 52달러에 도달하는 와중에 이드와리즈는 유가가 이 예상되는 금액(60달러)에 도달하는 시기를 특정하진 않았다.

---

[1] خفض : 타동사 동명사(قرار)의 목적어라서 목적격이 되었다. [unit 82]

[2] زخما : أن 절의 주어라서 목적격이 되었으며[unit 74], زخما 는 도치된 주어이다. [unit 54]

# Unit 144. 경제기사_모음+해석

كَمَا تَوَقَّعَ أَنْ يَتَجَاوَزَ سِعْرُ النَّفْطِ بِالسُّوقِ الْعَالَمِيِّ مُسْتَوَى 60 دُولَارًا لِلْبَرْمِيل، لَكِنَّ إدواردز قَالَ: لِكَيْ يَحْدُثَ ذَلِكَ **فَإِنَّهُ**[1] يَجِبُ اسْتِمْرَارُ ضَعْفِ الدُّولَارِ لِاسْتِمْرَارِ دَعْمِ السُّوقِ، وَأَنْ تَبْقَى مُنَظَّمَةُ الْبُلْدَانِ الْمُصَدِّرَةِ لِلبِّتْرُولِ "أوبك" عَلَى مُسْتَوَيَاتِ إنْتَاجِهَا، وَأَنْ يَسْتَمِرَّ تَحَسُّنُ أَرْبَاحِ شَرِكَاتِ التَّكْرِيرِ لِاسْتِمْرَارِ تَحَسُّنِ الطَّلَبِ عَلَى الْخَامِ.

또한 그는 세계 시장에서 유가가 배럴당 60달러수준을 돌파한다고 예상했지만, 이것이 실현되기 위해서는 시장 동력을 유지하기 위한 달러 약세가 지속되어야 하고, 석유수출국기구(OPEC)이 그들의 생산 수준을 유지해야 하며, 원유 수요의 지속적인 회복을 위해 정유사의 수익 개선이 유지되어어 한다고 말했다.

**وَكَانَتِ** الْعَرَبِيَّةُ السُّعُودِيَّةُ **قَدْ أَعْلَنَتِ**[2] الْأُسْبُوعَ الْمَاضِيَ عَزْمَهَا بِخَفْضٍ إنْتَاجِهَا مِنَ النَّفْطِ خِلَالَ فِبْرَايِرَ/شُبَاطَ وَمَارِسَ/آذَارَ الْمُقْبِلَيْنِ بِمِقْدَارِ مِلْيُونِ بَرْمِيلٍ يَوْمِيًّا بِشَكْلٍ طَوْعِيٍّ وَمُنْفَرِدٍ بِهَدَفِ تَعْزِيزِ أَسْعَارِ النَّفْطِ فِي الْأَسْوَاقِ الْعَالَمِيَّةِ، فِي حِينَ وَافَقَتْ دُوَلُ تَجَمُّعِ "أوبك بلس" عَلَى اسْتِمْرَارِ مُسْتَوَيَاتِ الْإِنْتَاجِ الرَّاهِنَةِ خِلَالَ الشَّهْرَيْنِ الْمُقْبِلَيْنِ مَعَ السَّمَاحِ بِزِيَادَةٍ طَفِيفَةٍ لِإِنْتَاجِ كُلٍّ مِنْ روسيا وكازاخستان.

오펙플러스(OPEC+) 그룹 국가들은 러시아와 카자스흐탄 생산량을 약간 높이게 해주면서 향후 두 달간 현재 생산 수준을 유지하는데 동의한 와중에, 사우디는 지난 주에 세계 시장에서 유가를 강화하기 위해서 오는 2월과 3월에 석유생산을 자발적이고 독자적으로 매일 100만 배럴 정도 감축한다고 발표한 바 있다.

---

[1] فإنه : نإ 절에 비인칭 동사가 나와서 비인칭 대명사가 접미되었다. [unti 77] 그리고 이 문장처럼 부사구로 문장을 시작한 뒤 주절을 시작할 때 نإ 를 쓰는 구조가 많이 사용된다.

[2] كان قد أعلنت : 과거 완료시제가 사용되었다. [unit 106]

STEP 5. MEDIA 기초어휘와 단문연습__ **Chapter 25. 주제별 기본어휘**

| 1 | 2 | 3 | 4 | 5 | 6 | 7 | 8 | 9 | 10 | 11 | 12 | 13 | 14 | 15 | 16 | 17 | 18 | 19 | 20 | 21 | 22 | 23 | 24 | **25** |

# Unit 145. 군사기사 주요 명사

| 군대 | جَيْشٌ ج جُيُوشٌ<br>قُوَّاتٌ |
|---|---|
| 육군 | قُوَّاتٌ بَرِّيَّةٌ |
| 해군 | قُوَّاتٌ بَحْرِيَّةٌ |
| 공군 | قُوَّاتٌ جَوِّيَّةٌ |
| 예비군 | قُوَّاتٌ احْتِيَاطِيَّةٌ |
| 평화유지군 | قُوَّاتُ حِفْظِ السَّلَامِ |

| 무장단체 | جَمَاعَةٌ مُسَلَّحَةٌ |
|---|---|
| ISIS (Daesh) | تَنْظِيمُ الدَّوْلَةِ الْإِسْلَامِيَّةِ فِي الْعِرَاقِ وَالشَّامِ (= داعش) |
| 알카에다 | تَنْظِيمُ الْقَاعِدَةِ |
| 헤즈볼라 | حِزْبُ اللهِ |
| 탈레반 | طَالِبَانِ |
| 하마스 | حَرَكَةُ حَمَاس |

| 군인 | جُنْدِيٌّ ج جُنْدٌ، جُنُودٌ<br>عَسْكَرِيٌّ ج عَسْكَرٌ، ون |
|---|---|
| 민간인 | مَدَنِيٌّ ج ون |
| 용병 | مُرْتَزِقٌ ج ون |
| 민병대 | مِلْشِيَاتٌ |
| 장교 | لِوَاءٌ ج أَلْوِيَةٌ |
| 참모 | رُكْنٌ ج أَرْكَانٌ |
| 참모장 | رَئِيسُ الْأَرْكَانِ |

# Unit 145. 군사기사 주요 명사

| 무기 | سِلَاحٌ ج أَسْلِحَةٌ |
|---|---|
| 화기 | سِلَاحٌ نَارِيٌّ |
| 핵무기 | سِلَاحٌ نَوَوِيٌّ |
| 첨단무기 | سِلَاحٌ مُتَقَدِّمٌ |
| 재래식 무기 | سِلَاحٌ تَقْلِيدِيٌّ |
| 대량 살상 무기 | سِلَاحُ الدَّمَارِ الشَّامِلِ |
| 화학 무기 | سِلَاحٌ كِيمَاوِيٌّ |

| 미사일 | صَارُوخٌ ج صَوَارِيخُ |
|---|---|
| 장거리 미사일 | صَارُوخٌ بَعِيدُ الْمَدَى |
| 단거리 미사일 | صَارُوخٌ قَصِيرُ الْمَدَى |
| 탄도 미사일 | صَارُوخٌ بَالِيسْتِيٌّ |
| 대륙간 탄도 미사일 | صَارُوخٌ عَابِرٌ لِلْقَارَاتِ |
| 대공 미사일 | صَارُوخٌ مُضَادٌّ لِلطَّائِرَاتِ |

| 폭탄 | قُنْبُلَةٌ ج قَنَابِلُ |
|---|---|
| 수류탄 | قُنْبُلَةٌ يَدَوِيَّةٌ |
| 시한 폭탄 | قُنْبُلَةٌ مَوْقُوتَةٌ |
| 핵폭탄 | قُنْبُلَةٌ نَوَوِيَّةٌ |
| 원자폭탄 | قُنْبُلَةٌ ذَرِّيَّةٌ |
| 소이탄 | قُنْبُلَةٌ حَارِقَةٌ |
| 지뢰 | لَغَمٌ ج أَلْغَامٌ أَرْضِيٌّ |

STEP 5. MEDIA 기초어휘와 단문연습__ Chapter 25. 주제별 기본어휘

| 1 | 2 | 3 | 4 | 5 | 6 | 7 | 8 | 9 | 10 | 11 | 12 | 13 | 14 | 15 | 16 | 17 | 18 | 19 | 20 | 21 | 22 | 23 | 24 | **25** |

# Unit 145. 군사기사 주요 명사

| 대포 | مِدْفَعٌ ج مَدَافِعُ |
|---|---|
| 포탄 | قَذِيفَةٌ ج قَذَائِفُ |
| | ذَخِيرَةٌ ج ذَخَائِرُ |
| 소총 | بُنْدُقِيَّةٌ ج بَنَادِقُ |
| 권총 | مُسَدَّسٌ ج ات |
| 탱크 | دَبَّابَةٌ ج ات |
| 장갑차 | مُدَرَّعَةٌ ج ات |

| 군함 | بَارِجَةٌ ج بَوَارِجُ |
|---|---|
| 잠수함 | غَوَّاصَةٌ ج ات |
| 항공모함 | حَامِلَةُ ج ات طَائِرَاتٍ |
| 구축함 | مُدَمِّرَةٌ ج ات |
| 함대 | أُسْطُولٌ ج أَسَاطِيلُ |

| 전쟁 | حَرْبٌ ج حُرُوبٌ |
|---|---|
| 휴전 | هُدْنَةٌ |
| 정전 | وَقْفُ إِطْلَاقِ النَّارِ |
| 냉전 | اَلْحَرْبُ الْبَارِدَةُ |
| 내전 | حَرْبٌ أَهْلِيَّةٌ |

| 작전 | عَمَلِيَّةٌ ج ات |
|---|---|
| 군사 작전 | عَمَلِيَّةٌ عَسْكَرِيَّةٌ |
| 안보 작전 | عَمَلِيَّةٌ أَمْنِيَّةٌ |
| 비밀 작전 | عَمَلِيَّةٌ سِرِّيَّةٌ |

# Unit 145. 군사기사 주요 명사

| 군사 기동 훈련 | مُنَاوَرَاتٌ |
|---|---|
| 합동 군사 훈련 | مُنَاوَرَاتٌ مُشْتَرَكَةٌ |

| 핵무기 | سِلَاحٌ نَوَوِيٌّ |
|---|---|
| 핵기술 이전 | نَقْلُ التَّقْنِيَةِ النَّوَوِيَّةِ |
| 핵 확산 | اِنْتِشَارُ الْأَسْلِحَةِ النَّوَوِيَّةِ |
| 우라늄 농축 | تَخْصِيبُ الْيُورَانِيُوم |
| 핵실험 | تَجْرِبَةٌ نَوَوِيَّةٌ |
| 방사능 피폭 | تَعَرُّضٌ لِلْإِشْعَاع |

# Unit 146. 군사기사_원문

## اليمن.. الجيش الوطني يتقدم في تعز واشتباكات وغارات في مأرب

أعلن الجيش الوطني اليمني الأربعاء إحرازه تقدما ميدانيا في تعز، فيما تتواصل المعارك في مأرب، وقال وزير الخارجية الأميركي أنتوني بلينكن إن تعليق بلاده بيع الأسلحة الهجومية للسعودية جاء بهدف إنهاء الحرب.

وأكد الجيش الوطني سيطرته الكاملة على منطقة الكدحة في تعز وصولا إلى أطراف مديرية الوازعية في منطقة المشاولة السفلى، مما يعني كسر حصار ظل مفروضا على المنطقة منذ 6 سنوات.

وقالت قيادة محور تعز العسكري في بيان إن الجيش يتجه حاليا إلى استعادة باقي مناطق الريف الغربي ومديريات المحافظة، مؤكدة أن المعارك أسفرت عن مقتل عشرات من الحوثيين وأسر آخرين، إلى جانب مقتل وجرح أفراد من الجيش.

وفي مأرب، قال مصدر أمني يمني إن انفجارا دوى وسط المدينة جراء سقوط صاروخ أطلقه الحوثيون، فيما ذكرت وسائل إعلام سعودية أنه تم تدمير هدف جوي تابع للحوثيين من طراز "سام 6".

على صعيد آخر، قال المركز الإعلامي للجيش الوطني إن معارك عنيفة تدور في مديرية صرواح غربي محافظة مأرب.

في المقابل، قالت وسائل إعلام حوثية إن طائرات التحالف السعودي الإماراتي شنت 30 غارة على مواقع في محافظة مأرب، ولا سيما في صرواح.

من جهة أخرى، قال وزير الخارجية الأميركي أنتوني بلينكن في شهادته أمام لجنة الشؤون الخارجية بمجلس النواب الأميركي إن إدارة الرئيس جو بايدن ألغت تصنيف الحوثيين جماعة إرهابية بهدف السماح بوصول المساعدات الإنسانية العاجلة.

وأضاف بلينكن "علقنا بيع الأسلحه الهجوميه للسعوديه، وقمنا بتعيين مبعوث خاص لقياده جهود إنهاء الحرب في اليمن".

www.aljazeera.net/news/politics/2021/3/11/اليمن-الجيش-الوطني-يتقدم-في-تعز

STEP 5. MEDIA 기초어휘와 단문연습__ Chapter 25. 주제별 기본어휘

| 1 | 2 | 3 | 4 | 5 | 6 | 7 | 8 | 9 | 10 | 11 | 12 | 13 | 14 | 15 | 16 | 17 | 18 | 19 | 20 | 21 | 22 | 23 | 24 | **25** |

# Unit 146. 군사기사_모음+해석

## اَلْيَمَنُ.. اَلْجَيْشُ الْوَطَنِيُّ يَتَقَدَّمُ فِي تعز وَاشْتِبَاكَاتٌ وَغَارَاتٌ فِي مأرب

### 예멘군, 타이즈로 진군.. 마리브에서 교전과 폭격

أَعْلَنَ الْجَيْشُ الْوَطَنِيُّ الْيَمَنِيُّ الْأَرْبِعَاء إِحْرَازَهُ **تَقَدُّمًا**[1] مَيْدَانِيًّا فِي تعز، فِيمَا تَتَوَاصَلُ الْمَعَارِكُ فِي مأرب، وَقَالَ وَزِيرُ الْخَارِجِيَّةِ الْأَمِيرِكِيُّ أنتوني بلينكن إِنَّ تَعْلِيقَ بِلَادِهِ **بَيْعَ**[2] الْأَسْلِحَةِ الْهُجُومِيَّةِ لِلسُّعُودِيَّةِ جَاءَ بِهَدَفِ إِنْهَاءِ الْحَرْبِ.

예멘군은 마리브에서 교전이 계속되는 가운데 수요일 타이즈에서 실질적인 진전을 달성했다고 발표했으며, 토니 블링컨 미 국무부 장관은 미국이 사우디에 공격 무기 판매를 중단한 것은 종전을 위함이라고 말했다.

وَأَكَّدَ الْجَيْشُ الْوَطَنِيُّ سَيْطَرَتَهُ الْكَامِلَةَ عَلَى مِنْطَقَةِ الكدحة فِي تعز **وُصُولًا**[3] إِلَى أَطْرَافِ مُدِيرِيَّةِ الوازعية فِي مِنْطَقَةِ الْمُشَاوَلَةِ السُّفْلَى، مِمَّا يَعْنِي كَسْرَ حِصَارٍ **ظَلَّ**[4] **مَفْرُوضًا**[5] عَلَى الْمِنْطَقَةِ مُنْذُ 6 سَنَوَاتٍ.

예멘군은 남 무샤윌라 지역의 와지이 구역쪽으로 나아가기 위해 타이즈의 카드하 지역을 완전히 장악했으며, 이는 6년간 이 지역을 계속 감싸고 있던 봉쇄를 부순 것을 의미한다고 피력했다.

وَقَالَتْ قِيَادَةُ مِحْوَرِ تعز الْعَسْكَرِيُّ فِي بَيَانٍ إِنَّ الْجَيْشَ يَتَّجِهُ حَالِيًا إِلَى اسْتِعَادَةِ بَاقِي مَنَاطِقِ الرِّيفِ الْغَرْبِيِّ وَمُدِيرِيَّاتِ الْمُحَافَظَةِ، مُؤَكِّدَةً أَنَّ الْمَعَارِكَ أَسْفَرَتْ عَنْ مَقْتَلِ عَشَرَاتٍ مِنَ الْحُوثِيِّينَ وَأَسْرِ آخَرِينَ، إِلَى جَانِبِ مَقْتَلِ وَجَرْحِ أَفْرَادٍ مِنَ الْجَيْشِ.

타이즈 군 지도부는 성명에서 교전이 정부군의 사상자 이외에 수 십명의 후티군과 다른 가족들의 사망을 초래했다고 강조하면서, 예멘군은 현재 나머지 서부마을과 행정구역들을 탈환할 것이라고 말했다.

---

[1] تقدما : 타동사(أحراز)의 목적어라서 목적격이 되었다. [unit 82]

[2] بيع : 타동사(تعليق)의 목적어라서 목적격이 되었다. [unit 82]

[3] وصولا : 동명사가 이유 목적어로 나왔다. [unit 117]

[4] ظل : 비한정 선행사를 수식하는 관계절이다. [unit 87]

[5] مفروضا : ظل 는 كان 의 자매어라서 술어를 목적격으로 바꾼다. [unit 71]

STEP 5. MEDIA 기초어휘와 단문연습___ **Chapter 25. 주제별 기본어휘**

| 1 | 2 | 3 | 4 | 5 | 6 | 7 | 8 | 9 | 10 | 11 | 12 | 13 | 14 | 15 | 16 | 17 | 18 | 19 | 20 | 21 | 22 | 23 | 24 | **25** |

# Unit 146. 군사기사_모음+해석

وَفِي مَأْرِب، قَالَ مَصْدَرٌ أَمْنِيٌّ يَمَنِيٌّ إِنَّ انْفِجَارًا دَوَّى وَسْطَ الْمَدِينَةِ جَرَّاءَ سُقُوطِ صَارُوخٍ أَطْلَقَهُ الْحُوثِيُّونَ، فِيمَا ذَكَرَتْ وَسَائِلُ إِعْلَامٍ سُعُودِيَّةٌ **أَنَّهُ¹** تَمَّ تَدْمِيرُ هَدَفٍ جَوِّيٍّ تَابِعٍ لِلْحُوثِيِّينَ مِنْ طِرَازِ "سام 6".

마리브에서 예멘 안보 소식통은 미라브 한 가운데에 후티군이 발사한 미사일이 격추되면서 폭발음이 울려퍼졌다고 말했으며, 이에 사우디 언론은 후티군의 공중 표적이 'SAM-6' 으로 요격되었다고 언급했다.

عَلَى صَعِيدٍ آخَرَ، قَالَ الْمَرْكَزُ الْإِعْلَامِيُّ لِلْجَيْشِ الْوَطَنِيِّ إِنَّ مَعَارِكَ عَنِيفَةً تَدُورُ فِي مُدِيرِيَّةِ صِرواح غَرْبِيِّ مُحَافَظَةِ مَأْرِب.

다른 한 편, 예멘군 공보실은 잔혹한 전투가 마리브의 서쪽지역인 사르와 구역에서 벌어지고 있다고 말했다.

فِي الْمُقَابِلِ، قَالَتْ وَسَائِلُ إِعْلَامٍ حُوثِيَّةٌ إِنَّ طَائِرَاتِ التَّحَالُفِ السُّعُودِيِّ الْإِمَارَاتِيِّ شَنَّتْ 30 غَارَةً عَلَى مَوَاقِعَ فِي مُحَافَظَةِ مَأْرِب، وَلَا سِيَّمَا فِي صِرواح.

반면에, 후티군 언론은 사우디-UAE 연합군 비행기가 마리브지역 특히 사르와 구역에 30발의 폭격을 가했다고 발표했다.

مِنْ جِهَةٍ أُخْرَى، قَالَ وَزِيرُ الْخَارِجِيَّةِ الْأَمِيرْكِيُّ أَنْتُونِي بْلِينْكِن فِي شَهَادَتِهِ أَمَامَ لَجْنَةِ الشُّؤُونِ الْخَارِجِيَّةِ بِمَجْلِسِ النُّوَّابِ الْأَمِيرْكِيِّ إِنَّ إِدَارَةَ الرَّئِيسِ جو بايدن أَلْغَتْ تَصْنِيفَ الْحُوثِيِّينَ **جَمَاعَةً²** إِرْهَابِيَّةً بِهَدَفِ السَّمَاحِ بِوُصُولِ الْمُسَاعَدَاتِ الْإِنْسَانِيَّةِ الْعَاجِلَةِ.

다른 한 편, 토니 블링컨 미 국무부 장관은 미 하원 외교 위원회 앞에서 그의 증언으로 조 바이든 대통령 행정부는 인도적 긴급 도움이 도달할 수 있게 하기 위해 후티군을 테러단체로 규정하는 것을 취소했다고 말했다.

وَأَضَافَ بْلِينْكِن "عَلَّقْنَا بَيْعَ الْأَسْلِحَةِ الْهُجُومِيَّةِ لِلسُّعُودِيَّةِ، وَقُمْنَا بِتَعْيِينِ مَبْعُوثٍ خَاصٍّ لِقِيَادَةِ جُهُودِ إِنْهَاءِ الْحَرْبِ فِي الْيَمَنِ".

블링컨은 "우리는 사우디에 공격 무기 판매를 중단했으며, 예멘에서의 전쟁을 종식시키기 위한 노력을 이끌기 위한 특사를 임명했다"라고 덧붙였다.

---

¹ أنه : أن 절의 주어보다 동사가 먼저 나오게 되어 비인칭 대명사가 접미되었다. [unit 77]

² جماعة : تصنيف 의 제 1 목적어(الحوثيين)가 동명사의 후 연결어로 나오고 제 2 목적어로 목적격을 취한다.

# 떠먹여주는 시사 아랍어

1판 1쇄 발행  2021년 9월 03일

저 자  안종빈(SALEH)
편 집  문서아

펴낸곳  하움출판사
펴낸이  문현광

주소  전라북도 군산시 수송로 315 하움출판사
이메일  haum1000@naver.com   홈페이지  haum.kr

ISBN  979-11-6440-822-1(13790)

좋은 책을 만들겠습니다.
하움출판사는 독자 여러분의 의견에 항상 귀 기울이고 있습니다.